中国工程院院士 王恩东 作序

REVELATION OF ARTIFICIAL INTELLIGENCE INNOVATION

Enabling Industry

人工智能创新启示录

赋能产业

中国电子信息产业发展研究院（赛迪研究院）编

人 民 邮 电 出 版 社
北 京

图书在版编目（CIP）数据

人工智能创新启示录 : 赋能产业 / 中国电子信息产业发展研究院（赛迪研究院）编. -- 北京 : 人民邮电出版社, 2021.12
（智能之巅）
ISBN 978-7-115-54790-3

Ⅰ. ①人… Ⅱ. ①中… Ⅲ. ①人工智能—产业发展—研究—中国 Ⅳ. ①F492

中国版本图书馆CIP数据核字(2020)第230830号

内 容 提 要

本书聚焦人工智能对产业的赋能,对产业发展和创新热潮进行概述,介绍人工智能在核心产业领域的发展现状和趋势，并分析国内外发展战略和政策。本书深入探讨人工智能与机器人、交通、医疗等领域的融合发展，以及由此产生的智能机器人、智能驾驶、人工智能医疗等新业态，详细阐释人工智能提升生产效率，催生新产品、新场景、新需求，推动产业转型升级和经济高质量发展的重要作用。

本书适合人工智能、互联网和计算机行业的从业人员和研究人员（技术岗位和非技术岗位），以及创投相关人员阅读参考。

◆ 编　　中国电子信息产业发展研究院（赛迪研究院）
责任编辑　林舒媛
责任印制　周昇亮

◆ 人民邮电出版社出版发行　北京市丰台区成寿寺路 11 号
邮编 100164　电子邮件 315@ptpress.com.cn
网址 https://www.ptpress.com.cn
固安县铭成印刷有限公司印刷

◆ 开本：787×1092 1/16　彩插：4
印张：14.5　2021 年 12 月第 1 版
字数：380 千字　2021 年 12 月河北第 1 次印刷

定价：99.80 元

读者服务热线：(010)81055552　印装质量热线：(010)81055316
反盗版热线：(010)81055315
广告经营许可证：京东市监广登字 20170147 号

丛书前言

人工智能是引领未来的前沿性、战略性技术，已经成为国际竞争的新焦点和经济发展的新动能，正在对经济发展、社会进步、国际政治格局等产生重大而深远的影响。党的十九大报告明确提出，要“推动互联网、大数据、人工智能和实体经济深度融合”。习近平总书记在中共中央政治局第九次集体学习时强调，要深刻认识加快发展新一代人工智能的重大意义，加强领导，做好规划，明确任务，夯实基础，促进其同经济社会发展深度融合，推动我国新一代人工智能健康发展。

我国高度重视人工智能技术与产业发展。2017 年，国务院发布《新一代人工智能发展规划》，为我国的人工智能发展进行了总体部署。工业和信息化部于 2017 年 12 月印发《促进新一代人工智能产业发展三年行动计划（2018—2020 年）》，提出了促进新一代人工智能产业发展的总体思路和原则，推动人工智能和实体经济的深度融合，助力实体经济转型升级。随着政策环境的建立及优化，近几年来，我国的人工智能产业一直保持着迅猛发展的势头，在产业链建设、政策推动、行业应用、投融资发展等方面不断取得新进展。

2017 年 6 月，中国电子信息产业发展研究院（赛迪研究院）联合人工智能领域的软硬件企业、应用企业、投资机构、高校院所等共同发起组建了“人工智能产业创新联盟”，其使命之一，就是从需求出发、从产业出发，密切联系实际，推动产学研用协同，增强我国人工智能技术创新与产业发展能力。目前，联盟成员单位已超过 300 家，许多联盟成员在我国人工智能产业发展方面发挥了重要作用。

为了更好地服务行业、推动创新、推广应用，中国电子信息产业发展研究院（赛迪研究院）于 2017 年 12 月创立了《人工智能》杂志，旨在关注人工智能领域的全新进展，汇聚多方智慧和权威思想，促进人工智能产业健康、快速发展。《人工智能》杂志确定了主题期刊的形式，每期围绕一个主题，邀请相关行业企业和专家学者撰写高质量文章，确保每期都能成为主题领域技术与产业发展方面最新信息动态的汇集地。从实践看，这种形式获得了广泛认可，也使《人工智能》杂志的影响力日益扩大。

在此基础上，中国电子信息产业发展研究院（赛迪研究院）组织编撰了“智能之巅”丛书，以《人工智能》杂志的重点内容为基础，精选了近 200 位业界一线专家学者的几十篇文章，对人工智能及其重点细分领域的发展状况、发展趋势、机遇与挑战等进行分析，对产业研发、生产、应用等环节进行梳理。“智能之巅”丛书分为两册，《人工智能创新启示录：技术前沿》主要聚焦计算机视觉、智能语音语义、人工智能芯片等核心底层技术，《人工智能创新启示录：赋能产业》则深入探讨人工智能与机器人、交通、医疗等领域的融合发展。

我们希望本丛书能够更好地帮助业界相关人士了解人工智能创新发展态势，促进人工智能知识的普及、交流和提升，助力国内外人工智能产业快速、健康发展，为我国人工智能产业的创新发展贡献绵薄之力。

中国电子信息产业发展研究院（赛迪研究院）院长　张立

序

人工智能的发展可追溯至20世纪30年代，著名的人工智能先驱艾伦·马西森·图灵（Alan Mathison Turing）提出了通用机的理论，随后又提出了“智能机械”“图灵测试”等概念。1956年，约翰·麦卡锡（John McCarthy）、马文·明斯基（Marvin Minsky）、克劳德·埃尔伍德·香农（Claude Elwood Shannon）、纳撒尼尔·罗切斯特（Nathaniel Rochester）等人发起的达特茅斯会议，则标志着“人工智能元年”的到来。

在经历了60余年的潮起潮落后，人工智能终于在21世纪第二个十年迎来了第三次爆发。2016年，DeepMind公司旗下的围棋程序“AlphaGo”战胜围棋世界冠军李世石这一事件，将人工智能的讨论推向了高潮。而2012年，杰弗里·欣顿（Geoffery Hinton）领导的团队利用深度学习在ImageNet挑战赛中夺冠，便已为以深度学习为代表的第三次人工智能浪潮埋下了伏笔。

算力不断提升、算法不断演进、数据不断积累，人工智能正呈现出日新月异的发展态势，并在制造、医疗、教育、交通、媒体、金融等各行各业大放异彩；人工智能创业公司的融资额屡创新高，行业独角兽不断涌现；越来越多的国家和地区争相发布人工智能发展战略，以图抢占发展制高点。

然而，在产业蓬勃发展的同时，我们亦不能忽略，在很多层面上，人工智能依然面临着诸多挑战。相对于人类智能，人工智能还仅仅处于“婴儿时期”，在认知智能、决策智能、控制智能、运动智能等方面，机器能够完成的任务，距离人类还有显著的差距，通用人工智能的梦想还遥不可及。

为了解决当前人工智能面临的各种挑战，越来越多的业界人士开始探索实现通用人工智能的方法论。理论不断进化，胶囊网络、无监督学习、联邦学习、小样本学习、强化学习、类脑计算等正快速演进；模式不断创新，人工智能与边缘计算、云计算等正加速融合；应用不断迭代，产业智能化、智能产业化正推动更多行业转型，智能经济的边界不断拓展。

全球人工智能竞争发展的大幕已经悄然拉开，我国已从国家战略层面为人工智能的发展进行了定位，将其摆在新一轮科技革命和产业变革的首要位置。本书立足全球视野，聚焦中国声音，从政产学研用金等各方视角，纵观政策、技术、产品、应用、挑战等各个方面，相信对广大读者全方位了解人工智能相关技术和应用的发展现状、未来趋势等会有所启发。

中国工程院院士　王恩东

前言

人工智能是较为宽泛的概念，概括而言是通过模拟人的意识和思维过程，利用机器学习和数据分析方法，赋予机器类人的能力。人工智能已经成为新一轮产业变革的核心驱动力，正在对世界经济、社会进步和人类生活产生极其深刻的影响。具体而言，人工智能将提升社会劳动生产率，有效降低劳动成本，优化产品和服务，并在创造新市场和改变就业结构等方面带来革命性的转变。

据相关知名机构预测，到 2030 年，对人工智能全球 GDP 的贡献将高达 15.7 万亿美元。近年来，我国人工智能产业发展迅速，据 IDC（International Data Corporation，国际数据公司）统计，2019 年年末我国人工智能产业的市场规模已达 28.9 亿美元，预计到 2024 年将接近 127.5 亿美元，2018—2024 年的复合增长率达 39.0%。

我国政府十分重视人工智能产业的布局。2017 年 7 月，国务院印发的《新一代人工智能发展规划》确立了面向 2030 年的“三步走”发展目标。2017 年 12 月，工业和信息化部印发《促进新一代人工智能产业发展三年行动计划（2018—2020 年）》，指出以信息技术与制造技术深度融合为主线，以新一代人工智能技术的产业化和集成应用为重点，推进人工智能和制造业深度融合。2019 年，政府工作报告首次将“智能 +”作为人工智能与实体经济深度融合的发展方向，这反映了人工智能应用的深度不断延伸和规模不断扩展。

在此背景下，人工智能在各行业已经展现出广阔的应用前景，不仅能带来生产效率的提升，还会催生新产品、新场景、新需求，推动产业转型升级和经济高质量发展。我国人工智能应用的热点场景主要聚焦在安防、金融、医疗、交通、零售、家居、制造、物流等领域，且制造、物流等传统领域也开始借助人工智能提升生产效率。在安防领域，人工智能在门禁、摄像头、人脸查证等方面的应用大大提升了安防布控的效率。在金融领域，人工智能的应用场景逐步由以交易安全为主向变革金融经营全过程扩展。传统金融机构与科技企业合作推进了人工智能在金融行业的应用，改变了金融行业的规则，提升了金融机构的商业效能，使其在向长尾客户提供定制化产品的同时降低了金融风险。在医疗领域，人工智能应用发展迅速，它将帮助医疗行业解决医疗资源短缺和分配不均的民生问题。在交通领域，以智能驾驶技术为主导的汽车行业将迎来产业链的革新。传统车企的生产和销售模式将被新兴的商业模式所替代，新兴的无人驾驶解决方案技术公司和传统车企的行业边界将被打破。在零售领域，人工智能加速了新零售全渠道的融合，传统零售企业与创业企业结成伙伴关系，围绕人、货、场、链搭建应用场景。在家居领域，智能家居产品和服务为消费者打开了生活的新场景。在制造领域，很多传统工业企业也开始借助人工智能提高运作效率。在物流领域，许多企业开始使用智能仓储设备进行货物的分拣、装配和运输，智能无人机开始被应用于部分物流产品线。

本书将深入探讨人工智能与机器人、交通、医疗等领域的融合发展，以及由此产生的智能机器人、智能驾驶、人工智能医疗等新业态。

编者

目 录

CHAPTER 02
智能驾驶

CHAPTER 03
人工智能医疗

CHAPTER 01

智能机器人

-导读-

智能机器人主要包括工业机器人、服务机器人、特种机器人等类型。工业机器人注重在人机协同的基础上，实现工业生产效率的提升。服务机器人被广泛应用于养老、医疗、教育、金融服务等社会领域。特种机器人主要应用在军事、采矿、救援等特定环境中。本章囊括了智能机器人的技术背景、历史沿革、产业技术热点、重点产品实践等。

1.1 智能机器人概述

1.1.1 智能机器人发展简史

★ 关键词：人工智能　智能体　智能机器人　技术简史

★ 作　者：邓志东

随着人工智能与互联网、物联网、大数据及云平台等的深度融合，在超强计算能力的支撑下，智能机器人正逐步获得更多的感知、认知与决策能力，变得更加灵活、灵巧与通用，开始具有更强的环境适应能力和自主能力，以适配更加复杂多变的应用场景。与此同时，智能机器人的应用范围从制造领域不断扩展到外星探测、航空航天、海洋探索、微纳操作等特种与极限领域，并开始渗透到人们的日常生活中。本小节将介绍智能机器人的基本定义、发展方向，以及智能机器人的发展简史。

1.人工智能、智能体与智能机器人

1946 年，世界上第一台通用计算机“埃尼阿克”诞生于宾夕法尼亚大学。十年之后的 1956 年，约翰·麦卡锡、马文·明斯基、克劳德·埃尔伍德·香农和纳撒尼尔·罗切斯特等在美国达特茅斯学院发起召开的夏季研讨会上，确立了“人工智能”的概念，并将人工智能界定为“研究与设计智能体”。智能体被定义为“能够感知环境，并采取行动使成功机会最大化的系统”。因此，理想的智能体应该就是一台能够以类似人类智能行为的方式进行反应的、具有环境适应性的自主机器，或称之为智能机器人。根据这些设想，智能机器人将一直沿着以下三大方向发展：一是感知智能，即对感知（Perception）或直觉行为的模拟，如视觉、听觉、触觉、嗅觉、味觉等；二是认知智能，即对认知（Cognition）或人类深思熟虑（Deliberative）行为的模拟，包括记忆、常识、经验、理解、推理、规划、决策、知识学习、思维、意图和意识等高级智能行为；三是对行动（Action）的模拟，如灵活移动与灵巧操作功能的实现等。经过数十年的发展，从感知智能的研究中衍生出了模式识别、统计机器学习、深度学习等这些 20 世纪 90 年代之后蓬勃发展的前沿研究领域；从认知智能的研究中发展出了逻辑推理、专家系统与决策支持系统等这些 20 世纪 60 年代到 80 年代的主流研究方向；从对行动的模拟中产生了工业机械臂与移动机器人等研究方向。这些发展直接催生了机器人学与机器人产业的发展。

18 世纪开始的工业革命，先后经历了机械化与电气化阶段，人们发明了蒸汽机车、机床、起重机、

收割机、缝纫机、自行车和电动机等，这些机械与电气设备的发明仅仅是为了减轻人类简单的体力劳动负担。始于20世纪中后期的信息革命，引发了传统机械设备的升级换代，带来了诸如电冰箱、洗衣机、工业机械臂和AGV（Automated Guided Vehicle，自动导引车）等机电一体化产品。与机床等传统机械设备相比，工业机械臂更具通用性，它的多关节自由度模仿了人类手臂的操作，具有多功能的特征，即一类机械臂可以从事多项不同的作业任务，如焊接、喷漆与装配等，其中的可编程示教控制器，使机械臂能够“通用地”适用于不同的产线工位或工作流程（如图1-1所示）。这些工业机器人在技术上可分为三大组成部分：一是传感器与感知智能；二是简单的认知智能；三是执行机构。这三大组成部分力图从外部角度描述功能，模拟人类的五官、大脑和四肢，正好对应智能机器人的3个主要研究方向与技术领域。其他形态的智能机器人也有与此完全相同的功能与结构划分，智能机器人根据智能程度与反馈的信息粒度同时形成多个闭环，因此是一个典型的CPS（Cyber-Physical System，信息物理系统）。

图1-1　机械臂

2.智能机器人发展历程

第一代智能机器人是以传统工业机器人和无人机为代表的机电一体化设备，关注的是操作与移动/飞行功能的实现，使用了一些简单的感知设备，如工业机械臂的关节编码器、AGV的磁条/磁标传感器等，这些设备的智能程度较低。研发重点是结构设计，以及驱动、运动控制与状态感知等。代表性产品有六自由度多关节机械臂、并联机器人、SCARA（Selective Compliance Assembly Robot Arm，选择顺应性装配机器手臂）机器人和磁条AGV。非制造领域的成功案例为各种循线跟踪式的无人机。这类机器人通过编程示教或循线跟踪，仅能在具有固定路线的结构化环境（如工厂）中工作，替换某些工位或完成为特定工种设定的简单及重复的作业任务，且“机器换人”的替代率只有5%。

第二代智能机器人也称为新一代机器人或机器人2.0，其特点是具有部分环境感知、自主决策、自主规划与自主导航能力，特别是具有类人的视觉、语音、文本、触觉、力觉等模式识别能力，因而具有较强的环境适应性和一定的自主性。在结构设计方面，则需进一步发展安全、灵巧、灵活、通用、低耗以及具有自然交互能力的仿生机械臂与机械腿（足）等，其核心是基于新一代人工智能技术的感知能力的提升。在工业机器人领域，已有ABB集团的“YuMi”双臂协作机器人，以及优傲机器人公司的“UR10”等。非制造领域的成功案例是L3、L4自动驾驶汽车（具有部分环境感知能力与一定的自主决策能力）。此外，还有“达芬奇”微创外科手术机器人、波士顿动力公司的“大狗”“猎豹”“阿特拉斯”等系列仿生机器人[如图1-2（a）所示]，以及本田公司的“阿西莫”人形机器人等。

利用具有环境适应能力的第二代智能机器人，可使“机器换人”的替代率达60%以上。生产线形成全机器人闭环后，甚至可实现100%的无人全自动化智能生产车间。随着以深度学习为主要标志的弱人工智能的迅猛发展，特别是开放环境中接近于人类水平的视觉与语音识别技术的应用，面向特定制造业应用场景的大规模“机器换人”或将在未来5年内出现，其对制造业的经济贡献将是传统工业机器人的数十倍。

（a）　　（b）

图 1-2 （a）波士顿动力公司的机器人；（b）机器人“索菲亚”

第三代智能机器人除具有第二代智能机器人的全部能力外，还具有更强的环境感知、认知与情感交互能力，以及自学习、自繁殖乃至自进化能力，其核心是开始逐步具有认知智能。第三代智能机器人还处于研究的初期，其产品有 2014 年软银公司发布的第一款消费类智能人形机器人“派博”。该机器人已具有基于人工智能的语音交互、人脸追踪与识别以及初步的情感交互能力。另外，目前颇具争议的、首位被授予沙特公民身份的机器人“索菲亚”[如图 1-2（b）所示]，也表现出了第三代智能机器人的一些特征，即更加重视理解判决与情感交互等认知能力，尽管“索菲亚”的表现还十分原始。

总之，随着深度学习的局限性被突破、原创性人工智能理论的发展，特别是人工智能产业落地速度不断加快，智能机器人在挤掉部分泡沫后，似乎又重新回到了炽热的主赛道。

3.智能机器人发展历程中的里程碑事件

· 1920 年，“Robota”（机器人）术语首次出现在作家卡雷尔 · 恰佩克（Karel Capek）的科幻剧本《罗素姆的万能机器人》中。

· 1939 年，西屋电气公司发明了能够行走、说话的人形机器人“Elektro”，并首次在同年的纽约世博会上公开展示。

· 1941 年，美国科幻作家艾萨克 · 阿西莫夫（Isaac Asimov）首次使用“Robotics”一词来描述、研究和应用机器人技术。

· 1942 年，阿西莫夫提出了著名的“机器人三定律”。

· 1942 年，DeVilbiss 公司设计了首款“可编程”喷漆机器人。

· 1951 年，法国人雷蒙德 · 戈茨（Raymond Goertz）为法国原子能委员会设计了首款遥控关节臂。

· 1954 年，乔治 · 迪沃尔（George Devol）设计的世界上首款多用途可编程机械臂“UNIMATE”能够根据示教再现执行不同的作业任务，具有一定的通用性和灵活性。两年后，迪沃尔与约瑟夫 · 恩格尔伯格（Joseph Engelberger）一起创建了世界上第一家机器人公司 Unimation，该公司至今仍在生产和销售该机械臂产品。恩格尔伯格因而被称为“机器人之父”。

· 1956 年，在达特茅斯会议上，麦卡锡、明斯基、香农和罗切斯特等提出了人工智能的概念，智能体或智能机器人被界定和深入讨论。

· 1962 年，AMF 公司研制出物料搬运机械臂“VERSTRAN”，其与 Unimation 公司生产的“UNIMATE”机械臂成为世界上最早商用的工业机器人。

· 1968 年，首款由计算机控制的行走机器人在南加州大学问世。

· 1968 年，通用电气公司的拉尔夫 · 莫舍（Ralph Mosher）和美国陆军的罗纳德 · 利斯顿（Ronald Liston）联合研制了首款手动控制的四足车“Walking Truck”，其步行速度高达 6.4km/h。

· 1968 年，美国 SRI（Stanford Research Institute，斯坦福研究院）研制出世界上首款安装有视觉系统并由计算机控制的移动机器人“Shakey”，该机器人能够根据人的指令发现并抓取积木，但使用的计算机的体积达一个房间之大。

· 1969 年，早稻田大学的加藤一郎教授研制出全球首款具有空气气囊和人工肌肉的双足机器人“WAP-1”，之后设计的“WAP-3”甚至可以上下楼梯或斜坡。

· 1973 年，世界上首款全尺寸人形机器人“WABOT-1”由加藤一郎教授发明。

·1974 年，辛辛那提·米拉克龙（Cincinnati Milacron）公司研制出首款由微型计算机控制的工业机器人“T3”。

·1975 年，Unimation 公司推出世界上首款“可编程通用机械操作臂”，标志着工业机器人技术开始走向成熟。

·1979 年，“斯坦福车”（Stanfort Cart）问世。“斯坦福车”能够在摆满椅子的房间里进行基于摄像机视觉分析的避障自主行驶，这被视为自动驾驶汽车的雏形。

·1979 年，山梨大学的牧野洋发明了世界上首款装配机器人“SCARA”。

·1984 年，爱德普技术（Adept Technology）公司推出首款 SCARA 装配机器人“AdeptOne”。

·1988 年，首款服务机器人“Helpmate”进入医院，为病人送饭、送药、送邮件。

·1992 年，波士顿动力公司正式从麻省理工学院分离出来。在 20 多年的时间里，其相继推出了令世人惊叹的“大狗”“猎豹”“阿特拉斯”“Handle”等一系列仿生机器人。

·1994 年，卡内基梅隆大学的八脚行走机器人“Dante”试图探索南极洲的埃里伯斯火山。

·1995 年，直觉手术（Intuitive Surgical）机器人公司在加州成立，次年推出了第一代“达芬奇”微创外科手术机器人，2006 年推出了第二代，2009 年推出了第三代，2014 年推出的第四代“达芬奇”微创外科手术机器人产品具有更好的性能，之后还开发了配套的远程诊疗系统。

·1996 年，本田公司研制出首款能够进行自调节的双足步行人形机器人“P2”，一年后推出具有完全自主功能的人形机器人“P3”。这是该公司在推出人形机器人“阿西莫”前的两个重要事件。

·1997 年，美国 NASA（National Aeronautics and Space Administration，国家航空航天局）的“PathFinder”轮式移动机器人探测器登陆火星，并向地球成功发回照片和数据。

·1998 年，乐高公司推出“Mindstorms”玩具机器人套件，可以通过搭积木式的任意拼装，“发明”出各种形态的“机器人”。

·1999 年，索尼公司发布机器狗“爱宝”，成为首款商用娱乐机器人。

·1999 年，世界上首款“机器鱼”在三菱公司问世。

·2001 年，iRobot 公司研制的救援机器人“PackBot”在纽约世界贸易中心展开搜救行动，其后续版本已成功应用于某次战争中。

·2002 年，人形机器人“阿西莫”在本田公司正式问世，它身高 1.3m，能够以类似于人类的步姿行走和慢跑。

·2002 年，iRobot 公司发布了第一代吸尘机器人“Roomba”。

·2005 年，韩国科学技术院研制出移动机器人“HUBO”。

·2006 年，微软公司推出“Microsoft Robotics Studio”，机器人模块化、标准化的趋势日益明显。有人曾预言，个人机器人将如同个人计算机，走进千家万户，彻底改变人类的生活方式。

·2012 年，美国“发现号”航天飞机将首款人形机器人宇航员“R2”送入国际空间站。

·2012 年，美国内华达州机动车辆管理局颁发了美国首张自动驾驶汽车路测牌照。

·2013 年，Rethink Robotics 公司推出新一代双臂工业机器人“Baxer”，两年后发布了高性能协作机器人“Sawyer”。

·2014 年，软银公司发布全球首款“具有人类情感”的智能人形机器人“派博”。

·2014 年，ABB 集团推出首款人机协作双臂工业机器人“YuMi”。

·2015 年，汉森机器人公司的机器人“索菲亚”诞生，两年后“索菲亚”被授予沙特公民身份，此举颇具争议。

1.1.2 智能机器人产业的现状与未来

★ 关键词：智能机器人 产业链 典型产品 重点应用领域 展望

★ 作 者：王哲 冯晓辉 李艺铭 庄金鑫

当前，全球范围内机器人产业的快速发展与相关的基础和前沿技术的发展密不可分，机器人产业迎来大发展时期，智能化成为未来的升级方向。随着新一代信息技术的加速成熟和商业化，智能机器人的发展拥有了较为坚实的软硬件技术基础。IDC 预测，到 2027 年，我国智能机器人市场规模有望达到 1.6 万亿元人民币。在高速发展的同时，我们仍应关注智能机器人在应用和推广过程中可能面临的问题和挑战，以便能平稳而较快地推动我国智能机器人产业的发展。

1.智能机器人的发展背景

（1）发展历程和定义

前文提到，“机器人”一词最早出现于 1920 年作家卡雷尔·恰佩克发表的科幻剧本《罗素姆的万能机器人》中，该剧本讲述了罗素姆公司将机器人推向市场，让其充当劳动力代替人类劳动的故事。作者根据捷克语“Robota”（意为“劳役、苦工”）和波兰语“Robotnik”（意为“工人”），创造了“机器人”这个词。之后，人类在机器人领域开始了卓有成效的探索，机器人从想象进入实践，功能和种类不断丰富，智能化程度越来越高。按照技术的演进过程，机器人的发展大致可以按电气时代、数字时代、智能时代 3 个阶段来划分。

① 机器人1.0：电气时代

正如“机器人”一词的起源，机器人的研制是为了代替人类劳动。20 世纪 40 年代后期，美国橡树岭国家实验室和阿贡国家实验室着手研制用于搬运放射性材料的遥控机械手，它可通过执行指令完成搬运工作。该机械手是一个“主从”型系统，主机械手由使用者操作，从机械手模仿并记录主机械手的动作。1954 年，美国的迪沃尔最早提出工业机器人的概念，其借助伺服技术控制机器人的关节，通过人对机器人进行动作示教，实现动作的记录和再现。1959 年，Unimation 公司通过编程研制出世界上第一个工业机器人——用于压铸的五轴液压驱动机器人。该机器人装有存储信息的磁鼓，能够记录并完成 180 个工作步骤。之后，机器人开始被美国、欧洲各国、日本等应用于工业生产。

电气时代的机器人按照事先装入存储器中的程序工作。程序有两种来源：一种是由人引导机器人进行操作，机器人将所有动作的顺序和路径记录下来并形成指令；另一种是由人根据工作流程编制程序并将其输入机器人的存储器中。这种由程序控制的机器人，能够按既定程序完成拿取、安放、搬运、机械加工等固定动作，但不具备感知和自适应能力。

② 机器人2.0：数字时代

20 世纪 70 年代以后，随着计算机技术、控制技术、通信技术的发展，机器人的发展逐渐进入数字时代。1974 年，辛辛那提·米拉克龙公司研制出由微型计算机控制的工业机器人。同年，通用电机公司（ABB 集团前身）开发出使用英特尔 8 位微处理器的工业机器人，用于物品取放和搬运。1979 年，Unimation 公司推出具有关节式结构、多 CPU（Central Processing Unit，中央处理器）控制的工业机器人，可配置视觉、触觉传感器。此后，机器人逐渐向多传感器、智能控制方向发展。20 世纪 90 年代以来，这类机器人在制造业中得到越来越多的应用，主要从事焊接、装配等工作。

数字时代的机器人配备了传感器，并由计算机控制，能够获取作业环境、操作对象的简单信息，经过分析处理后，做出更为恰当的动作。相较于机器人 1.0，机器人 2.0 能够完成更大的计算量，计算速度更快，动作更准确，能够随着环境条件的改变调整自己的行为，具备简单的初级智能，但还没有达到完全“自治”的程度。

③ 机器人3.0：智能时代

随着人工智能技术在机器人领域的应用，机器人正在向智能时代迈进。相比机器人 2.0 时代基于感觉控制，机器人 3.0 时代的机器人的突出特点是基于知识的控制。使用机器视觉、自然语言处理、机器学习、神经网络等人工智能技术，机器人 3.0 时代的机器人不仅具备简单的感知能力和自适应能力，而且能充分识别周围环境和工作对象，根据指令和自身判断，确定与之相适应的动作，具备更高的智能，因而被称为“智能机器人”。智能机器人的应用场景不再局限于工业领域，而是向更多领域拓展。

综上所述，智能机器人尚处在发展的初级阶段，目前无普遍认可的统一定义。我们认为，智能机器人是融合机构学、动力学、自动控制、机电技术、传感技术、计算机、信息通信、人工智能、仿生学等多种学科和技术，具有感知、学习、思考、行动和交互能力，通过获取、处理和识别多种信息并自主进行分析和决策，从而完成较为复杂的操作任务或解决实际问题的机器。

（2）智能机器人的产业链

按照智能机器人的生产和价值实现过程，可以将其产业链划分为上游、中游、下游 3 个环节。

上游环节的主体是各类零部件厂商，这些厂商向下一环节提供芯片、传感器、减速器、伺服电机、控制器、网络设备、导航设备，以及各种金属、非金属材料制品等在智能机器人生产中所需要的主要器件和机体。

中游环节的主体是智能机器人本体制造商、软件供应商和方案服务商。其中，本体制造商在智能机器人整体设计的基础上，对上游零部件进行加工、组装，生产智能机器人的整机。软件供应商通过开发算法和程序，让智能机器人实现感知、分析、学习、交互、决策等功能。方案服务商是智能机器人生产企业和用户间的桥梁，为用户提供咨询、培训服务，针对用户个性化的智能机器人需求提供解决方案，联合生产企业对用户已有的智能机器人进行改造或完成定制化生产，并提供后续运维服务。

下游环节的主体是智能机器人的用户，包括流程制造业、离散制造业等工业级用户，物流、医疗、餐饮、零售、政务等企业和机构用户，以及家庭和个人消费者等。

2.智能机器人产业的发展情况

（1）国内外产业发展概况

① 全球产业发展情况

· 全球市场规模持续扩大，信息技术带来全新机遇

得益于互联网、大数据、云计算、人工智能等新一代信息技术的发展与普及，机器人智能化水平不断提升，应用场景逐步明晰，全球机器人市场规模持续扩大。2018 年，全球机器人市场规模达 298.2 亿美元，近十年年平均增长率接近 17%。具体而言，2018 年工业机器人市场规模占比最大，达 168.2 亿美元，近年来保持 15% 以上的稳定增长，全球工业机器人使用密度已超过每万人 70 台。同时，随着人工智能的蓬勃发展，智能服务机器人迎来“爆发式”增长。2018 年，全球智能服务机器人市场规模达 92.5 亿美元，年平均增长率高达 27.9%。此外，技术的快速发展也推动了特种机器人的应用。2018 年，全球特种机器人市场规模达 37.5 亿美元，年平均增长率达 12%。

· 亚洲地区成为重要市场，我国市场日益成为热点

近年来，新兴市场国家逐步进入工业自动化发展阶段，亚洲地区逐步成为机器人需求主力。IFR

（International Federation of Robotics，国际机器人联合会）统计显示，2018年全球工业机器人销售额超过160亿美元。就地区而言，亚洲地区占比达60%。其中，中国、日本和韩国成为全球市场前三名。此外，我国工业机器人的产量逐步提升，2018年，我国工业机器人年产量超过12万台。近年来，全球工业机器人巨头均十分重视我国市场，纷纷在我国建立产业基地，以期抢占我国市场制高点，并满足其他亚洲市场对自动化解决方案日益增长的需求。例如，ABB集团在珠海、青岛和重庆建立机器人应用中心，安川电机公司在常州武进国家高新区建设第三工厂，库卡公司继续扩大在我国的产能等。

· 基础和前沿技术创新活跃，机器人智能化水平提升

当前，全球范围内机器人产业的快速发展与相关的基础和前沿技术发展密不可分，机器人产业迎来大发展时期，智能化成为未来的产业升级方向。其中，围绕人机协作、人工智能和仿生结构的技术创新最为活跃，推动机器人向智能机器人演进。人机协作方面，随着人机交互技术由基本交互向图形、语音和体感交互方向不断发展，人机共融技术已不断深入，成为机器人尤其是工业机器人研发过程中的核心理念。人工智能方面，深度学习、计算机视觉、语音识别、自然语言处理等技术已成为服务机器人提升智能化水平并实现持续发展和场景渗透的重要引擎。仿生结构方面，仿生新材料、仿生与生物模型技术、机电信息处理与识别技术不断进步，推动特种机器人逐步实现“感知—决策—行为—反馈”的流程，使其自主智能水平和环境适应性不断提升。

② 我国产业发展情况

· 本土企业迅速崛起，技术创新日新月异

在我国大力推动科技创新的大背景下，智能机器人产业热潮日益高涨，在各细分领域都涌现出了一批优秀的本土企业和国产技术产品。新松、中信重工、深之蓝、妙手机器人、博实股份、天智航等知名国内企业在应急救援机器人、矿山探测机器人、水下机器人、警务防暴机器人、手术机器人、康复机器人等领域推出了一系列有竞争力的产品。大疆、科沃斯、优必选、康力优蓝、小i机器人等众多创业型企业在无人机、家用机器人、陪护机器人等服务机器人领域十分活跃，获得了市场的充分认可。本土企业依托全球重要的机器人应用市场，创新势头迅猛，成为国内智能机器人产业技术研发、市场开拓和模式创新的主导力量，并有力带动了芯片、传感器、图像识别、语音识别、电机驱动、导航定位、工业设计等一系列相关领域的快速发展。

· 产业处于起步阶段，上游环节仍存短板

我国智能机器人产业虽蓬勃发展，但总体仍处于发展的起步阶段，且在高端材料研发、核心零部件制造等领域仍存在明显短板。当前，我国智能机器人产业总体规模仍偏小，技术和产品还不够丰富，应用渗透水平有待提升，尚无法满足智能制造和消费领域的旺盛需求。目前，大量的科技成果集中于高校和科研院所，技术创新的数量积累尚未转化为实践优势。与此同时，我国虽然已基本形成智能机器人产业链，但大量活跃的本土企业主要集中于中下游的本体制造和应用环节，且高端产品占比较低。此外，在上游环节，高端芯片、传感器、减速器、伺服电机及控制器等关键零部件领域的短板更加明显。总体来看，我国智能机器人产业仍需加大支持力度，培育产业集群，鼓励技术、产品和应用模式创新，推动核心零部件国产化，加快向中高端、多领域发展。

（2）重点企业及典型产品

① 国外重点企业及典型产品

· ABB集团

ABB集团由两家百年企业——通用电机公司和布朗勃法瑞公司（Brown Boveri Company，BBC）于1988年合并而成，是全球500强企业，为全球工业机器人四大家族之一。ABB集团拥有很多种类的机器人产品、技术和服务，业务涵盖电力产品、离散自动化、运动控制、过程自动化、低压产品五大领域，其

中以电力和自动化技术最为著名。

ABB 集团的双臂工业机器人是集柔性机械手、进料系统、基于相机的工件定位系统及尖端运动控制系统于一体的协作型小件装配双臂机器人解决方案，在循径精度、运动速度、周期时间、可程序设计等方面性能优异（如图 1-3 所示）。

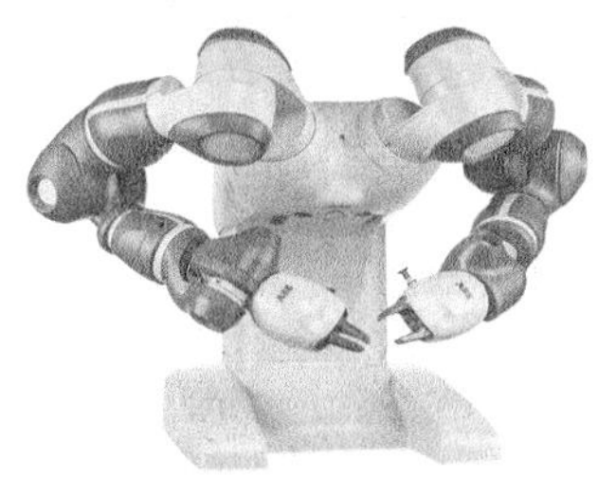

图 1-3 ABB 集团的 YuMi-IRB 14000 型双臂工业机器人

· 波士顿动力公司

波士顿动力公司创立于 1992 年，总部位于美国马萨诸塞州的沃尔瑟姆，是一家全球知名的工程与机器人设计公司，2013 年被原 Google X 收购，2017 年再次被软银公司收购。波士顿动力公司致力于研发、制造各类平衡机器人，包括人形机器人和四足机器狗等，经典产品包括“大狗”“阿特拉斯”等。

“大狗”是一款能够适应复杂地形的智能机器人，是波士顿动力公司的成名之作（如图 1-4 所示）。“大狗”的机载计算机能够控制躯体移动和过程传感器，通过液压系统驱动引擎，保持躯体平衡，在不同的地形选择不同的运动和导航方式。“大狗”能够行走、奔跑、攀爬以及负载重物。

图 1-4 波士顿动力公司的“大狗”智能机器人

② 国内重点企业及典型产品

· 新松机器人公司

新松机器人公司成立于 2000 年，隶属于中国科学院，是一家以机器人技术为核心，致力于提供全智能产品及服务的高科技上市企业。新松机器人公司是我国智能工业机器人产业的领军企业，具有以自主核心技术、核心零部件、核心产品及行业系统解决方案为一体的完整全产业价值链。当前，新松机器人公司拥有工业机器人、移动机器人、特种机器人、服务机器人、协作机器人五大系列的百余种产品，面向半导体装备、智能交通、智能装备、智能物流、智能工厂等领域，形成了十大产业方向。

新松机器人公司推出的七自由度柔性多关节协作机器人拥有快速配置、牵引示教、视觉引导、碰撞检测等功能，特别适用于布局紧凑、精准度高的柔性化生产线，满足精密装配、产品包装、打磨、检测、机床上下料等工业操作需要，可用于汽车、电子、食品、生物制药、仓储物流等诸多行业（如图 1-5 所示）。

新松有轨制导车辆是一款高性能、高灵活性的搬运机器人，可以通过程序设定高效率完成托盘或周转箱的取放、运送等任务，并可与上位机或 WMS（Warehouse Management System，仓库管理系统）通信，结合 RFID（Radio Frequency Identification，射频识别）、条码识别等识别技术，实现自动化识别、输送和存取等功能，可作为柔性化程度较高的自动化搬运设备（如图 1-6 所示）。

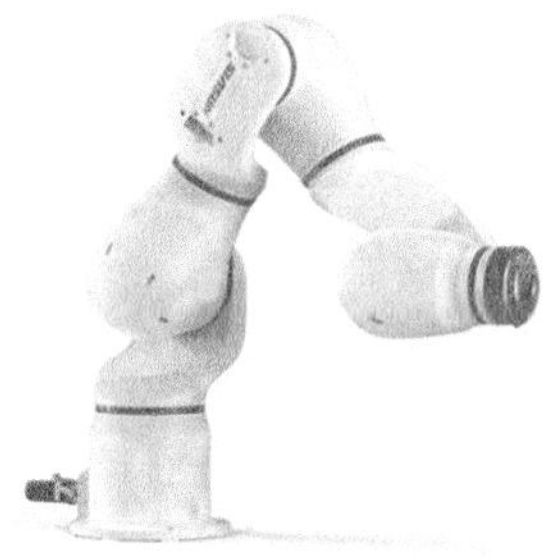

图 1-5 新松机器人公司的 SCR3 型柔性多关节协作机器人

图 1-6　新松机器人公司的搬运机器人

· 大疆创新公司

大疆创新公司成立于 2006 年，是一家无人飞行器控制系统及无人机解决方案的研发和生产商。大疆创新公司致力于无人机领域的技术创新，已成为该领域的领先者之一，在全球消费级无人机市场的占有率超过 70%。当前，大疆创新公司拥有消费级和专业级两大无人机产品线，可用于航拍、农业植保、电力巡检等诸多领域。

“晓” Spark 无人机是一种小型航拍无人机，能够提供高质量航空拍照、摄像功能（如图 1-7 所示）。“晓” Spark 无人机集成了两轴增稳云台、远距高清图像传感器、GPS（Global Positioning System，全球定位系统）/ 格洛纳斯定位、室内视觉定位等诸多功能，可实现手势控制，具备智能航空规划、自动返航、智能跟随等功能。

图 1-7　大疆创新公司的“晓” Spark 无人机

· 科沃斯公司

科沃斯公司成立于 1998 年，是我国最早的服务机器人制造商之一。科沃斯公司以制造传统吸尘器起家，先后经历了向扫地机器人、家用机器人的转型，现已成为智能服务机器人行业的领军企业。当前，科沃斯公司拥有包含扫地机器人、擦窗机器人、净化机器人、管家机器人等在内的完整家用机器人产品线，以及公共服务机器人。

科沃斯公司的扫地机器人是一款具备扫地、拖地功能的智能服务机器人，可通过内置的数十个传感器和智能算法进行路线智能规划，实现规律扫拖、智能避障等功能，能够预约打扫、自行充电，并可结合手机 App 实现信息呈现和智能控制（如图 1-8 所示）。扫地机器人现已成为一种操作简单、功能丰富的日常家用电器，逐渐走进现代家庭。

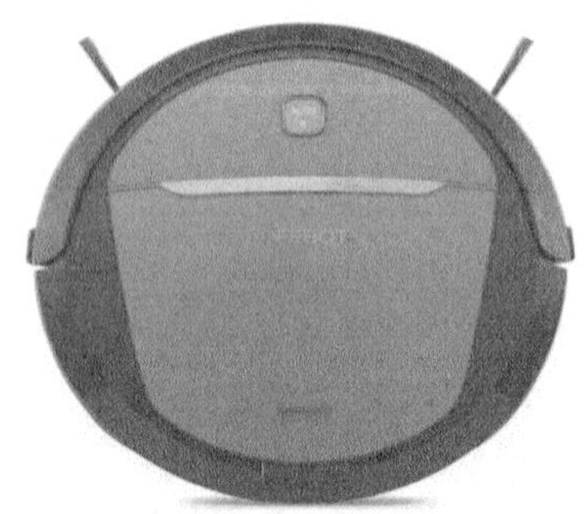

图 1-8　科沃斯公司的地宝 DT85G 型扫地机器人

3. 智能机器人的重点应用领域

随着人工智能技术的加速成熟，自动控制技术逐步与人工智能技术等新一代技术有机融合，为智能机器人的行业应用带来革命性机遇。目前，智能机器人较具代表性的行业应用集中在制造、物流、家庭服务和军事四大领域。

（1）制造领域

智能机器人在制造领域的应用是国家工业水平的重要体现，是制造领域数字化转型的重要举措。在制造领域应用的智能机器人集机械、电子、控制、传感器、人工智能等多学科的先进技术于一体，是继动力机、计算机之后又一全面延伸人类劳动力和智力的新一代生产工具，可融入人类的生产、生活环境，与人类优势互补、合作互助，在汽车、机械、电子、化工等制造领域应用前景广泛。

从全球范围来看，智能机器人在制造领域的应用多采用全产业链的商业模式，行业企业构建了从技术、成本到服务的全方位竞争格局。具体而言，相关企业大多拥有自主生产的智能机器人控制系统、机器人专用伺服驱动系统、工业机器人二维和三维视觉技术、智能机器人核心算法、全自动机器人生产线等，覆盖了从核心零部件、智能机器人本体到智能生产线的全产业链。

在我国，智能机器人在制造领域的应用受到内外两大因素的共同驱动。从内部因素考虑，机器人学、计算机视觉、机器学习算法等人工智能技术的成熟，为智能机器人与制造业深度融合创造了源源不断的内生动力。从外部因素考虑，我国进入制造业转型升级的关键机遇期，适龄劳动力减少，劳动力成本不断攀升，制造企业急需依靠机器智能实现提质增效。

目前，我国制造领域应用的智能机器人供货方仍以国外厂商为主，国产核心零部件占比小于30%，产业链中盈利高的核心零部件主要依赖国外优势企业，国内厂商进入领域的时间短、规模小、市场地位低、技术基础薄弱，尤其在精密减速器、智能化伺服驱动和机器人智能控制器三大核心零部件技术领域缺乏关键技术，大多集中在中游的本体组装和下游的系统集成等工业附加值较低环节，制约了国内制造领域智能机器人的发展。不过，基于技术突破、政策激励、下游市场需求扩大等因素的共同影响，制造领域国产智能机器人的进步空间巨大。

新松机器人公司是近年来快速成长的国内智能机器人制造商，公司创始团队来自中国科学院自动化研究所和机器人技术国家工程研究中心，具有以自主核心技术、核心零部件、核心产品及行业系统解决方案为主的智能机器人全产业价值链。在制造领域，新松机器人公司已经推出了用于柔性生产和智能制造的双臂协作机器人、柔性协作机器人、复合型机器人产品，其中新松机器人公司的双臂协作机器人是国内首款采用柔性多关节技术、可动双目视觉系统的双臂协作机器人，具有高灵活性、高安全性、自主避障、快速配置等特点（如图1-9所示）；新松机器人公司的复合型机器人则采用计算机视觉技术，实现了视觉误差补偿，满足了智能工厂对机械结构运动精度的苛刻需求，可大大提升智能制造领域的人机协作效率（如图1-10所示）。

图1-9　新松机器人公司的双臂协作机器人

图1-10　新松机器人公司的复合型机器人

（2）物流领域

智能机器人在物流领域的应用成为近几年的新亮点。2019年，高工产业研究院的数据表明，全球物流类智能机器人销量达到23 500台，同比增长

49.65%，市场需求的增长空间巨大。物流领域仓储和分拣的成本极高，物流仓库中货架是固定的，分拣员每处理一个订单都必须在仓库中来回寻找，增加了大量无谓的仓储成本。在传统物流仓储条件下，一罐 89 美分罐装食品的仓储成本可达 1 美元。随着电子商务的蓬勃发展，越来越多的从业者发现企业的竞争力来源于效率，而高效的仓储和物流是电子商务成功的重要保证之一。因此，智能机器人在物流行业的大规模应用逐渐成为必然趋势。

智能机器人在物流业的应用采取了以分拣员为中心、让货架运动的“逆向思维模式”，同时借助人工智能配送系统，加强了机器人之间的交互协调能力，重构了物流仓储结构设计，为物流业带来效率革命。亚马逊公司是最早将智能机器人成功应用于物流领域的企业。

早在 2012 年，亚马逊公司就以 7.75 亿美元收购了 Kiva Systems 公司，将其改名为 Amazon Robotics 并宣布拥有其独家使用权。目前，亚马逊公司已将 Kiva 系统全面应用于物流机器人中。Kiva 系统用人工智能算法对每一个机器人进行管理，在实现了单个机器人独立运行的同时，保证了所有机器人可以按照海量用户订单统一协作。在亚马逊公司的物流仓库中，物流机器人背着装满商品的货架“跑来跑去”，数百个机器人能够自行移动，互相尾随，但是绝不会撞到彼此（如图 1-11 所示）。亚马逊公司把大部分单调的工作交给智能机器人，不仅大大降低了劳动力成本，还极大地提升了物流分拣效率和货品仓储密度，使得亚马逊公司的仓储与物流成本大大降低，从而巩固了其在电子商务领域的领先地位。

与此同时，在智能机器人的技术应用方面，亚马逊公司举办了亚马逊机器人大赛，将 Kiva 系统源代码通过 Alphabet Soup 平台开放给开发者使用，力求实现对智能机器人运动算法的优化迭代，并推动智能机器人在更多行业和领域的跨界应用。

图 1-11　亚马逊公司在物流领域大规模使用智能机器人

（3）家庭服务领域

家庭服务领域的智能机器人一般被用于工业生产之外，服务于人类家庭生活，是各类型智能机器人中市场普及度较高的种类。家庭服务类场景对智能机器人的感知能力和交互能力要求较高。目前，深度学习、机器视觉、人脸识别、语音交互、自然语言处理、生物识别等人工智能技术的应用，已经成为家庭服务机器人产业竞争的核心技术。

智能机器人在家庭服务领域的广泛应用来自四大重要因素的驱动。第一，劳动力成本不断攀升形成劳动力缺口，发达国家从事清洁、看护、陪伴等家庭服务工作的人口呈逐年下降的态势，智能机器人的出现无疑将填补家庭服务行业的劳动力缺口。第二，经济水平的提高大大提升了个人可支配收入，人们更加愿意通过使用家庭服务机器人，将自身从简单、重复的劳动中解放出来，以获得更多的空闲时间。第三，人工智能等信息技术的进步使得家庭服务机器人的智能化水平飞速提升，智能机器人不仅成本持续走低、功能更加丰富多样，而且拟人程度越来越高。第四，全球人口的老龄化问题使得市场对社会保障服务、家庭看护陪伴的需求越发紧迫，智能机器人作为良好的解决方案在家庭服务领域拥有巨大的发展空间。

智能机器人在家庭服务领域的应用已成为全球热点。目前，全球至少有 25 个国家在进行家庭服务类机器人的开发，美国、德国、法国、日本和韩国具有领先地位。在日本、北美洲和欧洲等国家和地区，已有 7 种类型共计 40 余款服务类机器人进入商业化，应用在服务机器人领域。在具体产品落地方面，美国的 iRobot、Neato、Mint，德国的 Karcher，瑞典的伊莱克斯，法国的 Aldebaran Robotics，日本的 Shink 电器、松下、索尼、软银，韩国的三星、LG 等公司均有家用智能机器人产品问世，国内的新松、科沃斯、哈工集团等企业也推出了家庭服务领域的智能机器人解决方案。

其中，“派博”是软银公司和 Aldebaran Robotics 公司联合研发的一款服务于家庭的消费级社交机器人，集合了深度学习、语音识别、计算机视觉、机器人学等关键技术。“派博”是全球首款会判读情感的个人化机器人，可识别人类表情，并用表情、动作、语音与人类交流、给予反馈。同时，“派博”可以实现对人类情感的判读，并依据情感变换改变语调（如图 1-12 所示）。在技术层面，“派博”利用机器无监督学习技术，通过接收云端知识和经验数据，实现对人类情感判读的迭代，对外界反应的敏感度随之不断增长，可极大地满足消费者的社交需求。

图 1-12 “派博”的服务场景

（4）军事领域

军事领域的智能机器人出于军事目的而被研制，目标是辅助或代替人类士兵参与对敌作战的军事行动，是未来战场上不可或缺的重要角色。智能机器人可综合运用机器人学、智能控制、自动规划、语言和图像理解、机器视觉等人工智能技术，在毒气、冲击波、热辐射等极端环境中代替人类士兵进行持续、高强度工作。同时，随着智能化水平的提升和智能感知技术的进步，智能外骨骼机器人已开始在辅助人类士兵、提升对敌战斗力和战场存活率等方面发挥重要作用。

长期以来，美国 DARPA（Defense Advanced Research Project Agency，国防高级研究计划局）对军事领域智能机器人的研发和应用投入大量资金，每两年举办 DARPA 机器人挑战赛，对遴选出来的具有发展潜力的参赛者提供进一步支持。DARPA 认为，智能机器人应用于军事领域时所面临的最棘手的问题在于自由移动，因而他们对能够像动物一样在非结构化环境中轻松移动的智能机器人十分关注。在此背景下，波士顿动力公司成为全球军事领域智能机器人制造者中的佼佼者。

波士顿动力公司基于智能传感器和人工智能算法解决复杂的机械控制问题，研发出一系列高仿真、高机动性、高灵活性和高移动速度的智能机器人。早在 2003 年，波士顿动力公司就与 DARPA 签订了第一份合作协议，至今已推出“小狗”“大狗”“猎豹”“阿特拉斯”等系列智能机器人产品，均为美国军方所用。“阿特拉斯”机器人由波士顿动力公司制造，美国人类与机器认知研究所参与编写了其控制、感知和规划算法，使机器人具备了一定的灵活性。该研究所称，路径规划算法将平面区域中机器人的足迹规划到由操作员指定的目标位置，机器人可利用激光雷达感知地形，绘制平面区域的地图。

2018 年 5 月 11 日，在 TechCrunch 的 TC 机器人大会上，波士顿动力公司宣布旗下“SpotMini”机器人正在进行生产。该款机器人重约 29.96kg，充满电可以运行 90min。同时，波士顿动力公司公开了两个新视频，分别展示了“SpotMini”机器人在布满障碍物的办公室中自由穿行、爬楼梯（如图 1-13 所示），以及“阿特拉斯”机器人在田野间自由慢跑的身姿。在其中的一段视频中，人形机器人“阿特拉斯”在到处都是斜坡的草地上慢跑，并在一个点停下来，跳过一段木头（如图 1-14 所示）。此前，军事领域智能机器人的行动路线需要人类操作者进行设定和引导，但在此次发布的视频中，两款机器人使用摄像头避开了障碍，实现了在自有认识下的自主运行和自主导航。

图 1-13 “SpotMini”机器人在杂乱的办公室中自由穿行

2019 年 5 月，美国人类与机器认知研究所又发布了一段新视频，视频中波士顿动力公司的人形机器人“阿特拉斯”在小心翼翼、自主地走过各种物体，包括悬空的木板和摇晃的砖块（如图 1-15 所示）。美国人类与机器认知研究所称，“阿特拉斯”机器人已经能够通过自主规划实现在狭窄的地形上行走，目前“阿特拉斯”机器人在这种地形上行走的成功率约为 50%。

图 1-14 “阿特拉斯”机器人在草地上慢跑并跳过一段木头

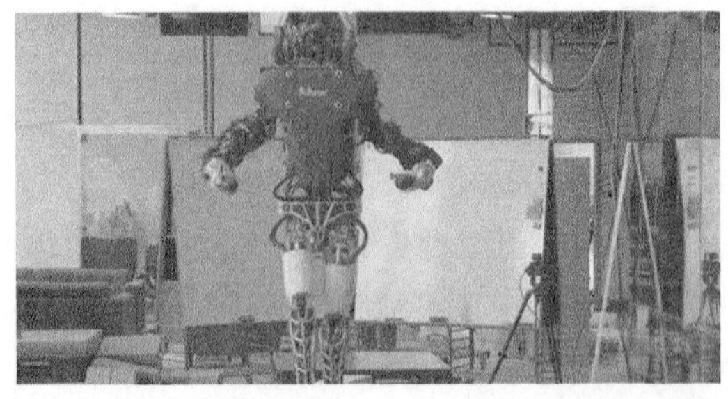

图 1-15 波士顿动力公司的“阿特拉斯”机器人过崎岖的独木桥

4.智能机器人的未来展望

随着新一代信息技术的加速成熟和商业化，智能机器人的发展拥有了较为坚实的软硬件技术基础。得益于行业智能化和生活智能化发展趋势的诉求，商用服务机器人的发展处于爆发拐点，消费机器人有望成为继智能手机之后的下一个互联网终端。

（1）智能机器人的技术发展和应用趋势

首先，大数据、物联网、虚拟现实、人工智能等新一代信息技术逐渐在智能机器人中集成和应用。近年来，随着人工智能技术和互联网技术的快速发展，智能机器人成为这些新兴技术的重要载体，通过使用新的信息技术，机器人的智能化水平得到大幅提升，机器人可以灵活执行多种类、多样化的工作，引领智能机器人的创新发展。

其次，智能制造行业的智能技术发展为工业机器人的发展提供了广阔空间。随着智能制造生态体系的建立健全，越来越多的企业开始积极探索相关新模式、新业态。智能机器人在生产信息采集、生产流程、安全控制、维护检修等环节的应用广度不断增大，深度不断增强，支撑高端装备网络协同开发、高端装备远程运维服务、产品全流程质量追溯等新型智能制造模式的开展和推进。智能机器人在电力等领域的应用不断普及。以巡检机器人为代表，广泛应用的无轨化、三维激光导航技术和视觉识别等技术，将助力巡检机器人在各类天气情况下的各类路况的巡检工作及简单的安全维护，真正提升操作流程的智能化水平，实现从自动巡检机器人向智能巡检机器人的蜕变。

最后，智能服务机器人的功能不断丰富与完善，发展前景可观。当前，全球人口老龄化速度不断加快，为智能服务机器人带来巨大的市场空间。目前老龄化程度较高的日本和欧洲地区，老龄人口比例基本已达到 60%。从我国市场来看，2014 年全国老龄化程度在 96 个国家和地区中只排第 52 位，但预计到 2050 年将会上升到第 21 位，老龄人口比例将达到 39%。另有研究表明，“空巢”老人占老龄人口比例约 50%。智能服务机器人在养老看护、医疗保健、情感关爱方面具有独特的应用优势，与信息技术的融合创新将推动智能服务机器人更加便捷化、友好化、智能化，将更为深刻、积极地改变各类人口的个性化、实时性、精细化的生活需求，特别适合满足老龄人口的各类生活需求。

（2）智能机器人发展面临的深刻问题和伦理挑战

智能机器人产业具有较强的特殊性，由于其发展理念将对人类的生产和生活造成较大的替代和规则性变化，因此在社会各层面一直面临着较大挑战，这些挑战可能阻碍产业按正常规律壮大，应始终高度关注产业发展。

智能机器人对劳动力的替代能力和幅度一直是全球宏观经济的首要关注问题。劳动力是经济增长的核心要素，控制和降低失业率一直是宏观经济发展的关键指标，也是各国政府保证社会稳定的重要议题之一。咨询机构 Redwood Software 和 Sapio Research 通过对 IT 领导者的调研认为，到 2022 年，自动化和机器人的使用可能会影响 60% 的企业，这将显著影响人类就业。

机器故障将带来伦理观念与法律责任的审视和争论。近些年来，某些特殊用途机器人的出现，更加放大了人类对智能机器人的恐慌和敌对情绪。一方面，这引起了人类对智能机器人所具备的功能和能力的审视，即智能机器人是否可以学习人类价值观，又能在多大程度上掌握和超越人类所拥有的能力。另一方面，现有的作为生产工具的智能机器人在发生故障时有明确的、对应的责任承担人，未来社会中更加智能的智能机器人应承担的法律责任边界却并不明晰。

（3）当前我国智能机器人领域的发展方向与重点

政策体系层面，我国应坚持继承式发展，不断细化和完善智能机器人政策体系，贯彻落实《新一代人工智能发展规划》，细化和完善《促进新一代人工智能产业发展三年行动计划（2018—2020 年）》《“互联网 +”人工智能三年行动实施方案》《机器人产业发展规划（2016—2020 年）》等相关政策举措，形成相互适应、共同促进的智能机器人政策体系。

技术创新层面，我国应持续支持对与智能机器人相关的高新技术和行业知识技术的联合研发、投入，使这些技术成为智能机器人实现良好人机互动功能的突破口。促进人工智能、物联网、云计算、大数据、下一代通信等技术的发展，在夯实智能机器人技术基础的同时，以应用引领技术研发，加快智能制造、智慧能源、智慧交通、智能家居等广泛领域的智能机器人软硬件协同研发，优化和提高智能机器人信息获取、识别、分析的环境和效率，完善我国智能机器人技术体系。

生态构建层面，我国应从各类要素精准需求入手，构建智能机器人发展生态，继续保持人工智能领域已经具备的创业活跃、融资金额高、研究论文和专利数多等优势，坚持建设高水平人才队伍。在市场培育、启动资金、基础研发、应用研发等方面给予政策支持，特别是在推动未来智能机器人发展的具体应用场景方面给予试点示范，完善智能机器人发展生态所需的环境。

1.1.3 智能机器人背后的技术

★ 关键词：智能　机器人　家庭　娱乐　技术

★ 作　者：邵芸

过去的机器人以半自动化的机械性劳动为主，而近年随着图像识别、语音识别、深度学习等技术的快速发展和突破，机器人产业也迎来了关键的历史时期，人工智能技术的快速发展为机器人植入了智能化的“大脑”，智能化将成为机器人产业的升级方向。机器人被赋予了更加智能化的算法，因而能完成很多复杂的任务，各种各样的智能机器人应用及产品层出不穷。

随着几十年工业和科技的进步，神秘的机器人慢慢从科幻作品步入现实社会：笨重的机械臂变得灵巧又精准，已经可以协助医生完成各种高难度的手术；带有自动导航功能的载具可完成自动灌溉、运输货物、设备的损坏检查等一系列需要大量人力的高强度工作；很多家庭也购买了家务机器人，为自己节省了时间。机器人对人们生活的影响，已经覆盖多个层面。接下来介绍一些不那么热门却令人惊叹的智能机器人产品。

1.家庭类

（1）做饭机器人“Moley”

如果你觉得做饭非常麻烦或时常需要面对舍友听见你说“今天我下厨”时的恐惧眼神，那么你或许需要这一款做饭机器人“Moley”：全自动“一条龙”服务，从学习各系菜谱到洗碗，甚至还能学习顶级厨师的烹饪方法。当然，与高档的外观相匹配的是其不菲的价格。

充满科技感的“Moley”包括两只机械手臂，每只手臂上的触感传感器用于反馈触觉信号（如图1-16所示）。除此之外，还包括电子烤箱、烤炉、洗碗机以及一个触屏单元。机械手臂能抓取并使用厨房的各种器具，如打蛋器、菜刀等。Moley Robotics公司未来计划录入2000余种菜谱供用户挑选。目前用户可以通过内置的触屏或手机App来操作该机器人。据Moley Robotics公司的员工介绍，美中不足的是食材仍需要放在指定的位置，食材形状上的差别也会造成抓取失败，并且一旦动作中的某个环节出错将无法恢复原操作，这些问题在未来都将通过机器学习技术来解决。

学习做菜方法是“Moley”的核心技术，它借助三维摄像机和连线的手套等一系列动作捕捉系统来记录人类厨师的动作，并上传到数据库。厨师的动作和工序通过手势和姿态被识别转化成带有时序的数字信号，其技术由斯坦福大学和卡内基梅隆大学共同研发。之后“Moley”便可通过重现整个工序，使用与厨师一模一样的方法来做菜。

图1-16 做饭机器人“Moley”

（来源：Moley Robotics公司官方网站）

动作捕捉系统是一种记录并处理人或其他物体动作的系统，在各个领域都得到了广泛的应用。例如，擅长制作精美的三维动画的梦工厂公司就经常使用类似的系统使虚拟人物的运动如同真人一般流畅。

动作捕捉系统的原理是什么呢？被捕捉动作的对象，如演员，每秒会通过光学或非光学的方式被多次采样记录，一般来说，记录的内容主要是关键点的位置及其运动轨迹。这些数据会被重新处理并映射在虚拟三维模型的各个对应点上，并通过一些算法校正数据的误差使之符合物理上的约束。

其中的第一个关键技术即通过传感器从人或其他物体上捕捉关键点。这里又包括两个分支：光学动作捕捉系统和非光学动作捕捉系统。

光学动作捕捉系统利用多台相机或其他图像传感器接收并通过标记点的位置来估算其在三维空间的对应位置，一般会运用数学中的透视投影算法（如图1-17所示）。估算这个对应位置需要事先获得每个标记点在二维/三维空间的对应坐标，以及相机内参，包括焦距、畸变等，以获得准确的空间信息。

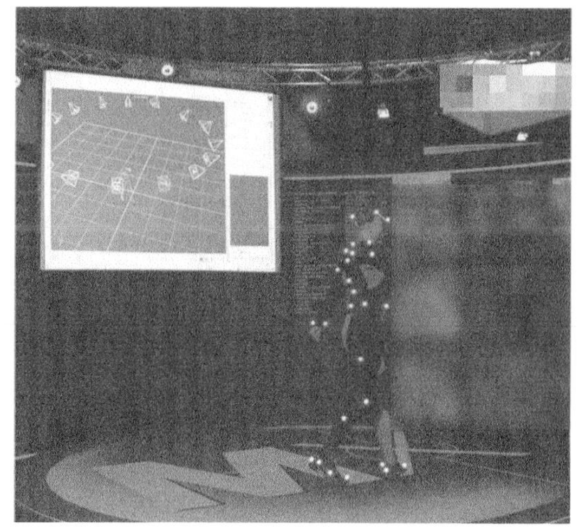

图 1-17　光学动作捕捉系统

（来源：Wikipedia）

获取图像上的标记点有以下几种常用方法。

· 被动标记：在标记点涂抹后向反射材料反射从相机附近打出的强光，通过改变相机的阈值来过滤皮肤和衣物上的光。

· 主动标记：标记点附加 LED 灯，使捕捉的信噪比更高、范围也更广，通常可以精确到 0.1mm。

· 时间调制过的标记：通过不同方式闪烁每个标记点，使其获得额外的编号信息。这样可以省去人工对应标记点的工序，甚至可以根据人物动作实时渲染三维模型的动作。这种技术通常依赖于高速的电子快门。

· 无标记：捕捉对象不需要佩戴任何设备，后台通过纯图像信息（通常同时包括深度信息）来估算标记点位置。这种技术依赖于计算机视觉的人体姿态识别算法，在现有的深度学习算法框架下可以取得非常可观的效果。

非光学动作捕捉系统可通过惯性系统——佩戴惯性测量单元来采集标记点的相对运动，或是通过穿戴外骨骼装置甚至磁铁来实现同样的功能。

（2）叠衣服机器人“Foldimate”

比起对于很多人来说还是很有乐趣的菜肴制作，洗衣服则是实实在在的家务琐事，每周都要洗衣服、晾衣服、熨衣服、叠衣服，周而复始。“Foldimate”可带你脱离苦海，你只需挨个把衣服塞进去，之后就可以拿出叠得整整齐齐的衣服了，它配合洗衣机和烘干机的使用使洗衣服到叠衣服的过程变得简单、顺畅（如图 1-18 所示）。

叠衣服机器人看起来很简单，但其中运用的技术却很复杂。有句话说得很贴切，人工智能系统能在最复杂的游戏中打败世界上的顶级天才，却在很多的简单工作中不如一个技能拙劣的工人。叠衣服机器人需要面对的是不同尺寸、厚度、材质、类别的衣服，而识别并寻找正确的入手点其实是一件非常有挑战的事情。

接下来通过一篇来自帝国理工学院的学术论文，介绍一个与自动化叠衣非常相关的冷门技术——衣物识别及标记点检测。这篇论文将自动化叠衣分成了两个步骤：识别衣服种类并检测衣服上合适的标记点，生成叠衣服计划。

图 1-18　叠衣服机器人“Foldimate”

（来源：“Foldimate”官方账号）

衣服作为识别 / 检测目标可以被归类为“三维可形变物体”，这是最具挑战性的类别之一。其他三维物体一般包括以下两类。

· 刚性物体：如一个雕像。一般来说，这类物体在真实空间中变化时受到的限制较大（只能旋转、位移，通常不会发生形变），所以映射出的图像的变化也较为简单。

· 铰接式物体：如人的手或骨骼。这类物体由刚性物体连接而成，其图像上可能的变化也呈指数级增长。虽说人的手只有十几个关节，但如果需要捕捉一只手的全部角度和可能的手势，组合起来的数据往往也会达到十万级乃至百万级。

这里要讨论的三维可形变物体最为复杂。最典型的就是橡皮泥，它们可以以任意方式变形产生无穷的变化。所以我们首先需要缩小变化的空间，典型的方法之一就是假设它局部是形变很小的刚性物体。

通过图像识别之后，将检测根据衣服种类来定义的适合抓取的标记点（如图 1-19 所示）。一旦取得了这些标记点，就可以通过机械臂将衣服展开成更容易进行后续处理的状态。论文中运用的识别和检测算法是前些年较为流行的随机森林算法，其优势在于可应对不同机器学习问题的高适应性以及 $O(\log n)$ 的低复杂度，从而能在较快地应对大量数据时维持较高的准确率。在此之后出现了很多更适用于形变物体的标记点检测算法。不过在深度学习热潮爆发的今天，可以使用现有的一些标记点检测算法，如 CNN（Convolutional Neural Network，卷积神经网络）算法。

图 1-19　衣物上适合抓取的标记点

回到叠衣服机器人上，接下来就出现了两个问题。假如所有标记点或一些标记点被挡住了怎么办？衣服抓起来又该怎么叠？

论文中给出了方案：主动计划。简单来说，需要实现的就是找不到就翻个面，看不到就换个更好的角度，当然，实际操作时要复杂得多。论文作者使用了部分可观察马尔可夫决策过程，让系统通过观测不同状态下的检测结果来确定下一步如何处理可以离最优的结果更近。

当所有标记点都成功找到后，衣服被平铺成标准的模样，叠衣服机器人只需要完成预先设计好的动作（如图 1-20 所示）。

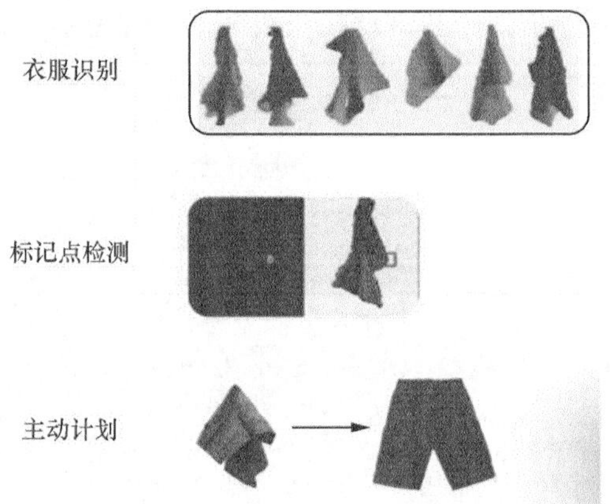

图 1-20　衣服识别及标记点检测

（来源：*Autonomous Active Recognition & Unfolding of Clothes using Random Decision Forests & Probabilistic Planning*，A.Doumanoglou et.al.）

（3）家政机器人“Aeolus”和“REEM”

小圆盘形状的扫地机器人已经比较常见，而接下来要说的是两款真正的扫地机器“人”。“Aeolus”和“REEM”都是泛用型家政机器人管家，能帮助主人做各种家务琐事（如图 1-21 所示）。它们拥有具有亲和力的人形外表，可以接待客人，也可以送食物、捡地上的大块垃圾、找丢在地上的钥匙等。最重要的一点是，它们和真正的管家一样，可以通过和主人的接触来了解主人的日常作息、生活习惯，甚至和主人进行简单的对话。

图 1-21　家政机器人“Aeolus”和“REEM”

这两款机器人所涉及的技术和算法比较复杂，仅涉及的人工智能相关技术就非常多，如接待客人要用到的技术有：人脸检测，用以发现客人到来；人脸识别，用以认证客人信息；人脸标记点检测，用以辅助人脸识别、判断客人的人脸朝向、判断是否在说话或更多；NLP（Natural Language Processing，自然语言处理），用以判断客人说了什么。捡垃圾要用到的技术有：物体检测，用以判断是否有垃圾、垃圾大概属于什么类别；SLAM（Simultaneous Localization and Mapping，即时定位与地图构建），用以定位和移动到垃圾所在地；六自由度三维物体姿态识别，用以决定从何下手来抓取这个垃圾以及再次更详细地验证这个垃圾的信息。而简单的对话交互系统更是需要成千上万的数据来支持，如苹果公司的 Siri 和亚马逊公司的 Alex，其背后的成本可以说不可估量。

以下简单介绍用途非常广泛、目前相对较成熟的 SLAM 系统。可以说，只要需要自主行走且不被绊倒、不撞墙的机器人都需要搭载这个系统。

SLAM系统需要解决的是机器人“三大问题”：“我在哪儿？这是哪儿？要去哪儿？”或“定位、地图构建、路径规划”。接下来将介绍和计算机视觉相关的前两部分。

定位：假设有一个参考点作为原点，通过机器人的摄像头怎么得出移动之后相对原点的位置？首先将其简化成更简单的问题：我有两张图像，分别是相机移动前和移动后拍摄的，求相机的姿态（旋转、位移）。目前解决这个问题大多还是使用几十年延续下来的经典方案，基本可以概括如下。

· 寻找局部特征点。也就是找到在各种变化下都稳定的小块图像区域，如桌角。这样将相机换个角度或是离远些也还是能找到这个特征点。经典的有角检测和块检测，一般会和特征点抽取配套使用。

· 抽取特征点。找到了这些小块图像区域后，为了便于匹配，需要将它们转换成标准的形式，一般称之为特征向量。特征向量需要有“不变性”的特征，也就是在各种条件下，同一个物体的同一个位置对应的特征向量需要尽可能相同。经典的方法如 SIFT（Scale-Invariant Feature Transform，尺度不变特征变换）和 SURF（Speeded Up Robust Features，加速稳健特征）等，大部分也包括对应的局部特征点的抽取。最近，深度学习领域中也出现了类似提取 / 描述特征点的网络结构。

· 匹配特征点。比对特征向量，找到两个图像局部特征点的对应关系。因为特征向量已经固定，所以简单地计算每个维度之间的差即可。

· 计算摄像机矩阵。找到一组匹配的二维—三维点就可以算出图像上的像素和真实世界空间的关系。摄像机矩阵为一个 3×4 的矩阵，可将真实世界空间的三维坐标映射到二维图像上。

完成上面这几点，就可以算出每次图像改变时，相机到底在什么方向移动了多少距离。当然，这里面包括很多限制。因为是基于图像的，在高速运动或是视觉受到严重干扰的场景中，整个系统就会完全失效，所以很多机器人会同时配备 GPS、IMU（Inertial Measurement Unit，惯性测量单元）来辅助定位。

地图构建：通过定位求出了摄像机矩阵，就可以轻松地为图像赋予额外的“深度”信息，也就能知道某个像素距离拍摄处有多远。把每帧的像素都投影到三维空间中就能构建好地图了吗？实际上，问题复杂得多，因为真实环境中充满了干扰。首先环境干扰和相机、算法的限制会导致局部特征点不准确，在此之上求出的摄像机矩阵也就不准确，那么物体在图像上的点会被投影到偏离真实位置的点。累积下来，整个地图必然一片狼藉。

于是有了一系列优化方式来解决这个问题，从经典的 EKF（Extended Kalman Filter，扩展卡尔曼滤波器），到之后基于图论的捆绑调整，最终目的都是通过多次观测来拟合出一个最为准确的点。在这期间还衍生出了另一个问题：闭环检测。因为机器人在运动时会持续产生误差，长时间的移动会累积非常大的误差，所以机器人走很远再回来可能就觉得自己到了一个新的地方。于是就要额外增加一个新功能：记住自己到过的地方。然后像蛇咬尾巴一样把途中生成的地图重新连接，做一次全局优化，尽量弥补中间的误差，获得真实数值。通过类似原理实现的微软公司的 Kinect Fusion 三维物体重构如图 1-22 所示。

图 1-22　通过类似原理实现的微软公司的 Kinect Fusion 三维物体重构

2.娱乐类

踩在平衡球上欢快的机器人啦啦队员“muRata”，能同步，不互相碰撞，也不摔倒（如图 1-23 所示）。

图 1-23　机器人啦啦队员“muRata”

摇滚乐队“Z-Machines”全部由机器人组成，包括鼓手、键盘手和吉他手（如图 1-24 所示）。除了外表酷炫，这支乐队还能演奏超越人类水平的乐曲。

世界上著名的魔方手“The Cubinator”也是机器人（如图 1-25 所示）。2010 年，“The Cubinator”在复原三阶魔方时仅用时 18.2s。除此之外，它还有一些奇怪的幽默感，如不小心掉在地上时，会发出“Oh Dear”的声音。

图 1-24　机器人摇滚乐队“Z-Machines”

图 1-25　机器人魔方手“The Cubinator”

此外，人们观看魔方还原时，会有前一帧 9 个颜色、后一帧 1 个颜色的感觉（如图 1-26 所示）。

图 1-26　还原魔方装置

3.体育类

乒乓机械臂“KUKA KR AGILUS”和世界冠军泰姆·博尔（Time Boll）打乒乓球打得难分上下（如图 1-27 所示）。

图 1-27　乒乓机械臂“KUKA KR AGILUS”

图 1-28　机器人救生员“E.M.I.L.Y”

4.实用类

看起来不起眼的机器人救生员“E.M.I.L.Y”一年完成了 77 192 次救生任务（如图 1-28 所示）。

智能喷水器“Droplet”借助千万气象、土壤信息，能精准地根据植物状况进行灌溉，据说可以省下 90% 的水（如图 1-29 所示）。

图 1-29　智能喷水器“Droplet”

1.1.4　智能服务机器人发展综述

★ 关键词：智能服务机器人　政策　技术

★ 作　者：张晶晶　陈西广　高佼　孙亮　薄国宁

作为一种重要的智能硬件，随着计算机视觉、机器学习、智能语音等多种智能算法技术的进步，机器人行业也在飞速发展。从长期来看，未来人工智能最大的应用市场将出现在服务机器人领域，面对远比当前工业生产复杂的环境，服务机器人对人工智能技术的要求更高、更全面，市场空间更加巨大。本小节将梳理国内外服务机器人产业发展的近况，对国内外服务机器人产业的重点应用、企业发展、政策环境及相应特点进行详细阐述和归纳总结。在提出当前我国机器人产业发展存在的问题的基础上，对行业发展进行展望，并提出发展建议。

1.引言

智能服务机器人是在非结构化环境下为人类提供必要服务的集成多种高技术的智能化装备，是改善人类生活水平的重要切入点，其技术及产业化水平是衡量一个国家科技创新、人工智能基础技术水平的重要标志之一，也是全球范围内前沿技术研究最活跃的领域之一。大力发展智能服务机器人产业，对提升智能科技水平、改善人民生活水平具有重要意义。

我国自 20 世纪 80 年代起开始研发服务机器人，在新型仿生材料、各类新型结构、基于语言的认知智能等基础前沿技术方面，在服务机器人伺服电机、减速器、激光传感器等关键零部件共性技术方面，在水下自主机器人、消防机器人、搜救 / 排爆机器人、手术机器人、康复机器人、仿人机器人、扫地机器人等样机和产品方面，都有长足进步和发展，并培育了一批提供关键部件、服务机器人本体、系统软件、应用软件、云服务的服务机器人企业。

虽然我国的服务机器人产业已经取得了长足进步，但与发达国家相比，还存在较大差距。在前沿基础领域，我国在新材料、新结构、新模型、感知技术、认知智能、人机协作等一系列领域处于相对较弱的环节；在共性关键技术方面，缺乏关键零部件的核心技术及核心零部件，视觉处理、传感器、电机等技术和部件多依赖进口，成本高，超出消费者承受范围；在产品方面，现有产品同质化、低端化的现象严重，高端产品开发难度大，高可靠性产品迟迟不能上市，人机交互方面存在瓶颈，导致用户体验差，难以满足消费者需求，市场占有率亟待提高；在技术支撑体系方面，服务机器人标准、检测认证等体系几乎空白，亟待健全；在产业方面，供应链不完善，关键环节缺失，产业集群度低，企业竞争力不足。我国的服务机器人产业向智能化、实用化、信息化、高可靠性的全面转型与升级迫在眉睫，智能服务机器人的发展也将推动相关技术和产业发展。

2.国内外政策导向分析

世界各国、各地区纷纷加入智能服务机器人领域的技术竞争，制定了各自的发展战略规划。

美国在 2009 年制定了《机器人发展演化路线：从互联网到机器人技术》，明确了医疗机器人、服务机器人、太空机器人以及军用机器人的发展轨迹，并于 2013 年对演化路线进行了修正。2016 年，美国发布了《国家人工智能研究与发展战略规划》，将人工智能技术提高到美国未来大力发展的战略高度。

日本将服务机器人技术作为国家战略，重点发展智能服务机器人，成立了“新世纪机器人技术战略调查专门委员会”，编制了开发机器人单元技术的规划和根据市场需求开发实用化机器人的规划，在服务机器人和特种机器人技术领域制定了机器人技术发展路线图，制定了进一步普及医疗、护理等服务机器人的发展规划。

欧盟制定了《欧盟第七框架计划》，大力发展服务机器人。欧盟与欧洲机器人协会启动了服务机器人研发计划，旨在研究服务机器人在农业、健康、交通、安全和家庭等各领域的应用。

英国启动了机器人与无人系统战略 RAS 2020，推进先进制造、助老助残、农业、航天、深层采矿、无人驾驶、核能等领域的机器人和无人系统的研究。

韩国于 2008 年实施了《智能机器人开发与普及促进法》，随后发布了《服务机器人产业发展战略》；2015 年发布了《机器人未来战略 2022》，将服务机器人列为国家未来发展的十大“发动机”产业，重点扶持服务机器人关键技术发展，强调服务机器人与现代网络相结合，形成国家新的经济增长点。

我国高度重视智能服务机器人产业发展。《国家中长期科学和技术发展规划纲要（2006—2020 年）》明确指出，以服务机器人和危险作业机器人应用需求为重点，研究设计方法、制造工艺、智能控制和应用系统集成等共性基础技术。工业和信息化部、国家发展和改革委员会与财政部联合发布的《机器人产业发展规划（2016—2020 年）》明确了服务机器人的发展任务：围绕助老助残、家庭服务、医疗康复、救援救灾、能源安全、公共安全、重大科学研究等领域，培育智慧生活、现代服务、特殊作业等方面的需求，重点发展消防救援机器人、手术机器人、智能型公共服务机器人、智能护理机器人等 4 种标志性产品，推进专业服务机器人实现系列化，个人 / 家庭服务机器人实现商品化。《“十三五”国家战略性新兴产业发展规划》中也明确了构建机器人产业体系，全面突破智能机器人所需的高精度、高性能机器人核心零部件及相关关键技术，推动智能化专业服务机器人和家用机器人的发展与产业化。

3.国内外技术发展对比

（1）基础研究与前沿技术

① 国外现状及发展趋势

在新型材料、结构、建模和控制技术领域，美国在仿生材料领域已经取得很大的突破，并将其应用于人工皮肤和人工肌肉等领域。此外，智能型压电纤维复合材料、形状记忆合金也获得较好的发展，可作为力敏、热敏驱动元件和阻尼元件等。日本是智能材料研发大国，其拥有的专利数量非常多，且主要集中于压电、电致伸缩、磁致伸缩材料等领域。欧洲在基础材料和新结构领域发展也较快，欧盟专利组织、德国、英国和法国在智能材料领域的专利数量都排在世界前 10 位。美国、日本、法国、瑞士等国在仿生结构、建模以及控制领域发展迅速，如在多足步态结构方面，已精确建立了两足、四足以及轮足步态结构的运动学模型，并打造了人形机器人、四足机器人以及轮足式机器人。德国已研制出具有 21 个自由度结构的机械臂，其运动特性与人类手臂更加接近。

在感知技术领域，美国处于领先地位，如研制出超声波测距传感器、雷达传感器、三维激光扫描技术、深度相机等，并形成了传感器网络和实现了多传感器数据融合技术，实现了无人驾驶、机器人环境感知等。在视觉感知方面，美国提出了一套完整的视觉计算理论和方法，实现了三维场景重构技术和类人视觉，影响了整个机器人视觉技术领域。欧洲具有一批国际知名企业，如博世、施克等。德国的加速度传感器、惯性测量技术、毫米波探测技术、MEMS（Micro-Electro Mechanical System，微电子机械系统）技术都处于国际领先地位，部分传感技术已在无人驾驶车辆上使用。日本的感知技术主要向智能化和微型化发展，研发出多种感知与数据处理、存储、双向通信等集成的技术以及软传感技术，即智能感知与人工智能相结合，同时大规模发展微型传感器、生物化学传感（与生物技术、电化学结合）以及纳米传感（与纳米技术结合）技术等。

在机器人认知领域，美国利用其在人工智能领域的优势，大力发展模糊语义识别、非结构化环境机器视觉、多模态认知等技术。英国的 DeepMind 公司研发的机器人已经具备很强的自我学习和认知能力，在此基础上形成的 AlphaGo 已经击败了人类围棋冠军。

在人机协作领域，美国的研究起步较早，世界上第一台商业化人机协作机器人诞生于美国。欧洲的人机协作机器人已经开始替代传统的工业机器人，广泛应用在工业领域。

② 国内情况及已取得的成果

近年来，我国在服务机器人的基础和前沿技术领域取得了长足的进步，部分达到了国际先进水平。

在新型材料、结构、建模和控制技术领域，我国在智能材料领域的专利数量位于世界前列。上海交通大学在形状记忆合金材料、压电陶瓷、生物仿生人工骨等方面取得了不错的成果；清华大学在仿生水凝胶快速成型工艺、仿生骨复合材料、纳米材料等方面有了重大突破；北京航空航天大学在机器人软体结构材料及控制技术上已达到国际先进水平；山东大学等单位已经建立了步态机器人动态模型和控制算法，实现了多足行走机器人结构。

在感知技术领域，中国科学院上海硅酸盐研究所的压电陶瓷感知技术打破了国外技术垄断；多家企业在激光传感和三维深度相机传感技术方面有所突破，为机器人环境感知提供了技术支撑。

在认知算法领域，我国起步虽晚，但发展速度较快，国内一批企业在机器人学习和人工智能领域开展了大量的研发工作。在应用方面，认知技术已广泛应用于语义识别、视觉识别等领域。

③ 国内外比较分析

综上，在新型材料、结构、建模和控制技术上，我国整体落后于国外。在结构和控制方面，我国的应用水平已达到国际先进水平，但基础技术的发展仍然落后于国外。我国是感知技术应用的大国，却不是强国，无论是感知基础技术，还是芯片、软件和应用，都存在依赖国外技术的问题，一些具备先进传感技术的设备仍需进口。因此，发展自主可控的感知技术，实现环境感知、处理和分析，对服务机器人整体水平的提高具有重要意义。在机器学习和智能认知领域，我国的应用研究与国外没有差距，但在核心算法以及类似于 TensorFlow 这样的通用化平台和系统建设上仍处于落后的地位。机器人协作共融技术还缺乏系统化的研究。

（2）智能服务机器人共性、关键技术

① 国外现状及发展趋势

在核心零部件方面，美国、德国和日本拥有高精度电机、驱动器、减速器、一体化关节等部件的生产厂商，并占有绝对的市场份额。深度相机、三维激光传感器、惯性传感器等新一代服务机器人和无人系统中所需的重要传感器技术大多由欧美的企业掌握。

在服务机器人软件领域，美国掌握着核心技术，拥有 ROS（Robot Operating System，机器人操作系统），配备仿真平台，形成了服务机器人行业开发的事实标准，并演化生成军事版、农业版、移动机器人版等衍生版。美国在机器人基础软件领域全球领先。德国深度参与机器人操作系统的开发和应用，可提供完善的技术咨询和技术支持。除此之外，欧洲还有两个完善的开源机器人软件系统。日本也发布了通用化的机器人开发中间件和仿真的软件，用于各类机器人的开发，以解决机器人部件间的兼容性问题。

在机器人认知能力建设方面，需要大量规范化的数据集支撑。美国目前是全世界收集智能认知所需数据较全的国家，其数据覆盖生活中常见的物体和场景。IBM Watson 提供了数据平台，可实现自动建立结构化和非结构化数据模型。美国还具有各种语音、语义、人脸等数据集用于认知训练。英国具有大量的医疗健康数据集，可为个人、家庭、医疗康复服务机器人的认知训练与学习提供服务。

在定位和导航方面，美国在全局定位和局部定位方面都具有很深厚的技术积累，如 UWB（Ultra Wide-Band，超宽带）技术、vSLAM、三维激光定位等技术。英国和法国在机器人定位导航、运动控制、行为规划等共性关键技术方面具有较大的优势，为国际市场提供了特定的解决方案和软件。英国建立了新一代窄通道数据传输 MQTT（Message Queuing Telemtry Transport，消息队列遥测传输），可实现异构数据传输，用于机器人状态监控和远程控制。

② 国内情况及已取得的成果

近年来，我国在核心零部件制造方面取得了长足的进步。“十二五”期间，我国针对核心部件，如伺服电机、驱动器、减速器等进行战略布局，开展了技术攻关，并发展了一批生产企业，如方正电气、拓邦、华中数控、绿的、秦川等。

在机器人软件领域，北京航空航天大学开展了实时机器人系统等方面的研究；汤尼机器人公司发布了服务机器人通用集成开发平台 RoboWare，并对系统间的数据传输提出了安全策略。

在定位和导航方面，我国最近几年发展得较好，从激光传感器、深度相机到定位导航算法都已基本赶上欧美国家的水平，并实现了行业应用，取得了较好的效果。

在认知数据集方面，国内一些创新企业建立了语音、人脸和人机交互数据集，如科大讯飞等，为服务机器人实现初步认知提供了基础。此外，国内还涌现出了一批专门提供服务机器人定位导航解决方案的企业。

③ 国内外比较分析

在共性关键技术方面，我国与国外相比仍存在一定的差距。在核心零部件方面，我国虽然已开始规模化生产，但产品在精度和可靠性方面与发达国家相比仍有差距，在核心器件上仍没有取得突破。在机器人软件平台方面，我国虽然已有一定的基础，但还基本停留在应用层面，自主开发还未形成体系，相比美国、日本、欧洲还有很大差距，缺乏专业化的机器人操作系统软件和仿真平台。在定位和导航技术方面，我国在算法层面和应用研究领域已达到国际领先水平，但配套国产硬件的精度和可靠性还有待提高。关键器件的核心部件，如激光元器件和三维传感器核心部件等依赖进口，核心能力仍不足。在智能认知数据集方面，目前已具备较完善的汉语语言和人脸等数据集，但主要为商业化处理后的数据集，没有服务于整个认知技术的开放原始数据集，不利于技术整体发展。在机器人数据处理方面，仍缺乏为机器人状态数据、任务数据、音频、图片、视频等多态异构数据提供采集、传输、存储、分析的云平台。

（3）个人/家用/公共服务机器人

① 国外现状及发展趋势

在人机自然交互方面，美国的微软、谷歌、苹果等公司均开发了自己的聊天机器人平台，在自然语言交互、云平台建设方面处于世界领先地位，并实现了商业化应用。在体感交互方面，美国的微软公司以及以色列的 PrimeSense 公司已具有成熟的体感交互产品，并占有较大的市场份额。

在灵巧作业方面，机械臂的生产技术主要由瑞士的 ABB、德国的库卡、日本的安川和发那科公司掌握，并几乎占据了所有的市场。本田公司的"阿西莫"人形机器人，能模仿人类自如行走，完成上下台阶、弯腰等各项"复杂"动作，并可通过微型手臂抓取物体。此类机器人将成为解决老龄化问题的重要手段。美国的 iRobot 公司是全球较大的个人 / 家用 / 公共服务机器人生产商，主要开发小型化灵巧机械臂，目前已有产品投放市场，用于辅助人类进行家庭生活类作业。英国的 Shadow Robot 公司研发的灵巧手，其活动的灵敏度可达到和人手相媲美的程度。

在应用方面，美国的服务机器人已被几十家医院用于接待、预检、引导、病人数据采集、药品样品运送、远程医疗等领域。双足轮足式人形服务机器人的环境适应性强，可成为功能强大的家庭智能管家和公共服务机器人。德国的 WeRobot 服务于各类公共场合，提供人机交互、产品展示、导引等功能。软银公司的"派博"可实现人机交互，用于公共服务行业。韩国仁川机场已开始应用机场服务机器人。

② 国内情况及已取得的成果

我国也开展了各类个人 / 家用 / 公共服务机器人的研发。新松、哈工集团、科沃斯等多家企业进行了服务机器人的开发和生产，目前已开发了两轮驱动的引领机器人、餐饮机器人、陪护机器人、公共服务机器人等。我国在人机自然交互中的研究主要由互联网企业（如百度、阿里巴巴、腾讯等）、科研机构（如中国科学院、北京大学、清华大学、哈尔滨工业大学等）以及一些创业企业（如科大讯飞、图灵等）开展。在体感交互方面，国内的奥比中光等企业开发的体感交互设备具有一定的竞争力。

③ 国内外比较分析

在智能公共服务机器人人机自然交互研究方面，我国已走在世界的前列，一批研究机构和创业企业已经有产品投放市场，并获得了一定的反响，但目前人机交互的智能化体验还难以满足用户的要求。在灵巧作业方面，我国已经开展了一些前期研究，然而在一体化关节、机械臂和机械手的轻型化和小型化等方面还没有实现突破，而且成本较高，无法推广。在智能公共服务机器人方面，我国已经生产出一些产品，并在银行、电信等客服大厅中开展了应用，但智能化程度不高，有些产品甚至是通过远程客服来实现人机交互的。在智能护理机器人方面，市场的需求催生了一些产品，如为瘫痪人员提供智能清洁的机器人、智能轮椅机器人等，并已投放市场，取得了一定的效果，但仍然存在功能单一、舒适性不佳等问题。在智能护理作业方面，我国技术还相对落后。

（4）医疗服务机器人

① 国外现状及发展趋势

在手术机器人领域，美国已有超过 10 家公司的手术机器人获得了美国 FDA（Food and Drug Administration，食品药品监督管理局）认证，适用于普外科、胸外科、泌尿外科、妇产科、骨科、脊柱外科、神经外科、头颈外科的手术以及心脏手术。"达芬奇"微创外科手术机器人是全世界应用于手术案例较多的手术机器人。德国、法国和英国的一批企业的手术机器人已通过临床测试并投入市场，在普外科、骨科、神经外科等实现肿瘤切除、微创等手术。

美国巨大的康复机器人市场推动了康复训练机器人和辅助康复机器人产业集群的形成，并已进入我国市场。日本的行为辅助机器人已经被广泛用于临床护理机构。近几年，基于仿生学和人体工程学设计的外骨骼机器人在患者的后期康复和残疾人辅助方面的治疗效果和用户体验更加卓越。欧洲、美国、日本已成为外骨骼机器人的主要生产区域，并已形成龙头企业。

在脑机接口方面，美国研究脑机接口在医疗上的应用，开发的开源平台 BCI2000 被全世界大约 500 个实验室所采用，成为事实上的脑机接口标准软件平台。美国开发了著名的脑电信号分析工具包 EEGLAB，研制的 BrainGate 脑机接口设备已运用到临床试验中，获得了美国 FDA 批准。德国实现了脑电信号协助汽车的制动，并用脑电信号实现了字符输入。奥地利实现了脑电信号的神经假体，帮助残疾人完成伸、抓、握等基本动作，以及抓水杯喝水的过程。

② 国内情况及已取得的成果

我国已有几家机构开始了在医疗手术机器人领域的研究。由天津大学、中南大学等单位联合研发的国产手术机器人“妙手 S”已经成功进行了临床试验。中国人民解放军海军总医院与北京航空航天大学联合开发的 CRAS（Computer and Robot Assisted Surgery，计算机和机器人辅助外科手术）系统，是国内手术机器人系统的先行者，已完成第五代的研制和临床应用。哈尔滨工业大学开展了微创腹腔外科手术机器人技术与系统研究，针对微创外科手术的多种术式，在手术机器人系统的机械设计、主从控制算法、三维腹腔镜与系统集成等关键技术上都取得了重大突破。

在手术脑机接口技术方面，清华大学拥有强大的研究团队，在脑机接口领域的研究处于世界前列。另外，苏州大学、山东建筑大学、哈尔滨工业大学、华南理工大学、浙江大学、国防科技大学、上海交通大学等高校也拥有脑机接口专项实验室。深圳宏智力公司研发了消费级脑机接口设备，并在娱乐、教育及健康领域进行了应用尝试。

③ 国内外比较分析

我国在手术机器人技术与应用方面起步较晚，虽然已经取得了一些成果，但还是明显落后于美国和欧洲。目前国内公立、民营医院所应用的手术机器人大多为进口产品，部分国产手术机器人尚处于临床试验阶段。上肢康复机器人的主动训练、柔顺性控制、处方设计、康复评价等多项技术开始应用于临床，但还存在制作成本高、应用普及受限以及康复效果有限等问题。而下肢康复机器人的研究和临床应用还非常不足，许多问题仍有待进一步研究。尽管我国在应用脑机技术方面已开发了多种智能辅助设备与系统，但这些大多仍处于实验探索阶段，一些关键技术问题有待解决：首先，在电生理特性及其获取与处理方法方面，缺乏适用于不同个体的自适应运动模型；其次，脑机智能辅助系统的自然控制与环境感知能力有待提高，需要考虑多源信息同步融合及系统实时性问题。

（5）公共安全服务机器人

① 国外现状及发展趋势

在复杂环境中的环境适应性技术和防护技术方面，美国自 20 世纪 60 年代起就开展了相关的研究。美国研制的反恐机器人具有很强的环境适应性，已经在战场上执行过反恐任务。斯坦福大学的自主移动机器人能在复杂环境中实现对象识别、自主推理、路径规划及控制功能等。通用电气公司成功研制了步态机器人，其能在不平整的非结构化环境中运动。iRobot 公司已经批量生产系列化的警用特种服务机器人，用于排爆、反恐等，其气动力学结构在沙漠、丘陵、丛林等复杂环境中都表现出良好的环境适应性。德国研制的模块化侦察排爆机器人具有很好的越障性能，可以上下楼梯。法国研制的排爆机器人能够实现 40° 斜坡攀爬，并可在崎岖路面运行，具有很好的越障能力。

在复杂环境中的集群控制和管理调度方面，瑞士开发的无人机集群系统可在不需要外部定位装置的条件下实现无人机集群的协同飞行。美国和法国开发的仓储机器人系统可在其物流中心实现机器人的任务调度、集群协作、自动规划等功能。欧盟ECHORD++资助的SAGA（Swarm Robotics for Agricultural Applications，农业应用的机器人集群）项目提出了农业应用机器人集群控制在精确农业中的解决方案，包括新颖的硬件、精确的个体控制与群体智能技术。

② 国内情况及已取得的成果

同其他机器人研究、生产大国相比，我国尽管在移动机器人领域的研究起步比较晚，但是发展迅速。一些应用于室外复杂环境中的移动机器人的某些关键技术已达到或者接近国际先进水平，主要研究成果如下：清华大学的"THMR-Ⅲ""THMR-V"型机器人；中国科学院沈阳自动化研究所的"灵蜥-B"型排爆机器人；哈尔滨工业大学的放射源处理机器人；中国科学院自动化研究所的全方位移动机器人视觉导航系统；国防科技大学的双足机器人；南京理工大学、北京理工大学、浙江大学等多所院校联合研究的军/警用室外移动机器人。

在复杂环境中的集群控制和管理调度方面，国内京东和海康威视等企业实现了物流中心的"无人仓"系统，实现了无人车集群对货物的自动搬运。中国电子科技集团完成了119架固定翼无人机集群飞行实验，达到了国际领先水平。

③ 国内外比较分析

当前，无论是国内还是国外，公共安全服务机器人的研究都处于一个上升阶段，且取得了不少的成果，其中以美、德、英、法等国家的较为成熟。总体来说，我国的公共安全服务机器人的研究还处于发展阶段，国内已有几十家高校、科研院所和企业从事公共安全服务机器人整机研究和生产，相继有一批产品问世并投入使用，但这些机器人功能单一，尚未形成系列化发展。

（6）科学工程服务机器人

① 国外现状及发展趋势

美国从20世纪80年代初就陆续开展空间机器人的研究，主要在空间站上执行各种装配、维修及协助视觉测量等任务。卡内基梅隆大学研制的"Skyworker"是空间附着移动机器人，"Ranger TFX"是一种灵巧的空间机器人系统，具备自由飞行能力。总体而言，美国在空间服务机器人技术上具有先进的技术和经验。德国重视空间机器人的研究，研究成果较多，在国际上拥有较高的技术水平。

在水下机器人方面，美国伍兹霍尔海洋研究所研制的"Nereu"混合水下机器人携带Kraft公司的机械臂，甚至可在11 000m的深渊进行力反馈控制。该机器人前端采用高精度液压系统，能在核、危化等领域进行废料处理和救援工作。英国和德国一直在培育水下服务机器人。英国具有水下服务机器人的装备企业。德国成功研制出海底测绘专用水下服务机器人，下潜深度可达6500m，同时研发了用于浅海电缆作业、水库大坝检测等领域的潜水深度为200m的服务机器人。

② 国内情况及已取得的成果

我国的空间机器人的研究起步较晚，国内一些科研院所和高校在"八五"期间进行了空间机器人基础项目以及地面仿真平台的研制工作。哈尔滨工业大学建立了"空间机器人国家国际科技合作基地"，在远程力感遥操作等技术方面达到了国际领先水平。我国已制定了空间机器人发展路线图，发展空间在轨服务机器人、月球与深空探测机器人、空间环境治理机器人等。

在水下服务机器人方面，我国已取得巨大成功，研发出了"潜龙二号"深海机器人，实现了4500m的自主航行和遥操作。上海海洋大学的全海深探测器也成功到达水下约11 000m。

③ 国内外比较分析

空间机器人在国外已取得了较好的应用和发展，但在国内还处于探索阶段。随着国内相关高科技技术的不断创新发展以及国家对空间机器人的大力支持，其发展速度已明显加快。对于水下作业服务机器人特别是深海作业机器人，国外已攻克了不少关键技术难题，实现了水下万米级别的试验；国内该项技术还处于研究和探索阶段，深渊机器人相对简陋，且操作性和国外相比存在较大差距。

（7）智能服务机器人产业化支撑体系研究

① 国外现状及发展趋势

与 ISO（International Organization for Standardization，国际标准化组织）机器人相关的国际标准制定主要由自动化系统与集成标准化技术委员会机器人和机器人装备分技术委员会（ISO/TC184/SC2）负责。ISO/TC184/SC2 主要有 4 个工作组（WG1、WG3、WG7 和 WG8）和 1 个联合工作组（JWG9），标准涉及专业术语的特性定义、工业机器人安全、机器人个人护理安全、服务机器人、医疗领域机器人。IEEE SA（IEEE Standards Association，电气和电子工程师协会标准协会）中与机器人密切相关的机器人与自动化学会设有两个工作组，主要负责编制机器人及自动化本体和机器人导航中的地图数据表示标准。其中，韩国针对服务机器人制定了多达 13 项标准。

在机器人技术和产业规划方面，欧盟于 2002 年发布了欧洲机器人发展路线，规划了 2002—2020 年近 20 年间欧洲的机器人技术和产品的发展路线。美国于 2016 年发布了机器人路线图，明确了技术路线和产业规划。韩国公布了开发机器人技术路线图，推进机器人广泛应用于各个领域。

② 国内情况及已取得的成果

目前国内在标准方面拥有机器人现行国家和行业标准共 64 项，这些标准主要针对工业机器人，而与服务机器人相关的标准仅有 6 项，集中在消防、电力、水下等行业的特种服务机器人以及家用清洁机器人方面。智能服务机器人的标准尚处于空白阶段，对服务机器人的功能、性能、安全、测试方法等一系列标准尚未建立。国内在机器人协作共融和安全技术上还缺乏系统化的研究。此外，我国已建立了国家级机器人检测中心，服务机器人的认证机制初见雏形，但服务机器人的标准和检验检测体系需尽快建立。

4.未来技术发展展望

未来，在基础研究与前沿技术领域，可对适用于特殊环境的软体结构技术、微型力传感器的工作原理进行研究，并对新型力传感器元器件的设计、深度学习基础算法理论等进行深入研究；争取在自主可控的深度学习软件框架、神经网络专用芯片设计等前沿技术领域有突破性的发展。

在共性、关键技术研究领域，可对智能服务机器人核心零部件的设计、加工工艺和生产制造中的瓶颈进行重点突破；对自主可控的服务机器人操作系统和集成开发环境方面进行持续投入，填补我国在该领域中的空白；对高可靠定位和导航技术、智能认知数据集以及多态异构数据处理分析技术方面进行突破。

在个人 / 家庭 / 公共服务机器人领域，对个人 / 家庭 / 公共服务机器人的人机智能交互体验进行提升，提升人机交互的效率；在低成本小型辅助机械臂的设计和制造方面，可为服务机器人提供可靠、便捷的作业手段；在智能公共服务和家庭助老助残领域实施创新性示范应用。

在医疗服务机器人领域，重点研究机器人高精度运动控制和路径规划，突破高精度主从控制及力反馈技术、辅助影像技术和虚拟现实技术在医疗外科机器人系统中的创新应用难题；重点研究适合脑机信号控制的专业传感、控制和执行机构，为患者康复提供更有效的辅助治疗手段。

在公共安全服务机器人领域，重点针对非结构化环境下的机器人运动与任务执行技术进行研究，突破对环境的适应性、防护性以及集群控制和管理技术瓶颈，开发在复杂环境中的控制系统和作业平台，解决机器人在复杂环境中可靠工作的适应性问题，并开展在救援救灾和反恐防暴领域的各类作业工具的创新研制和示范应用。

在科学工程服务机器人领域，重点突破对空间机器人的力反馈双边控制、三维图形重建技术难题；研究不同深度的耐压材料、结构技术、运动学等技术，突破 11 000m 水下巡检、探伤、测绘、作业等技术难题。

在智能服务机器人产业化支撑体系研究领域，重点研究机器人伦理问题，以及人工智能技术对人类社会的影响及潜在威胁；重点研究服务机器人本体、人员、数据和网络安全技术以及安全性评估方法，建立安全性评估规范及标准；规划国家智能服务机器人发展路线图，建立健全智能服务机器人标准化体系。

1.2 智能机器人的产业技术热点

1.2.1 机器人的智能发育

★ 关键词：机器人　智能发育　建模　知识表示

★ 作　者：韩建达　方勇纯　赵新　刘景泰

当前，机器人技术受到了空前的关注，被认为是新技术革命的重要支撑。让机器人走进人类正常的生产环境、医疗 / 公共服务环境，甚至家庭环境，使其成为人类的助手和伙伴，已经成为新一代机器人的目标。要实现这一目标，现有的机器人需要突破两大技术瓶颈：一是如何使机器人具有与人类作业灵巧性与安全性相匹配的本体；二是如何使机器人具备与人类相匹配的最基本的智能。要实现机器人与人类正常的生产和生活环境、与其他机器人的共融，机器人本体是必要条件，基本智能是充分条件，两者缺一不可。近年来人工智能技术的快速发展，为实现新一代机器人的这种基本智能带来了机遇。本小节将阐述一种机器人获取智能的可能途径，并分析其所包含的技术问题与主要研究内容。

1.引言

2013 年，麦肯锡全球研究院发布的《12 项颠覆性技术引领全球经济变革》报告将先进机器人列入 12 项技术之中，并预计 2025 年其潜在年度经济影响为 1.7 万亿 ~4.5 万亿美元（如图 1–30 所示）。正是看到了机器人对经济、社会发展的重大推动作用，近年来，机器人技术得到了全世界的空前关注。2013 年出版的《美国机器人发展路线图》中，将机器人列为继互联网之后可能对人类社会产生深远影响的技术，同时描述了新一代机器人的能力特征：“Create the next generation of robots that will work closely with human operators—allowing new ability for factory workers, healthcare providers, soldiers, surgeons and astronauts to carry out key hard-to-do tasks.”（创造下一代机器人，它将与人类操作员密切合作——让工厂工人、医疗保健提供者、士兵、外科医生和宇航员有新的能力来执行关键的、难以完成的任务。）然而，要成为人类的行为助手，现有的机器人技术还相差甚远。目前被广泛使用的机器人是一种与人隔离的、几乎不具备人的智能能力的自动化机器。而新一代机器人将是可以融入人类的正常生产和生活环境、可以与人合作交互、具备人的灵巧作业以及智能决策能力的智能伙伴。

作为传统工业机器人的最早用户之一，通用汽车公司给出了新一代机器人的发展预测（如图 1–31 所示）。工业机器人的前 48 年（1961—2008 年）只是起点，后续的发展包括灵活的感知（2 岁儿童的物体识别能力）、人类与机器人互动（4 岁儿童的语言理解能力）、具有触觉和力觉反馈的精细物体操作（6 岁儿童的灵巧操作能力）、与人类的安全互动和对知识状态的理解（8 岁儿童的社会理解能力），直至人类与机器人和谐工作。从中可见，具备与人类相匹配的智能，对机器人成为人类的助手是至关重要的。

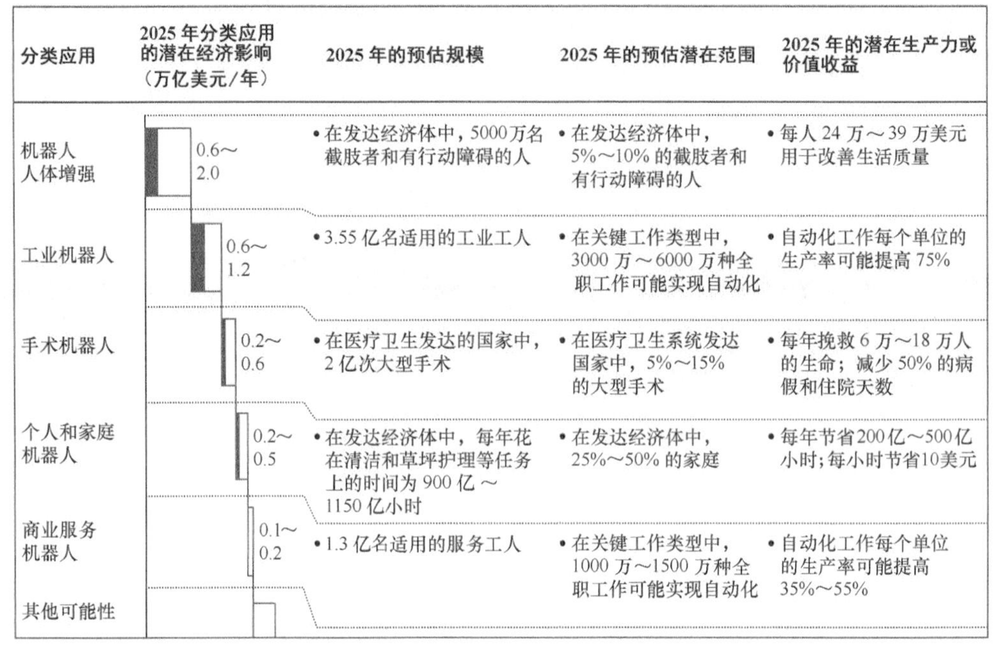

图 1-30　麦肯锡全球研究院预测 5 类“新一代机器人”将占据主导地位

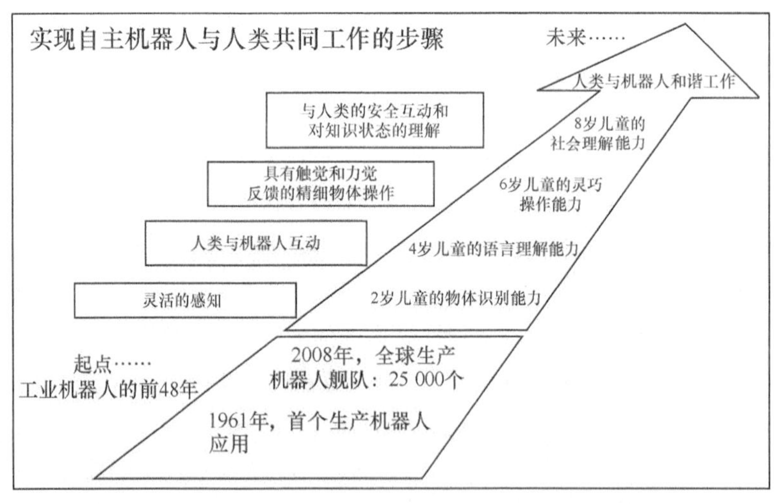

图 1-31　通用汽车公司关于机器人趋向“人机和谐”的发展预测

然而，人类是智能高度发达、主观性及个体差异性极强的行为主体，要实现针对普通人的高效率行为辅助，机器人具备与之相匹配的“智能”是必要条件；要成为人类的助手，机器人必须要提升为“具有行为能力的智能体”，而不能仅仅只是“自动化机器”（如表 1-1 所示）。

表 1-1　现有机器人与新一代机器人的能力对比

	现有机器人	新一代机器人
工作空间	物理空间隔离	同一自然空间
工作方式	与人非接触	紧密协调合作
作业工具	机器人专用工具	共同使用工具
自主能力	预编程自主能力	自主提高技能
交互方式	示教盒、遥控器	与人自然交互
安全保障	刚性本体非本质安全	确保本质安全

2.问题的提出及技术背景

"劳动创造了人"，其本质含义是指，劳动这样一种人与自然相互作用的实践活动，促进了人的智能发育。而"机器人的智能发育"本质上是在人的指导下，通过多领域的大量应用，使得机器人的"智能"程度不断提升的过程。类比于劳动对创造人的重要性，不断涌现的形形色色的机器人应用和随之带来的各类问题与挑战，是机器人智能发育的根本推动力。

新一代机器人所要具备的智能，应该包括以下四大方面：一是对动态、非结构化、人机共享环境的理解能力；二是对人的行为意图的认知能力；三是在上述环境中、人的行为意图约束下机器人对其行为的自主决策能力；四是机器人与机器人、机器人与人之间的安全协作控制能力。

但是，为机器人赋予这种智能遇到了极大的困难，特别是在实用化技术方面更是进展缓慢，这导致机器人的技术现状与对其的迫切需求差距甚远。早先尝试的解决办法包括基于知识的方法、基于学习的方法和基因搜索方法。然而，这些尝试都不足以使机器人适应高度动态且非结构化的环境及高度个性化的人类合作对象。

早在 2001 年，密歇根州立大学的华裔学者翁巨扬（John Weng）就在 *Science* 上发文，创新性地提出了机器人智能发育的理念，即"Autonomous Mental Development by Robots and Animals"。

图 1-32 中，左侧是人从婴儿到成人的智能发育过程：发育出基因→基因控制人脑的发育（出生前）→新生儿的大脑→在与环境的接触中、在家长和老师的指导下发育→成人的大脑。那么机器人是否也能借鉴这一过程：在机器人控制器中嵌入类似人基因的智能发育程序→机器人在与环境的接触中、在操作者的指导下发育智能→发育成"成年"机器人（如图 1-32 右侧所示）。这个创新理念一经提出，就在国际上引起了很大的轰动。机器人能像人一样，通过其自身携带的传感器和执行器，在与外界环境进行交互的过程中，通过类人的智能发育持续、渐进地提升其智能水平。这是一种"认知层面上的仿生"，是实现机器人智能的一种理想方式。具备自主智能发育能力的机器人并不需要对其进行特定任务或环境的设定，只需在人的引导下与环境交互即可积累经验，这是一种自组织、在线的学习方法。

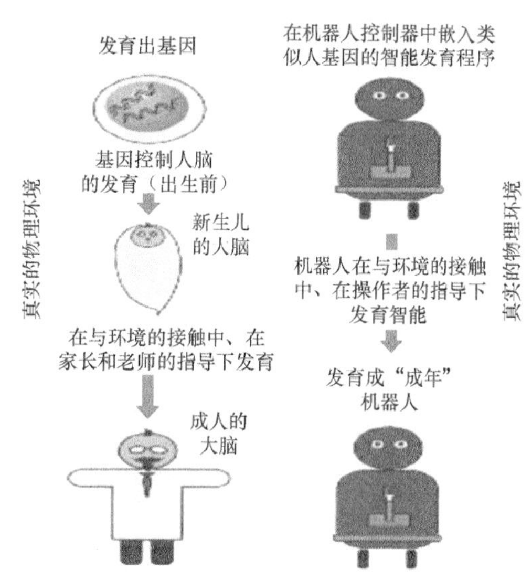

图 1-32　人与机器人的智能发育

在提出上述理念的基础上，翁教授的团队提出了一种基于 HDR（Hierarchical Discriminant Regression，分层判别回归）的知识表达方法（基因程序）。该方法能够将分类问题（以类作为输出）和回归问题（以数值作为输出）转换为统一的回归问题，更好地处理高维空间数据。在此基础上，该团队进一步提出了改进的基于 IHDR（Incremental Hierarchical Discriminant Regression，递增式分层判别回归）的知识表达方法，对高维回归或决策空间递增地构建决策树或回归树。这一方法还在密歇根州立大学的自主发育机器人上进行了测试。该机器人经训练后，在未知环境中遇到与训练中相似的情形时即可做出合理的决策。具体而言，可通过引入注意选择机制，对动态选择近似区域进行分析，并将其他区域暂时忽略以实现局部范围内的障碍物避碰。在实际操作中，当机器人在行进过程中遇到突发障碍物时，通过人为操作实现避障，同时存储这一行为，在之后遇到类似情形时便可以做出正确的避碰处理。

IHDR 本质上是一种感觉运动框架，它试图构建从机器人环境空间到行为空间的可递增的树状映射关系来表达机器人的知识 / 经验。然而，由于缺乏有效的特征提取技术，因此 IHDR 在处理复杂图像信息时，其实时性、鲁棒性都存在问题。另外，IHDR 在相似场景的聚类收敛性上也表现不佳，尚不能实现在复杂场景下的实际应用。

3.智能发育的概念及重点研究内容

所谓机器人的智能发育，是指机器人利用自身所具备的感知能力，在与环境以及操作者的实时动态交互过程中，增量式、渐进地提升自身自主行为能力的过程。与传统的机器学习方法相比，智能发育需要具有以下特点，使之更适合机器人对知识的获取与智能的提升：

· 具有类人的、不需要大样本的学习模式；

· 能够适应动态、不确定环境和非特定使命；

· 具备长期、增量式的经验积累能力；

· 具有一定的知识组合能力，即“联想与推理”能力；

· 可以充分融合“人的智能性”和“机器人的自主性”，实现二者的高效协同。

为此，图 1–33 所示的机器人自主智能发育技术体系架构被提出，该架构包括 4 个部分：类人自主智能发育的机理、模型与计算方法；机器人环境认知能力发育技术；机器人对人合作意图的理解能力发育技术；机器人行为优化决策能力发育技术。

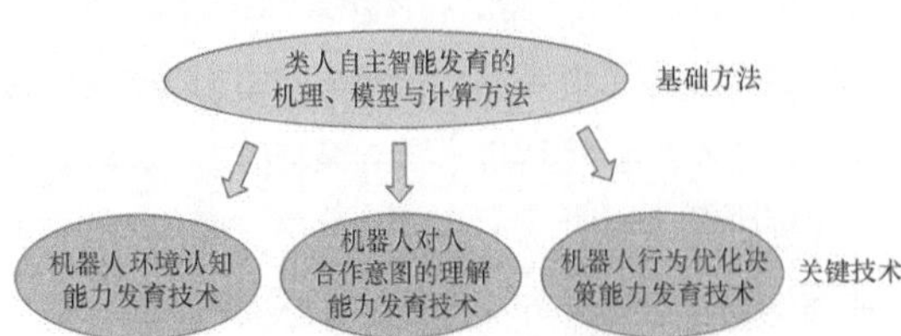

图 1–33 机器人自主智能发育技术体系架构

（1）类人自主智能发育的机理、模型与计算方法

人对环境的认知以及行为决策主要是依据头脑中存储的知识、经验，以及对结果的预测。人的“智能水平”取决于其知识、经验的完备性以及灵活运用（借鉴、组合）这些知识、经验的优化性。而且，人的知识、经验以及针对某个 / 些问题的优化决策能力是渐进式递增、逐步发育而来的。要使机器人具备这种智能发育能力，首先需要建立起可行的智能发育引擎，包括以下几个方面：

· 知识 / 经验的表达、存储以及（动态）连接 / 组合方法；

· 知识 / 经验的更新、增长与（以处理器存储能力为约束的）遗忘退出策略；

· 知识 / 经验的高效率检索以及可信度评判方法；

· 与其他智能体（机器人、人 / 操作者）进行知识互补与融合的方法；

· 支持智能发育算法的控制器软件架构与实现。

（2）机器人环境认知能力发育技术

对机器人而言，其自身携带多种感知外部环境以及自身状态的传感器。通过感知信息，构造出当前机器人所处环境的量化以及语义描述，是机器人下一步进行行为决策的基础。机器人环境认知能力的发育，就是通过持续向机器人输入多模态感知信息，从而增强机器人对环境的理解能力来实现的，具体包括以下几个方面：

· 动态、实时视觉、激光、位置、速度、加速度等多模态感知信息的融合；

· 基于多模态感知信息融合的环境特征建模；

· 针对环境特征的知识抽象及认知能力发育。

（3）机器人对人合作意图的理解能力发育技术

传统机器人与人的交互方式主要采用开环的形式，人仅仅是控制命令的发出者，或者作为机器人动作的被动接受者，这是一种预设的单向通路。但是，在人机协作中，机器人的行为要以人为中心，考虑人体的物理特性、生理功能与主观意识。因此，机器人要具备从人体安全性、舒适性与自然性(动作拟人化)以及主观意图等维度建立优化行为的能力，包括以下几个方面：

· “人行为意图”的建模方法，将其作为机器人行为优化的动态约束；

· 协作安全性、舒适性和自然性的约束建模方法，为机器人协调行为优化提供完备的“协作行为约束”；

· 基于人生理与状态信息反馈的机器人自主发育式学习方法。

（4）机器人行为优化决策能力发育技术

机器人以其所处的环境、自身的状态、期望达到的目标以及人的合作意图为约束，进行行为决策，所产生的期望行为对环境、自身的能力、任务目标、人的意图等因素都应该是可行的、优化的。而环境、任务目标、自身的能力以及人的意图等的时变性、不确定性给行为实时产生算法的鲁棒性、实时性和优化性带来了极大挑战。通过智能发育解决上述问题，重点在于以下几个方面。

· 将机器人动力学、工作环境、任务目标，特别是人体的运动意图、合作安全等因素，作为机器人的广义行为环境信息，研究知识一致性表示与抽象方法，建立可实现知识存储、更新及在线检索的知识库系统，构建具有知识自主获取和更新能力的机器人发育模型。

· 基于知识的机器人行为优化决策引导方法。多动态约束下的机器人行为优化决策是典型的多模态非线性约束优化问题，其求解的实时性是制约其可实现性、实用性的最大的瓶颈。而人的决策很大程度上依赖于知识和经验，用“知识”引导优化，旨在提高机器人决策的实时性，实现类人的决策机制。

图 1-34 所示为机器人智能发育的一种技术路线，这是一种和常规行为优化方法以及人的遥操作方法兼容的技术方案。在初始（机器人可处于“智能空白”状态）阶段，机器人利用传统优化算法，结合人的示教指导规划其行为。同时，机器人所处的环境信息、人的示教指导信息以及任务目标信息等都反馈给智能发育单元，分别发育机器人的 3 个方面能力。当机器人具有了一定的“发育智能”后，可以结合当前的广义行为环境（自然环境、任务目标和人的意图）抽取出相关的“知识”并发送给行为决策单元，指导其产生优化的智能行为，降低实时计算量，提高可靠性。这一过程是动态的，随着机器人“智能”的渐进提升，对机器人行为决策的指导会逐渐增强，适用情境也会逐步拓宽。

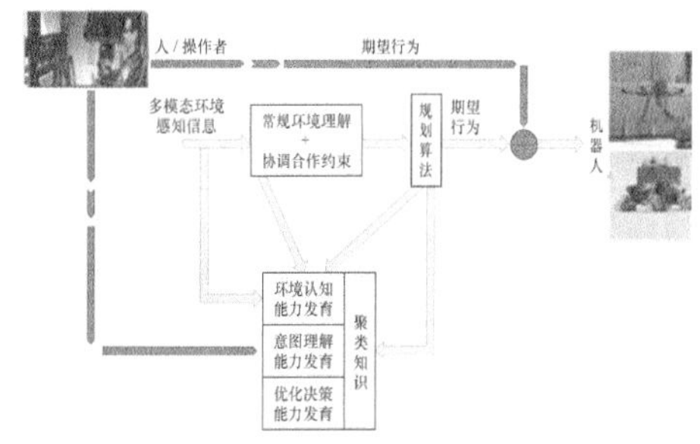

图 1-34　机器人智能发育的一种技术路线

4.技术难点

实现智能发育的难点在于以下 3 个方面。

首先是为智能行为建模。由于人类的智能发育依赖神经、脑、感官等多个因素，因此要真实地解释智能发育的机理就涉及发育心理学、脑科学等众多学科，而且很多学科本身的问题都未得到很好的解释，将这些复杂的学科知识应用于实体化的机器人本体具有很大的难度，这是一个值得研究的重要问题。

其次，智能发育所需要的知识表示以及在此基础上的知识存储和更新同样是一个难点。传统方法仍然不能解决在处理这一难点时需要的巨大知识存储容量问题。如何从高维度数据中提取有效信息并用于学习和归纳，避免陷入“维数灾难”，是自主发育研究中一个极大的挑战。

最后，将智能发育算法应用于实际，涉及许多技术的实用化问题。传统机器人控制技术与智能发育算法之间需要设计出一类通用的信息接口，以便“知识”

与“控制”能够很好地结合。

面对上述诸多困难，我们需要看到，当下计算能力的飞速发展催生了以深度学习为代表的人工智能算法，相关研究成果也将成为机器人智能发育技术的重要基础与支撑，将基于人工智能算法的自主智能发育技术与现有机器人技术结合，可能会成为下一阶段智能机器人的研究方向。

5.结论

渐进、递增式的学习能力以及与之相对应的智能发育能力，是使机器人具备适应动态且非结构化的环境、差异化的使命任务、差异化的合作对象的一种技术途径，同时是机器人技术与人工智能技术的一个重要结合点。机器人的智能发育，作为一项“认知仿生技术”，对解决目前机器人向智能化发展中遇到的瓶颈问题，包括提升机器人的环境认知能力、对人合作意图的理解能力以及自主行为优化决策能力等，都具有重要的理论意义和实际应用前景。

1.2.2 基于视触融合的机器人操作

★ 关键词：视觉　触觉　视触融合　控制　机器人

★ 作　者：王涛

从机器人概念产生时起，人们就开始设想让机器人帮助人类完成更多的工作。从最初的简单搬运到现在的精密装配，从初级的语音交互到复杂的情感交流，人们对机器人的需求随着科技的发展不断提升。在工业机器人领域，协作机器人的出现对机器人操作提出了更高的要求；在服务机器人领域，操作能力正是当前机器人所缺少的。在这些场景中，机器人操作能力的提升成为机器人发展的重要方向。区别于传统机器人按照固定程序、固定点位运动，视觉信息成为当前机器人操作的重要输入依据。

在当前人工智能高速前进的时期，机器视觉首先得到了极大的发展，并在物体检测、人脸识别等领域不断超过人类的能力水平。也正是因为机器视觉技术的逐步成熟，机器人领域对机器视觉的需求开始逐步得到满足，以往较难应用机器人的领域也随着机器视觉的发展被开拓出来。视觉模块成为很多协作机器人及服务机器人的基本模块。

但是，针对日益复杂的机器人操作，提供视觉信息仅仅是第一步。越来越多的任务若仅仅依靠视觉信息则无法完成，例如高精度装配、恒力抓取等任务。在这种情况下，感知能力决定了机器人操作所能够完成任务的难度。

本小节将根据当前机器人在操作过程中可能面临的问题，聚焦基于视触融合的机器人操作，分析当前机器人操作所面临的挑战，介绍基于视触融合的机器人操作平台的系统及案例。希望通过平台构建机器人抓取数据集，降低在视触融合、机器人操作上的研究门槛，促进相应算法的发展，推动机器人在复杂环境中的应用。

1.机器人操作中的挑战

机器人操作是机器人与目标物体产生相互作用的行为，包含对物体的触碰、抓取、推拉、抛接、使用等行为。机器人操作能力是机器人与物理世界进行直接交互的基本能力。我们可以将基于视触融合的机器人操作过程分为感知、规划和执行 3 个阶段。

（1）感知

机器人的感知包括机器人利用各类传感器获取信

息并进行处理的过程，是机器人在物理环境中执行任务的基础。我们将针对操作要用到的视觉、触觉及基于视触融合的操作进行分析。

① 视觉

就像人类开始某项工作一样，观察和感知周围环境通常是机器人行动前所做的第一件事。在机器人操作的过程中，视觉通常被作为主要输入信息。同时，随着深度摄像头的逐步普及，机器人可以通过深度摄像头直接获取周围环境的三维信息，为操作任务提供更加丰富、有效的信息。

· 高性能传感器

尽管当前摄像头的像素和拍摄帧率在不断提高，体积也在日益缩小，但是随着对三维信息的需求增多，深度摄像头开始成为视觉传感器的新需求。深度摄像头按深度信息的获取原理可分为双目、结构光和 ToF（Time of Flight，飞行时间）等类型。目前市面上性能比较好的 Intel RealSense 摄像头的成像原理为双目结构光，最高能够提供分辨率为 1280 像素 ×720 像素、频率为 90Hz 的深度信息。以往基于结构光原理的摄像头在室外环境中相对容易受到阳光中红外线的干扰，但 Intel RealSense D415 及 D435 则能在室外强光环境中使用。目前市面上也有很多基于 ToF 原理的深度摄像头出现。但是，受限于 ToF 元器件的性能，市面上基于 ToF 原理的深度摄像头的分辨率普遍为 640 像素 ×480 像素，仍然有待提升。

· 物体位姿及形变

得益于深度学习的快速发展，目前物体检测领域有了飞速的发展。但是，针对检测出的物体进行操作往往需要更进一步的信息——物体的位姿。获取物体位姿的传统方法大多基于特征匹配，这类方法在获取物体纹理特征复杂、点云数据较少或者物体特征不明显时会产生较大的误差。当前还有基于深度学习的方法，利用物体的不同位姿的 RGB 及深度图像作为样本训练网络，最终能够通过网络输出物体的类别及位姿。

在当前普及的工业应用中，机器人很少对柔性的物体进行操作，但在生活场景中，往往有很多物体刚性较低，在操作过程中很容易产生形变。在这种情况下，准确识别物体的形变程度及判断当前操作状态非常关键。目前检测被操作物体的形变主要通过跟踪物体表面特征点的位置变化来实现，更加稳定的物体形变检测有助于机器人操作柔性可形变物体。

② 触觉

人类通过最大的器官——皮肤来获得触觉，触觉对人类的日常生活很重要。但是，时至今日，触觉仍然没有大规模运用在机器人上。原因之一是在传统工业机器人应用中，触觉并不是执行任务所必需的能力。

但是，随着机器人技术的发展，机器人被越来越多地应用在诸如 3C 产业这类需要高精度的产业中。尽管目前工业机器人的重复定位精度可以达到 0.01mm，但是用于精密装配的机器人往往还需要通过关节或者末端的传感器反馈当前操作受力，模仿人类试装过程，才能完成装配任务。同样，服务机器人也需要通过力反馈来实现更多样的交互过程。

触觉传感器作为末端执行器的传感配置，会随着机器人应用场景的增多，逐步成为机器人的基本配置，用于完成更为精细而复杂的任务。

· 传感器本体

当前触觉传感器根据原理主要分为应变、压阻、电容、视觉等几类。

基于应变原理的传感器精度相对较高，可通过应变梁受力产生应变实现力的测量，当前广泛应用于各类多维力传感器和力矩传感器。基于应变原理的传感器对传感器的设计和材料有较高的要求，整体成本相对较高，体积相对较大，而且该类传感器适用于测量合力，很难用于测量多点分力。

压阻及电容式的传感器的原理是根据受外力产生的电阻、电容变化来计算受力。该类传感器的特点是体积较小，可以以薄膜传感器的形式出现，设计成传感器阵列来使用，但是受传感器材料的特性及制作工艺的影响较大。

基于视觉原理的传感器是近几年兴起的传感器类型，随着机器视觉的发展出现了越来越多的应用，其原理是依靠微距摄像头从传感器内部拍摄传感器作用面发生的形变，通过作用面上的标志点阵列形变推算出传感器作用面所受的外力。同时，由于采用微距摄像头，因此基于视觉原理的传感器还能够直接观察物体表面的纹理特征，这使得通过传感器判定和区分物体纹理有较大优势，但受限于摄像头的成像原理，这类传感器的尺寸很难缩小。

· 材质感知

各类物体有着不同的物理特性，如形状、纹理、硬度等。通过触觉传感器触碰，可以直接获得接触点的位置信息，通过相对运动及施加外力感知物体的纹理及硬度信息。

在形状方面，触觉被用于物体表面的建模。不同于视觉，触觉能够提供更为直接的物理接触，所获取的信息可能达到更高的精度。工业测量中所用到的高精度的测量仪，也是以触碰的形式获取接触点的位置信息的。通过对触觉的感知，机器人可以获取更为精准的尺寸信息，但是缺点在于触碰效率较低以及对柔性可形变物体较难测量。

对于不同物体的纹理，视觉能够提供大量信息。但是，鉴于视觉所能够提供的精度有限，更多的细微差别可以借助触觉进行感知。通过触觉传感器与物体发生相对运动，采集由纹理不同造成的受力差异，进而对纹理进行区分，整个过程类似于人手抚摸感知物体纹理的过程。

不同物体的材料特性有差异，其软硬程度也有区别。基于此，很多学者通过触觉对物体进行分类。在施加外力下，不同物体有不同的形变，对“力-位移”曲线进行记录、分析即可对不同物体进行分类。

· 滑觉检测

末端执行器在执行任务的过程中，根据被抓取目标情况的不同，其传感器的受力也会存在很大的差异。例如，在实验条件下进行物体滑觉检测，可以很好地控制被测物体与传感器之间的关系，保证传感器能够获取受力信息。但是，在实际抓取过程中，可能由于抓取位姿偏移，造成传感器无法获得实际受力的数值。此时，基于较差的传感器信息来对当前抓取状态进行判定是较难的问题。因此，提取不同抓取过程中与数值大小无关的滑动特征才具有更强的适应性。

在滑觉检测上，当前主要针对在抓取过程中因物体滑动所产生的振动信息进行分析，主要的分析方法包括阈值判定、特征提取、神经网络等。

阈值判定的方法所面临的问题在于实际抓取过程中针对不同物体所产生的抓取力差异较大，需要设置不同的判定阈值，泛化能力较弱。

对于特征提取的方法，常用的方法有傅里叶变换、小波变换、稀疏编码等，主要针对时序信息进行分析，从一段时间序列中提取滑动信号并进行判定，针对不同物体需要进行特定分析。

对于神经网络的方法，可以用 LSTM（Long Short-Term Memory，长短期记忆网络）将一段时间序列及相应标记作为训练样本，通过网络模型学习不同物体滑动中共同的特性，进行滑动预测。

③ 基于视触融合的操作

通过对视觉及触觉传感器当前所面临挑战的了解，我们可以看到单一传感信息在完成复杂任务时所面临的问题，此时多传感信息的融合能够有效地弥补当前的不足，从而产生较为理想的结果。而对于传感信息融合来说，可以将不同层次的融合分为数据层、特征层和决策层的融合，在实际操作过程中，往往会在多个层次进行融合。

· 三维建模

视觉传感器能让我们快速、简单地获取物体的三维信息，但是视觉获取的物体模型可能有精度不足或者表面缺陷等问题，而触觉建模的特点在于能够获取的精度较高但是效率较低。如果将二者进行融合，则能够获得物体更为准确的三维信息，并用于操作规划。

· 物体分类

人类对不同物体的区分是多维度的，包含物体的形状、颜色、结构、纹理、重量、硬度等特性。人类对不同物体区分所进行的感知过程可以分为不接触和接触两部分，而视觉和触觉可以获取两部分的主要信息。针对二者的优势，视觉适用于外观不同的物体的区分，触觉适用于触觉感官不同的物体的区分，将二者融合起来就能够进行更加细致的物体分类。

· 滑觉检测

力传感器在滑动发生之前根据受力的变化进行滑动预测，但在受力较小的情况下可能无法获得有效信息，此时利用视觉信息能够帮助获取当前物体与末端执行器的相对位置关系，在抓取过程及滑动初期进行判定。融合视、触觉进行滑觉检测能拥有更强的适应能力。

（2）规划

传统工业机器人执行任务主要以编程和拖动示教的方式为主，针对特定的任务，机器人按照设定的轨迹运行，能够保证在任务执行过程中的可靠性和高效性。随着机器人的逐步推广，在工业领域，机器人的工作场景开始向非结构化环境发展。所以，越来越多的机器人开始应用到诸如无序分拣、协同搬运、服务接待等工作中。

① 操作规划

在执行抓取任务时，机器人的操作规划可以分为机械臂的运动规划和末端执行器的抓取规划两部分。

机械臂的运动规划是一个寻优的过程，其目标为包含 6 个自由度的运动路径。而需要控制的机械臂的自由度通常也有 6 个或者更多，运动规划的高维度使得计算量迅速增加并且面临障碍物较难被描述的问题。当前较为常用的 PRM（Probabilistic Roadmap，随机路径图）算法和 RRT（Rapid-exploration Random Tree，快速搜索随机树）算法都是基于随机采样的规划算法，这也导致规划结果具有随机性、不确定性，不仅需要使用者在运行时间和结果之间进行平衡，而且路径的不确定性对执行任务的可靠性有很大的影响。

末端执行器的抓取规划可以通过几何条件计算获得或者使用“Graspit！”（用于末端执行器抓取的开源模拟软件）等工具模拟生成。这些方式只能够保证生成的姿态在理想情况下实现成功抓取。此外，还有数据驱动的抓取规划方法，主要通过大量的抓取样本学习目标到抓取参数的映射，其中 Dex-Net 2.0 通过 670 万组点云及抓取数据进行训练，实现了在 8 类已知物体上 93% 的抓取成功率。

② 操作学习

操作学习的方法更注重根据样本进行学习并将能力进行泛化的过程，当前基于深度学习的方法较为流行，其主要以机器人操作动作作为训练样本，通过网络训练获得目标到操作参数的映射。

· 端到端操作

由于在操作过程中机器人需要进行控制的变量较多，规划问题较为复杂，因此有学者提出通过以深度学习网络作为模型，以图片作为输入信息，以机器人各关节运动序列作为输出信息，从而实现机器人操作的端到端控制。在实际的实验过程中，端到端的方法需要较多的训练样本，而且输出结果具有随机性，目前较难被直接应用到实际问题中。

· 模仿学习

针对机器人学习的样本获取成本较高的问题，模仿学习能够有效减少学习次数，还有学者提出了一次模仿学习。此外，有学者利用人操作物体产生操作样本来降低机器人的学习成本，将人操作物体的视频作为样本对机器人进行训练，从中提取动作表示用于机器人的操作任务。由于机器人学习的是各类动作表示，因此当任务目标及位置发生变化时，该类动作表示仍然可以被应用到新的操作任务中，具有很好的泛化能力，但是对于复杂的操作任务，此方法还需要进一步验证。

（3）执行

执行部分是实施感知、规划结果的关键环节，在机器人操作任务中，执行部分直接决定了任务的成功与否。

① 机器人本体

机器人本体可以分为机械臂和末端执行器两部分。

机械臂部分。随着优傲公司的机械臂在全球的普及，越来越多的协作机器人开始出现，力矩传感器的加入让机器人在协同环境下变得更安全，同时能够胜任更多任务。但是，相较于人类的操作能力，在很多操作任务中，机器人的运动性能可能不及人类。针对这类问题，需要针对性地发挥机器人的运动优势，开发适应机器人的解决方案。

末端执行器部分。在传统工业机器人领域，末端执行器通常为具有特定功能的执行机构，以夹爪、吸盘类居多；在服务机器人领域，目前的末端执行器还是以手势交互为主，缺少实际的操作能力。但是，随着机器人的应用场景变得广泛，更为复杂、实用的末端执行器开始被引入，所需要实现的就是能够完成通用任务的末端执行器。为了提升机器人的操作能力，多自由度、多传感器、高可靠性的末端执行器会成为需求。

② 动态调整

在机器人执行操作任务的过程中，可能会在运动路径中临时出现障碍物，为保证安全，机器人的执行过程需要重新进行规划，实现对障碍物的规避。对于抓取过程中的动态调整，末端执行器将感知部分提供的抓取状态作为反馈进行抓取参数的局部优化，以实现稳定抓取，优化参数包含末端执行器的抓取姿态以及抓取力的大小。

2.视触融合的机器人操作平台

视触融合的机器人操作平台能够提供机器人在操作过程中的视觉及触觉信息，用于更加稳定、可靠的机器人操作。

（1）平台构成

英特尔中国研究院在机器人操作方面开展了相关研究，包含视、触觉信息融合在机器人操作中的应用。此处将采用英特尔中国研究院搭建的操作平台作为样例进行介绍。

① 硬件平台

视触融合的机器人操作平台包含计算平台、视觉模块、机械臂及机械手（如图 1-35 所示）。由于该平台需要处理视觉信息，因此视觉部分采用 Intel Movidius 神经元计算棒进行神经网络的加速，采用 Intel NUC 作为整个平台的运行平台。视觉模块采用 Intel RealSense ZR300 摄像头，能够提供频率为 30Hz、分辨率为 1080 像素 ×720 像素的 RGB 信息及频率为 60Hz、分辨率为 628 像素 ×468 像素的深度信息，根据任务需求及感知范围分别布置场景摄像头和手部摄像头。机械臂采用优傲机器人的 UR5，所提供的末端 5kg 载荷能够满足大部分生活场景的需求。机械手采用英特尔中国研究院自主研发的“Eagle Shoal”灵巧手。机械手包含 3 根手指，拥有 8 个主动自由度及 16 枚力传感器，能够感受手指及手掌作用面上的外力作用。该平台可以有效获取视觉和触觉信息，对目标物体实现建模、分类及抓取等操作。

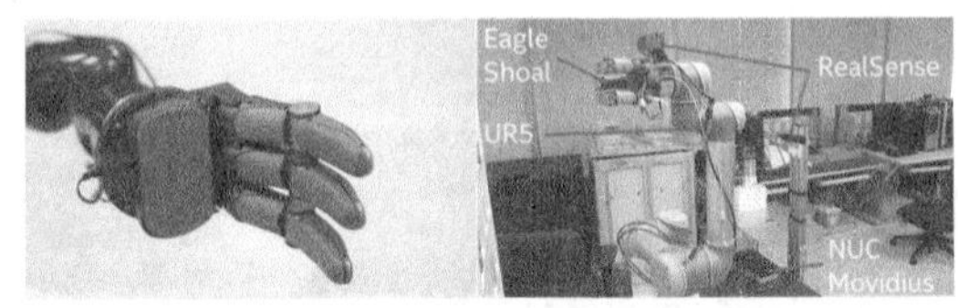

图 1-35 “Eagle Shoal”灵巧手及操作平台

② 软件架构

平台采用 Linux 操作系统，软件基于 ROS 构建。ROS 采用分布式框架，提供了“发布 – 订阅式”的通信框架，各节点的编程语言不需要统一，增强了整体程序的扩展性。而且，当前 ROS 所包含的各类 SDK（Software Development Kit，软件开发工具包）比较完善，能够有效缩短搭建环境所需时间。但是，ROS 仍存在非实时、不稳定等问题，需要在今后的版本中逐步完善。

软件架构（如图 1-36 所示）可分为驱动层、传感层以及算法层。驱动层包括 ROS、RealSense 驱动、机械臂及机械手 API（Application Programming Interface，应用程序接口）。传感层负责收集各类传感器信息，包含关节传感器、力传感器、深度摄像头、机械臂反馈，并对传感器信息进行初步处理。算法层负责机器人操作所涉及的各类算法，包含物体检测、运动规划、抓取规划以及安全防护。

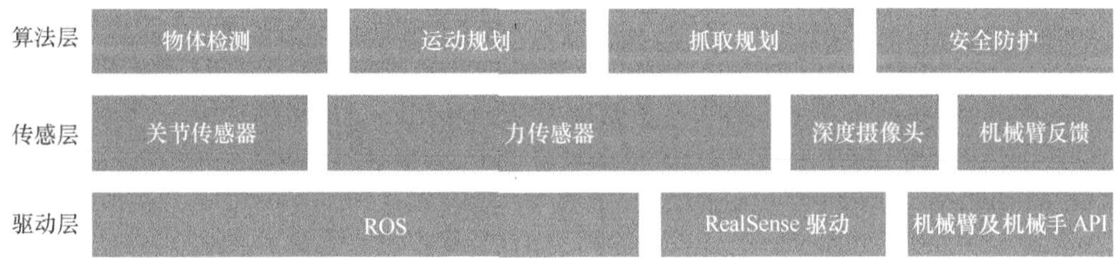

图 1-36 软件架构

（2）系统应用

基于该平台可以开发较多能够融合视、触觉传感信息的应用，此处以物体的抓取及递送流程作为应用案例进行说明（如图 1-37 所示）。

通过场景摄像头可以获取目标场景中的点云信息，使用多根 Intel Movidius 神经元计算棒对训练好的神经网络进行加速，实现实时的物体检测。根据物体检测框及对应的深度信息对目标物体的位置进行计算，可以通过计算目标物体法向量或者采用 ICP（Iterative Closest Point，迭代最近点）算法进行模型匹配来获取当前物体的位姿。

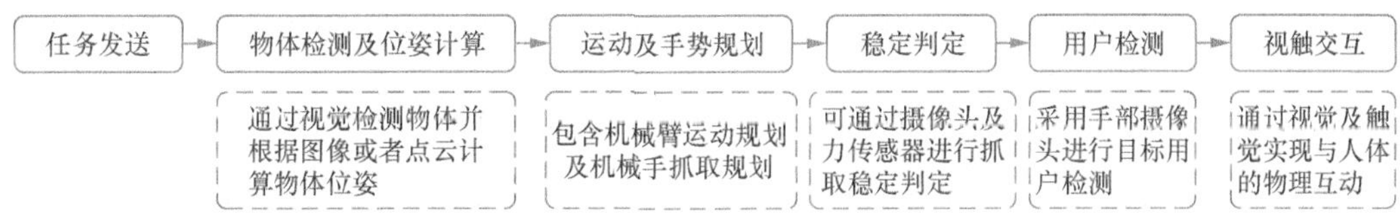

图 1-37 物体的抓取及递送流程

在获取了目标物体的位姿信息后，可以根据目标物体的尺寸信息及所采用的末端执行器结构信息进行机械臂运动规划以及机械手抓取规划。规划的参数包含机械臂的运动路径、机械手相对物体的位姿（6 个自由度），以及机械手各关节所需达到的状态。

在本平台中，预抓取姿态的完成需要对 8 个自由度进行控制，其复杂度也相对较高。此处针对物体实现预抓取姿态的规划可以采用给定规则、模拟仿真、训练网络等方式完成。

在完成操作规划后，为保证不对目标物体产生破坏性抓取，可以通过力传感器对抓取过程进行控制，通过检测力传感器的数值可以确认当前是否与物体发生触碰，并通过试提物体过程中力传感器的数值变化来判定当前抓取采用的力是否能够实现稳定抓取。

在实现稳定抓取后，机器人可以通过手部摄像头观察、寻找和定位目标用户，将物体递送给目标用户。运动过程中，由于机器人运动会产生加、减速，因此可以通过力传感器实时反馈当前抓取状态并动态调整，保证稳定抓取。在递送过程中，可以通过视觉和触觉实现与人交互的功能。

3.总结与展望

在机器人操作领域，当前传感器及机器人本体仍有需要进一步优化的地方。在传感器信息的处理和应用上，目前的算法还不能够充分利用传感器所提供的各类信息，因此，通过在机器人操作中应用视、触觉信息可以增强当前机器人操作的可靠性。英特尔中国研究院希望从搭建基于视触融合的机器人操作平台入手，提供机器人操作系统的参考方案，通过平台构建机器人抓取数据集，降低在视触融合、机器人操作上的研究门槛，促进相应算法的发展，推动机器人在复杂环境中的应用。

机器人在感知上相较于人的优势在于其对外界环境的感知可以进行量化，使感知更加精准，从而在任务执行上可以做到更稳定。随着技术的不断进步，充分发挥机器人在感知及执行方面的优势，将能够使机器人为人类的生产、生活带来更多便利。

1.2.3　基于动态运动单元的机器人学习系统

★ 关键词：机器人学习　系统架构　强化学习

★ 作　者：刘忠轩

机器人学习是指机器人通过自主学习获得新的任务执行能力并提高执行的效果。这种能力是机器人从传统的依赖人编程且环境相对固定的应用进入服务机器人领域所必须习得的。针对实际应用环境，机器人学习系统需要具有基于极少量的实验就学会新技能的能力；需要在学习过程中保证安全，方便用户增加新的任务，对环境、任务及机器人自身的变化进行快速调整，且能够应对海量机器人并行学习、大量任务在线更新等挑战。基于 DMP（Dynamical Motion Primitive，动态运动单元）的机器人学习系统拥有针对复杂任务的高效学习能力，成为解决上述难题、提高服务机器人学习能力的有力方法。本小节将就这类方法的背景、进展与英特尔中国研究院进行的相关研究进行系统介绍。

1.机器人学习

对于机器人的想象几乎伴随着人类社会历史的发展，尤其是有了电影以来，人们对机器人的想象越来越具象化。虽然这些机器人有各种形态，但其共同的特征是：具有多种多样的功能与极强的适应能力。这与我们真实看到的具有行动能力的机器人（主要是工业机器人和扫地机器人）有很大的不同。那么，如何让机器人具有多样化且自适应的能力就成为服务机器人应用所面临的挑战。这个挑战实际上就是让机器人具有学习能力，包括对新技能的学习以及在执行任务时具有自我优化的能力。虽然像扫地机器人这样的机器人具有一定的对未知场景的适应能力，但当我们需要机器人去做更复杂的任务时，如端茶倒水、开门关门、擦桌做饭等，就需要它们能控制机械臂来执行多样化的任务。

机器人的学习技术一般分为模仿学习和强化学习。模仿学习是让机器人通过模仿人的行为学习新的技能，而强化学习是让机器人优化技能执行的实际效果。模仿学习是强化学习初始化和提高学习效率的重要方式。

机器人模仿学习由于引入了人的示教，可以大大加快机器人学习的速度，因此近年来获得了科研界和工程界的关注。机器人模仿学习的方法分为两类：一类是行为复制，即直接将人的运动轨迹映射到机器人各关节的运动轨迹上；另一类是逆强化学习，即通过观察人的行为得出行为的奖励函数，再根据奖励函数自动优化出机器人的运动行为。我们主要考虑基于动态运动单元的行为复制，结合运动分割和匹配等技术让机器人实现对复杂运动的学习。

强化学习的基本过程是通过给定当前状态及其回报来优化下一步行为，从而最大限度地从环境中获得预期回报。机器人强化学习面对的问题分为两类：无限时间问题和有限时间问题。前者包括稳定运动（如平衡问题等）和韵律运动（如走路、弹琴、拍球等）；后者包括打乒乓球、摇（连线的）球入杯、平底锅翻饼、物体操作等。

与其他强化学习问题（如玩电脑游戏、优化神经网络参数等）不同的是，机器人强化学习面临着一系列独特挑战：首先是要对高维连续状态与行为空间和大量任务进行优化；其次是要降低采集数据的成本和减少采集数据感知的噪声；最后是算法在执行探索过程中不能破坏机器人且需要产生尽可能平滑的轨迹以方便提高控制精度。

机器人强化学习的方法分为两类。一类是基于过程的方法，即将机器人完成任务的过程进行参数化，然后对这些参数进行优化。该类方法具有采样效率高、获得轨迹平滑等优点，不足之处是引入传感器反馈进行实时调整时非常不便。另一类是基于步骤的方法，即对机器人完成任务的每一步行为进行优化，其特点与前者相反。而基于动态运动单元的策略搜索方法属于前者，该方法可以通过动态运动单元参数搜索和模仿学习来压缩问题搜索空间，通过局部策略搜索来进行安全策略更新，通过运动单元本身所具有的光滑性来产生平滑的轨迹。

2.机器人学习中的基本问题

机器人学习包含很多子问题，下面是主要的子问题及当前关注的主要方案。

（1）运动的表达

要对机器人的行为进行优化，首先要解决的是机器人运动的表达问题。机器人的复杂运动由一些基本单元组成，而 DMP 就是对这种基本单元很好的描述。DMP 是基于非线性动态系统的运动描述方法，其基本思想是通过确定初始与终止状态和轨迹形状来描述机器人的运动。DMP 有离散和周期两种形式，分别应用于机械臂的单次运动任务和机器人腿的往复运动，这里我们考虑前者。

DMP 使用阻尼弹簧模型来表达运动，这里弹簧效应产生周期效应（由常数和零阶导数项决定），阻尼效应（由负的一阶导数项决定）对周期效应产生阻滞，从而产生先加速收敛再缓慢停止的效果。DMP 有两种形式：描述末端执行器（如机械手）在笛卡儿空间的轨迹（需要确定每个时间点，包括 3 个平移和 3 个角度共 6 个值）和描述机械臂每个运动关节角度的轨迹。这里我们只考虑后者。

DMP 的计算公式如下：

$$\tau\ddot{y}=\alpha_z[\beta_z(g-y)-\dot{y}]+f$$

其中 y 是关节的角度，τ 是关于时间的常数，$\dot{y}$是关节的角速度，$\ddot{y}$是关节的角加速度，g 是关节的最终角度，α_z 和 β_z 是参数，f 是用来生成目标轨迹的强制力函数。

DMP 的核心是使用一个附加的非线性系统来定义强制力函数 f 随时间的变化，即：

$$f(s)=\frac{\sum\psi_i(s)w_i}{\sum\psi_i(s)}s(g-y_0)$$

$$\dot{s}=-\alpha_S s$$

$$\psi_i(s)=\exp[-h_i(s-c_i)^2]$$

从上可知，强制力函数 f 是依赖于 s 的函数，s 是依赖于时间的量，并且由 $\dot{s}=-\alpha_S s$ 可知 s 是按指数下降的，起始点是 1，终点是 0，α_S 是衰减率，h_i 和 c_i 是参数，i 是基函数的序号。这样 f 就不显式地依赖时间，但当时间足够长后，f 就趋于 0，使得机器人运动收敛于目标状态。上式中 w_i 是核函数 ψ_i 的权，在拟合轨迹过程中还使用了一个尺度因子 $g-y_0$。

从 DMP 的计算公式中可以看出，DMP 主要有两部分可变参数：一部分是描述轨迹形状的参数 w_i（这些参数被称为形状参数）；另一部分是描述轨迹初始与终止状态的参数 y_0、g（这些参数被称为元参数，其中 y_0 是轨迹的初始状态，有时元参数也包含控制轨迹时间的 τ 和终止状态的一、二阶导数）。虽然可以使用强化学习同时优化形状参数和元参数，但通常使用模仿学习获得形状参数，通过强化学习优化元参数。

（2）机器人强化学习

① 机器人强化学习系统

机器人强化学习系统一般分为 5 步执行（如图 1-38 所示）。

图 1-38 机器人强化学习系统执行步骤

· 策略初始化

这里的策略就是指机器人关节轨迹的 DMP 形状参数与元参数，有两种策略初始化的情况。

第一种是新任务的初始化。这里需要给定机器人的初始策略，即获得 DMP 形状参数（在强化学习过程中保持不变）和初始元参数（在强化学习过程中优化），主要有模仿学习、模拟学习、规划和人工规则 4 种方法。

模仿学习。即由人来进行示教从而获得初始轨迹，包括下列 5 种方法。

一是随动示教。即示教者拖动机械臂完成任务。这种方法一方面需要机械臂支持，另一方面有诸多限制（如难以学习双臂动作等）。

二是光学跟踪示教。即使用专门的运动捕捉系统示教。这种方法对人限制较少，但存在遮挡等问题，且需要专门的设备和一定的环境。

三是数据手套示教。使用专门的数据手套示教。这种方法可以避免遮挡问题，但由于使用的 IMU 有漂移问题，因此使得绝对位置存在累积误差。

四是视频示教。即让机器人观看人完成任务的视频进行学习。该方法已有大量研究进展，但技术尚不成熟，主要是准确跟踪手部动作存在困难等。

五是虚拟示教。即演示者佩戴虚拟现实设备操作物体进行学习。该方法尚处于研究阶段。

模拟学习。即在模拟器里重建环境和机器人，让机器人在模拟器里通过深度强化学习等算法生成实际机器人执行的初始策略。这个方法的主要困难是难以精确确定力与接触的实际参数等。

规划。通过检测目标物体位置和确定机器人本身状态，使用 RRT 等规划算法生成初始策略。

人工规则。通过人工编程生成初始策略。

在获得上述示教轨迹后，使用模仿学习来获得 DMP 的形状参数和初始元参数，这一步被称为基于 DMP 的回归。

第二种是已知任务的再调整。当具有特定功能的机器人到了用户家中时，不一定立即具有令人满意的性能，如让机器人完成开门动作时，门可能具有特别的把手、力量要求等情况，这就需要机器人及时调整。在这种情况下，策略初始化就是默认的初始执行策略。

· 实验策略生成

由强化学习算法输出当前 DMP 元参数修正量，与策略初始化所获得的 DMP 形状参数和元参数一起生成本次实验的 DMP 参数。

· 策略执行

在机器人获得 DMP 参数指令后，要进行如下处理。

控制信号生成。使用比例积分微分控制等控制技术使机器人执行的动作尽量与输入的 DMP 轨迹一致。

满足安全性要求。有时上一步生成的动作不能满足安全约束，即会造成自我碰撞或与环境碰撞，甚至对被执行物体造成破坏，因此需要对实际执行动作进行修正。

满足其他要求。有时还需要执行动作满足光滑性、能耗、美观自然等要求。

· 策略效果评价

当机器人执行完上述过程后，需要对执行效果进行评价。评价时一般通过视觉来判断，从而获得回报值。回报值一般需要做一定的平滑处理，即除了对成功的 DMP 参数设置比较高的回报值外，接近成功的参数也要赋予相应的回报值，这样有利于优化过程的计算。这种技术被称为回报整形。

在考虑了新的状态、行为及其回报值后，算法要对策略进行更新以决定下一步的行为。然后回到实验策略生成中，直到回报值达到指定的阈值或不再增长。

· 最终策略输出

将上述过程的最优策略结果存入机器人存储器并用于以后任务的实际运行，直到需要新的行为优化。

② 强化学习的基本算法

机器人强化学习的算法有很多，下面主要介绍面向 DMP 的基于进化计算、基于相对熵策略搜索等算法。

· 基于进化计算的机器人强化学习

基于进化计算的机器人强化学习经典算法是 CMAES（Covariance Matrix Adaptation Evolutionary Strategy，协方差矩阵自适应进化策略）。基于 CMAES 的机器人强化学习算法步骤如下。

步骤 1：根据初始的参数（每个关节的 DMP 元参数的均值和方差），利用高斯分布取一组样本（每个关节的 DMP 元参数），对每个样本生成机器人运动轨迹。

步骤 2：在机器人上实际执行运动轨迹，获得每次执行的回报值。

步骤 3：在一组样本执行完毕后，利用本组样本及对应回报值，利用 CMAES 更新参数（每个关节的 DMP 元参数的均值和方差），回到步骤 1，直到本组样本中所有回报值或者最大回报值达到指定阈值。

综上所述，基于 CMAES 的机器人强化学习过程的核心是根据每组样本更新 DMP 元参数的均值和方差：

$$x_k^{(g+1)} \sim m^g + \sigma^g N(0, C^{(g)}),\ k=1, \cdots, \lambda$$

各值意义如下：第 g 组样本的均值为 m^g，协方差为 $C^{(g)}$，步长为 σ^g，第 $g+1$ 组的第 k 个样本为$x_k^{(g+1)}$，采样数为 λ，零均值高斯分布为 $N(0,\bullet)$。

其中均值的更新方法为：

$$m^{(g+1)}=m^g+c_m\sum_{i=1}^{\mu}\frac{\left(x_{i:\lambda}^{(g+1)}-m^g\right)}{\mu}$$

$x_{i:\lambda}^{(g+1)}$是回报值第 i 大的样本，c_m 为参数，μ 为选取的样本数目。

协方差更新包括 μ 秩更新和单秩更新两部分的叠加。

μ 秩更新：

$$\sum_{i=1}^{\mu} w_i y_{i:\lambda}^{(g+1)} y_{i:\lambda}^{(g+1)\,\mathrm{T}},\ y_{i:\lambda}^{(g+1)}=\frac{\left(x_{i:\lambda}^{(g+1)}-m^g\right)}{\sigma^g}$$

$w_{1,\cdots,\mu}$ 是和为 1 的递减实数，即根据上组采样中最好的 μ 个样本的协方差更新本组样本的协方差。

单秩更新：

$$p_c^{(g+1)}\, p_c^{(g+1)\mathrm{T}}$$

p_c^g的更新内容为$\frac{m^{g+1}-m^g}{\sigma^g}$，也称为进化路径，即如果连续几次更新的方向一致，就加快这个方向的更新。

步长更新：

$$\sigma^{(g+1)}=\sigma^{(g)}\exp\left[\frac{c_\sigma}{d_\sigma}\left(\frac{\|p_\sigma^{(g+1)}\|}{E\|N(0,1)\|}-1\right)\right]$$

p_c^g的更新也依赖进化路径，$E\|N(0,1)\|$是单位高斯随机变量欧几里得范数的期望，c_σ、d_σ 为参数。

CMAES 中进化路径的引入在一定程度上避免了陷入局部极值，使得哪怕单组样本数目较小，最终也能收敛到较优值。

CMAES 有很多改进方法，如引入重新初始化策略以处理多峰问题及自动调整每组样本个数以加速收敛等技术。

· 基于相对熵策略搜索的机器人强化学习

基于 REPS（Relative Entropy Policy Search，相对熵策略搜索）的机器人强化学习算法在使用上与 CMAES 类似，也是得到一批样本回报值后再进行参数更新，只是更新方法不一样。

REPS 保证新一批采样的分布函数与上一批采样的分布函数相对熵（分布的距离）在一定范围内，根据已取得的样本及回报得到最优化回报值。每次参数更新的基本过程如下。

首先，已知上批采样 DMP 元参数的高斯分布和各次采样的回报值。

然后，通过一个对偶函数最优化获得每个样本的权值。

最后，利用各样本加权后的值拟合新的高斯分布，作为下批采样 DMP 元参数所依据的分布。

相比于 CMAES，REPS 的收敛速度更快，但可能陷入局部极值，并需要更大规模的单批采样次数。

基于 DMP 的机器人强化学习算法还有很多，如贝叶斯优化等。

③ 强化学习的高阶问题

· 上下文强化学习

机器人强化学习还面临着更复杂的上下文强化学习问题，即对不同条件生成对应的最优策略。如在倒水这个任务中，需要根据目标杯子的不同角度和距离调整运动的轨迹参数，这里目标杯子的角度和距离就称为这个任务的上下文。上下文强化学习算法主要分为三大类。

一是先选择若干个上下文值，对每个上下文值分别学习最优的策略，再使用高斯过程回归等算法拟合出依赖上下文的策略。

二是循环进行下列两步处理：随机选择上下文，进行单次的强化学习优化。上下文 CMAES 和上下文 REPS 就是具有代表性的算法。

三是循环进行下列两步处理：根据已知结果选择上下文，进行单次的强化学习优化。主动上下文策略搜索和基于贝叶斯优化的上下文策略搜索是其具有代表性的算法。

· 等级强化学习

一些机器人学习任务有多种策略的选择问题，如打乒乓球时有正手、反手，用瓶子倒水可以选择倾斜瓶子或者把瓶子倒立。对于这类问题的强化学习可以分为两个层面的优化：上层选择策略类别，下层获得基于被选择类别的最优化策略。等级 REPS 是典型的基于动态运动单元的机器人等级强化学习算法。这种算法可以按图 1-39 所示进行理解。

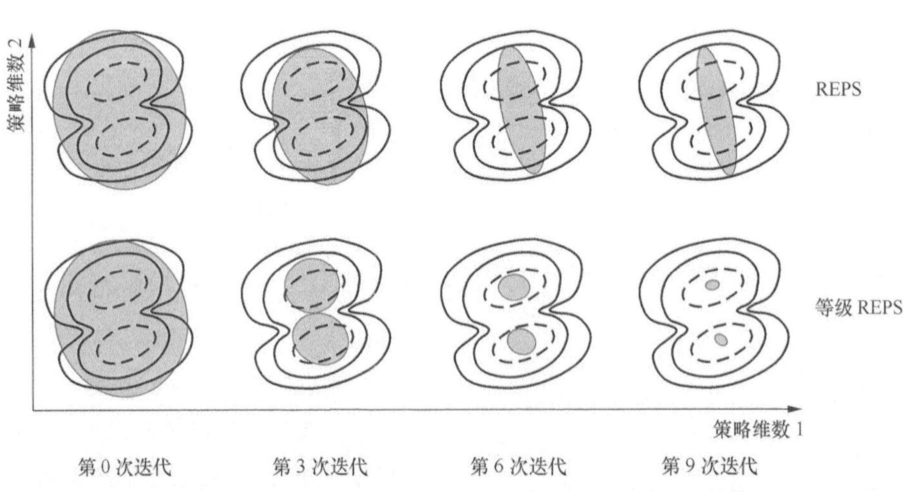

图 1-39 等级 REPS 优化过程

图 1-39 所示为非等级策略搜索（以 REPS 为例）与等级策略搜索（以等级 REPS 为例）对一个二维双峰问题的优化结果。可以看出，对于双峰问题，等级 REPS 可以收敛得更快且得到的策略更优。

（3）基于行为复制的模仿学习的基本问题

基于行为复制的模仿学习还存在一系列应用中的问题，叙述如下。

① 准确的人运动轨迹提取

要让机器人学习人的动作，首先要准确地获得人运动的姿态序列。如策略初始化中所描述的那样，虽然有多种采集人动作的方法，但各自有其不足。最有希望的方法是基于视频的运动轨迹提取，但该方法的计算量和难度都很大。现在比较现实的是基于运动捕捉系统，这方面也需要解决有遮挡存在时的标记点轨迹生成问题，其前身是雷达目标多点跟踪问题，经典方法是多假设跟踪方法。对于简单运动轨迹，随动示教比较容易实施。

② 多阶段动作的自动分割

人的一般动作都是由多个动作组成的，如倒水的动作就可以分解为伸手到水瓶处、抓住水瓶、抬起水瓶、倒水、放回水瓶。如何自动、稳定地分割这些动作是一个挑战，近年来在该方面已取得了一些进展，但还有很大的提升空间。

③ 人运动轨迹向机器人的映射

由于机器人的物理结构与人不一样，因此将人的运动轨迹映射到机器人上一般分为 4 步。

· 将手部轨迹根据基准位置（一般为背部中心）归一化为相对轨迹。

· 使用逆运动学将归一化后的手部轨迹作为机器人手轨迹，并依据逆运动学计算，以得到机械臂各关节轨迹。

· 使用强化学习在模拟器中对上一步轨迹进行优化，以使机器人手轨迹尽可能与归一化后的手部轨迹一致。

· 使用强化学习让机器人的实际执行达到人的执行效果。

3.机器人学习系统架构

(1) 机器人复杂运动学习系统

机器人学习的目标包含这样的场景：机器人通过摄像头看到人做菜，跟踪人的每一步动作及其实际效果；然后自动地将这些复杂的一连串动作分割并进行模仿；通过自己的实验逐步优化，从而掌握这项技能。为了实现上述场景，可以使用图 1-40 所示的系统。

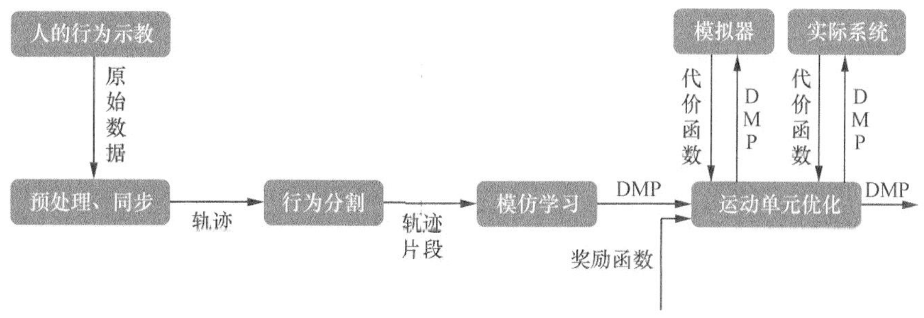

图 1-40　机器人复杂运动学习系统

· 人示教一系列复杂的动作，运动捕捉系统通过这些动作获得人的执行机构（手）和主要关节（如肘部）相对于身体（如背部位置姿态）的位置姿态序列数据。

· 对通过人多次示教获得的上述数据进行同步和去噪等预处理。

· 对上一步所得轨迹进行自动动作分割。

· 对每个轨迹片段进行匹配并向机器人映射动作，该映射是为了获得机器人每个关节运动的 DMP 参数。

· 对 DMP 进行优化，优化的方法是基于奖励函数，分别在模拟器和实际系统上执行来优化。

为了可扩展，基于优化的 DMP 获得技术模板，即 DMP 的概率模型。而技术模板库用于加速新行为的学习。

(2) 机器人执行与人交互任务学习结果

我们的学习系统使用了运动捕捉系统 OptiTrack

来跟踪上肢运动，分别在手部放置 3 个跟踪点，在肘部和上臂放置 1 个跟踪点，在背部放置 3 个跟踪点，从而获得手部相对于背部基准位置的三维轨迹。

基于上述系统对人的 3 个交互动作进行学习，分别是打招呼、示意停下和示意请坐。每个动作示教 10 次。图 1–41 所示为机器人学习的结果，可以看到，机器人的动作与人的示教一致。

要获得上述结果，需要进行两步主要的处理：动作的分割与标注，逆运动学与基于强化学习的优化。

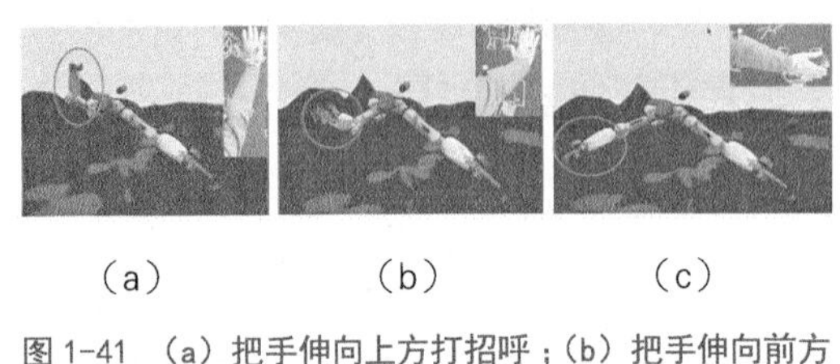
（a）　（b）　（c）

图 1–41　（a）把手伸向上方打招呼；（b）把手伸向前方示意停下（中）；（c）把手伸向一侧示意请坐

图 1–42 所示为对打招呼动作的分割与标注结果。图 1–42（a）所示为手部三维运动轨迹的分割结果，3 个主要动作分别是：到起始位置、打招呼、回到起始位置。3 个主要动作之间还有无意义的随机微小动作。图 1–42（b）所示为基于手部速度和时间的分割结果，可以看到，速度钟形曲线是有意义的分割标准。

在获得分割的子动作序列后，需要将每个示教的子动作映射到机器人上，分为两步处理。第一步是直接使用逆运动学计算机器人各关节轨迹。但这样获得的轨迹只能保证手部轨迹与示教的轨迹基本一致，不能保证肘部轨迹与示教的轨迹一致 [如图 1–43（a）所示]，实际的生成轨迹（红色曲线）与示教的轨迹（绿色曲线）有明显偏差。第二步是使用强化学习(如 CMAES）处理，使得生成轨迹与示教的轨迹一致 [如图 1–43（b）所示]。

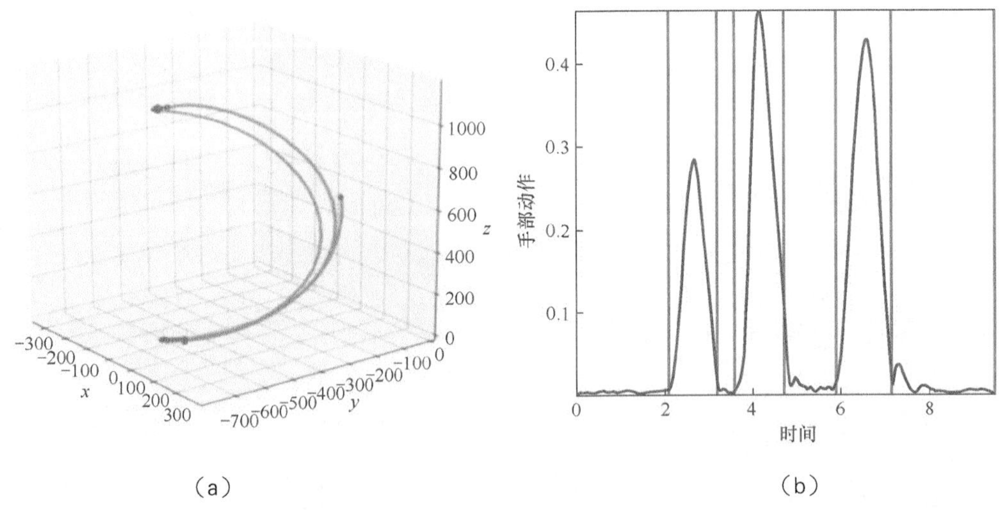

（a）　（b）

* 图 1–42　（a）手部三维运动轨迹的分割结果；（b）基于手部速度和时间的分割结果

（3）机器人执行投掷任务学习结果

下面是通过强化学习让机器人学习投掷任务的模拟结果。实验中投掷的目标区域中 x 轴为 1~2m，y 轴为 −0.5~0.5m。评价为落点与目标落点间的欧式距离。

图 1–44（a）所示为单机械臂投掷模拟实验，右方黑点是目标落点；图 1–44（b）所示为使用 REPS 的实验结果，可以看到，经过 200 次实验后，机械臂学会了投掷任务。

图 1–45 所示为使用上下文强化学习让机器人学

注：本书中带*的图、表详见彩色版。

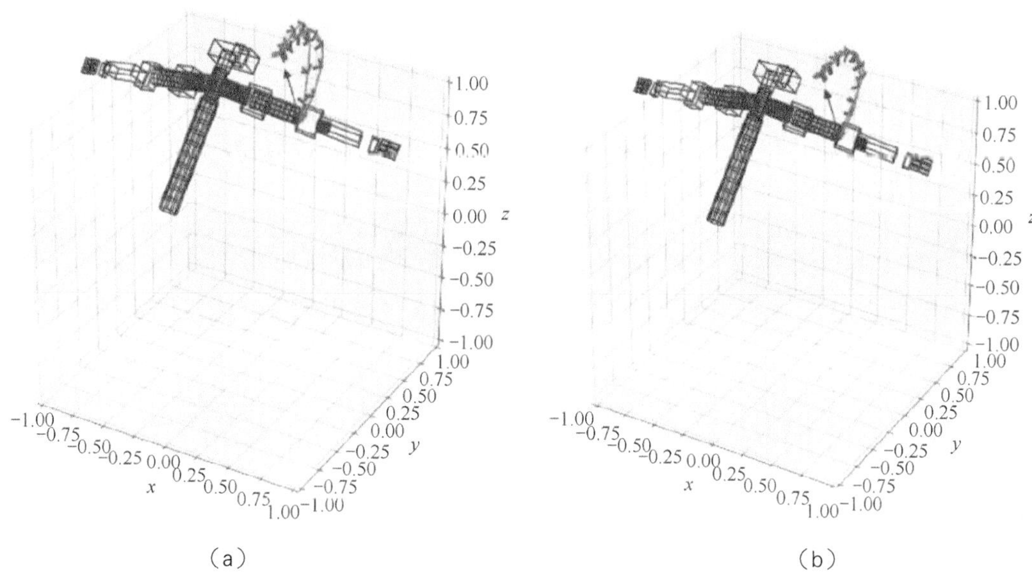

＊图 1-43 （a）直接使用基于逆运动学的模仿学习后的肘部轨迹；（b）使用强化学习优化后的肘部轨迹

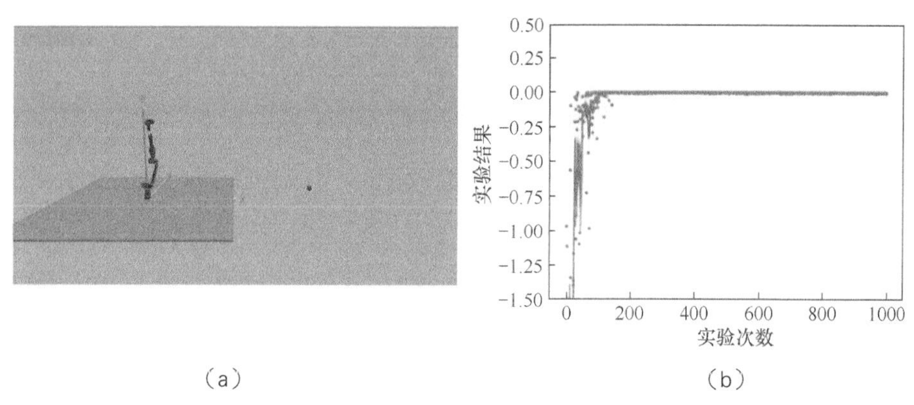

图 1-44 （a）单机械臂投掷模拟实验；（b）使用 REPS 的实验结果

习投掷任务的模拟结果。与图 1-44 不同，在上下文强化学习中，每次实验都会随机生成上下文，也就是图1-45中的黑点位置[如图1-45(a)、图1-45(b)、图 1-45（c）所示]。图 1-45（d）所示为各批次使用上下文 REPS 的模拟结果。横坐标为实验批次，纵坐标为每批次的性能评价结果。这里，每批次使用 25 个样本，评价方法为使用 9 个等距点作为评价点获得的平均偏差。可以看到，最好的性能结果为 −0.22。

4.机器人学习的未来

人工智能技术所面临的主要挑战之一是莫拉维克悖论（Moravec's Pardox），即人类所独有的高阶智慧能力只需要非常少的计算能力就可达到或较容易达到，例如逻辑推理、科学计算和各种棋类运动，但是无意识的技能和直觉却需要极大的计算能力才能达到，如视觉、听觉、肢体运动等。其中视觉所带来的挑战在进入 21 世纪后被称为“语义鸿沟”，即识别图像的语义信息，这个问题已经部分地被最近几年发展起来的深度学习技术所解决。而莫拉维克悖论的另一面，即肢体运动的挑战一般被称为“现实鸿沟”，即让机器人通过运动来达到行为目标，解决这个问题的基本技术就是机器人学习。应该说，“语义鸿沟”

的部分解决为“现实鸿沟”的解决带来了希望，但“现实鸿沟”又具有其独特的困难，如高学习效率与安全的学习等问题，带来了大量新的计算任务，如对人精确运动的理解以用于模仿学习、对物体状态的实时识别以获得强化学习所需的回报函数计算与视觉伺服、对机器人运动建模和在机器人之间进行技能学习的共享以提高学习效率等。随着由英特尔公司首先提出并践行的摩尔定律的发展，以及相关机器人算法的推进，真正能为人类提供灵活、高效服务的服务机器人必将很快到来。

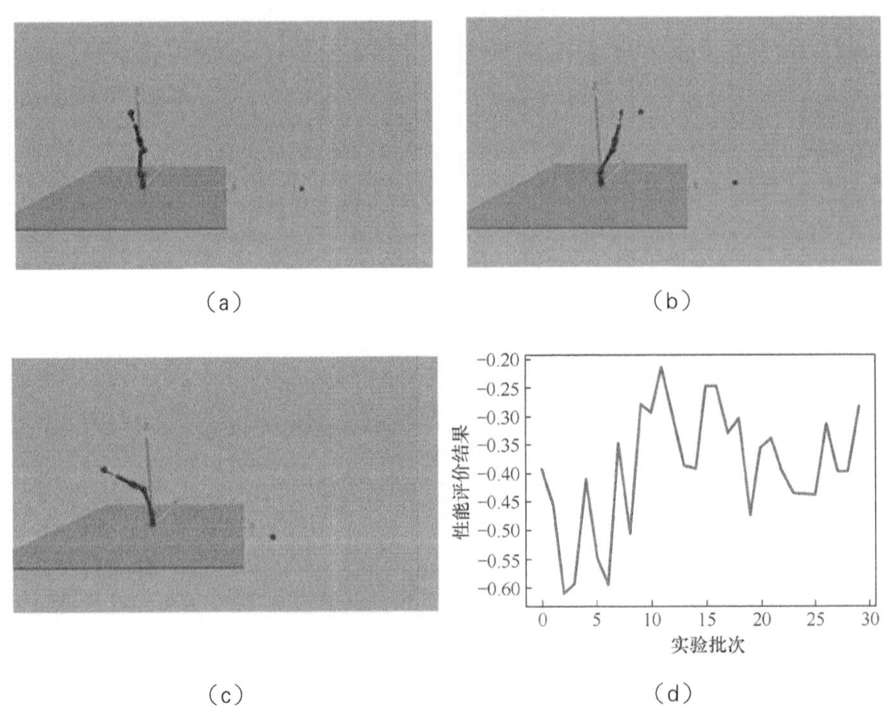

图 1-45 (a)、(b)、(c) 不同上下文（投掷目标位置）的投掷实验；(d) 各批次使用上下文 REPS 的模拟结果

1.2.4 前端+后端智能融合提升机器人“思维”深度

★ 关键词：机器“思维” 应用解决方案 大规模集群式计算

★ 作 者：付铭明

随着深度学习在机器人领域的普遍应用与发展，智能分析开始从后端向前端进一步扩展，智能机器人的应用也越来越成熟。随着模型压缩技术的发展和前端芯片性能的提升，越来越多的深度学习模型逐渐向前端转移。但是，前端的智能处理仍然受限于嵌入式芯片的计算性能，在有限的算力下需要更精确的模型才能达到良好的效果。也就是说，模型需要更多、更切合实际的数据信息来进行训练。因此，前端的采集和模型执行与后端的模型训练和数据分析密不可分。前端与后端智能处理的无缝对接与融合，才能更高效地提升机器人的“思维”深度。

1.前端智能核心

计算智能、感知智能和认知智能作为人工智能发展的 3 个方面，也是前端智能发展的三大方向（如图 1-46 所示）。

计算智能，就是机器需要进行快速的计算。虽然目前人工智能所涉及的各项技术发展大多存在一定的瓶颈，但仅在计算智能方面，现阶段计算机的计算能力和存储能力与人相比有非常大的优势。

机器具备的视觉、触觉、听觉等智能感知能力被称为感知智能。众所周知，人和动物都具备全面的感知能力。如何通过先进的智能科技赋予机器感知能力，实现机器与环境的实时交互，是目前机器人发展的热点话题。事实上，机器在感知环境方面将会比人类更有优势。虽然以往的老式机器的感知是被动感知，但感知智能将赋予机器主动感知的能力。利用人工智能方面的科技成果，可以让机器在感知方面越来越接近人类的主动感知，甚至超过人类，这是感知智能研究的终极目标。

一般来说，认知智能就是指机器的理解和思考。概念和意识是人类认知智能的表现。对机器人来说，一个机器人在某一空间中，不仅需要知道自己的位置，知道周围的环境是怎样的，而且需要进行思考，对这些信息进行分析、提取，这些对机器人的活动以及运动范围都是非常重要的。

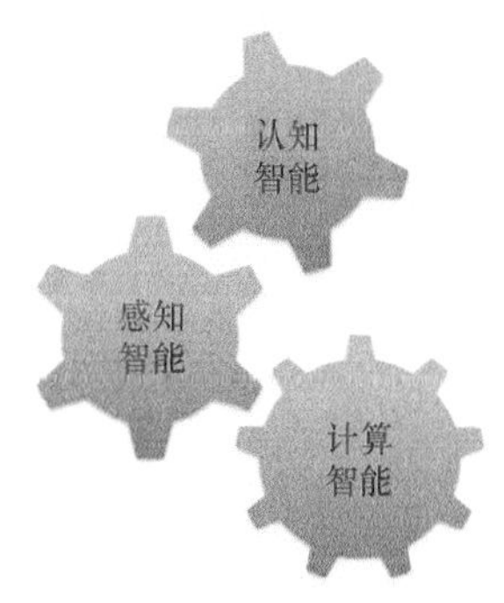

图 1-46　人工智能发展的 3 个方面

针对前端智能的应用场景和解决方案，感知智能是核心技术。从数据信息的源头做人工智能，可以采集到传感器的原始数据。在前端就可以对没有损失的原始数据进行处理，这是前端智能的最大优势和重点。同时，这里提出多传感器融合的概念，即前端采集的传感器数据信息纷繁复杂，既包括不同传感器的感知数据，还包括同一传感器不同时空下的信息融合技术。如何对这些海量的传感器数据进行分析、提炼和处理，对各种传感器进行多层次、多空间的信息的互补和优化的组合分析，对前端有限的计算能力提出了非常高的要求。这不仅是对计算平台的要求，更是对模型架构和精度的考验。以 Intel Movidius 嵌入式 VPU（Video Processing Unit，视频处理单元）解决方案为例，主控与运算单元相结合的处理器架构不仅实现了低功耗，而且易于进行嵌入式平台上模型执行的优化，其在机器人、军事、安防、无人驾驶等方面都有非常好的应用，使前端嵌入式人工智能能够适应更广阔、更灵活的场景。

2.当“前端智能”遇到“后端智能”

后端智能是与前端智能相对的智能应用的另一个主要形式。与使用嵌入式芯片的前端智能不同，后端智能采用大规模集群式中心计算平台进行分析和处理。换句话说，单纯的后端智能不提供任何前端的数据信息智能分析和结果，只是将数据信息发送到计算中心，所有智能分析和操作均由计算中心执行。后端智能解决方案由于不进行前端分析，因此所有的数据信息都必须传输到计算中心。为了保证处理的实时性，后端智能对数据信息传输的带宽速度提出了相当高的要求。

由于部署架构不同，因此前端智能和后端智能在不同场景下的应用也有很大差异。前端智能在应用上有三大优势。一是具有很强的实时性，前端采集数据信息可以即刻分析并生成分析结果，可有效提高系统的运行效率。二是大大降低网络带宽压力，经过前端智能分析处理后，只将提取后的数据信息发送到计算中心，保证系统高效性。三是数据信息具有很高的真实性，前端处理可以对未压缩的原始数据进行分析计算，有效消除数据信息失真和错误。当然，前端智能也有一定的局限。首先，当前嵌入式芯片的性能，相比大型服务器和计算中心的处理能力相对落后，在诸如深度学习模型训练等应用中，需要对海量数据信息进行处理，前端嵌入式芯片没有足够的处理能力支撑，难免会降低分析精度和速度。其次，在某些应用场景中，前端智能的可扩展性较差，如系统需要提高或降低智能处理的能力和增加或减少计算核心数量，操作相对烦琐。最后，前端智能的处理能力比后端智能弱，且无法对各种资源进行调度控制。

在实际应用场景中，前端智能与后端智能的融合是未来实现人工智能应用落地的重要趋势。这里不得不提到一个重要的概念，就是结构化数据。结构化数据是指前端（如移动机器人）采集到实时的数据信息后，进行处理，从而得到分析结果。这是一个数据信息过滤的过程。结构化数据有两个作用：一是在前端就给出了结果；二是传输到后端，通过后端智能对海量结构化数据进行学习和训练，进而获取更精准、更适合前端应用的数据模型。前端智能和后端智能是互相协同、渗透的，两者共同作用，提升机器人的"思维"深度。

"思维"顾名思义是指机器人基于数据模型进行分析和判断的过程。在"思维"训练的过程中，前端一方面采集各种数据信息，进行模型的执行和处理；另一方面收集这些数据信息并将其转化成数据集，发送到后端，协助后端进行模型的创建和训练。经过如此循环往复的学习，模型会更加精确和贴近实际应用场景。

对于后端训练的模型，由于数据量可能很大，因此为了使之更高效地运行在前端嵌入式平台上，需要对其进行优化裁剪以及压缩处理。通过这样的过程，形成完整的数据流的信息采集以及信息处理、信息分析的过程（如图 1-47 所示）。

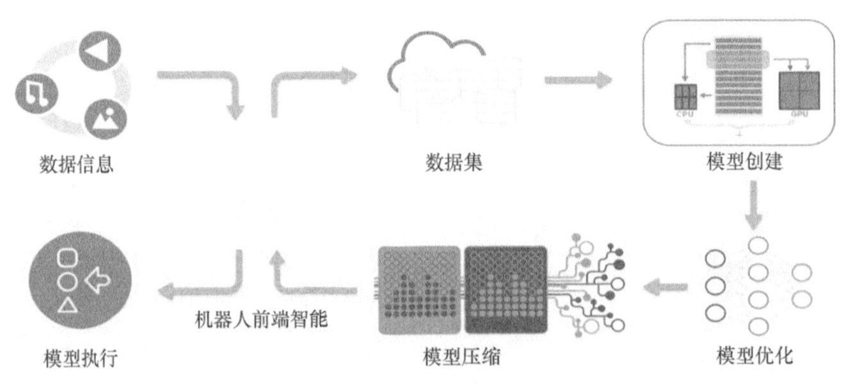

图 1-47 机器人的"思维"训练过程

3.前端+后端智能融合关键技术

（1）物联网技术

物联网的概念于 1999 年被首次提出，指的是所有节点通过 RFID 等技术将传感器设备数据信息连接到互联网，以实现通过网络进行海量数据分析处理和管理。国际电信联盟在其 2005 年年度报告中对物联网的意义进行了扩展，报告指出信息和通信技术已经发展到任何物品都可以互联的阶段，进而互联互通形成物联网。

作为国家关注的科技焦点，工业和信息化部对物联网给出了更加明确的定义。物联网是网络技术功能的延伸，也就是通过感知技术和智能设备来感知和认知物理世界的过程。通过网络传输和互联实现数据处理和信息挖掘，进而实现人、物、环境之间的互动和无缝对接，实现实时分析处理以及管理控制。物联网是传感器、传感器网络、通信技术、互联网技术和智能处理技术的结合，可以实现万事万物综合的感知和智能处理的融合。物联网使得因特网的应用从人与人的交互，延伸到人与物、物与物的信息交换和处理。

物联网通过数据智能分析平台，向用户呈现物理世界的真实状态，从而达到精准监控和管理的目的。

感知层、网络层和应用层构成了物联网的网络结构。感知层的主要任务是实现信息采集和获取。网络层主要实现信息传输和通信，可以依靠互联网和电信网络来进行。应用层实现网络层与物联网应用服务之间的接口和功能调用，包括业务分析、共享、智能处理和集中管理等，这体现在一系列的业务支撑平台、管理平台、信息处理平台和智能计算平台上。

物联网的基础设施在一定程度上与互联网一致，但在此基础上大大拓展了应用范围。物联网是电信网与互联网之间的一种通信方式，解决了监控系统各个设备之间的互联问题。

（2）传感器融合

为了使目标信息采集更准确、识别更精确，可从多个或不同类型的传感器合成信息，该过程称为传感器融合。传感器融合应用于数据处理的多个阶段，包括原始数据层、特征提取层、决策层等。由于传感器本身的性能局限和受外部环境干扰，因此传感器接收到的数据信息有可能失真。多传感器的信息融合可以综合各个信息源的数据进行合理的信息推理和决策。下面是有关传感器融合特点的一些讨论。

多传感器提供的信息是互补的，能有效地提高系统采集真实信息的能力，因此多传感器系统能够感知单个传感器系统无法感知的整体系统的信息特征。

多传感器冗余信息主要是为了提高信息的准确性、降低系统的不确定性。当某个或某些传感器出现故障或错误时，可通过提取冗余信息的方法来提高系统的可靠性和鲁棒性。

多传感器可提高系统的稳定性。传感器融合是为了减少不利因素对系统的干扰，从而保证系统的正常运行。

多传感器分布式检测的拓扑结构可以扩大时间和空间的覆盖范围。多传感器的使用可以更全面、更准确地获取监测目标的状态数据。

多传感器可提高系统的识别能力。为了提高系统的识别能力，通常采用多传感器融合的方法。

多传感器能提高系统的准确性。合理的多传感器融合算法可以有效提高系统的跟踪精度，减少单传感器故障等不利因素的影响。

当然，多传感器信息融合系统的组成比单传感器系统更复杂。实际应用中要兼顾系统的性能、价格、实时性要求、应用场景等因素进行综合考虑。

（3）深度学习

智能机器人的发展方向包括自主判断、推理和规划。作为智能机器学习的一个新的研究领域，深度学习采用模拟人脑神经网络的方式，通过一些层次化的非线性数学运算将原始数据信息转化为抽象的表达，这是一种高层次的理解认知。提取数据的分布式特征表示是智能机器人研究的热点课题。

深度学习是人工神经网络技术的延伸和发展。在机器视觉领域，CNN 采用多层网络结构，随着几年来的快速发展，它已经成为一个广泛应用的学习算法。它使图像可以作为直接输入层。每一层使用特定的数字滤波器对观测数据进行特征提取和分类。相比传统的图像处理算法，该算法从原理上避免了特征选择提取和数据重构的复杂过程，最大限度地降低了对数据预处理的要求，通过设计和处理多维矩阵式数据，实现了更智能的互联网络结构。人工智能学习系统 TensorFlow 将复杂的数据结构传输到人工智能神经网络，使用异构设备的分布式计算进行分析和处理。它用于机器深度学习的很多领域，如语音识别、图像识别，并且具有良好的灵活性和可扩展性。TensorFlow 开源之后，深度学习在语音识别、机器视觉等方面的难度得到了极大程度的降低，在促进学习算法发展的同时更加速了深度学习的快速发展。

深度学习带来了新一轮人工智能的革命，为智能机器人的发展提供了新机遇，受到了学术界的广泛关注。

（4）大数据技术

伴随着计算机控制与互联网技术的发展，针对海量数据分析处理的大数据技术逐渐成熟，其特点是具有更强大的决策能力、分析能力和流程优化能力。大数据技术的核心首先在于海量数据的分布式存储和分析，即所谓后端数据存储，其次是运用后端智能处理技术实现海量数据中信息的特征获取与应用。与传统的基于简单数学运算的研究方法不同，大数据技术从互联网技术、机器智能技术和信息安全技术等各个方面阐述了海量数据带来的技术挑战。数据量呈指数级增长不仅涉及人们的生产和生活方式，也关系到国家信息安全等诸多方面的内容。随着数据量和复杂性的增加，大数据技术处理的数据量将从 TB 级跃升到 PB 级，随之带来很多新的技术问题。从结构化数据到非结构化数据和半结构化数据，如何分析这些数据并进行有效提取，给科技界提出了更高的要求。随着数据量增加，数据类型变得越来越复杂，存储和处理方法也与传统方法不同，处理效率的问题更加值得关注。

目前，基于大数据技术的智能机器人就是基于庞大的数据进行后端智能训练的，通过搜索和匹配来处理单个话语点或者解决单点问题。在整个人机交互的过程中，机器人运用前端智能进行思维推理，而真正为思维提供信息供给的模型则来自后端大数据的处理和训练过程。机器人智能开发和机器人技术在大数据平台上的整合是一个亟待解决的问题。

4.结束语

机器人“思维”，也即机器人判断、推理的能力，是机器人智能化发展的重点和难点。深度学习作为智能机器学习中日渐发展的新领域，通过对大量数据的学习和训练获取模型，通过更深度的数据层式模型表达相关概念，发现数据信息的抽象特征表示，是机器人“思维”研究的热点。

数据对于机器人智能，相当于石油对于汽车，数据是提高机器人“思维”深度的重要原料。基于前端+后端智能融合架构的深度学习训练和推理应用方法可以有效地分析和处理数据，从“学习”和“应用”这两个方向提升机器人“思维”的学习深度，提高学习速度。机器人学习能力和效率的提高，对其应用场景的扩大和灵活性增强具有重要的意义。

机器人的“思维”能力决定了其工作性能与准确度。功能性、实时性、自适应性等都需要通过数据训练的方式提升。前端智能与后端智能的协同融合为这些需求提供了有效框架和方法。

1.2.5 “机器之眼”，解码视觉感知技术的核心

⋆ 关键词：感知功能　移动机器人　SLAM技术　新型传感器

⋆ 作　者：陈震

具备感知功能的移动机器人能够在复杂的非结构化空间中，在无其他外部信号源的情况下，通过自身的多模态动态感知视觉系统，实现定位、建图、导航、规划等功能（如图 1-48 所示）。这种机器人可以应用在工业仓储搬运、商用服务、家用服务、智能驾驶等多种环境中，为地区经济做出重大贡献。SLAM 技术、移动控制技术、轨迹优化技

图 1-48　具备感知功能的移动机器人在复杂环境中作业

术的结合构成了移动机器人感知功能的核心算法。本小节将重点分析 SLAM 技术、基于特征匹配的移动控制技术和基于滤波的轨迹优化技术，并对比以激光雷达和深度相机为代表的新型传感器的各项优缺点。

1.国内外研究现状

国内外学术领域中创新算法研究与新型传感器的出现使得移动机器人领域的许多关键技术正在被逐渐完善，移动机器人在定位与导航等方面的应用效果得到了某种程度的提高。目前较为成熟的机器人室内定位与导航方案较多采用激光雷达作为主动视觉传感器，而采用这一方案除了需要面对价格高昂的传感器开发成本，在实际应用过程中有限的信息获取能力也会使携带单一激光雷达的移动机器人无法实现空间避障、地图构建、场景识别等其他必要功能，且其他类型传感器也需要被额外搭载。多传感器的数据融合与系统兼容等多维度的应用难题便由此产生。可见，在产业界的实际运用中，单一类型传感器的移动机器人缺乏市场化与产品化的基本前提。

随着工厂自动化水平和自主导航算法整体水平的提高，逐渐出现了“二维码导航”“激光导航”等自主感知的方式，颠覆了曾经电磁引导的物理导航方式。在自动化运输中，移动机器人可谓举足轻重。

相比欧美和日本运输机器人产业的发展，我国的自动化运输机器人的研究和应用工作开展得相对迟缓，且主流的运输机器人依然停留在传统的电磁引导的物理导航方式上。我国从 20 世纪 60 年代开始研发自主导航机器人，但实际研究成果进展缓慢。我国的人工成本不断上升，催生并发掘了运输机器人的市场价值。研究人员开始投入更多的精力开发更为完善且更具创新性的移动机器人感知算法。

具备感知功能的智能物流运输设备在大型仓储车间、流水生产线、航空航天、大型码头等诸多工业领域可以更为高效、安全地实现无人作业。但现有的具备感知功能的移动机器人在实际应用中也遇到了诸多问题，如定位和导航精度不高、障碍物检测效率低等，尤其是非结构化场景中定位精度的下降进一步加大了检测障碍物的难度。这些核心问题使设备自身的安全和操作人员的安全具有很大的隐患。

综上所述，开发具备感知功能，特别是具备多模态动态感知技术的移动机器人，通过多种传感器信息的融合提高现有移动机器人的自主感知能力与定位精度，可以将移动机器人更好地应用在工业仓储搬运、商用服务、家用服务、智能驾驶等多种环境中，从而为地区经济做出重大贡献。

自 20 世纪 70 年代起，世界主要发达国家和地区开始对感知系统关键技术开展一系列卓有成效的研究工作。可以说，视觉感知系统的算法研发水平是标志和衡量一个国家智能机器人研究的最高标准之一。

移动机器人所处的环境一般分为室外环境和室内环境，两种环境对感知算法的要求具有很大的不同。相对于室外开阔的环境，室内环境中的导航与定位更具挑战性。首先，移动机器人所处的室内环境更为杂乱和狭小，这为机器人的信息采集增加了难度；其次，移动机器人在室内环境中一般没有 GPS 等外部导航系统的支持，所以无法直接获取自身的位置信息。

在过去近 20 年的发展中，无 GPS 信号场景中的移动机器人定位与导航技术的发展取得了一定成果。这主要归功于移动机器人身上装载的各种重量级高精度传感器，如激光雷达、声呐、摄像头、微电子机械系统等，以及由兰德尔·史密斯（Randall Smith）、彼得·奇斯曼（Peter Cheeseman）等人于 1986 年提出的 SLAM 技术。

近些年，随着硬件传感器的不断推陈出新，出现了多种类型的新型传感器，如颜色深度相机、固态激光雷达、光场相机等。这些传感器利用先进的光学特性，可以采集到三维空间中的深度信息，大大提高了单一传感器的信息获取多样性，使得机器人视觉系统感知技术的实现有了更多选择。

尽管颜色深度相机、固态激光雷达、光场相机等新型传感器具备诸多优点，但其自身依然存在缺点，如分辨率较低、测量距离有限、图像的噪声大、可视角度小、特殊情况下的数据丢失、成本居高不下等。从研究角度看，这些问题需要依赖硬件的迭代、算法的优化以及市场的规模化开发才能得以解决。

SLAM 技术、移动控制技术、轨迹优化技术这三者的结合构成了移动机器人感知功能的核心算法。该算法在移动机器人的定位、建图、导航、规划能力等方面的研究成果最早被用于航空航天领域，其目的是解决人类发射升空的外星探测器、采集车在未知复杂环境中与决策相关的一系列问题。经过多年的技术完善与发展，这些成果在近年来逐渐普及，被更多的实验室及研究机构的研究人员用于解决智能车、飞行器、无人驾驶汽车等在未知环境下的感知等重要的基础性问题。

2.SLAM技术

SLAM 技术是移动机器人领域的关键技术。对移动机器人而言，当其在陌生环境中进行移动作业时，需要根据其所处的场景获得实时的传感器数据信息，帮助其得到自身相对于环境的移动位置信息与移动姿态信息，只有获得这些信息，才能够帮助其在陌生环境中进行地图的绘制。与此同时，移动机器人也需要通过对高精度环境地图的获取，通过特征扫描、匹配等方法帮助其获取绝对准确的位置信息与姿态信息。因此，定位与建图二者相互作用，互为信息的补充。

SLAM 技术通常被学术界认为是机器人领域与计算机非学习几何学领域的重要基础算法。这一算法的突破将极大限度地解决移动机器人在感知方面的自主化工作难题。这一算法的目标是使移动机器人能够在极大范围内通过自身所携带的各种传感器获取绝对精确的位置信息、姿态信息和地图数据，这一目标将使移动机器人能够满足绝大部分的任务需求。

SLAM 技术的研究最早始于 2002 年。悉尼大学的加米尼·迪萨纳亚克（Gamini Dissanayake）教授和保罗·纽曼（Paul Newman）教授等人合作给出了位置与地图的一致收敛性，证明了该算法的理论可行。此后的几年中，全球多个研究机构的研究人员尝试利用毫米波雷达等先进传感器设计较为严谨的实验，研究并实现诸如地图管理、数据融合等关键问题在实际操作中应该采用何种办法解决。

经过近些年的不断优化，SLAM 算法的实现框架日趋成熟。目前学术界较为认可将 SLAM 算法划分为前端算法和后端算法两部分。其中，SLAM 算法的前端算法部分主要利用多种传感器采集到的空间中的环境信息对移动机器人的位置移动、姿态变换等情况进行较为准确的估计和预测。后端算法部分则是根据实时获取到的运动信息将其变换为相对位移量，并根据该值的大小与方向对传感器的数据进行拼接，从而获取准确的环境地图数据。在这一部分工作中，通过多种优化算法，如迭代最近点算法、随机采样算法等，可对局部生成的地图进行小范围和大范围的优化，从而获得更为准确的全局地图数据。

但近些年的研究发现，目前 SLAM 算法在前端与后端算法的处理上均存在较大问题，有待优化。首先，在前端算法中，通过传感器来获取环境信息，由于数据来源于惯性测量单元、陀螺仪、轮式机器人里程计等电子元器件，以及漂移、累积等误差的客观存在，因此会导致原始数据本身质量存在较大缺陷。目前，研究人员普遍认为应当选取单一的可信赖传感器数据，减少误差的引入，简化前端的数据处理维度，使计算结果更多依赖于后端算法的处理。其次，在后端算法的运算中，需要对前端大量数据进行存储和记录，以便后期获得较为完整的高精度环境模型，这对后端算法的实时性与数据的存储和维护机制是极大挑战。因此后端算法的突破有赖于创新的存储与维护机制，通过降低后端算力，以便集中有限的资源获得更高质量的输出结果。

基于视觉的 SLAM 算法，简称 vSLAM 算法，是近些年兴起的 SLAM 算法中较具代表性和突破性的算法，其基本原理是利用非结构化空间中的视觉特征信息和传感器参数，对传感器的位移进行反向推算，从而确定该传感器的位置信息与姿态信息。

vSLAM算法的技术原理类似于视觉里程计，但更优于传统的视觉里程计。传统的视觉里程计通过使用视频流信息中关键帧前后两帧的特征点变化数量和位置来对传感器的运动参数模型进行预估，忽略了非结构化空间中特征点的相对坐标以及前后关键帧之间的约束条件，因此可以快速获得输出结果，保持低计算复杂度。但它在保证算法实时性的同时，没有对传感器获取的视频流信息中的关键帧进行保存，没有将其与后续的运动结果进行关联，因此用这种方式获得的输出结果依然存在较大的误差。目前，主流vSLAM算法的设计架构与视觉里程计有一定区别。它依托SLAM算法的后端算法，可以计算非结构化空间中发生位移的传感器相对于整体空间的位置信息，采用构建特征点场景地图的方式降低算法中为保证实时性而引入的累积误差，从而提高全局定位精度。这是由近些年vSLAM算法的特性所决定的，也正是因为这一特性，近些年vSLAM算法成为机器人领域的一项重要的突破性算法。

vSLAM算法是一种对计算资源需求极大的算法，通常由于需要算法在极短时间内对多个图像的特征点进行快速提取、快速匹配、快速计算、快速输出而导致算法对数据传输的带宽要求极高。为了保证算法能够在移动机器人上进行更具实时性的结果输出，需要对算法的整体框架进行最优化设计，以尽量保证vSLAM算法前端单帧数据的采集时间大于后端单帧数据的处理时间。

vSLAM算法也存在有待解决的问题。各种传感器在实际使用中需要搭载在移动机器人上，因此受限于自身的结构、机械等，传感器每个瞬时获取的信息会有一定的不确定度。随着工作时间的不断增加，传感器采集信息的不确定度加大，直接表现为vSLAM算法前端计算输出结果的精度误差不断积累，造成移动机器人定位与导航的准确性下降。

图1-49所示为利用新型低成本传感器——颜色深度相机进行vSLAM算法运算的实验结果。搭载颜色深度相机的移动机器人在某教学楼的环形环境下行进。通过实验结果可以看出，在定位与建图的过程中，搭载在移动机器人上的传感器姿态误差不断累积，导致采集到的颜色深度信息在构建地图过程中发生了“弯曲”。随着“弯曲”的加剧，当移动机器人行进一周回到原点时，构建的地图没有回到原点，且随着移动距离的增加，原点误差被放大。

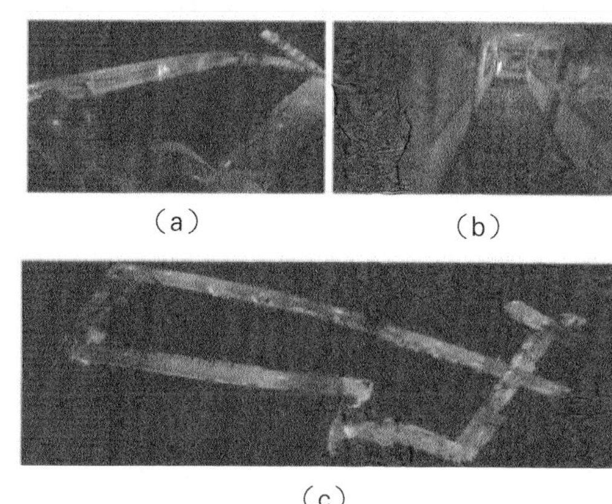

图1-49 vSLAM算法实验结果：(a) 场景发生“弯曲”；(b) 短时间精度较高；(c) 实验结果俯瞰

3.基于特征匹配的移动控制技术

在移动机器人的感知系统中，随着工作时间增加而增大的线性误差通常被称为“累积误差”。由于该系统不存在反馈调节作用，无法对误差进行实时修正，因此随着时间的流逝，累积误差会进一步增大。在这一问题上，通常采用基于特征匹配的移动控制技术，使感知系统具备一定的反馈调节作用，进而提高环境地图的精度。

在室内的复杂环境中，移动机器人需要获得自身相对于环境的位置才能结合自身的传感器数据对地图进行优化和自主控制。在室内环境中，移动机器人自身携带的GPS装置无法对其自身位置进行锁定，其原因是在室内环境中无法获取稳定的GPS信号源。因此，需要通过其他方式使移动机器人获得自身相对于绝对坐标系的位置信息。除此之外，移动机器人自身集成的惯性测量元器件及轮式机器人携带的里程计、码盘等电子器件可以为其提供一定精度的姿态与位置信息，通过对惯性测量元器件的结合，组成多模态感知系统，再通过统计学的数据滤波办法，可以更好地得到移动机器人的位置信息，减少因为严重依赖单一传感器而造成的累积误差。

在室内移动的机器人需要实时地获取自身的绝对位置信息，从而构建更为精准的地图，帮助其执行后续的导航、规划、避障等任务。移动控制技术由此提出。常见的移动控制算法一般分为两个部分：第一部分通过对比得到当前时刻获取数据与历史某一时刻获取数据中所包含的相同特征的匹配关系；第二部分根据建立好的特征匹配关系，找到搜索最优、最精确的相对坐标变换结果。由于不同的算法在数据处理的不同阶段选用了不同的计算方法进行优化，因此它们在实时性、鲁棒性、精确性和计算的资源、时间消耗等方面存在较大的差别。

4.基于滤波的轨迹优化技术

移动机器人的移动轨迹优化方式大致可以分为线性式优化和非线性式优化两大类。在移动机器人的实际应用中，对于执行单一往复运动的机器人，如搬运机器人等，即可使用线性式优化的滤波方法。而对于非结构化空间中的自主感知移动型机器人，其移动轨迹显然是一个非线性模型。

通常情况下，非线性系统的优化可以达到更高的轨迹精度，然而这种计算方法由于需要算法进行多次迭代，相比于滤波式的线性优化方式会消耗更多的计算资源。因此，在移动机器人的实际使用环境中，针对实际情况设计并实现一个轨迹精度接近线性优化方式的滤波方法具有重要的使用意义。

采用基于特征匹配的移动控制技术，使得感知系统获得了两帧之间更为准确的位置姿态关系。但在长时间的移动中，仍然无法避免由于传感器的累积误差导致的轨迹定位偏差以及地图出现“弯曲”的现象。因此，轨迹优化技术可以在系统的长期工作中帮助移动机器人对整个运动轨迹加以优化，从而使得在长距离的工作环境中移动机器人依然可以保持相对最优的状态，从而进一步减小地图“弯曲”的概率。

对移动机器人而言，利用当前时刻的最新观测信息，更新过去时刻对某一位置的状态记录，可以将其形象地比喻为利用先验知识获得有效的预判信息，从而得到现在时刻更为准确的位置估计。这便是基于滤波的轨迹优化技术。所以，在轨迹优化的问题中，研究人员通常需要考虑移动机器人在一个较长的工作时间里应该如何对自己的位置状态进行估计的问题。如果仅仅使用过去计算获得的信息来对自己当前时刻的位置进行更新，这种方式称为“渐进式轨迹优化法”；如果在使用过去计算获得的信息的同时，基于过去信息对未来的行为、状态等进行预测，从而获得更优的位置更新，这种方式称为“预测式轨迹优化法”。卡尔曼滤波算法是通过预测式轨迹优化法建立非线性优化模型中极为重要的算法。

5.新型传感器

随着光学成像系统与硬件工艺水平的发展，近几年出现了多种新型传感器，如固态激光雷达、多线激光雷达、结构光相机、多目立体相机等。2017 年下半年，苹果公司推出了 10 周年纪念款手机 iPhone X。该款手机搭载了“原深感镜头”作为前置镜头，具备三维面部识别功能，从而使得结构光相机成为又一主流深度成像传感器。深度相机作为近些年传感器市场上的“新面孔”，随着机器人、无人驾驶等技术的兴起迅速成为各领域技术研究的重要组成部分。

深度信息是自主移动机器人感知信息中的重要组成部分，具有深度探测功能的机器人、无人机可以实现自主移动、感知、避障等功能，而这些在过去主要通过高精度激光雷达等方式获取。深度信息的准确度在很大程度上影响着移动机器人在空间、平面的感知功能的开发与实现。

（1）激光雷达

激光雷达是目前市场上常见的用于获取深度信息

的传感器，被广泛应用于自动驾驶汽车、工业移动车辆、移动机器人等行业。过去常见的单线激光雷达可以获取二维 360° 的深度信息点，精度可以达到毫米级别。近些年市场上也出现了可以获取三维深度信息的多线激光雷达和固态激光雷达。激光雷达由激光发射器、激光接收器和测量电路组成，利用激光从发射到接收的时间，计算出传感器位置到目标的距离。激光本身的特性使得激光雷达具有测量距离远、反馈速度快、数据精度较高和抗光性能好等优点。作为目前表现效果较好的深度信息采集传感器，激光雷达在具备众多优点的同时，价格高昂且体积庞大是其目前无法真正大规模商用的主要原因。

（2）深度相机

深度相机是利用多种光学特性，配合普通摄像头所实现的一种可以获取深度信息的传感器。目前对于深度相机产品，有 3 种可以实现的方案，分别是结构光技术、ToF 技术和双目可见光技术。

结构光技术。结构光技术的应用依靠一个普通摄像头、一个红外摄像头和一个结构光投射器。投射器经过特殊的编码或标定投射出激光光斑。这些光斑在远近不同的空间位置会呈现出不同的形状与光强。传感器出厂时经过一次光源标定后，红外摄像头就可以通过捕捉投射在空间中不同物体表面的光斑图案来确定当前场景中出现在镜头内物体的深度，从而计算获取该位置的空间坐标。但是受到结构光投射器的光强限制，使用结构光技术的深度相机较好的测距范围为 0.5~8m，低于该测距范围会出现传感器的视觉盲区，而超过该测距范围会降低深度信息的精度，且精度会随着距离的增大呈指数级下降。图 1-50 所示为华硕公司的结构光技术深度相机。

图 1-50　华硕公司的结构光技术深度相机

ToF 技术。微软公司在 2009 年宣布全资收购以色列的深度摄像头公司 3DV Systems，经过两年时间的开发，在 2013 年对外发布了采用 ToF 技术的新一代 Kinect 产品（如图 1-51 所示）。这一代产品具备一个普通摄像头、一个红外接收器和一个红外发射器。激光通过红外发射器，经过高频调制，投射到传感器前方的物体表面，红外接收器通过接收视场角内可见区域的每个像素点的反射光，再通过计算得出反射光和入射光的相位差，获得对应像素点在该物体表面的距离信息。该传感器的优点是较结构光技术的深度相机可以获得更远的探测距离，但是光波的特性导致其对深色物质的探测精度会出现较大幅度下降，且对高速移动物体的探测精度也会下降。

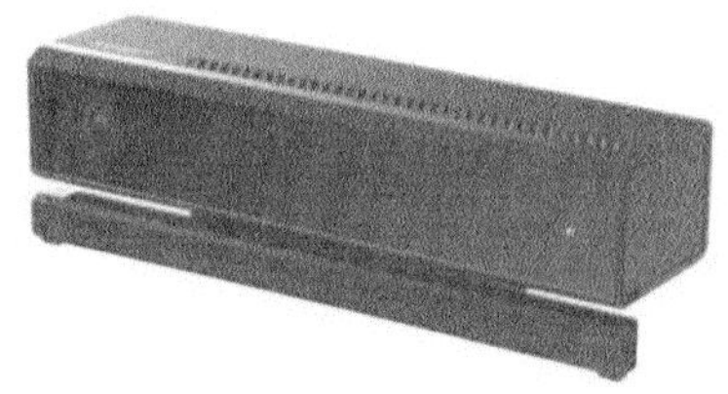

图 1-51　Kinect 产品（微软公司的 ToF 技术深度相机）

双目可见光技术。类似于人眼的双目相机可以通过两个固定位置的摄像头固定视差，利用“三角法”计算两个摄像头重合部分图像的深度信息。利用这一技术的代表性产品有 Leap Motion（美国）、ZEED（美国）等。但双目相机的深度信息提取方法以提取相同时刻的不同摄像头中的特征点为基础，因此当两个摄像头中的图像复杂度较低，甚至在没有特征点的情况下，如在无光照条件下和纯色的墙壁等环境中，就会出现无法识别的现象。图 1-52 所示为 RealSense R200。

图 1-52　RealSense R200

因此，为了解决双目相机在上述环境中无法使用的问题，很多硬件传感器厂商开始着手设计一种在双目相机中增加结构光技术的硬件方法，通过为双目相机主动投射一组具有特征的光斑，双目摄像头可以在上述环境中捕捉到有效的特征点，从而用于深度信息提取。这一方案的推出，既帮助了传感器获取低复杂度甚至是无特征点物体及环境的深度信息，也扩大了传感器的可见范围。

近年来，随着传感器、芯片、集成电路等硬件工艺的不断进步，越来越多的新传感器、新算法出现在研究人员以及大众的视野中。随着软、硬件的更新与进步，出现了虚拟现实、增强现实、自动驾驶、工业自动化等新的产业机会，进而推动了新时代对机器人及智能移动端的研究。当然，我们也应该深刻地意识到，具备感知功能的机器人的实现只是机器人迈向真正“智能化”的开端，未来机器人中的智能化算法，诸如场景语义的理解、多机协同与调度、高难度动作指令的输出与机械结构的实现、机器人与人自然的交互界面设计等，将会依赖更多研究成果的实现。

1.3 智能机器人的应用实践

1.3.1 独立自主知识产权的国产智能机器人操作系统EwayOS

★ 关键词：机器人　操作系统

★ 作　者：顾祺源

近年来，我国拥有全世界较大且发展较快的机器人市场，人们对机器人的需求和期待逐渐提高。机器人操作系统作为机器人最基础的部分，在实现机器人各项功能的过程中发挥着重要作用。针对当前流行的 ROS 中存在的不足，本小节将介绍面向综合性服务机器人的维度机器人操作系统 EwayOS，其框架设计参考了人脑的功能模型，将机器人程序模块分为感知层、运动层、应用层，以及负责在各层模块间传输数据的通信层。本小节将详细说明 EwayOS 的 4 个程序模块以及针对 EwayOS 的开发者工具套件 EwaySDK。

2015 年，国务院发布了《关于积极推进“互联网 +”行动的指导意见》（以下简称“《指导意见》”）。《指导意见》指出，要依托互联网平台提供人工智能公共创新服务，加快人工智能核心技术突破。

近年来，伴随着人工智能、机械工程等技术的高速发展，机器人已成为全球范围内非常热门也非常具有发展潜力的新兴产业。

机器人是集机械、电子、控制、计算机、传感器、人工智能等多学科先进技术于一体的综合学科。它涉及机械工程学、材料学、电子电器工程学、微电子工程学、计算机科学、控制工程学、信息传感器工程学、声学、仿生学、人工智能、人机交互等众多学科和领域。

受我国人口老龄化、产业结构调整等因素影响，服务与协作机器人将迎来巨大的发展空间。预计到 2021 年，全球机器人产值将突破 2262 亿美元，其中服务机器人占比与发展速度均远超工业机器人（如图 1-53 所示）。工业机器人经历了几十年的发展，被不断投入第一产业和第二产业的生产活动中，使产能得到了巨大提升。随着产业结构的调整和升级，我国第三产业的占比正逐年增加，这为服务及协作机器人的发展提供了广阔空间。全球服务机器人行业规模预计在未来十年内将有 40% 以上的复合增长。

机器人在生产、生活、服务方面一步步走向人们，人们对机器人的期待也逐渐提高。机器人的形象逐渐从厂房中力大、精准、冰冷的机器慢慢演化为家里和办公室中亲切、智能、有用的小助手。随着机器人技术的逐渐发展和机器人产品的不断迭代，未来充满智慧且可靠、能干的机器人管家、机器人工人、机器人服务员会从科幻电影走向现实，再次改变人类的生活。

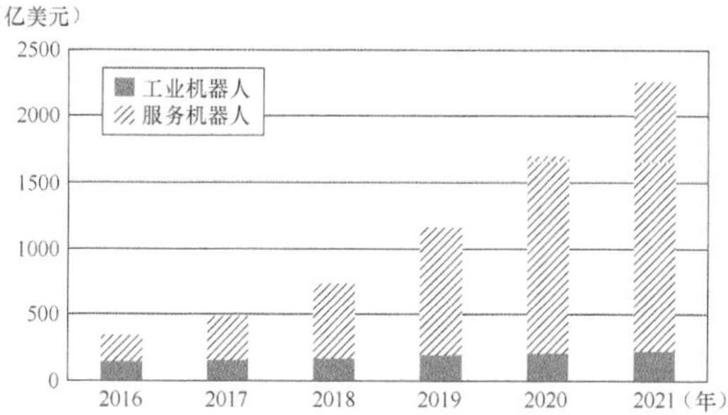

图 1-53　2016—2021 年全球机器人市场规模

（来源：Tractica）

要实现上述功能，机器人技术，特别是机器人操作系统显得尤为重要。机器人的大脑是计算机，计算机的基础是操作系统。一个好的机器人操作系统能够大大简化机器人算法开发、应用开发、本体开发、产品开发的过程，统一各类软件、硬件的接口，让不同的技术、不同的产品、不同的应用使用统一的标准，实现互通有无，避免重复劳动，大大加快机器人产业的发展。但是，目前流行的 ROS 主要面向科研人员，且没有商业公司进行运营和维护，因而学习成本高，运行效率低，并且由于 ROS 开源，开发者经常更改接口，导致模块兼容性差，因此并不适合商用服务机器人行业。为此，一维弦科技公司自主研发了 EwayOS，主要面向综合性服务机器人，提供高效开发、高效运行的操作系统方案。

智能机器人的定位是在人类的生产、生活环境中，辅助、替代人类完成一些复杂、烦琐的工作。因此机器人应该具备运动能力、操作能力、识别能力。为简化机器人应用开发工程师的工作，操作系统还应具备完备的应用开发框架、各类机器人开发工具库，以及各模块间的通信机制。

EwayOS 参考了人脑的功能模型。例如，当人需要开展一项具体工作的时候，首先要进行目标物的识别，之后根据主观意识控制肢体运动。在运动过程中，主观意识根据视觉识别的结果，以及当前身体与目标物的相对关系，不断地修正身体运动的状态，最终使肢体与目标物相互作用，完成具体任务。例如，需要完成从桌上拿苹果的任务，首先大脑利用视觉分辨苹果并判断苹果与人的相对位置，之后主观意识要求人走向苹果，人的运动控制中枢控制双腿走向苹果。

EwayOS 的框架设计将机器人程序模块分为感知层、运动层、应用层，以及负责在各层模块间传输数据的通信层，如图 1-54 所示。

其中感知层负责承载各类感知算法，包括机器视觉、机器听觉、视觉障碍物检测、视觉空间建模、视觉 SLAM 等感知算法。运动层主要负责各类运动控制算法以及硬件协议适配。应用层负责处理信息。通信层根据不同模块通信需要使用 TCP（Transmission Control Protocol，传输控制协议）、UDP（User Datagram Protocol，用户数据报协议）、共享内存、文件共享、数据库等多种传输方式实现。各层有机结合，共同完成机器人的具体任务的执行。

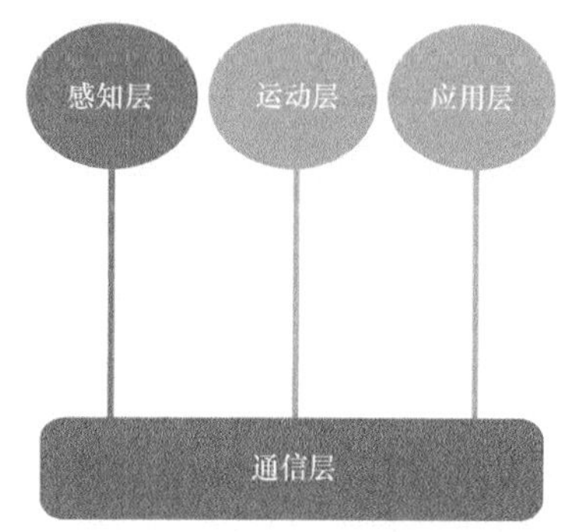

图 1-54　EwayOS 的框架设计

例如之前从桌上拿苹果的任务，首先感知层对应的是人的主观意识，应用层负责拿苹果的逻辑，开启视觉物体识别，同时发送指令至运动层控制头部转动，在可视范围内查找苹果；发现苹果后，发送运动指令控制手臂运动进行抓取，如图 1–55 所示。

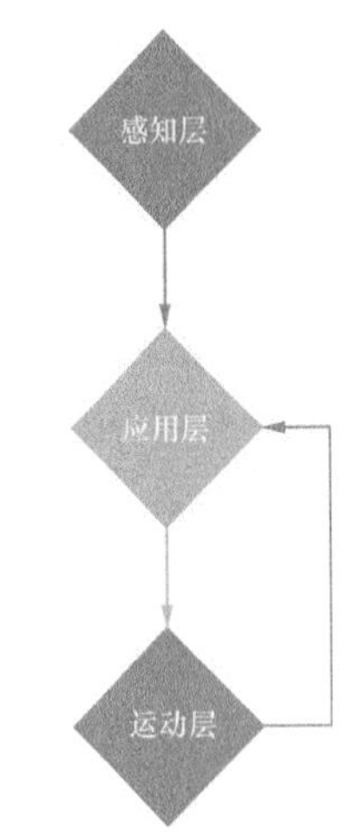

图 1–55　从桌上拿苹果的功能模型

1.感知层

感知层负责从各类传感器获取原始数据，运行各类算法进行数据处理，最终获取识别结果，通过通信层将其发送至应用层进行处理。感知层程序模块有很多特点，具体如下。

一是数据量大。对于目前最普通的 640 像素 × 480 像素的图像，每个像素用 32bit 表示，每秒 20 帧，其每秒数据量为 197Mbit，若加上深度数据，每秒数据量则为 281Mbit。数据量大，系统资源开销较大。

二是数据传输要求高。机器人系统的识别很多是在运动中进行的，识别算法中的时延会造成识别结果与真实结果的差异。时延越大，差异越大。很多机器人的运动需要根据识别结果进行引导或修正。过大的时延会造成机器人程序编写困难。

三是数据计算量大。机器人原始数据量大，必然带来数据处理算法开销大。如何处理大量数据的大量计算，还要尽可能地降低计算时间，提高识别的速度，这是识别框架需要重点考虑的问题。

四是算法结构复杂，变化较快。识别算法目前是研究的前沿，各类算法、理论层出不穷。这造成目前识别算法更新很快，各类功能的实现方法不断变化。识别框架需要一种能够快速替换某一模块而不影响其他功能，模块间既能高效组合但又可简单替换的功能。

五是新的硬件、运算单元不断涌现。当前，新的硬件、运算单元不断涌现，大大加快了识别算法前进的脚步。但是，由于接口不一致，因此更换硬件单元时变动较大。

针对以上特点，EwayOS 感知层框架采用了类似搭积木的模块化设计，将每一个算法模块抽象为图 1–56 所示的单元。每一个单元由若干个输入引脚、若干个输出引脚以及识别结果输出引脚组成。其中，输入引脚负责从其他模块获取指定的输入数据，输出引脚负责将计算后的数据输出给后级算法模块，识别结果输出引脚负责输出识别结果至应用层模块。

输入引脚与输出引脚使用观察者模式高效传输数据。数据在传输过程中使用智能指针加数据仓库的形式，即新数据首先存入数据仓库，之后在引脚间传输的都是智能指针。这样大大减少了数据传输中的复制次数，降低了框架的内存消耗以及 CPU 占用。

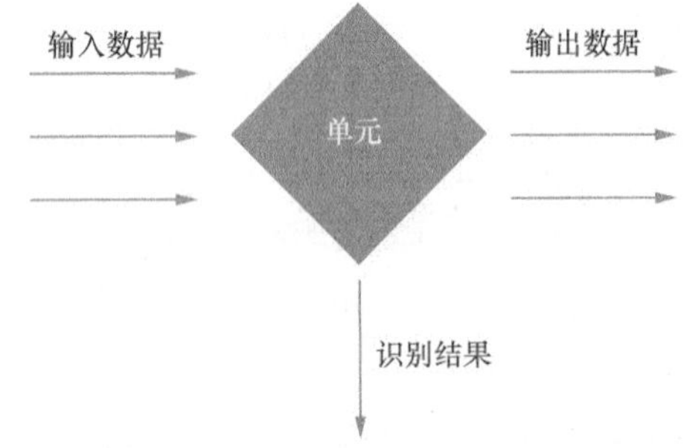

图 1–56　EwayOS 感知层框架的模块化设计

输入引脚及输出引脚定义使用字符串匹配，即名字相同的框架会自动连接，从而传输数据，这样的框架提高了算法的灵活性。更换算法时，只需要引脚名字一致，即可实现自由更换，减少了更换算法、测试算法的时间消耗，提高了开发、科研的工作效率。

框架采用计算工厂的形式封装加速器、运算单元，接口统一，更换硬件不需做程序修改。

感知层框架还提供远程组网功能，算法模块可部署在不同计算机上，引脚数据经过适量压缩后在网络内传输，提高传输效率，降低传输时延。远程组网功能为以后的云计算、并行计算、错误自修复等提供了坚实的基础。

2.运动层

运动层负责控制机器人本体，实现各类运动控制接口，采集机器人的运动传感器数据并传递至运动算法。运动层程序模块的特点如下。

一是要求高兼容性。机器人本体各不相同，但是对一个成熟的机器人操作系统而言，机器人应用程序以及各类识别、运动算法应该具备很强的兼容性，更换本体时，应该不需更换应用程序。

二是要求响应速度快。机器人运动控制对系统响应很敏感，例如控制平衡，如果反馈时延过大或不稳定，极易导致运动算法不稳定。因此，运动算法框架的时延一定要严格控制。

EwayOS 运动层框架设计如图 1-57 所示。

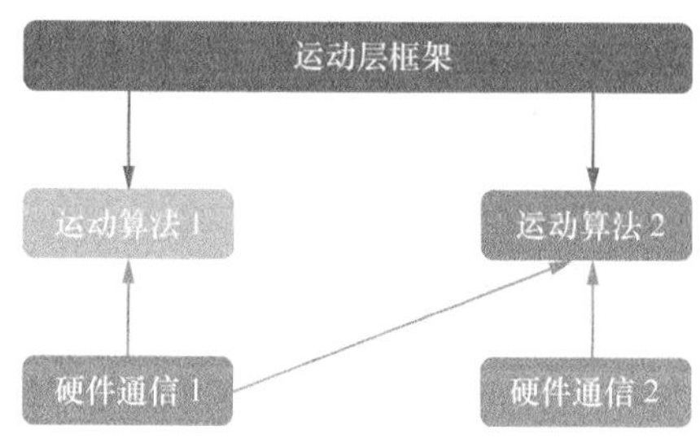

图 1-57 EwayOS 运动层框架设计

将框架拆分为运动算法模块及硬件通信模块，其中硬件通信模块主要负责硬件通信协议的解析、单位转换、坐标系转换等，更换或新加硬件只需更改硬件通信模块；运动算法模块负责应用层运动控制的接口。硬件通信模块对外接口为硬件资源信息，运动算法模块申请硬件资源，实现运动控制。由运动层框架按照硬件资源信息拼接各运动算法模块、硬件通信模块。这样的设计提高了系统的硬件兼容性及运动算法的通用性。

模块间采用观察者模式设计，反馈数据、控制数据使用回调方式传输，降低了系统时延，提高了传输效率，为机器人运动控制提供了坚实的基础。

3.应用层

应用层是开发者较为关注，也是使用较多的程序模块。应用层实现机器人的主观意识，采用消息触发的方式设计，根据感知层的数据控制机器人运动，根据机器人当前状态以及周围环境状态进行决策。应用层程序模块的特点如下。

一个复杂的逻辑一般可拆分为很多基础逻辑，基础逻辑有机结合。例如拿苹果这个任务，可拆分为 4 个基础逻辑：首先运动头部或底盘根据视觉查找苹果；之后避开各类障碍物运动至苹果附近；接着使苹果一直在机器人视野范围内；最后根据视觉反馈控制手臂抓取苹果。

每一个逻辑都可抽象为接收感知层消息、获取机器人当前状态、发送运动指令控制机器人运动、根据各类消息进行决策。

为此，应用层框架设计为一个应用实现一个逻辑，每一个逻辑核心为一个消息队列。所有数据，包括感知层感知数据、机器人当前状态、机器人运动响应均转换为一个消息，根据优先级及到达时间插入消息队列，由应用逻辑依次处理。每个应用运动控制互不干扰，分别处理。每个应用可申请相应的感知层数据类型，只有本应用需要的感知数据才会加入本消息队列进行处理。

应用与应用可以直接互相调用，应用之间的调用可不限层级，实现一个复杂逻辑由一系列基础逻辑有机组合，从而提高机器人应用的重用度。EwayOS 同时提供了大量的基础逻辑应用，进一步降低了机器人应用开发的难度，提高了开发效率。

应用层同时封装了大量机器人学相关的算法接口，包括坐标系转换、碰撞检测、手臂规划、底盘规划、视觉障碍物检测等大量基础算法，从而降低了机器人应用开发的门槛。这使不懂机器人学的开发者也能够快速上手，开发机器人应用程序，从而推动机器人产业快速发展。

4.通信层

机器人操作系统模块间有大量数据、消息需要传输，其可靠性要求、传输数据量、优先级各不相同。EwayOS 采用了 TCP、UDP、共享内存、文件共享、数据库等多种方式进行模块间通信。

对于识别结果、运动控制指令、命令反馈等对可靠性要求高且数据量不大的数据，EwayOS 采用 TCP 方式传输，该方式安全、可靠。在 TCP 之上，EwayOS 开发了同步 TCP 命令传输层，解决命令在进程间的同步问题。

对于数据量大、时延敏感的数据，EwayOS 采用 UDP 方式传输，保证数据吞吐量大、时延稳定可控。

对于机器人状态等单模块写入、多模块只读，并且数据量不大、时延要求严格的数据，EwayOS 采用共享内存方式传输，保证读写速度快、系统同步度高。

对于机器人模型、机器人世界地图等数据，EwayOS 采用文件共享方式传输。

对于一些低敏感度数据或用户自定义的存储数据，EwayOS 一般采用数据库方式共享。

5.EwaySDK

EwaySDK 是 EwayOS 的开发者工具套件。EwaySDK 包括感知层接口、应用层接口、调试套件、仿真接口、其他编程接口、说明文档等部分。

感知层接口主要由接口定义文件、依赖库、调试环境、工程管理器及相关文档组成。开发者使用工程管理器生成、管理感知模块工程，使用图形化 IDE（Integrated Developmet Environment，集成开发环境）进行开发、调试。开发的感知层模块可通过网络直接与搭载 EwayOS 的机器人进行远程连接，获取、输出各类引脚数据，实现自己的感知层算法。通过注册识别消息，可自定义识别结果，将其发送至应用层进行处理。

应用层接口主要由接口定义文件、依赖库、调试环境、工程管理器及相关文档组成。开发者使用工程管理器生成、管理应用模块工程，使用图形化 IDE 进行开发、调试。开发的应用层模块可通过网络直接与搭载 EwayOS 的机器人进行远程通信，从感知层获取识别结果，发送运动控制指令给机器人，控制机器人运动，实现各自的机器人逻辑。

调试套件主要由模块工程管理器和机器人系统调试界面两部分组成。其中，模块工程管理器负责生成、配置各用户自定义模块工程，配置环境变量、项目参数以及框架代码、三方库依赖。这大大简化了开发者搭建机器人程序开发环境的流程。机器人系统调试界面可实时获取 EwayOS 各模块的日志信息、状态信息，为调试机器人提供可靠的工具。

仿真接口是由一维弦科技公司基于开源机器人仿真器 Gazebo 开发的。EwayOS 各模块程序均可使用仿真器替代实体机器人进行感知算法、运动算法、机器人应用程序的开发，大大提高了开发者的工作效率。

针对不同的使用者，EwaySDK 还开发了 MATLAB 接口、Python 程序接口。其中，MATLAB 接口适合学生或算法研究者，使用 MATLAB 接口可以快速实现算法的验证；Python 程序接口适合初级开发者，使用 Python 程序接口可以快速实现机器人算法或应用逻辑。

EwaySDK 拥有丰富的说明文档、范例代码，还有专业的技术论坛解答开发者的各类问题，分享机器人开发领域的知识，不断推进机器人开发领域的知识积累及产业进步。

6.总结

EwayOS 是一款面向服务机器人的专业操作系统，系统以可靠、高效、开放、兼容性好、开发便捷为特点，特别适合各类服务机器人的开发。系统提供 EwaySDK 支持各类机器人开发者开发机器人程序，大大降低了机器人应用开发的门槛，让更多的开发者加入机器人开发的行列，让更多的机器人产品出现在人们身边，加快机器人产业前进的步伐，推动机器人技术的不断迭代，造福人类社会。

1.3.2 服务机器人应如何深入场景

★ 关键词：服务机器人　场景

★ 作　者：杨子

随着机器人技术在算法和数据层面取得较大突破，以及社会向智能化生活方式的转型与推进，服务机器人正成为机器人行业市场的“新宠”。从全球层面来看，服务机器人产业的发展受到了许多国家的高度重视，研发、布局热潮已经开始涌动。而如何与落地场景有机紧密结合，成为服务机器人发展的突破口。

1.服务机器人市场广阔

服务机器人的应用范围非常广泛，涵盖了送物、维护、保养、修理、运输、清洗、保安、救援、监护等诸多领域。按照工作领域的不同，服务机器人可以分为两大类：个人/家用服务机器人，包括家庭作业机器人、休闲娱乐机器人、残障辅助机器人、住宅安全和检视机器人等；专业服务机器人，包括酒店服务机器人，餐厅服务机器人，建筑机器人，水下机器人，场地机器人，物流用途机器人，专业清理机器人，检查维护保养机器人，国防、营救和安全应用机器人等。本小节将重点讨论专业服务机器人。

服务机器人在世界范围内具有很大的发展潜力，中国、美国、日本、韩国、德国等国家均在着力发展服务机器人。尤其是在发达国家，人工成本较高、老龄化严重，服务机器人更是拥有广阔的应用空间。

服务机器人相对于工业机器人而言，更加贴近终端用户，更加贴近人，受众群体也更加广泛。由于服务行业本身特点千差万别，因此服务机器人在功能、种类、特点方面也更加多样。从某种意义上说，服务机器人的市场空间比工业机器人更为广阔。

服务机器人可以在很多领域代替人类做更多重复件劳动，这已经成为行业内的共识。而这个共识基于下面几点因素。

① 全球人口老龄化

人口老龄化会带来巨大的社会问题，社会保障、服务不完善，看护的需求得不到满足，医疗看护人员不足等。我国的人口老龄化水平排名世界前列，因此我国面临人口老龄化的问题。

② 科技发展

自人类进入第三次工业革命以来，科学技术迅猛发展，得益于计算机、人工智能、微电子、传感器、物联网的发展，服务机器人的成本越来越低，功能越来越全，使用越来越安全。

③ 经济水平提高

人类生活水平的提高，以及可支配收入的增加，使人们可以从重复的劳动中解脱出来。

④ 劳动成本上升

劳动成本上升在发达国家表现得尤为明显，越来越多的人不愿从事重复性劳动。

以上几个因素互相促进，使得当今社会出现了巨大的服务机器人市场。

2.服务机器人的应用要求

对可以自主移动的服务机器人来说，能够在各种复杂的环境下自主定位和导航是执行任务的先决条件。在执行任务的过程中，移动的机器人需要通过自身的传感器来实现自身位置和外部环境的感知，即定位和建图。只有准确地知道自身位置和环境状况，机器人才有可能有效地完成设定的任务。目前在商用服务机器人中使用比较成熟的传感器包含激光雷达、红外传感器、超声传感器、IMU、磁传感器、防跌落传感器等。机器人大部分情况下是通过融合这些传感器信息进行综合判断的。

多传感器信息融合在解决现实问题中存在诸多优势。例如增强机器人的生存能力，在某个传感器受到干扰时，还会有其他传感器提供信息，使系统能够继续运行，弱化故障，增加鲁棒性；扩展空间覆盖范围，多个传感器互相交叠覆盖，一些传感器可以探知到其他传感器无法探知的地方，增加机器人的“可视范围”；拓展时间覆盖范围，当某个传感器在特定时间内不能使用或者被干扰时，别的传感器还可以继续检测目标，扩大机器人的时间检视范围；多个传感器信息可以有效提高机器人信息采集的可信度，降低信息的模糊性，提高空间的分辨能力，增加测量空间的维数等。

在多传感器信息融合过程中，通常面临着数据特征不同、形式不同等问题。多传感器信息融合过程如图 1-58 所示，分为数据层、特征层和决策层。

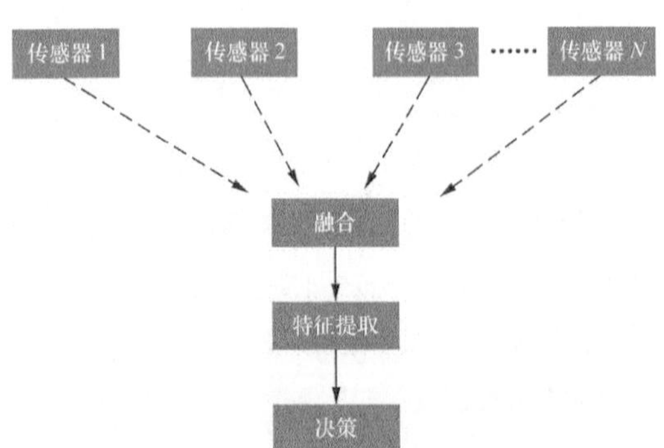

图 1-58　多传感器信息融合过程

数据层的融合：数据层对机器人上的传感器的原始数据直接进行融合。通过对原始数据进行关联，然后基于融合的传感器进行数据特征提取和身份验证与估计。

特征层的融合：在特征层的融合方法中，每个传感器观测目标并完成特征提取，以获得来自每个传感器的特征向量，然后融合这些特征向量来产生身份估计。

决策层的融合：在决策层的融合方法中，每个传感器都完成变换以获得独立的身份估计，然后对每个传感器的属性分类进行融合。

在服务机器人的技术方案中，多传感器融合的方式有很多种，根据服务机器人所选择的传感器种类、数量略有区别，但总体思路一致。同一服务机器人在不同场景中也会有不同的要求。

场景对服务机器人的要求和进入家庭的要求有所不同，场景对服务机器人的效用、稳定性、安全性、耐用性等要求更高。服务机器人的客户大多是企业、政府、机构等，而这类客户对产品的关注点不同，但他们通常会关注以下几点。

· 产品解决了客户的哪些痛点和问题。

· 产品是否具有较高的稳定性、可靠性，是否安全。

· 产品是否适应场景，是否影响正常流程，能否切实提高效率。

与以上 3 点相关的结果显示，这类客户的购买决策周期更长，能够承担的价格更高。

下面通过几个案例来说明场景对服务机器人的要求。

云迹科技公司的核心产品——酒店服务机器人“润”，其基本功能包含酒店客房送物、引领带路、语音交互、酒店零售等（如图 1-59、图 1-60 所示）。“润”于 2016 年 1 月正式投入市场，是我国第一个批量投入使用场景的酒店服务机器人。

图 1-59　云迹科技公司的酒店服务机器人“润”

图 1-60　“润”执行任务——为客人递送物品

“润”在酒店里的表现体现了以上 3 点。酒店服务员每次送物花费的时间平均为 8min，日均送物高达 30 次，则日送物的总时间为 240min，即 4h。而“润”执行酒店送物任务时，每次送物花费的时间平均为 5min，日均送物可达 200 次，共计花费时间约 17h。按照酒店服务员每天花 4h 送物来计算和对比，一个机器人可完成几个人的工作量。同时，考虑到“润”在酒店的租赁价格，“润”为酒店节省了大量的人力成本和时间，送物的效率也高于酒店服务员。

另一个案例是云迹科技公司的送餐服务机器人“得力”和自动巡游售卖机器人“温德”，如图 1-61 所示。餐厅的环境相对于酒店来说，对移动机器人的挑战更大，顾客人数众多、过道窄小，同时随着各种外卖行业的兴盛，餐厅中还有很多“站立等待”的外卖员，这都对移动机器人的运行提出了更高的要求。

图 1-61　“得力”和“温德”在必胜客餐厅工作

而从“得力”的运行情况来看，它已经可以帮助餐厅解决繁忙时间段传菜员人手不够的问题。目前“得力”每日的送餐盘数已经达到或超过一个传菜员一天的工作量。自动巡游售卖机器人“温德”更是为餐厅添加了“欢乐用餐”的成分。

服务机器人在酒店、楼宇中运行时，需要和其他硬件设备通信物联以扩展活动范围和功能。其他设备包含电梯、电话、闸机、开门器、智能家居等。以讲解引领服务机器人“云帆”为例，它在智慧楼宇中承担着迎宾、讲解、带路的工作（如图 1-62 所示）。通过在闸机中配备通信控制模块的方式，可以实现机器人和闸机的联动，扩大机器人的活动范围，进而实现机器人引领客人通过闸机的功能。

图 1-62　“云帆”智能讲解——点亮照片墙

在现代智慧楼宇中，随着智能家居、物联网设备的广泛应用，良好的体验需求对机器人和智能家居的联动提出了更高的要求。虽然市场上智能家居的底层协议、组网方式多种多样，如 Wi-Fi、ZigBee、蓝牙、Z-Wave、433 协议、私有协议等，但云端通信无疑是最便捷的方法，同时可以满足对实时性要求不高的需求。如“云帆”在展厅引领客人、讲解时，就可以通过行走到指定讲解地点后打开对应区域的照明设备、关闭非讲解区域的照明设备的方式来增加讲解过程中的趣味性，这样一方面可以突出重点，另一方面可以节能省电。

3.结语

服务机器人市场潜力巨大，伴随着诸多因素，会有更多的场景急需服务机器人落地，如配送行业解决“最后一百米”的问题。随着技术的进步，相信会有更多、更好的企业进入服务机器人市场，带动我国机器人行业的发展。

1.3.3 自主定位导航技术在商用服务机器人中的应用与挑战

★ 关键词：自主定位导航　传感器　服务机器人

★ 作　者：陈士凯

自主定位导航技术是即时定位、自主地图构建和运动规划与控制技术的统称。它可以帮助机器人在非结构化的环境中不需要人工参与即可自主地移动并完成既定的任务。通俗来说，就是解决机器人“我在哪里”“我要到哪里去”“我该如何过去”三大问题。正因为其重要性，自主定位导航技术一直以来都是行业内的研究和发展重点。除了机器人行业，它也是无人驾驶汽车行业的关键技术之一。

近些年来，随着该技术的不断成熟以及所依赖的硬件低成本化的深入，带有自主定位导航技术的智能机器人逐渐开始普及并进入人们的日常生活中。而商用场合下的服务机器人因为其应用特点，对自主定位导航有着更多的硬性需求。本小节将针对该类机器人适用场景的特点，介绍自主定位导航技术在其中的应用情况以及所面临的挑战。

1.智能服务机器人行业现状

有别于工作环境固定且用户多受过专业训练的工业、专业机器人，智能服务机器人所面对的环境一般事先未知，而且用户本身未必具备相关专业经验。这就决定了智能服务机器人本身必须具备更高的智能来应对环境带来的挑战。

按使用场景划分，智能服务机器人可以分为面向家庭环境的家庭服务机器人以及面向公共商用环境的商用服务机器人两大类，其各自的典型代表如图 1-63 所示。

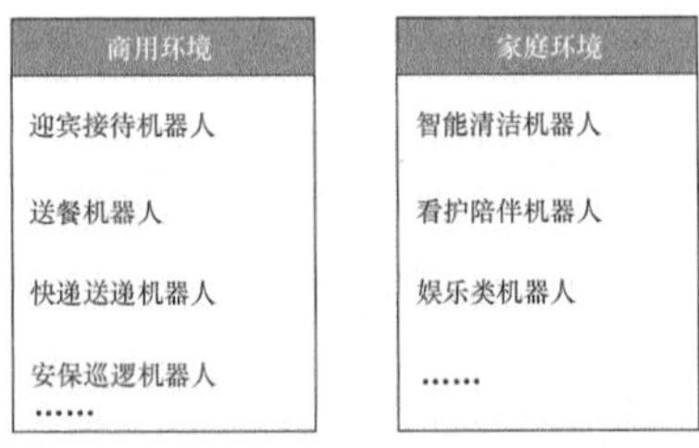

图 1-63　智能服务机器人分类

从图 1-63 中可以发现，相对于家庭环境，商用环境下实际得到应用的服务机器人种类相对较多。商业应用场合更加关注效率和产出比，而服务机器人在一定程度上具备降低劳动成本的潜力，其成本在一定程度上被商用市场所接受。而相比家庭环境，个人用户对机器人的成本更加敏感，这将制约包括自主定位导航在内的实用化技术的应用，从而也限制了能得到应用的机器人种类。

不过值得注意的是，近些年来，智能清洁机器人作为应用于家庭环境中的服务机器人的代表，已经得到了爆发式的发展（如图 1-64 所示）。

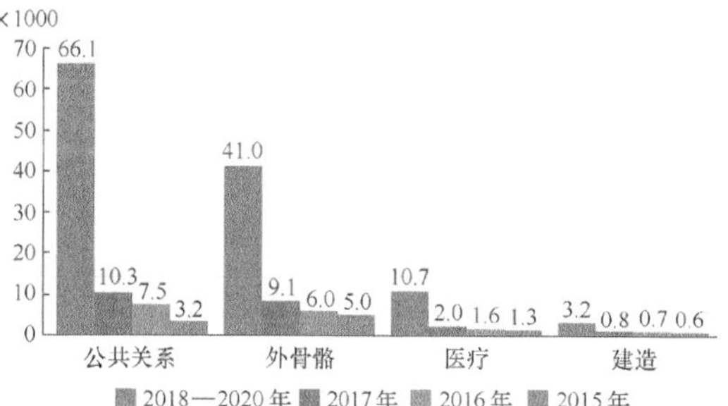

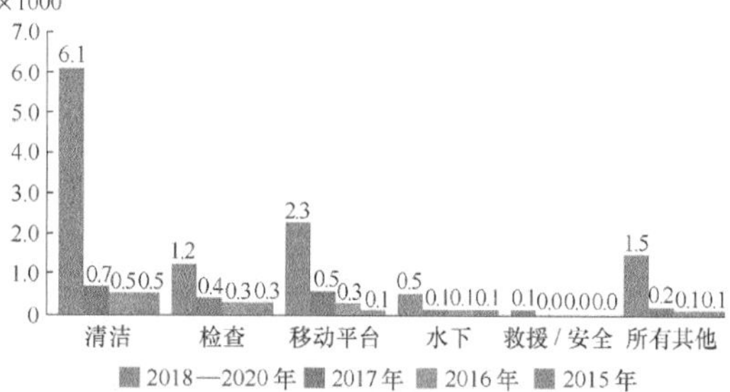

＊图 1-64　主要品类的商用 / 家庭服务机器人销售量情况（来源：Executive Summary World Robotics 2017 Service Robots）

2.自主定位导航技术的现状

自主定位导航技术按照所实现的功能进行划分，可包含图 1-65 所示的内容。

注：MCL即Monte Carlo Localization，蒙特卡洛定位。

图 1-65　自主定位导航技术功能划分

每个部分在实际工作当中是紧密联系在一起的。图 1-66 所示为一个典型的基于激光雷达的自主定位导航系统内部各组件的框架。

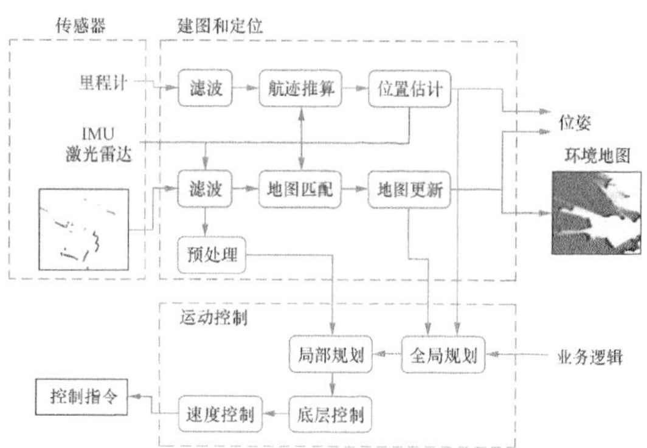

图 1-66　典型的基于激光雷达的自主定位导航系统内部各组件的框架

（1）地图构建和数据表达

地图构建是机器人实现在当前环境中自主导航行动的前提。环境地图一方面可以帮助机器人配合自身的传感器进行实时定位，另一方面可用于在后续展开行动时，进行导航过程的路径规划。

虽然环境地图也可以通过事先人为绘制并提供给机器人设备，但由于这类人为绘制的地图大多与真实场景存在差别，而且与机器人传感器所观测的数据存在差别，因此在实际应用中存在着挑战。

由机器人自主绘制的地图会随着使用的传感器特性以及地图构建算法和表现方式的不同而存在差别。图 1-67 分别展示了采用激光雷达并使用 Occupancy Map（占据地图）方式绘制的环境障碍物地图、直接使用激光雷达数据表达的环境三维点云地图以及特征提取算法 ORB-SLAM 产生的稀疏的特征地图。

不同的传感器和地图类型组合产生的地图表示各有优缺点和适用环境。总的来说，采用 Occupancy Map 方式绘制的地图由于直接表征了环境中障碍物的出现概率，因此非常适用于后期的导航和路径规划。这类地图也是目前服务机器人导航中的事实标准。而三维点云地图由于能比较精确地刻画空间信息，因

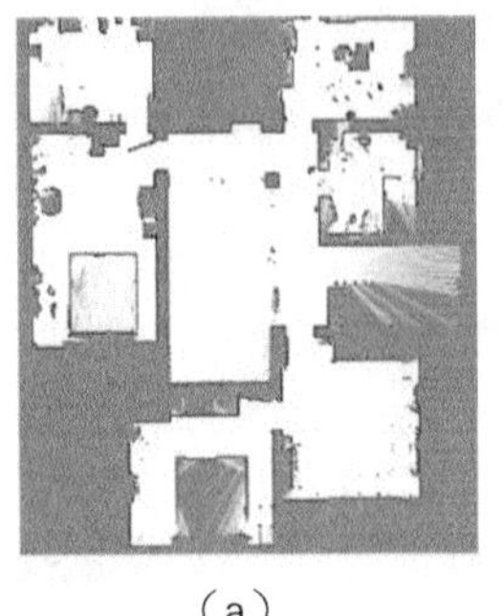
（a）

（b）

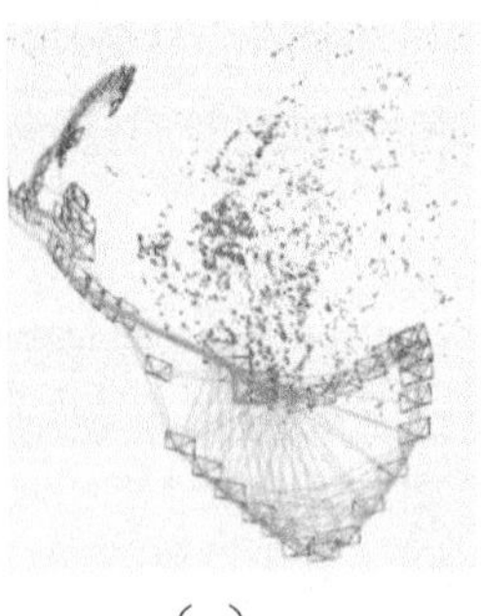
（c）

图 1-67 （a）采用激光雷达并使用 Occupancy Map 方式绘制的环境障碍物地图；（b）直接使用激光雷达数据表达的环境三维点云地图；（c）特征提取算法 ORB-SLAM 产生的稀疏的特征地图

此多作为三维重建和空间勘探的初期原始地图表达方式，但由于数据量庞大，因此不适合机载运算能力和存储空间有限的场合。对于特征地图，由于采用稀疏的存储方式，因此适合编码量较大的空间场景，且能比较快速地进行回环检测，缺点是这类地图相对不够直观，难以用于导航。

（2）实时空间定位

就像人们在陌生的地点需要借助 GPS 定位了解自身位置一样，机器人在工作过程中同样需要获得自身的实时空间定位信息。不过大部分服务机器人工作在室内，GPS 这类传统的定位手段并不适用。而且机器人对定位信息的实时性要求较高，很多情况下要求定位系统的位姿更新频率高于 100Hz。这就需要为机器人设计新的定位手段。

提供实时定位功能的本质是使用某种传感器并配合某种算法。从传感器的安装方式来看，可将定位传感器安装在机器人上，也可通过在外部环境中安装传感器或者特定设备来获取定位信息。

① 航迹推算法

传统上，可以使用安装在机器人轮组中的里程计以及 IMU 来检测机器人在一段时间内的相对位移和转动，并进行累积来推导出机器人某一时刻相对于开始时刻的位置。这种依靠自身传感器增量数据进行位置推测的方法叫作航迹推算。这种方法虽然比较容易实现且成本相对较低，但是由于里程计和 IMU 存在累积误差的现象，因此长时间工作将导致定位误差逐渐增大。如果没有额外的定位数据对其进行修正，最终将导致定位数据失效（如图 1-68 所示）。

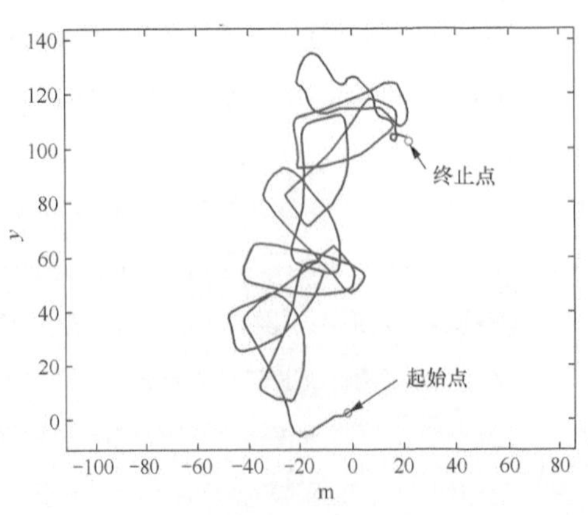

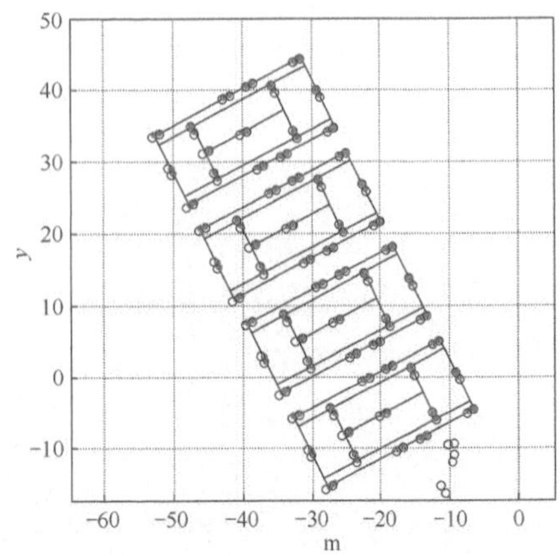

图 1-68 机器人使用里程计进行航迹推算获得的定位轨迹和机器人实际运动轨迹的对比

因此，在实际应用中，很少直接将航迹推算得到的位置信息用于定位。但在实际应用中，航迹推算却几乎是必不可少的环节。这是因为里程计或者 IMU 自身刷新频率比较高，一般都可实现 100Hz ~ 10kHz 的刷新频率，且这类传感器的成本在这几年有了非常明显的降低。在实际应用中，会在较短的时间间隔内，使用里程计以及 IMU 获得的相对位置信息对当前位置进行估计；而在相对长的时间间隔内，运用其他的定位手段获得更加精确的空间定位，并对之前的航迹推算位置进行修正（如图 1-69 所示）。

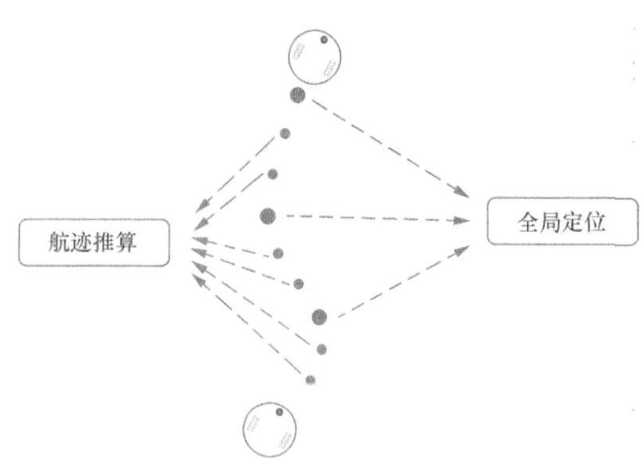

图 1-69 通过将较高频率的航迹推算数据和较精确的其他定位信息融合，获得刷新速度和精度之间的均衡

② 空间信标定位

为了避免前述航迹推算带来的定位精度因累积误差而逐步降低的问题出现，直观的办法是利用空间中已经布置的参考物进行信标定位。通过观测机器人自身相对于这些参照物的位置关系即可在空间环境中完成绝对位置定位。它的好处是定位误差不会像航迹推算那样持续增加，而是会维持在一个预先定义的误差上限中。

目前行业内典型的信标定位有 UWB、基于蓝牙的 iBeacon 和 RFID 标签的定位。以 UWB 为例，它的工作原理几乎与 GPS 一致。机器人上安装的信标接收器接收预先布置在环境中的固定信标基站的信号，通过 ToF 方法来推测自身距离这些基站信标的位置，从而实现空间定位。通常情况下，UWB 可以在室内实现亚米级别的定位精度。一个典型的 UWB 信标基站模块如图 1-70 所示。

图 1-70 一个典型的 UWB 信标基站模块

传统上，采用信标定位的缺点在于需要在环境中布设大量的基站设备。这将带来一定的部署和维护困难，并导致成本上升。同时，信标定位的刷新频率受制于硬件，难以提高。但近些年来，行业内开始使用计算机视觉的方式，通过提取存在于环境中的特征画面数据来进行定位。这样就很好地规避了传统信标定位需要环境提前布置设备的缺点，同时使定位刷新频率有了大幅的提高。虽然目前这类方式还受制于诸如摄像头拍摄稳定性和算法鲁棒性等问题，但已经在 vSLAM 等技术中广泛应用。

③ 基于地图匹配的定位和MCL

为了解决航迹推算造成的累积误差问题，另一种定位方法是将机器人的传感器数据与预先绘制的环境地图进行匹配，从而实现定位（如图 1-71 所示）。只要当时的传感器数据足以让匹配算法在地图上找到正确的配对位置，就可以保障定位精度在固定的上限内。相比于信标定位方法，基于地图匹配的定位方法不需要在环境中预先布置特殊设备，因此在实际应用中更加受到青睐，也是目前机器人定位的首选方法。

不过这种定位方法的误差是由地图本身的构建精度以及匹配算法的鲁棒性决定的。如果地图与真实环境存在偏差，或者匹配算法出现错误的匹配，则将导致定位错误（如图 1-72 所示）。

图 1-71 通过将当前激光雷达传感器数据（阴影区域）与环境地图进行匹配实现定位

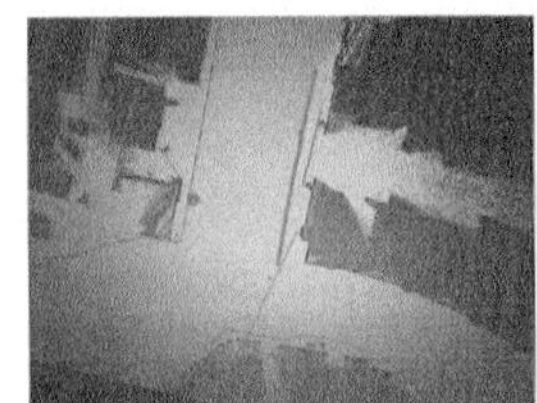

图 1-72 错误的匹配导致定位错误

为了解决上述问题，目前行业内常见的做法是采用 MCL。该方法基于当前的传感器数据对地图进行匹配比对后，使用粒子滤波器，将机器人可能出现在地图上的位置按照概率的大小进行标注和调整，进而可以较为有效地抑制因为出现偶发的错误匹配而导致定位失效的问题（如图 1-73 所示）。

图 1-73 采用 MCL 过程中的机器人位置概率分布粒子

因为 MCL 方法的实现简易且可靠性强，所以目前它是机器人行业定位的主流方法。但是，当环境地图与现实环境出现较大的偏差时，MCL 也可能失效，导致定位错误。

（3）SLAM技术

在很多实际工作中，自主地图构建和实时空间定位往往是同时进行的。如前文介绍，如果没有额外的环境信标定位设施的帮助，机器人要进行精确、可靠的空间定位就需要依赖已经构建的环境地图。但是如果机器人第一次在一个位置环境中展开工作时，环境地图并没有被构建，此时就需要机器人首先能够自主地绘制出环境地图。不过显而易见的是，要自主地绘制出具有一定精度的环境地图，是需要有精确的定位信息做支撑的。

为了解决上述难题，就需要使用 SLAM 技术。该技术方案可以很好地解决上述难题，目前 SLAM 技术已经成为机器人进行自主建图和定位的标准技术。国内外机器人行业内也涌现出不少以 SLAM 技术为核心技术支柱的公司，如国内的思岚科技公司。

从某种意义上来说，激光雷达传感器的高精度、高实施性特点使其成为 SLAM 技术的首选传感器。采用激光雷达 SLAM 可以绘制高精度的环境地图，并且因为地图数据直接记录了环境的障碍物情况，所以地图内容可直接用于后续机器人导航和路径规划，并且比较直观，易于理解（如图 1-74 所示）。

由于目前激光雷达 SLAM 是行业内应用的主流，因此在后文的介绍中，如无特殊说明，均默认采用激光雷达 SLAM 进行介绍。

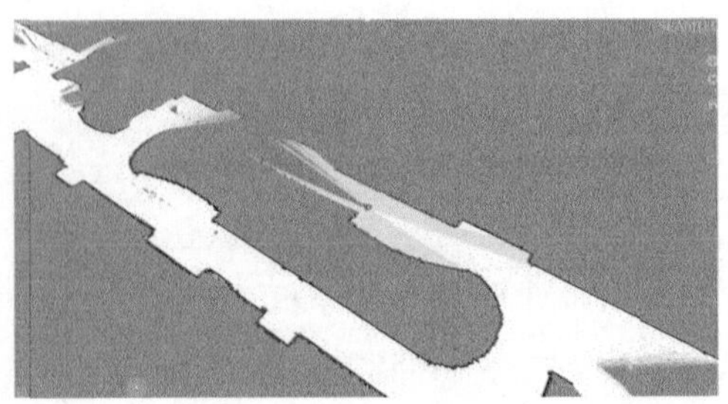

图 1-74 采用激光雷达 SLAM 进行地图构建的过程

① 运动规划和控制

自主定位导航如何控制宿主自主地在环境中运动，并合理安排运动轨迹，实时规避各类障碍物——这部分工作是由运动规划和对应的控制算法完成的。

针对服务机器人应用的这个共性需求，运动规划和控制算法一般可概括为完成如下几个层次的任务。其中全局路径规划是最上层的运动规划逻辑，它按照机器人预先记录的环境地图并结合机器人当前位姿以及任务目标点的位置，在地图上找到前往目标点最快捷的路径。随后，相关计算结果交由下一层的局部路径规划算法细化，当环境出现变化或者上层规划的路径不利于机器人实际行走时（如机器人无法按照规划的路径完成特定转弯半径的转向），局部路径规划将做出微调。最后，这部分的规划结果最终将转化为具体的硬件控制信号（如对轮式机器人而言，可以是每个驱动轮组的速度分量）来实际驱动机器人移动。

② 相关的传感器

传感器是实现自主定位导航的必要器件。图 1–75 所示为几种常见的用于自主定位导航的传感器。虽然它们并不直接参与相关算法的处理过程，但是其提供的数据特性却在很大程度上决定了所使用的自主导航定位算法的实现方式以及可提供的工作性能。因此，机器人采用何种传感器用于自主定位导航一直是业内讨论的重点。一般来说，传感器的选择受制于如下因素。

激光雷达

深度传感器

视觉传感器

超声波传感器

UWB 信标

图 1–75　几种常见的用于自主定位导航的传感器

· 与使用环境的适用性。每种传感器均有其特定的工作指标，如对激光雷达而言，最大测距半径是衡量其性能的关键指标之一。如果将一个测距半径最大为 10m 的激光雷达应用在工作于非常空旷的厂房的机器人中，或许就是不合适的。同样，如果机器人要在黑暗环境中工作，配备只能接受可见光的视觉传感器也是不合适的。

· 产品形态。机器人产品本身的造型、运动特性也会制约传感器的选择。

· 成本。当选择的传感器可以很好地满足上述因素时，成本就是决定其是否能被选择的衡量因素。实际上这也是目前制约自主定位导航技术普及的核心因素。历史上，激光雷达具有高昂的成本，导致其最终无法在实际产品中使用。因此，近些年，低成本激光雷达产品的研发成为行业内的一大趋势。此外，仅依靠视觉传感器的导航方案也是目前学术界的一大研究热点，因为它能有效地降低传感器的成本。

3.商用场景对自主定位导航技术的挑战和解决方案

在实际应用中，商用服务机器人还需要调整自身的自主定位导航算法，从而适应商用场景下的特殊需求。这里我们列举了一些这类场景中的共性问题。

（1）商用服务机器人日常部署和维护的现状

商用服务机器人大部分工作在诸如商场、机场这类比较空旷的室内区域。此外，为了确保机器人可靠工作，当机器人首次进入目标环境时，会人工进行部署动作。目前大部分的商用服务机器人在应用过程中都按照图 1–76 所示的流程工作。

在目前的实际应用中，商用服务机器人在抵达使用场所后，首先进入前期部署流程。该流程有专业人员控制机器人自主完成环境地图构建工作。随后对绘制的地图进行一定的优化，如去除地图中偶然插入的干扰点。同时，会进行必要的地图标注，如增加不希望机器人前往的禁行区域标注。目前这部分操作还需要人工完成。

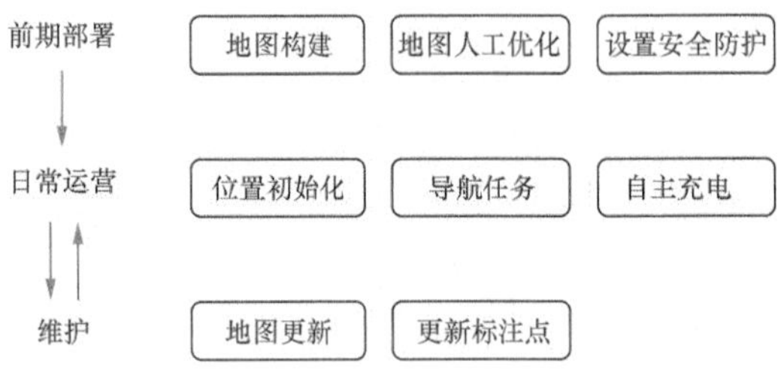

图 1-76　商用服务机器人的应用流程

（2）大场景建图和回环检测

商用场景中较大的环境面积以及复杂的场景结构给地图构建带来了较大的挑战。一般而言，一个典型的商场场景情况如表 1-2 所示。

表 1-2　典型的商场场景情况

特性	具体数值
环境面积	150m × 150m 以上
最大空旷区域	大于 $40m^2$
环境材质	多玻璃、台阶
拓扑特征	多走廊、环路

针对这样的工作场景，如果使用激光雷达配合 SLAM 算法进行建图，首先就需要使用较大测距半径的激光雷达传感器。目前，为了适应上述的商用场景，行业内会使用测距半径在 16m 以上的激光雷达产品，而比较理想的测距半径是 25m，从而保证能够应对各类极端条件。

除了保证传感器能够符合环境需求，SLAM 算法还需要具备回环检测能力。由于场景中长直走廊和环路较多，在 SLAM 建图过程中难以形成有效的全局匹配参考，从而很容易导致局部区域累积误差无法及时清除，进而导致出现回环闭合失败的情况（如图 1-77 所示）。

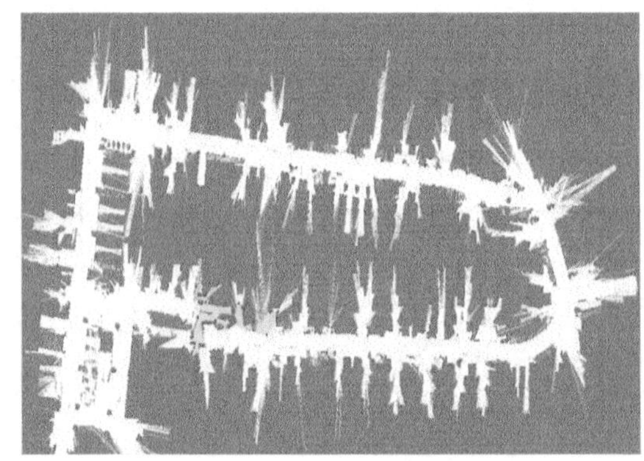

图 1-77　由于环境场景大且多为长直走廊，导致 SLAM 建图过程中容易出现回环闭合失败的情况

① 采用粒子滤波的SLAM方法

针对该问题，行业内普遍流行的方法是采用粒子滤波的建图算法［如 RBPF（Rao-Blackwellized Particle Filters，Rao-Blackwellized 粒子滤波器）-SLAM］，使用多张平行存在的候选地图（粒子）同时进行地图构建，并且时刻挑选出其中在概率上更加符合真实情况的地图作为当前结果（如图 1-78 所示）。由于不同的粒子之间建立的地图存在差别，因此从概率上看，当机器人在环境中行走完一个环路后，众多粒子中存在闭环地图的可能性相比传统单一建图的模式要大很多。因此，这种方法可以在一定程度上解决闭环问题。

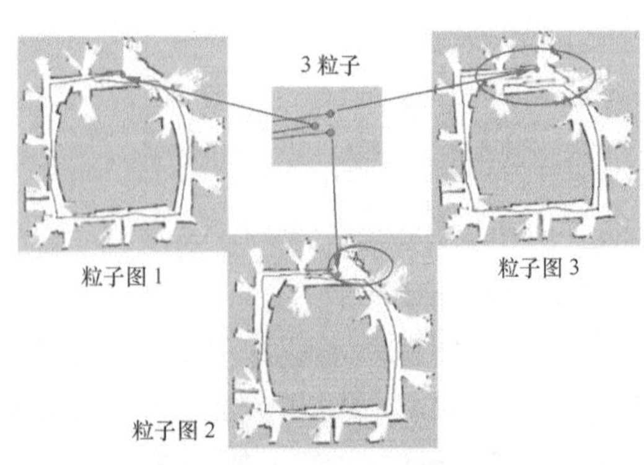

图 1-78　RBPF-SLAM

采用 RBPF-SLAM 曾一度成为行业内激光雷达 SLAM 的主流方法。它也可以有效地规避因为局部噪声导致的建图失效问题。然而，这种方法的 SLAM 算

法存在资源消耗大的缺点。以 RBPF-SLAM 为例，实际应用中为了保证较好的鲁棒性，需要维持 12~30 个粒子数据，每个粒子中都包含一张当前正在构建的环境地图。这样无疑增加了 SLAM 算法的内存消耗。同时，每当有新的传感器数据进入，要对地图进行更新时，算法需要对每个粒子数据都进行相同的匹配计算和数据更新，这也加重了运算负担。进一步地，RBPF-SLAM 虽然可以大幅度改善闭环问题，但从原理上看并不能从真正意义上解决闭环问题。对于特殊的环境，使用 RBPF-SLAM 可能会将粒子收敛到错误的方向，导致建图失败（如图 1-79 所示）。

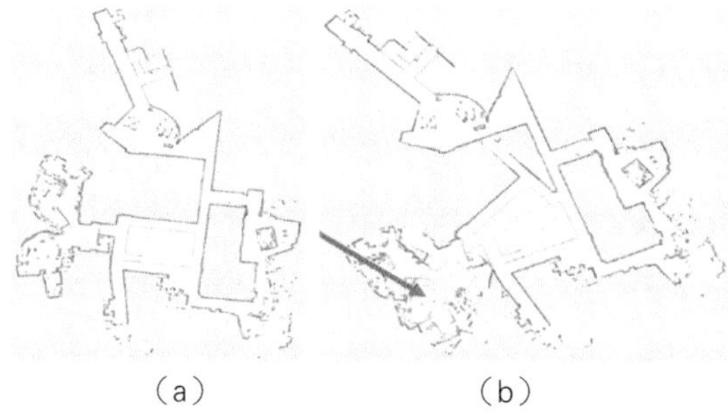

（a） （b）

图 1-79 （a）正确的地图构建；（b）当粒子滤波收敛失败而得到的错误地图

② 基于图优化的SLAM方法

近些年，基于图优化的 SLAM（Graph-SLAM）方法因其可以有效地解决环境闭环问题以及具有其他诸多优点而日益受到行业的重视。相比 RBPF-SLAM 每次直接将传感器数据更新到地图并进行构建的做法，Graph-SLAM 存储的是地图构建过程中机器人位姿变化的拓扑地图信息以及诸如临近数据和闭环点等数据（如图 1-80 所示）。

图 1-80 Graph-SLAM 存储了机器人在地图构建过程中的位姿变化拓扑地图信息，相关的拓扑信息如闭环、重合数据也得到了存储

而当机器人在建图中出现了新的闭环后，Graph-SLAM 可依赖内部的拓扑图进行主动式的闭环检测，当发现了新的闭环信息后，Graph-SLAM 使用 BA（Bundle Adjustment，光束法平差）等算法对原先的位姿变化拓扑地图进行修正（进行图优化），从而能有效地进行闭环后地图的修正。因此相较于 RBPF-SLAM，Graph-SLAM 可以实现更加可靠的环境建图（如图 1-81 所示）。

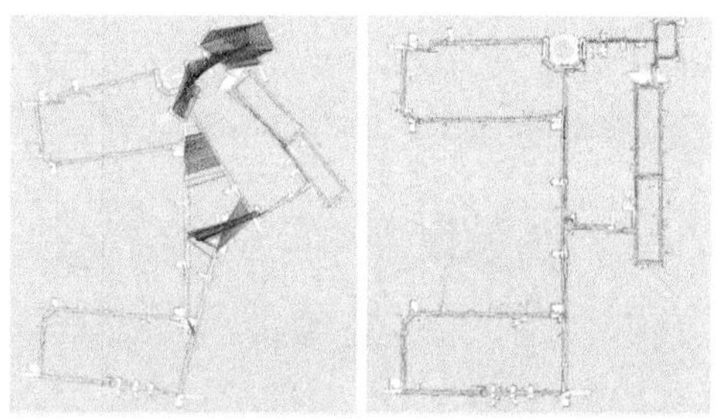

图 1-81 Graph-SLAM 在检测到原先地图存在可能的闭合路径后，对拓扑地图进行修正从而得到正确的环境地图

目前，Graph-SLAM 已经逐渐开始在商用复杂环境中使用（如图 1-82 所示）。

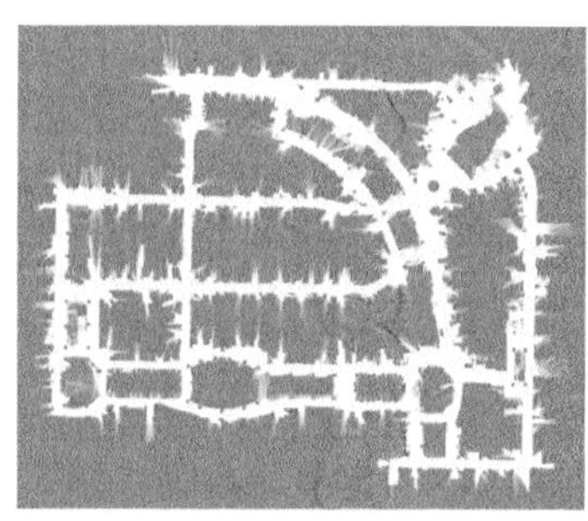

图 1-82 在商场环境下使用 Graph-SLAM 构建的环境地图（200m×180m）

（3）应对环境变化和全局重定位

在日常使用中不可避免地会出现环境发生变化的情况，如商场店铺装修或者临时的区域封闭，都会导致实际环境与机器人已经构建的地图存在差别。当发生这类情况时，机器人在工作中就可能存在定位偏移的风险。

对于静态的环境变化，一种最直接的办法是开启地图更新，将变化的环境更新进地图，从而避免错误匹配的发生。通过让机器人始终在 SLAM 模式下工作可以实现这一目标，在行业内，将这种始终保持工作的 SLAM 方式称为 Life-Long SLAM。不过，在实际使用中，Life-Long SLAM 存在诸多未解的问题，首先是地图生长问题。由于 SLAM 持续进行更新，传感器工作中产生的噪声、环境中的人流都可能永久地被记录在地图中，并持续增长，因此最终导致地图数据存在很多的干扰点甚至完全偏离实际情况（如图 1-83 所示）。目前也有很多手段来抑制地图生长问题，如引入信息熵等方式。

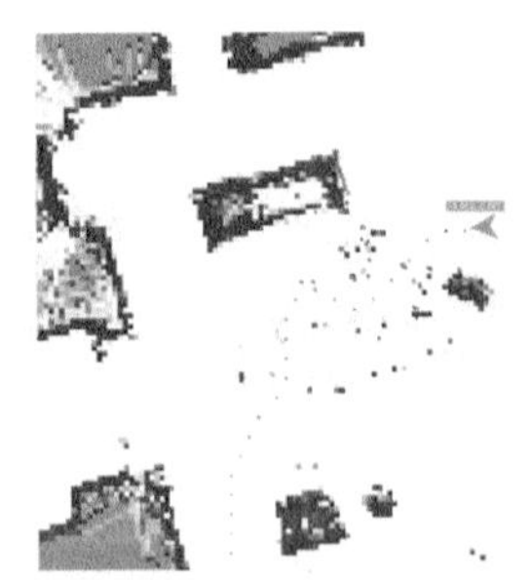

图 1-83　Life-Long SLAM 产生的地图生长问题，出现较多干扰点干扰导航和定位

然而，针对环境中人群等动态环境的变化，上述方式也难以有效阻止定位失效。此时，一种简单的解决方法是额外增加 UWB 等辅助定位手段。但这类方法会导致部署困难和成本上升。

目前行业内也采取了另一种解决手段，它并不正向地解决环境变化导致的定位失效问题，而是当真的发生了定位失效后，触发全局重定位机制，尝试让机器人在合适的时候（如人群消失、离开了环境变化区域）重新恢复正确的位置。使用 MCL 可以仅使用传感器数据和地图数据来实现全局重定位恢复姿态（如图 1-84 所示）。但如果环境中出现较多的相似场景，这种手段就可能失效。

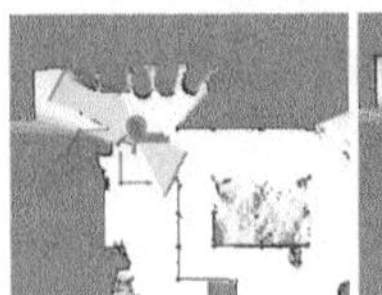

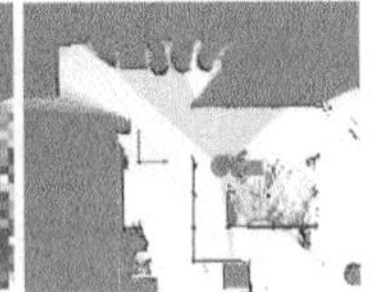

图 1-84　基于 MCL 进行全局重定位

总的来说，目前环境变化导致机器人定位偏移的问题仍旧是商用服务机器人乃至整个服务机器人行业面临的挑战。要想有效解决，还需等待行业的继续发展，而在现阶段，同时结合定位算法和各种相关技术的联动，可以将该问题造成的影响控制在可接受的范围之内。

（4）多传感器融合和安全问题

如果机器人仅使用激光雷达作为唯一的避障传感器，则难以对玻璃、镜子等投射或者反射光信号的物体进行检测。此外，单线束的激光雷达也难以检测出不同高度的障碍物信息。所以在实际的应用中，就需要定位导航系统将不同种类的传感器数据纳入路径规划中。目前较为常见的组合是采用激光雷达、深度相机外加超声波传感器的方式（如表 1-3 所示）。

表 1-3　定位导航系统中不同种类的传感器

传感器	安装位置	目的
激光雷达	机器人前方	导航定位和避障的主要传感器
深度相机	机器人前上方	不同高度上的障碍物检测
超声波传感器	四周	检测玻璃等光学传感器无法检测的物品
物理碰撞	四周	机器人发生实际碰撞的检测
跌落检测	底部或前方	当机器人遇到跌落风险时给出警报

理论上，安装的传感器种类和数量越多，定位导航系统就越能有效地检测出环境中的风险和障碍物。但实际情况中，额外的传感器并非多多益善。除了成本因素，不合理的传感器组合将可能导致相互干扰

的发生。此外，每种传感器的误差和噪声模型存在差别。如超声波传感器的测距精度和检出障碍物的方位精度远低于激光雷达。如何在不同传感器之间进行融合，提取出更加符合现实情况的检测数据就给定位导航算法带来了挑战。

4.小结和展望

随着自主定位导航技术的不断成熟，目前商用服务机器人行业发展迅速。在商用场合中，多变的复杂环境和对安全性的要求给目前的自主导航定位技术带来了新的挑战。而近些年相关技术的继续突破为很多该商用场合面临的挑战带来了解决方法，不过仍旧有很多的问题等待解决。而在目前的条件下，如何合理利用现有技术，扬长避短，在产品落地和技术不完备中找到平衡点，是目前自主定位导航产业界共同面临的考验。

1.3.4 YYD 功夫手：下一代机器人的开放式智能感知操控设备

★ 关键词：感知　控制　机械手

★ 作　者：朱韬

人们在日常生活中常依赖观察或触摸来判断周边环境中物品的材质。例如，面对一个装了水的外表似铁的塑料杯子，一个人通过极短时间的触摸就会认识到它不是一个铁杯子。当人们在生活中需要使用这些物品的时候，就能做到心中有数并合理安排手部和其他部位的后续操控行为。与此对照，当机器人在具体应用场景中需要帮助人减轻相关工作负担的时候，就有必要具备操控物品（如端取水杯）并同时识别出物品材质的能力，但目前在服务和消费类机器人领域还非常缺乏这种智能机构。本小节将讨论下一代机器人具备智能感知与操控能力的必要性，并描述勇艺达人工智慧机器人研究院（以下简称“勇艺达”）研制的一款基于学习的触觉与视觉操控设备“YYD 功夫手”的定义、深度学习算法的实现和开放式体系结构。

很长时间以来机器人在众人心目中是一个力大、灵活的多关节机械手。机械手在汽车工业发展中表现出来的高效生产力激发了人们对先进机械手在未来生活中科幻般的想象。从市场培育的角度看，高精度、多关节机械手的高成本导致其难以从工业应用直接转移到家庭服务中，而是要先进入传统日常社会服务领域（如服务领域前台、展厅产品介绍、康复养老机构等），并希望成功地帮助这些服务领域提高效率。待机械手所发挥的作用得到认可且成本得到控制后，机械手进入家庭的第二大障碍，即消费者的教育成本和机械手的制造成本，就有望大幅降低。

多关节机械手是一种自动执行任务的机器装置。一个简单的机械手常常由多个电动机牵引着一个夹子或类似手指（用于抓取物品）的机电一体化结构组成。在工业界，它常常被用来按部就班地执行重复性高的任务以提高生产效率。机械手的操作对象多是些已知的物品，因而较适合预先的编程处理。然而，在日常社会服务领域，机械手的工作环境也是人的活动场所，其手部所要操作的物品的物理特征不能全部依靠预先设定。人们期望机械手能像人的手那样解决实际问题并具备高性价比。

勇艺达定义并开发了一款能对日常生活里的物品材质进行分类识别的增强型多关节机械手，它能够在机器人单目摄像头的配合下模拟人手抓取物品的过程。这款产品简称为“YYD 功夫手”。在服务类机器人上配备“YYD 功夫手”后，机器人将至少获得下列两个好处。

一是机器人将更加清晰明确地与其周围的人进行交流。例如，当有人对机器人说“帮我把杯里的牛奶放进微波炉热一下”的时候，机器人一定要检查杯子是玻璃的还是铁的，然后决定下一步的动作。也就是说，材质的识别过程不受物品的外部几何特征的影响，且不限于单一材质。例如，罐子里是否装有固体或液体、钱包里有没有硬币……这些情况也必须考虑进去。

二是机器人通过模仿人尝试抓取物品的过程，将更加自然地对周边环境中的物品进行操作。例如，当碰到复杂情况时，“YYD 功夫手”在机器人摄像头的辅助下实现连续伺服，就像人的手不断调整抓物品的样子，然后确认物品的材质并帮助决定下一个动作。

下面介绍“YYD 功夫手”对日常生活环境里物品的材质进行分类识别的原理、“YYD 功夫手”抓取物品的方法，以及如何利用“YYD 功夫手”实现分类识别的自动化，包括如何自动收集材质分类器所需的训练数据集。

1.物品材质的触觉识别法

物品材质的实时识别采取基于深度学习技术的多模态触觉传感器信息融合，目前有 3 种模态——压力传感、主动温度和震动传感。其中所用的融合算法是基于触觉信号特征的 GAN（Generative Adversarial Network，生成式对抗网络），它是一种比经典 SVM（Support Vector Machine，支持向量机）的精度高得多的神经网络分类器。GAN 的计算量相对更大，但实验结果证明，GAN 的性能随着训练数据集的增加几乎呈线性提升，而 SVM 的性能则随着训练数据集的增加趋于饱和。当数据量达到一定程度后，SVM 的精度将不再上升，但 GAN 的精度可能会继续上升。在行业内，勇艺达在收集大量数据训练神经网络等人工智能工程方面具有优势。另外，考虑到高性价比，采用基于触觉信号特征的 GAN 是一个合理的选择。

“YYD 功夫手”的手指上布置有 2 个压力传感器、1 个主动热温传感器和 1 个接触震动传感器。当然，也可以根据实际使用需求定制化安排传感器的个数或种类。3 种模态的时间序列的测量值作为 GAN 的输入 [如图 1-85（a）所示]。本小节选择了 6 种常见的物品材质用于训练神经网络，分别是金属、塑料、木质、玻璃、瓷质和混纺。相应地，训练和实验用的物品包括杯子、碗、筷子、擦布、金属锅、可乐罐等。在“YYD 功夫手”抓取实物的基本实验配置下，我们收集了 30 000 次抓取任务的时间序列测量值，且每种材质有 5000 个接触过程的时间序列测量值。在不依赖视觉辅助的情况下，识别材质的精度可达 95%。在此基础上，采用基于深度学习技术的视觉辅助物品抓取系统来进一步提高精度，并利用这一系统实现触觉识别过程的全自动化。

2.基于学习的物品抓取过程

抓取时采用了目前领先的深度强化学习法，通过对多关节“YYD 功夫手”抓取过程的控制（调整电动机命令字或位移命令）来实现对物品的成功抓取。该方法由两部分构成。第一部分，先用单目摄像机大量地观测（夹子的手指）与物品之间的相对空间位置关系，在此基础上训练出一个 CNN 以预测“YYD 功夫手”成功抓取物品的概率 [如图 1-85（b）所示]。这部分可看作一个预测网络，其输入是视觉图像和位移命令，输出是一个预测的概率值，也就是“YYD 功夫手”在执行电动机命令后能够成功抓取物品的概率。第二部分是一种针对抓取效能进行优化的伺服机制，也就是利用上述网络对“YYD 功夫手”实时地实施高效连续伺服。即使在此连续过程中出现了外部干扰或者物品滑动（例如，当某人有意或无意地触碰了物品并移动了它的位置）时，CNN 仍能自适应地选择优化的电动机命令，从而让“YYD 功夫手”摆脱干扰并朝向适当的位置挪动。也就是说，“YYD 功夫手”能通过推理自我纠正上一步的错误直到完成本次抓取任务。这两部分合起来可看作一种深度强化学习的具体形式。

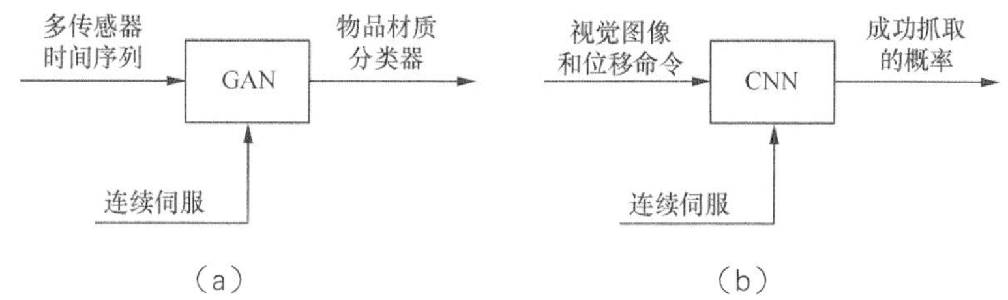

图 1-85 (a)物品材质分类器 GAN;(b)视觉辅助物品抓取系统的 CNN 所对应的输入输出配置，该 CNN 通过连续伺服提高抓取任务的成功概率

另外，通过利用第二部分所述的伺服机制，还可以辅助收集前述触觉识别 GAN 所需的大量训练数据。目前，多台“YYD 功夫手”（安装在普通的带单目摄像头的机器人主机上）在数月内不停地试图抓取日常生活里所用的 7 种物品，并自动记录抓取过程的视频和对应的 3 种传感器的时间序列数据。这些数据收集起来作为触觉识别 GAN 的输入，可不断地提高产品的可靠性和通用性。随着时间的推移，这些海量数据也将成为勇艺达在技术上的优势之一。

3.开放式体系设计助力产品快速落地和功能扩展

“YYD 功夫手”采用分层式体系结构（如图 1-86 所示）。

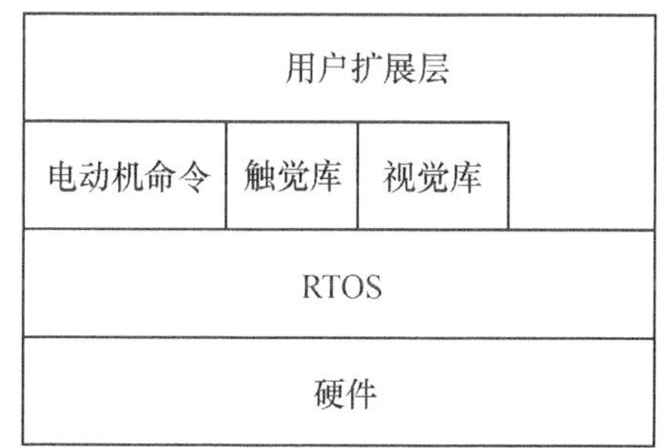

图 1-86 “YYD 功夫手”的分层式体系结构

硬件之上是 RTOS（Real-Time Operating System，实时操作系统）；系统支撑软件层包含电动机命令、触觉库和视觉库，分别对应电动机参数调整函数、多模态传感器信号处理函数和基于视觉的连续伺服函数；用户扩展层处于 RTOS 和系统支撑软件层之上，应用软件属于用户扩展层。该分层式的软件系统是开放式的，主要体现在下列 3 个方面。

· 系统中的各模块可单独配置使用、在线升级。

· 用户扩展层可嵌入第三方的算法软件，也可用定制或特定的训练数据集对预安装的算法模块进行重新训练。

· 连续伺服机制（电动机命令模块）可自动适配不同的硬件配置，即使不同的“YYD 功夫手”有不同的电动机布置关节设计，同一个机制也可确保不同配置的“YYD 功夫手”完成相同的抓取任务。

这种连续伺服机制独立于硬件配置，因而容易在不同结构的机器人手臂上得到推广应用，便于快速落地。“YYD 功夫手”的开放性得益于该伺服机制和系统的分层结构，并在大量的训练数据收集实验中得到了验证。这样的技术思路表明，未来不同厂家的机器人可以互换手臂或者合作完成同一任务。

4.结语

本小节介绍了一款可用于下一代机器人的具备智能感知操控能力的新装置，并讨论了它的市场背景、新颖的产品技术和它可能带给下一代服务消费类机器人行业的合作机遇。该装置的定义、研制和体系结构的开放性是由市场力驱动的，目的是带给消费者更美好的生活，并为第三方开发者提供合作共赢的平台产品。此外，该装置也可帮助勇艺达制定国产服务机器人的行业标准，同时展现勇艺达成为人机智慧融合领航者的愿景。

1.3.5 室内物流机器人的技术方案探索与实践

★ 关键词：物流　机器人　室内全局定位

★ 作　者：赵明　刘永　蔡龙生　苗绘

“无人科技”正成为电商、外卖等对物流需求极大的行业的“新宠”。然而，目前的物流机器人却大多集中于室外，机器人行业仍然面临着很多政策和伦理问题。对创业公司来说，通过室内物流机器人来解决物流的“最后一百米”或许是在无人物流领域内进行深耕时更为理想的路径。本小节将梳理国内外移动机器人的相关技术研究及开发现状，并分析以 YOGO ROBOT 为代表的室内物流机器人公司的可行技术方案及其在现实场景中的运行情况。

在我国的一线城市，一个白领平均每天要收 2~3 单快递。“低头下订单，抬头收快递”的生活方式正在逐渐覆盖城市中的青年人。在我国最大的外卖平台上，每天有 50 多万活跃的外卖送餐员配送超过 1800 万份的订单。易观国际监测数据显示，2017 年我国互联网餐饮外卖市场规模达到 2078 亿元人民币，同比增长 83.4%。而国家邮政局数据统计显示，2017 年全年我国快递业务量同比增长 28%，业务收入同比增长 24.7%。外卖和物流的订单量一直在快速增长。

1.物流机器人的研发背景

随着一、二线城市人口返乡率持续增加，物流业的人工成本越来越高。我国 20~40 岁之间的人口（生育人口、购房人口）在 20 年内累计下降 1.26 亿。电商、物流、外卖纷纷开启无人配送模式。无人车、无人机、配送机器人等“无人科技”正成为电商、外卖、物流行业的新宠。

在未来的生活里，无人车可以在马路上穿行；机器人可以自由穿梭在写字楼和住宅小区内，我们不需要下楼就可以收到它们送来的快递；超市不再像以前那么拥挤，在无人超市里，购物时只需选好商品再通过人脸识别自动付款……这些场景都不再遥远。

如火如荼的物流机器人的制造和研发也预示着物流领域是最为现实的机器人落地场景。2015 年，京东集团董事局主席刘强东在内部提出要用无人机解决“最后一百米”的配送难题。苏宁易购的无人配送则由无人车、无人机、配送机器人组成，末端的“最后一百米”交给机器人进行配送，无人机在浙江、安徽的农村地区实现了常态化运营。在阿里巴巴集团的西溪园区内，菜鸟网络公司自主研发的末端配送机器人“小G”已经运营了较长时间，室外长距离运输版“小G Plus”和室内版“小G 2代”也在进行一定规模的量产。

2.室内物流机器人的可行技术方案

目前物流机器人基本都集中在室外，与其说是物流机器人，更像是无人车。虽说室外定位技术已然成熟，但室外物流机器人 / 无人车要克服的政策和伦理困难似乎要比室内更大。对创业公司而言，在无人物流递送领域内深耕的最理想路径可能就是解决“最后一百米”的问题，通过开发机器人室内定位、避障、物联通信、智能交互等技术，迅速建立领先优势，打破技术壁垒，并最终实现落地和推广。

（1）国内外移动机器人相关技术研究、开发现状

移动机器人的研究始于 20 世纪 60 年代末期。SRI 的尼尔斯 · 尼尔森（Nils Nilssen）和查尔斯 · 罗森（Charles Rosen）等人在 1966—1972 年研制出了名为“Shakey”的自主移动机器人。人工智能技术

可使机器人系统在复杂环境中实现自主推理、规划和控制。与此同时，最早的操作式步行机器人也研制成功，推动了机器人步行机构方面研究的开始，以解决机器人在不平整地域内的运动问题。20 世纪 70 年代末，随着计算机的应用和传感技术的发展，移动机器人研究又出现了新的高潮。特别是在 20 世纪 80 年代中期，设计和制造机器人的浪潮席卷全球。一大批世界知名的公司开始研制移动机器人，这些移动机器人主要用于大学实验室及研究机构的移动机器人实验平台，从而促进了移动机器人学多种研究方向的出现。20 世纪 90 年代以来，以研制高水平的环境信息传感器和信息处理技术、高适应性的移动机器人控制技术，以及在真实环境中的规划技术为标志，对移动机器人的研究进入更高层次。移动机器人在运动过程中要解决如下 3 个问题。

· 我（机器人）现在在何处?
· 我要往何处走?
· 我要如何到达该处?

其中，第一个问题是导航系统总的定位及其跟踪问题，第二、三个问题是导航系统的运动规划问题。通过传感器对外界环境的感知，机器人可构建地图并实现导航和定位，也可实现自主移动。但由于每种传感器都有其误差及特定用途，因此大多数移动机器人都安装了不止一种传感器。现有的移动机器人的定位传感器种类有很多，如里程计、陀螺仪、罗盘、摄像头、激光雷达等。

（2）YOGO ROBOT 室内全局定位技术

YOGO ROBOT 定位采用的是 GOL（Gravitational Offset Location，引力偏移定位）算法，该算法的主要思想是通过模拟万有引力的引力场建立物理模型，从而模拟引力作用下的物体在空间平衡的过程及稳定的位置。平面激光器是机器人使用的核心传感器之一。平面激光器往外发射激光束并在遇到物体时返回，由此可得到自身离物体的空间距离信息。通过多次在不同位置下的激光扫描，机器人可获取不同位置的相对空间位置，从而实现对所处环境的感知。经过扫描，机器人即建立了整个环境的引力场地图。当机器人再次到达同一个地点时，通过该引力场地图，它将沿着引力的方向搜索验证自己的位置并反复比对该位置的平衡点，从而找到精确的位置。所以定位过程其实就是一个逐步逼近真实位置的搜索过程。图 1–87 所示为机器人在办公环境下所建立的一个引力场地图，且只抽取了部分网格点作为参考。

图 1-87　在办公环境下建立的引力场地图

为了提高定位计算的效率，定位所需的环境数据将通过对部分信息进行预处理并进行快速计算和定位来获得，这样不仅可节省大量的运算时间，同时可保证位置信息的刷新速率。

在真实的商业环境中，有很多环境是相似的几何图形，如长长的走廊。对机器人来说，在走廊方向上移动的引力偏差是极其微小的，无法通过引力场来辨别位置的变化。此时可以通过使用机器人周围一圈的引力场来形成机器人的环境引力变化图。这张环境引力变化图在走廊特征较为明显的地方，会形成一种类似蝴蝶形状的模型，我们称之为“引力场蝴蝶模型”。在这个模型中，我们在短轴上使用编码器的数据，在长轴上使用激光数据。

激光数据本身就可以用来评判定位效果，因此可通过比较引力场中每一束激光数据和当前定位的偏差来判断当前的定位可信度。对所有激光束的可信度进行叠加即可得知当前位置的可信度。当然，激光器也具有局限性，因此多传感器的融合定位是当前定位算法的研究趋势。

（3）智能路径规划和导航技术

机器人智能路径规划和导航系统由环境数据采集、环境模型建立与分析、自主避障、路径规划、数据显示和 HMI（Human-Machine Interaction，人机交互）等模块组成（如图 1-88 所示）。其中，环境模型建立与分析模块对采集到的传感信息进行预处理、分析及环境建模，为机器人的导航决策提供依据。数据显示模块负责显示、保存采集处理后的数据及决策结果并用于调试，便于在实验探索过程中进行数据分析及算法研究与仿真。

① 智能路径规划和导航系统硬件

智能路径规划和导航系统硬件包含激光雷达、码盘、陀螺仪、运算控制中心板。激光雷达获取一帧激光数据后将其传送给运算控制中心板，运算控制中心板获得数据后进行筛选过滤和识别，并跟踪运动的目标，将改变后的场景做一次记忆，同时获得陀螺仪和码盘的数据来对机器人的姿态做出修正。最后，综合所有传感器信息计算出合理的导航路径。

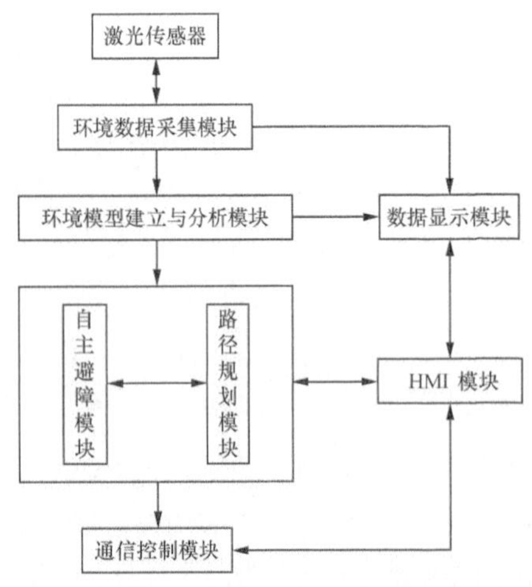

图 1-88 机器人智能路径规划和导航系统

智能路径规划和导航系统通信方案如下。

· 串口通信

串口通信主要用来和电源板通信。

· 总线通信

总线通信主要用来挂载各类传感器。总线结构如图 1-89 所示。

· 网络通信

网络通信采用高速工业以太网架构设计，主要用于高速大数据通信。

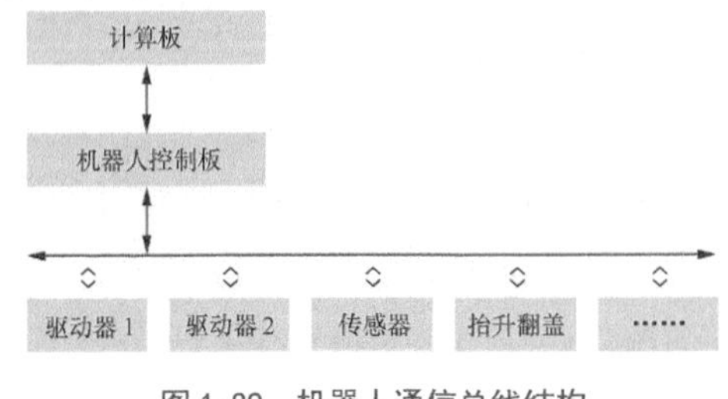

图 1-89 机器人通信总线结构

② 智能路径规划和导航系统的算法实现

为了减少可变环境和移动物体对路径规划和导航的影响，我们采用人工势场 + 动态记忆 + 运动跟踪的方式来规划路径。

人工势场的基本原理是将机器人、障碍物、目标点在地图上简化为点，机器人的运动过程被视为一种在虚拟人工受力场中的运动。目标点对机器人产生引力，障碍物对机器人产生排斥力，两力的合力控制着机器人前进的方向。引力场的作用随着机器人的靠近而逐渐减小，而斥力场的作用随着机器人与障碍物的接近迅速增大，从而既能保证机器人对目标点的跟踪，又能避免机器人与障碍物的碰撞，其实质是为机器人活动空间人为定义一个抽象的势场，该势场为目标点和各个障碍物势场的叠加。

动态记忆的基本原理是机器人将实时看到的环境与上次记忆的环境做比较，记录看到的物体位置，再更新移动过的物体位置，忘记消失的物体。随着运行时间的增加，机器人会记住所有物体的位置，从而避免机器人在运行过程中，因为视野角度的盲区而规划出错误的导航路径。

运动跟踪的基本原理是机器人通过特征提取和位置偏移识别激光看到的移动物体，然后对识别的移动物体进行跟踪锁定，并对物体的移动轨迹进行预判。规划机器人的运动轨迹时，将预判的位置绕开，可以避免机器人和移动物体相撞。

(4)移动物体动态跟踪技术

移动物体动态跟踪技术主要通过视频设备进行连续不断拍照，从而实现图像处理。机器人面对的场景主要是行人的跟踪和躲避，通过安装在前方的全景摄像机，可以得到一系列视频图像。由于在一个开放的场景中，行人并不是等距地分布在机器人的周围的，因此机器人将同时发射激光进行图像的测距。通常一个视频跟踪系统包括以下数据处理阶段：物体提取阶段以及物体识别与跟踪阶段（如图 1-90 所示）。

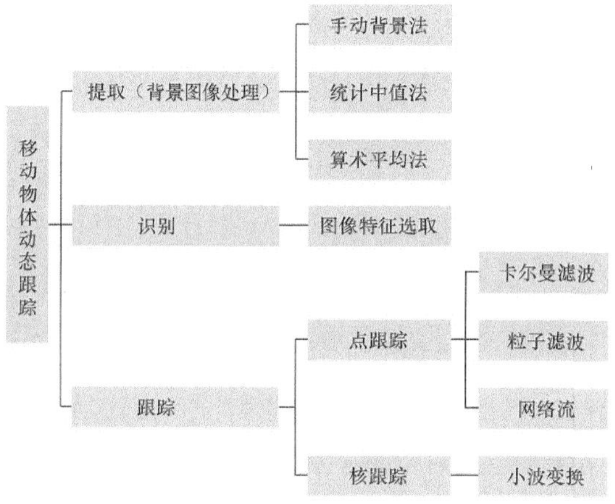

图 1-90 视频跟踪系统

在物体提取阶段，首先面对的是背景图像的处理，可以尝试如下 3 种算法：手动背景法、统计中值法和算术平均法。手动背景法需要在没有前景物体时启动该帧图像作为背景图像。这种背景提取算法增加了对人力和物力的需求。而且在很多情况下，尤其是在没有前景物体的情况下获取背景图像是非常困难的，如高速公路的车辆监测系统、小区的门禁系统和大型场景摄像等。这种算法不能实现自适应背景更新的功能，因此需改进该算法并修正由于光线、亮度等变化带来的背景误差。在移动物体较少的情况下，连续多帧图像中背景的像素值占主要部分，当它们在一段时间内变化缓慢且在统计学上处于中间值时，便可被认为是背景图像。但该算法存在的问题在于，图像帧的像素点大多以数万、数十万的量级出现，而用于取中间值的图像帧数量也相应较大。对如此大量的数进行排序并取出中间值将是一项计算量较大、处理速度较慢且占用大量内存的工程，这促使对排序算法的改进和优化。另一方面，提取背景图像可以总结为在特定时间段内对像素点的亮度和色彩信息取平均值，并以此作为背景图像对应像素点数值。这主要是基于在实际场景中，一段时间内同一区域很少有总是在移动的物体，而通过算术平均法得到的背景图像就会避免亮暗分布不均匀的情况出现。该算法是优先考虑的背景提取算法。

在物体识别与跟踪阶段，首先要做的是选取一系列准确的图像特征。例如，物体的颜色具有直方图表面的特点，而物体的边具有环形表面的特点。一般地，大多数跟踪算法都采用类似特点的组合，将根据模式识别理论选取最佳且有效的图像特征。对物体的跟踪将混合采用点跟踪与核跟踪算法。在具体的实现上，针对遮挡的存在和物体的错判，将采取点跟踪下的随机方法，主要是卡尔曼滤波、粒子滤波和网络流方法。卡尔曼滤波主要基于具有高斯分布的优化递归数据处理算法。卡尔曼滤波包含两个阶段：预测与修正。对下一步状态的预测与修正是这样实现的：使用当前观测量的集合并且更新当前被预测量的集合，然后逐步更新预测值并给出下一个状态的更优逼近。卡尔曼滤波试着在预测值与噪声量之间寻找平衡，其权重由所模拟的状态方程决定。粒子滤波用来跟踪非线性非高斯分布的移动物体，特别适合在复杂场景中跟踪物体。该方法采用密码本背景模型来识别物体，进而得到每个物体的颜色直方图。前景检测信息限制粒子采样，从而得到更准确、实时的粒子滤波。网络流方法主要是将原始移动物体数据集转换成网络图，根据图中的最小路径算法跟踪物体移动路线。其主要的工具是各种优化算法，如整数线性规划和动态规划。核跟踪通常由计算移动物体来实现。物体移动可表现为一系列参数运动的形式，如平移、共形和射影等。根据跟踪物体的数量、物体运动的逼近方法划分，核跟踪具有不同的表示形式。基于对偶数的复杂小波变换包含两个步骤：分割和追踪，即通过计算光流来寻找移动物体，再用复杂小波变换来计算每帧图像中移动物体的图心。

（5）智能情感交互技术

随着智能设备水平的不断提高，人们对人机交互技术越来越依赖，因此也提出了更高的需求，即情感需求。人类之间的交流与沟通是自然而富有感情的，因此人们期望与之交互的机器也具有类似人类的观察、理解和生成情感特征的能力。随着情感计算技术的不断发展，情感交互成为高级信息时代人机交互的主要发展趋势。情感交互就是使人机交互可以像人与人交互一样自然、亲切、生动和富有情感。

人与人进行交流时，主要通过面部表情、声调语音、肢体动作、文本情感信息等来感知对方的感情。因此情感交互可以从表情、语音、肢体行为、生理信号、文本信息等方面进行探索。仿生智能体将是实现情感交互的重要媒介。模拟人脸、声音、灯光效果，以及机器人的一些运动动作是情感表达的重要输出方式，如旋转渐变的灯光可以表示机器人在朝目标方向移动。

3.YOGO ROBOT在现实场景的运行情况

目前，YOGO ROBOT 机器人系统在解决“最后一百米”的递送时的工作流程为：人机交互（放物并输入目的地）→前往目的地→乘坐电梯→人机交互（取物）。当机器人开始运行时，机器人身上就有着很明显的 YOGO ROBOT 技术烙印。

快递员在机器人的操作屏上进行操作，输入密码，机器人确认身份后打开仓门，快递员放入物品并输入地址信息后，机器人关上仓门开始送货。在开关仓时，机器人的仓门具有防夹手功能，当仓门碰到物品或者快递员的手时，仓门则会重新打开。

当机器人到达目的地时，需要确认用户身份，无论是输入动态验证密码还是扫码认证，机器人都会在第一时间确认身份并开仓。虽然用户可能会思考或研究仓体，但是机器人依然会用防夹手功能来保护用户。YOGO ROBOT 的第一代机器人“Mingo”还开发了一种“摸头杀”的“杀手级”卖萌交互方式，即当用户身份被确认后，用户摸摸“Mingo”的头盖，“Mingo”就会打开仓门。

如图 1-91 所示，在机器人的处理器中预置翻盖正常闭合时的气压参数阈值范围。在翻盖闭合过程中，如果翻盖前沿碰撞人体或其他异物，软管就会受到部分挤压，软管内的气压信号将通过气压传感器采集，并由防夹模块发送至处理器。处理器将采集的气压数值与预置阈值进行比对，若气压数值与阈值范围不匹配，处理器通过驱动模块控制驱动电机停止工作或倒转，同时通过灯光控制、模块控制使发光器件发光，以此显示翻盖闭合异常。

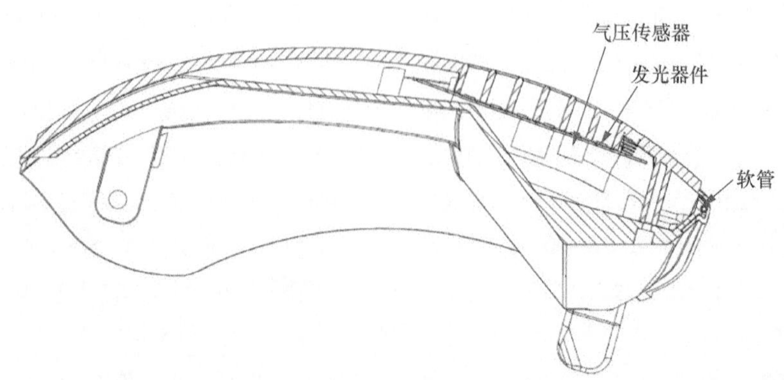

图 1-91　YOGO ROBOT 机器人的翻盖结构

YOGO ROBOT 的第二代机器人“Kago”将原来的单仓分隔成多仓，实现了多物递送。这看上去是自然的逻辑延伸，但实际上有很多需要克服的技术难点。YOGO ROBOT 不会为了功能放弃设计的美感。因此，设计多仓机器人的难度可想而知。机器人“Kago”系列已成功迭代了多代，并实现了效率、美观和人性化的融合。

目前，YOGO ROBOT 的机器人已经在银星皇冠假日酒店、虹桥万科中心等地落地运行，在真实的场景中积累了丰富的实践经验。最理想的机器人应该是能够实现使命必达的机器人。YOGO ROBOT 的机器人经过大规模测试之后，在未来有可能成为楼道里的一道风景线。

今后的机器人将广泛应用于电子、零售、医疗、物流、服务、教育等诸多行业。只有真正进入整个场景才会发现，落地比想象中要艰难得多，需要不断迭代和优化的不仅仅是技术和产品，还有后台支持、服务运营、商业模式，甚至涉及人们对新事物的认知和接受度，这是一个系统工程。尽管如此，机器人行业在技术上已经达到了爆发的临界点。

-点评-

随着人工智能与互联网、物联网、大数据及云平台等技术的融合发展，机器人逐步获得了更多的感知与决策认知能力，变得更加灵活、灵巧与智能。当前，与智能机器人产业发展相关的热点产业技术应用包括机器人学、神经网络、机器学习、计算机视觉、控制技术等。

我国机器人产业正处于蓬勃发展的阶段，各类机器人正快速发展。工业机器人作为制造业皇冠顶端的明珠，其性能优势决定了其在工业生产中的优势地位。据统计，到 2050 年，我国将有 35% 的人口超过 60 岁，成为世界上老龄化水平较高的国家之一。同时，我国制造业的平均工资持续快速增长，2010—2017 年的年均复合增长率高达 12.30%，这也将推动机器人的研发和生产进一步提速。目前，我国的产业机器人密度距世界最高水平尚有差距，但成长潜力巨大。

服务机器人则将更为广泛地参与人们的生活，走进千家万户，未来对医疗服务机器人、陪伴机器人等的市场需求有可能会出现大幅增长。此外，救灾机器人、矿区机器人、军事机器人等特种机器人也将越来越受到重视，其智能化程度将越来越高。

总的来说，人工智能技术将被更广泛地应用于机器人产业，机器智能成为机器人产业的必然发展方向。未来，智能机器人的发展主要呈现三大趋势，值得业界深入思考。一是软硬融合，即机器人软件比硬件更为重要，例如数字化车间的轨迹规划、车间布局及自动化上料等都需要软硬件相结合，因此，机器人行业的人才既要懂机械技术，又要懂信息技术（尤其是机器人的控制技术）。二是虚实融合，即通过大量仿真、虚拟现实技术，将虚拟现实与生产现场有机结合。三是人机融合，即人、机器和机器人实现有机融合，更好地造福人类社会。

CHAPTER 02
智 能 驾 驶

导读

智能驾驶指的是利用先进的车载传感器、控制器、执行器、雷达等装置，融合人工智能、计算机视觉、现代通信与网络技术，使车与车、路、人、云平台等道路交通参与者进行智能信息交换、共享，使汽车具备复杂环境感知、智能决策、自主控制等功能，最终以更安全、更高效、更舒适、更节能的形式替代人类操控机动车辆的新一代信息技术。

本章将介绍智能驾驶技术的演变历程，透视智能驾驶产业的技术热点、难点，梳理智能驾驶领域的应用实践，帮助读者全面掌握智能驾驶领域的发展脉络、最新动态以及机遇和挑战。

2.1 智能驾驶概述

2.1.1 智能驾驶进化史：梦想照进现实

★ 关键词：智能驾驶　技术简史　转型

★ 作　者：吴甘沙　张玉新

当卡尔·本兹（Karl Benz）发明汽车，人类进入汽车时代时，科学技术就对人类的“出行”进行了新的定义。随着技术的不断发展与进步，人类对智能驾驶这一梦想有了新的期待与希冀。那么，智能驾驶是如何起源、孕育、发展、爆发的呢？从中我们能够获得什么样的启发？本小节将回顾这一历史，并探讨新兴战略技术和产业的发展途径。

信息技术发展具有20年的周期律：1970—1990年是发轫于PC（Personal Computer，个人计算机）的数字化；1990—2010年是互联网推动的网络化；2010年往后的这20年，我们面临的是人工智能的“寒武纪大爆发”。

目前，与人工智能相关的创业公司如雨后春笋般涌现。从业者开始思考，如何让技术形成涟漪效应，促使产业非线性、跃迁式增长。有人把人工智能和产业的关系比喻成“葡萄干和面包”，虽然葡萄干离开面包仍是葡萄干，但两者结合在一起就能创造出高价值的新品类。

首先，智能驾驶将激活、重塑和创造多个万亿级市场。

· 激活汽车市场。智能、安全和人机共驾的新体验将重新激起人们换车的需求。

· 重塑出行市场。无人驾驶 + 共享汽车将解决如今困扰消费者和出行服务商的典型问题——司机成本和“坏人”风险。如果说当前的网约车只解决了2%的出行问题，那么未来无人驾驶出租车可以将这个比例提升数十倍。

· 创造新的消费经济和生产力市场——乘客经济。乘客在路上或消费，或工作，或娱乐，每一辆汽车都可以变成移动的商业地产。

其次，智能驾驶将解决人类进入汽车社会以来一直无法解决的多个社会问题——交通拥堵（以及怠速行驶带来的废气排放）、事故频发、停车难等。无人驾驶如同具有千亿千米的驾驶路程和百万年驾龄的“老司机”，不疲劳、不“路怒”、不酒驾药驾、不随意“加塞”，也不用操心停车，可以从根本上解决上述问题，真正满足人们对美好生活的向往。

智能驾驶的发展，可以分成以下5个阶段。

2004 年以前：自动驾驶的前世。

2004—2009 年：第一个 6 年——孕育。

2010—2015 年：第二个 6 年——成长。

2016—2021 年：第三个 6 年——开花。

2022—2027 年：第四个 6 年——结果。

1.2004年以前：自动驾驶的前世

1921 年 8 月，第一辆无人驾驶（实为遥控）汽车在美国诞生，美国陆军的一位电子工程师坐在后面的一辆车上，用无线电操控无人车的方向盘、离合器和制动器。

1939 年的纽约世界博览会，通用汽车公司在“未来世界”展览上预言，1960 年的高速公路将具有电子轨道，与汽车的自动驾驶系统相配合，实现无人驾驶，直到驶出高速公路才切换回司机驾驶。通用汽车公司没有把这个预言当作儿戏，并在 1956 年展出了“Firebird II”，这辆看起来像火箭的概念车有史以来第一次具备了自动导航系统。两年后，“Firebird III”问世时，媒体现场直播了基于车路协同的无人驾驶，高速公路上预埋的线缆与车端的接收器通过电子脉冲信号进行通信，展示了未来高速公路的无人驾驶形态。

实际上，真正具备独立自动驾驶能力的原型——“Shakey”，出现在 20 世纪 60 年代，它诞生于 SRI，这个研究院后来改名为斯坦福国际研究院（SRI International）。“Shakey”是第一个具有完整感知、规划和控制能力（这也是后来机器人和无人车的通用框架）的机器人。“Shakey”之父是“科学怪才”查尔斯·罗森，他也是斯坦福国际研究院的创始人。一些媒体对“Shakey”做出了超出其实际能力甚至耸人听闻的宣传，“末日论”第一次泛起。

如果说“Shakey”只是一个在室内移动的机器人，那么“斯坦福车”则是第一个接近无人驾驶汽车的机器。汉斯·莫拉维克（Hans Moravec）被誉为“人工智能最坚定的支持者”，在他的领导下，“斯坦福车”取得了巨大进展。莫拉维克的团队研发了很多新技术，例如，用单一摄像头计算场景的深度，后来 Mobileye 公司采用了类似技术。多数情况下，“斯坦福车”需要通过远程图像来操控，有一次它逃脱了控制，直接驶入了繁忙的道路，当莫拉维克从监视器中看到一辆真实的车辆从“斯坦福车”边上呼啸而过时，大吃一惊，于是追捕“叛逃机器人”成为无人车历史上诙谐的一笔。莫拉维克在机器视觉的探索中遭遇了很多挫折，后来提出了著名的“莫拉维克悖论”，即计算机能实现人类的高阶智能，却难以实现人类的低阶智能。在深度学习尚在襁褓之中的时代，科学家们还找不到头绪。

20 世纪 80 年代，电视剧《霹雳游侠》（*Knight Rider*）中的“KITT”自动驾驶汽车风靡一时。几乎同时，汽车制造强国日本、德国和美国真正开始自动驾驶汽车的研发。日本的筑波工程研究实验室、德国的慕尼黑联邦国防军大学与梅赛德斯联合团队、美国的 DARPA 和卡内基梅隆大学，分别以“摄像头为主、其他传感器为辅”开发出了不同的自动驾驶汽车的原型，并且在真实路况中展现出了令人信服的能力。

尤其是卡内基梅隆大学的“NavLab”，在 1995 年完成了从匹兹堡到圣迭戈的“No Hands”跨美之旅，其中 98.2% 的里程由无人驾驶完成，虽然车辆速度不快，但即使在今天，这样的成果仍然非常了不起。这辆后来进入“机器人名人堂”的无人车是基于小型多用途车改造的，相比轿车，小型多用途车能容纳更多的设备。后来 Waymo 公司也采用了菲亚特克莱斯勒公司的小型多用途车中的“大捷龙”（Pacifica）作为无人车的改装基础。

20 世纪 90 年代末的另一个创举来自帕尔马大学视觉实验室。他们利用双目摄像头组成的立体视觉系统，在高速公路上实现了 2000km 的长距离实验，无人驾驶完成的距离占比达到了 94%，而车速则达到了 112km/h。

几乎与此同时，我国学术界和产业界也开始了智能驾驶的探索。在清华大学，1978 年齐国光教授的课题组开始研究自动驾驶，1986 年何克忠教授的课题组接力，到“HTMR-III”为止，才真正有了接近自动驾驶汽车的原型车。我国第一辆自动驾驶汽车是“ATB-1”（Autonomous Test Bed-1），由北京理工大学、南京理工大学、国防科技大学、清华大学和浙江大学 5 所院校联合研究，而后的“ATB-2”的速度较第一代提升了 3~4 倍，这些院校多数成为我国无人驾驶人才的摇篮。20 世纪 90 年代，中国科学院自动化研究所的王飞跃教授在美国也开始了无人车的研究。与美国类似，我国在遥控驾驶方面的探索也较早，1980 年国家立项“遥控驾驶的防核化侦察车”，哈尔滨工业大学、中国科学院沈阳自动化研究所和国防科技大学参与了该项目的研究。2003 年，国防科技大学与一汽集团合作的红旗牌汽车“CA7460”实现了高速公路的自动驾驶演示，峰值速度达到 170km/h，并实现了自动超车。

2.2004—2009年：第一个6年——孕育

2004 年发生的大事件是 DARPA 举办了无人车挑战赛，这是美国的一项优良传统。通过挑战赛能发现那些具有变革性的、高回报的科研成果，极大地缩短基础科学发现与军事应用之间的距离。比较有影响力的赛事是 3 次“无人车挑战赛”、1 次“机器人挑战赛”（Robotics Challenge），以及 2018 年的“航天发射挑战赛”（Launch Challenge）。

在这次比赛中，很多车辆都使用了激光雷达、高精度的地理信息系统和惯性导航系统，直到今天，这些仍然是很多无人车的标准配置。

转眼到了 2007 年，DARPA 已经不满足于荒野中的无人驾驶，开始了“城市挑战赛”（Urban Challenge）。卡内基梅隆大学卷土重来，在他们的装备库里，第一次出现了一种新型的 64 线激光雷达。为了让这件装备投入使用，卡内基梅隆大学的工程师编写了大量的驱动程序。霍尔兄弟的 Velodyne 公司提供了这一“超级武器”，在其后的近 10 年间，64 线激光雷达成为全世界绝大多数无人车必须配置的组件。

两次挑战赛极大地振奋了科研届的信心，也培养了大量人才。谷歌公司的创始人拉里·佩奇（Larry Page）在 2009 年成立了无人车项目“司机”（Chauffeur），并聚集了一批在挑战赛中声名鹊起的名将，包括克里斯·厄姆森（Chris Urmson）和安东尼·莱万多夫斯基（Anthony Levandowski）。

希伯来大学的教授阿姆侬·沙书亚（Amnon Shashua）是一位视觉专家，他创建了 Mobileye 公司，是试图产品化 ADAS（Advanced Driving Assistance System，高级驾驶辅助系统）的先驱者。Mobileye 公司创建于 1999 年，到 2009 年，Mobileye 公司走过了“从 0 到 1”的苦旅，如今多款车型安装了 Mobileye 公司的产品。

DARPA 举办的无人车挑战赛也激励了我国的同行。2009 年，在国家自然科学基金委员会“视听觉信息的认知计算”重大研究计划的支持下，首届“中国智能车未来挑战赛”在西安举行，从此拉开了我国智能车系列挑战赛的序幕。

3.2010—2015年：第二个6年——成长

2010 年，塞巴斯蒂安·特龙（Sebastian Thrun）以创始人身份成立 Google X，在这里，无数“登月”项目争先恐后地开展起来。项目必须符合三大条件：第一，惠及亿万用户；第二，看上去有点儿科幻；第三，用今天的技术在几年内可以实现。毫无疑问，无人驾驶符合这些条件。

谷歌公司的第一代无人车是基于混电车“普锐斯”（Prius）改装的，顶上装有 64 线激光雷达，以此建立高分辨率的三维环境模型或高精度地图。

谷歌公司的第二代无人车是更为强大的“雷克萨斯”（Lexus），同样是混合动力。无人车的基础车型，第一个要求是要大，能装各种设备；第二个要求就是电控，因为发动机的底层控制算法比电机要困难很多，多数团队更愿意把时间放在高层的算法上。

但真正让世人瞩目的是 2014 年谷歌公司的第三代无人车“萤火虫”（Firefly）的诞生。这款长得像考拉的小车完全是针对无人驾驶重新设计的，如移除了雨刷，因为并不需要有驾驶员在雨中看清路况。按照设计，这种车是没有方向盘的，但由于加州法律的限制，车里还是安装了一个游戏操纵杆作为方向盘。这辆车后来获得了红点设计大奖。

与此同时，Mobileye 公司以视觉为主的 ADAS 低价方案进入主流市场，到2015年，装机量已经近千万台。相比谷歌公司的方案，Mobileye 公司基于视觉的方案有其独到之处。如它采用视觉地图，从视觉中提取的地图特别小，适合实时上传、通过众包的方式更新。事实上，基于视觉的定位更接近人类的驾驶方式。我们根据道路上的标志来评估大致的位置，并且根据路面线条的变化做出实时的决策（选哪一条车道、是否上匝道等）。只需从视觉中提取出那些标志和线条并上传到地图，行驶时便可以通过视觉匹配来获得定位。

2011 年 7 月，国防科技大学的贺汉根教授团队自主研制的无人驾驶汽车，首次完成了从长沙到武汉 286km 的高速全程无人驾驶试验，其中人工驾驶里程不足 1%，而且相比上一代的"CA7460"，这一代在硬件小型化、控制精度和稳定性等方面取得了显著进展。基于此，国防科技大学也拿到了当年"中国智能车未来挑战赛"的冠军。

2015 年 8 月，宇通公司和李德毅院士团队合作的大巴完成了郑开高速的 33km 无人驾驶，在世界范围内开创了无人驾驶大巴的先河。11 月，第七届"中国智能车未来挑战赛"在常熟成功举办。12 月，百度公司推出无人车年度大片，百度公司与宝马公司合作的无人车在 G7 高速—五环—奥林匹克森林公园的路线中进行了往返行驶，吸引了无数眼球。

这些事件让国人意识到，在无人驾驶这个高、精、尖领域，我国并没有缺席。

2015 年，已是爆发的前夜。

4.2016—2021年：第三个6年——开花

吴晓波在《激荡三十年》中写道："当这个时代到来的时候，锐不可当。万物肆意生长，尘埃与曙光升腾，江河汇聚成川，无名山丘崛起为峰，天地一时，无比开阔。"用这段话描述 2016 年的开局，再恰当不过。2016 年是无人驾驶的"春分"时节。

2016 年 3 月，AlphaGo 五番棋大胜李世石，点燃了民众对人工智能的热情，而通用汽车公司以 10 亿美元收购 Cruise 公司，让风险投资者也意识到，"无人驾驶时代"即将来临。在北京的春季车展上，长安汽车公司、博世集团和清华大学合作的几辆无人车实现 2000km 进京，无人驾驶真正进入我国大众的视野。

2016 年 8 月发生的一件大事是 Uber 公司耗资 6.8 亿美元收购卡车自动驾驶公司 Otto。

如果 2016 年是"春分"，2017 年则是"雨水"。雨水充沛，万物复苏，很多公司大踏步而来。无论是科技巨头还是主机厂，都开始真正投入资源。许多创业公司也纷纷加入其中。另一个重要的迹象是，无人驾驶百花齐放，不仅仅是乘用车，还出现了各种商用车、专用车，除了载人，物流变成一个更大的市场。

2016 年，福特公司推出 2021 自动驾驶宣言——在 2021 年实现无人驾驶的商业化运营。2017 年年初，福特公司以 10 亿美元投资 Argo AI。

2017 年 3 月，陆奇入主百度公司智能驾驶事业部，在 4 月的上海车展上，陆奇宣布"阿波罗"计划，做汽车界的安卓。"阿波罗"计划，寓意是向人工智能的宇宙出发，"希望未来可以解放双手，使每个人开车时也能自由地仰望星空"。一石激起千层浪，整个行业为之震动。7 月，在人工智能开发者大会上，李彦宏乘坐一辆与博世集团合作的苏州牌照汽车，在五环展示了一番自动驾驶技术。

"阿波罗"计划的开放，在活跃生态、数据共享、培养人才等方面贡献很大。

毫无疑问，对初创公司来说，"阿波罗"计划降低了演示的门槛，但同时提升了做大做强的门槛，必须做到比"阿波罗"计划的技术有差异化的提升才能生存下来。2017 年下半年，百度系创业公司三杰——景驰、小马和 Roadstar.ai，都在做技术的差异化。很多创业公司的差异化是垂直化、场景化和加快商业化落地，从卡车物流到末端配送，从载人、载物到载功能（如环卫清洁），从矿山到港口，从园区到机场和“最后一公里”。

2017 年 10 月中旬，Waymo 公司宣布，没有前排安全员的自动驾驶汽车已经开始上路试运营。当然，为确保安全，仍有安全员在后座以备不测。2018 年年初，加利福尼亚州的车辆管理局进一步做出“允许车内不坐安全员、只需远程安全员”这个巨大的跨越，相信与 Waymo 公司带来的信心有关。

美国陆续推出了《自动驾驶汽车联邦政策》《自动驾驶系统 2.0：安全愿景》《准备迎接未来交通：自动驾驶汽车 3.0》，在法律方面为无人驾驶增加豁免，为行业松绑。

几乎同时，德国也推出了首部与自动驾驶汽车相关的法案——《道路交通法第八修正案》，允许自动驾驶汽车在特定条件下代替人类驾驶，同时全球第一部自动驾驶道德准则也应运而生。这些立法活动为世界上第一款 L3 自动驾驶产品——奥迪 2018 年款 A8 的拥堵巡航扫清了障碍。

我国也一直在探索无人驾驶立法和测试体系的建立。早在 2016 年，国家层面就开始讨论路测规范，第一个宣布的是北京。2017 年 12 月，北京制定发布了《北京市关于加快推进自动驾驶车辆道路测试有关工作的指导意见（试行）》和《北京市自动驾驶车辆道路测试管理实施细则（试行）》两个文件。2018 年上半年，上海、重庆、深圳、广州等地纷纷推出当地的路测政策和指南。2018 年 4 月 12 日，工业和信息化部、公安部和交通运输部联合推出了《智能网联汽车道路测试管理规范（试行）》。

考虑到我国的复杂路况及对安全有更高的要求，国内的路测规范都要求测试主体事先在封闭测试场内进行一定里程的测试。2016 年 6 月，由工业和信息化部批准的国内首个“国家智能网联汽车（上海）试点示范区”封闭测试区在嘉定开园。时至今日，各地仍在修建或改造智能网联汽车的测试场，虽然短期内有重复建设的问题，但从长期来看，未来，无论是上市还是年检，我国对无人车都有很大的需求。

2017 年的“雨水”过后，2018 年或许是“惊蛰”，既可能有商业化的隆隆春雷，也可能有“倒春寒”。

2018 年的开始让一些人快乐，一些人难过。Velodyne 公司的激光雷达降价了，而且降了一半。2017 年，对很多无人驾驶公司来说，买不到激光雷达很痛苦，往往要等好几个月，等到年底终于买到并囤了一部分货时，市场上的激光雷达却降价了。这时候，激光雷达的赛场已经不是 Velodyne 公司一枝独秀了，Valeo 公司的 Scala 激光雷达在奥迪 A8 上实现了第一个量产项目，传统主机厂和供应商巨头纷纷投资并购，仅德尔福（安波福）公司就押宝 3 家。几乎所有公司都押注固态或半固态激光雷达，除了前几年已经很火的 Quanergy 公司和 Innoviz 公司，一些新创公司（如 Luminar、速腾聚创和 Innovusion）也展示了性能更佳的产品原型。几年前风光无限的 Quanergy 公司在量产上碰到了一些麻烦，虽然它在光学相控阵技术这条路线上仍然领先，但基于 MEMS 微振镜、光学二维振镜和 Flash 技术的固态激光雷达在产业化上显示了更快的进展，Innoviz 公司得到了宝马公司的订单，Velodyne 公司的新品 Velarray 也似乎后发先至。

2017 年，加利福尼亚州车辆管理局公开的数据显示，基于 56.35 万 km 的测试里程基数，Waymo 公司实现了每 9009.56km 进行一次人工干预，Cruise 公司紧随其后，每 2018.94km 进行一次人工干预。相比 2016 年的每 8050km 进行一次人工干预，Waymo 公司在 2017 年只提升了 10%，让人略感失望。2018 年，在《2018 年自动驾驶接管报告》中，Waymo 公司的成绩已大幅提高，以平均每 1.77 万 km 需要人工干预一次的成绩表现最佳，领先于 Cruise、Zoox、Nuro、Pony.ai 等公司。

Waymo 公司的工程总监在麻省理工学院做讲座时，说了一句很深刻的话：“When you are 90%

done, you still have 90% to go（当你认为完成了90% 时，实际只走了 10%）."。对于这一道路的艰巨性和长期性，Waymo 公司深有体会。然而，这家公司又很擅长"讷言敏行"。Waymo 公司的"Early Rider 项目"又向前迈了一大步。2018 年，Waymo 公司在亚利桑那州的部分车辆中撤掉了安全员，早期乘客开始真正"独享"无人车的空间。

2018 年 3 月，Waymo 公司与捷豹路虎公司签署协议，请后者制造两万辆无人定制车。Waymo 公司的高歌猛进，给 Cruise 公司带来了巨大的压力。此时，通用汽车公司做了一个重大决定，将 Cruise 公司推向资本市场，利用外部资本和资源来加速发展。5 月 31 日，软银公司宣布将向 Cruise 公司投资 22.5 亿美元。仅仅一天之后，Waymo 公司就做出了回应——将购买菲亚特克莱斯勒公司的车辆数目提高到 6.2 万辆。8 月，摩根斯坦利公司将 Waymo 公司的估值推到 1750 亿美元，其中机器人自驾出租车业务估值达 800 亿美元，自动化物流服务估值高达 900 亿美元。10 月 3 日，本田公司向 Cruise 公司进一步注资 27.5 亿美元，也将 Cruise 公司的估值推到了 146 亿美元。通用汽车公司当初以 10 亿美元收购 Cruise 公司，绝没想过两年半后这一部分的估值已经达到通用汽车公司总市值的 1/3。不过，联想到英特尔公司以 153 亿美元收购 Mobileye 公司，就大可不必大惊小怪了。

在这样的大背景下，虽然 2018 年一整年是资本的寒冬，但仍然不断传来无人驾驶公司融资的消息。无论是创业公司，还是风险投资，都分裂成两个阵营。

一个阵营是硅谷范儿的"火箭派"，其理论依据是既然无人驾驶是"登月"，那就撸起袖子"造火箭"。既然未来的大方向是出行，那就一步到位做无人驾驶出租车的运营。有人评论这是"没有 Waymo 公司的命，却得了 Waymo 公司的病"。世界上还没有第二家公司能像 Waymo 公司那样一买就是 8.2 万辆无人车。不过，目前有几十家公司在商业模式上对标 Waymo 公司，但没有 Waymo 公司背后的"富爸爸"，只能长年靠风险投资买单。殊不知，即使是 Waymo 公司的 8.2 万辆无人车，获得数据的能力也是有限的，而且仅在二三十个道路干干净净的城市行驶，数据也不够丰富和多样化。这意味着，Waymo 公司的 L4 商业化路径存在可扩展性有限的问题。

另一个阵营是务实派，从垂直细分做起，"农村包围城市"。用赛车领域的话来说，想要第一个冲过终点线，就必须完成比赛，哪怕是从维修站出发。可是，在"火箭派"眼里，这是"梯子派"，想"登月"，先"造梯子"，务实是务实，但距离太远。业界有不少鄙视这类路线的说法，如 Waymo 公司说它要飞，整天学跳怎么行。有些基金认为，现在处于旱季，你为了生存进化成仙人掌，等雨季来了，你顶多是更高、更肥的仙人掌，已经长不成参天大树了。这些说法固然有点偏颇，但确实有些垂直细分领域的场景，与开放道路 L4 自动驾驶不匹配，而且因为市场规模有限，无法获得算法升华所需的大量数据。

看起来这两个阵营都存在数据获得有限的问题。那么到底需要多少数据，或者通过多少里程来证明安全性呢？就无人驾驶而言，Waymo 公司积累了最多的里程，2018 年 10 月时积累了 1610 万 km。就算是加上 L2 自动驾驶，数据也是不够的。美国著名的智库兰德公司给出了一个数学模型，如果要在统计学意义上证明无人驾驶做得比人好 20%，需要 177.1 亿 km。那就意味着，100 辆车，一天 24h，一年 365 天不停地跑，要跑 500 年。对此，特斯拉公司的启示是，要学会靠用户的车去获得数据、验证算法，如果有 1000 万辆车，一辆车只需跑 1771km，177.1 亿 km 就达到了。

因此，一个更合理的方法是，用"造火箭"的技术"造飞机"，然后用"造飞机"的钱和数据来提升"火箭"技术。具体而言，是将基于开放道路 L4 的技术降维到具有确定边界的 L3/L4 商业化场景，大规模部署这些场景，获得现金流和大量数据后，进一步突破开放道路 L4 的局限。驭势科技公司采用了这样的策略，在高速公路 L3、最后 3km 微循环 L4、停车场自主泊车和机场无人物流拖车方面取得了商业化的突破。尤其值得一提的是，驭势科技公司与上汽通用五菱公司实现了全球首次自主泊车的终端用户交付，一键实现远距离泊车、召车。类似的技术在与首汽 GoFun 共享汽车合作的分时租赁中也开始使用，让用户实现自动取车和还车，同时运营方又可以通过场站间的无人编队调度降低运营成本。这些场景的部署带来了大量交通场景的数据，从而反哺开放道路 L4 自动驾驶算法的进化。

2018 年发生了“灰犀牛”事故。当整个行业进入深水区时，事故已成为大概率的风险。Waymo 公司、Uber 公司和特斯拉公司都出现了多起事故，且后两者都出现了致命的事故。

自从 Uber 公司收购 Otto 公司后，一些变化在悄然发生，在旧金山的 Uber 公司办公室里有一条标语是“安全第三”。有媒体后来指出，Uber 公司的测试车改成沃尔沃“XC 90”后，新的改装设计扩大了传感器的盲区，而高耸的 64 线激光雷达改变了车的重心结构，然而 2017 年的一次侧翻并没有引起太多重视。新 CEO 上任后对自动驾驶的态度开始模糊。据 Business Insider 报道，团队担心项目被取消，必须快速进展以取悦领导，又要迎合领导对平顺性的要求，因此忽略了很多安全设计。这些因素积累下来，最终导致 2018 年 3 月 18 日那起世界上首例由无人驾驶汽车引起的致命车祸事故的发生，一辆 Uber 无人车在夜间行驶时撞死了一名推着自行车违章横穿马路的行人。这起事故的发生固然有行人自己的责任，也有 Uber 安全驾驶员的重大责任。Uber 公司自身的诸多问题无从推脱，如技术上为了平顺性把原车的自动紧急制动系统禁用，错失了最后一秒的安全保障，在管理上将车上的两个人缩减到一个人。事故发生后，Uber 公司暂停了所有的测试，重新审视安全设计和管理，一直到年底才重新上路，教训可谓惨痛。阴云笼罩下的另一则新闻是 Uber 公司关闭了自动驾驶卡车部门，这使得当初对 Otto 公司的收购更显一无是处。

做无人驾驶，不可或缺的是对安全的敬畏之心，以及对行业基本规律的尊重。在这个领域，轻言 L4 量产，忽略安全而进行跨越式大发展，必然付出代价。

Waymo 公司采取了“进二退一”的策略。2018 年 10 月 30 日，加利福尼亚州车辆管理局向 Waymo 公司颁发了完全无人驾驶测试牌照，即可以合法地在加利福尼亚州公开道路上测试没有安全员的无人车。然而，2018 年 11 月底，经过深思熟虑，Waymo 公司又重新把安全员放回了驾驶座。同时，Waymo 公司任命国家运输安全委员会前主席德博拉·赫斯曼（Deborah Hersman）为首席安全官。

2018 年 12 月初，在亚利桑那州凤凰城郊区，名为“Waymo One”的无人驾驶出租车付费服务正式开始运营。在此之前，约翰·克拉夫奇克（John Krafcik）认为无处不在、无所不能的 L5 自动驾驶还需要等几十年，希望媒体和大众降低对它的期望。

回到这句话，“When you are 90% done, you still have 90% to go.”，如果今天的技术和成本要求无法快速解决最后 10% 的问题，那有没有可能通过“人—车—环境”的整体思路去解决呢？这就是车路协同的概念。2018 年，阿里巴巴集团和百度公司等都提出了车路协同的概念，基于 LTE-V2X 和 5G 带来的超视距感知能力和高可靠、低时延链路，可以把一部分感知和决策能力放在路端，利用边缘云的思路去解决环境和基础设施的问题。驭势科技公司也与三大运营商和四大设备商展开了“5G+ 自动驾驶”的合作。

车端计算是价值链上另一个重要的元素，尤其是芯片。高级别无人驾驶采用的主芯片主要来自英伟达或英特尔、Mobileye 等厂商。华为、寒武纪、地平线等国内芯片厂商正加速开发适用于无人驾驶的人工智能加速芯片。随着无人驾驶算法逐渐固定下来，专用的加速芯片将扮演更为重要的角色，特斯拉公司也采用了这个策略。

价值链上还有一个不可忽视的元素是数据，无人车要想变得越来越智能，就需要数据。欧盟在数据立法上一向走在前面，其颁布的《通用数据保护条例》号称史上最严格的条例，让无数互联网公司焦头烂额。数据是资源，也是烫手山芋。但该条例对车厂却很宽容。在最近一次关于自动驾驶汽车注册的投票中，欧盟确定"自动驾驶汽车产生的数据是自动生成的，其本质不具有创造性，所以不适用于版权保护或数据库权利"。这意味着，不需要车主同意，车厂就可以收集自动驾驶汽车产生的数据（包括 GPS 轨迹数据在内的遥感数据），并可以将其出售给第三方。这可以说为车厂做了最佳助攻。

在我国，《中华人民共和国网络安全法》要求重要数据不能出境，外资和合资车厂无法将数据送至国外去研究，因此在国内建立研发团队和研发供应链势在必行。这为国内科技公司和新晋供应链企业提供了很好的机会。

业界的目标是到 2021 年能够实现确定区域（如城市的一个区域）L4 无人驾驶的规模化应用。从目前来看，我们可以保持谨慎的乐观态度。

5. 2022—2027年：第四个6年——结果

如果第三个 6 年的目标能顺利实现，那么第四个 6 年将是开放道路 L4 无人驾驶的大兴之时。无人驾驶带来的变化远远不止对汽车产业，它将彻底改变出行和物流。到第五个 6 年（2028—2033 年）时，路上川流不息的车辆大多将是无人驾驶的共享汽车，汽车数量将减少一半以上，但汽车的利用率却得到极大提升，堵车将成为过去，天空湛蓝，停车位被改成公园、活动空间和住所。

交通流、信息流、能源流三流合一，所有与人或物相关的交通将被重新定义，保险业需要涅槃重生，而服务业将找到新的爆发点。上述的无人驾驶出租车是除了家和办公室之外的第三空间，是移动的商业地产、移动的影院、移动的办公空间、移动的咖啡馆。

智能驾驶是人工智能与传统汽车相结合的创新产物，是汽车行业发展的未来。作为一项变革性的技术，智能驾驶既是技术创新又是社会创新，无论是法律、法规和政策，还是道德伦理争论，我们都要有勇气和耐心，呵护和引导其健康发展。我们热切期待道路畅通、天空湛蓝、自由出行的那一天早日到来。

2.1.2 自动驾驶技术的挑战与展望

★ 关键词：自动驾驶　感知　决策　网联化

★ 作　者：王飞跃　曹东璞　李升波　邢阳　郭洪艳　吕宜生　李力　吴甘沙

随着科技革命的深入推进，人类社会进入万物互联、万物智能的智能化新时代。自动驾驶技术在人工智能和汽车行业的飞速发展背景下逐渐成为业界焦点。未来交通是什么样的格局？汽车产业和技术应该朝什么方向发展？

1.自动驾驶：概述与定义

近年来，自动驾驶技术已经成为全世界汽车行业的重要发展方向。与传统汽车相比，自动驾驶汽车能够有效地提升车辆的安全性、通行效率和舒适性。随着人工智能技术的全面推广，自动驾驶技术呈现高速发展的态势，主要体现在环境感知、决策与规划、控制与执行、高精度地图和实时定位等技术的发展。

根据车辆涵盖的功能范围不同，自动驾驶汽车被划分为不同的等级。2014 年美国 SAE（Society of Automotive Engineers，汽车工程师学会）颁布 J3016 标准，将自动驾驶汽车划分为 L0~L5 共 6 个等级。2016 年 10 月，我国《节能与新能源汽车技术路线图》正式发布，其中智能网联汽车技术路线图将智能网联汽车定义为搭载先进的车载传感器、控制器、执行器等装置，并融合现代通信与网络技术，实现车内网、车外网、车际网的无缝链接，具备信息共享、复杂环境感知、智能化决策、自动化协同等功能，能够与智能公路和辅助设施组成智能出行系统，实现“高效、安全、舒适、节能”行驶的新一代汽车。相比传统汽车，智能网联自动驾驶汽车可以有效提升交通安全性，实现节能减排与绿色出行，促进社会交通管理协同发展，对我国产业的转型升级具有重大战略意义。

2.自动驾驶：感知

感知是自动驾驶系统基础且关键的一环，直接影响自动驾驶系统的决策、规划和执行能力。自动驾驶的感知系统需要像人类驾驶员一样，能对车辆和环境状态做出快速、准确、可靠的判断，保证车辆安全行驶。自动驾驶的感知系统通过传感器完成对车辆和环境信息的采集，如车辆自身状态、行驶环境等，并进行语义理解，是自动驾驶汽车其他系统的数据和信息基础 。

自动驾驶汽车常用的传感器包括摄像头、激光雷达、毫米波雷达、超声波雷达、GPS 导航、惯性传感器等。每类传感器的原理、功能、适用场景不尽相同，各有优势。例如，摄像头采集的信息丰富，然而受成像条件限制；激光雷达具有分辨率高、测距远、精度高等优点，但成本高，易受天气条件限制；毫米波雷达具有测距远、精度高、不受天气和光线影响等优点，却对静止的物体和非金属物体不敏感、分辨率低。显然，仅靠单一传感器无法满足自动驾驶的各种行驶场景需求，因此需要进行多传感器融合，集各传感器之优势提高自动驾驶感知系统的准确性、鲁棒性和实时性。

在 2005 年 DARPA 举办的无人车挑战赛中，斯坦福大学的无人车“Stanley”获得了冠军，其成功的基础就是先进的感知系统。近年来，我国在国家自然科学基金委员会“视听觉信息的认知计算”重大研究计划的支持下，已举办了 10 届“中国智能车未来挑战赛”，西安交通大学、清华大学等高校和科研院所在智能感知领域取得了一系列理论和技术进展。特别是随着人工智能技术，尤其是深度学习技术的发展，自动驾驶感知能力得到了大幅提高，众多基于深度神经网络的模型得以提出，用于物体检测、语义分割、场景理解、跟踪、运动估计等 。

自动驾驶感知技术虽然取得了很大进步，但是依然面临许多挑战。特别是在复杂地形、复杂天气（如雨、雪、雾等天气）、复杂道路交通环境条件中，自动驾驶感知系统要实现快速、准确、可靠的环境感知，仍然十分困难。

3.自动驾驶：决策

自主决策能力是自动驾驶汽车“智能性”的核心体现。自主决策的难点在于道路场景的复杂性、交通流的动态性、驾驶行为的随机性以及交通参与者之间的博弈性。自动驾驶汽车面临的交通情况瞬息万变，加上交通参与者的意图和行为难以预测，寻找各式道路结构、交通规则、红绿灯约束下的自主决策规则是十分困难的。目前，典型的自主决策设计方案分为两类：分层式和端到端式。

分层式决策设计方案将决策过程分解为一系列独立的子问题，如情景认知、行为选择、路径规划等，每一个子问题独立解决（如图 2-1 所示）。情景认知输出对自动驾驶汽车所处驾驶环境的认识与理解，包括交通流状态的划分（如稀疏、稠密等）、交通参与者的博弈状态（如抢占匝道等）等。行为选择输出某一类型的驾驶行为（如超车、换道、迫近、跟车、自由直行、掉头等）。分层式决策设计方案的优点在于复杂问题可分解、任务可分工，易于模块化，因此决策算法可控性高、可解释性强，方便工程实现；缺点在于语义化后感知信息存在损失，而且人工定义难以涵盖所有场景和行为。

与分层式决策设计方案不同，端到端式决策设计方案将决策过程视作不可分解的整体模块，主要包括监督学习型和强化学习型两个子类别。监督学习型决策利用深度神经网络模仿优秀驾驶员的驾驶行为 。它的输入是 3 个前向摄像头的信息，利用深度神经网络，输出学习到的方向盘转角等。监督学习型决策对驾驶员数据的需求量很大，需要涵盖所有的驾驶场景，而且训练深度神经网络的难度比较大。

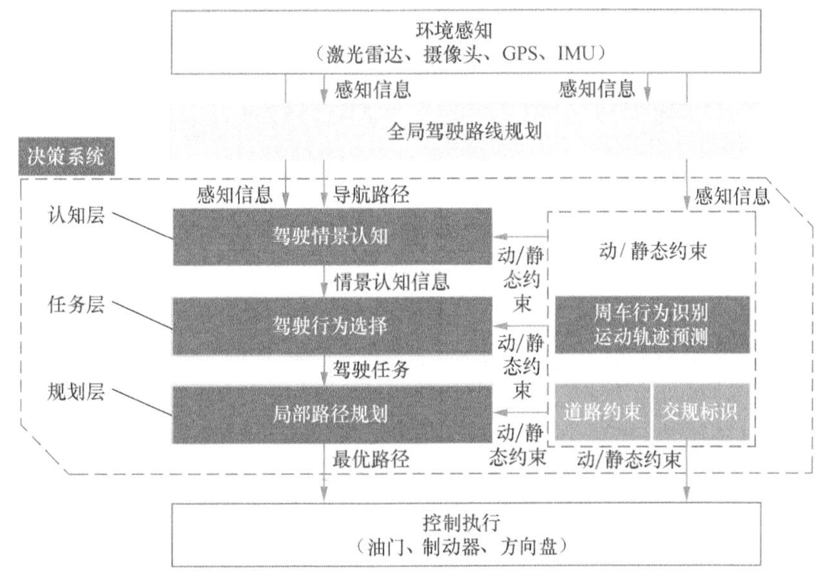

图 2-1 分层式决策设计方案

强化学习型决策以“试错”的方式进行学习，通过与环境进行交互获得的奖赏（如高安全性、高舒适性、高节油性等）指导驾驶行为，目标是使自动驾驶汽车完成某一决策任务，获得最大的累计奖赏，使自动驾驶汽车不断提高驾驶技能，输出最优的驾驶决策。强化学习型决策具有无师自通的潜在能力，不依赖标签数据，对数据的利用率也更高，因而成为自动驾驶决策方案的研究热点。简要来说，强化学习这种端到端的决策方案感知信息无损，体系框架简洁，具备提升决策系统智能性的潜在能力，但是缺点是难以嵌入已知的驾驶经验，算法难以理解与手动改进。

现阶段分层式框架中基于规则的行为决策简单，但灵活性不足，端到端式方案中的深度神经网络能够很好地解决场景特征难以显性表达的难题，但很难在参数调整之上的逻辑层面改善系统性能。将分层式框架和端到端深度学习方法融合，将自主学习与先验知识（如道路结构、车辆动力学模型、驾驶经验、规则等）进行融合是未来的发展趋势。此外，由于车载计算资源有限，因此利用云平台等资源获取更多信息并分担计算载荷，也是下一步的发展方向。

4.自动驾驶：规划与控制

车辆系统的路径规划和运动控制负责计算自动驾驶汽车安全、舒适、动态可行的轨迹。运动规划组件接收车辆周围静态和动态障碍物的信息，生成满足车辆动态和运动学约束的无碰撞轨迹。通常基于采样的路径规划方法不需要对道路的几何结构建模，而是利用碰撞检测来探索自由空间和终点的可达性。常用的算法包括随机转向及启发式转向。目前应用较广泛的启发式搜索算法是 A* 算法，同时还有在 D* 算法基础上扩展的 Focussed D* 以及 D* Lite。如果实例简单，利用增量搜索技术可以快速提供路径规划的解决方案，但通常计算时间非常长，甚至在有限时间内无解。基于增量搜索技术的最优路径规划方法在找到可行路径的同时，还尝试提供最优路径解决方案。

自动驾驶汽车的控制方法主要是运动模型的路径稳定性控制，通常有纯跟踪控制、输出反馈线性化控制、线性参数变化控制等方法。输出反馈线性化控制可以采用基于后轮位置的反馈方法和基于前轮位置的反馈方法。线性参数变化控制通常用于横向控制的参数线性变化控制与路径轨迹的稳定性预测控制。在这些系统中，通常利用多个子系统组合来改善处理性能。

5.自动驾驶：驾驶员行为与认知

近年来，随着自动驾驶技术的发展，研究人员逐渐发现只是升级车辆硬件和提高计算能力无法从根本上解决自动驾驶汽车的应用难题。自动驾驶汽车在进一步应对复杂道路环境中的突发问题的能力，以及决策与路径规划方面的能力依然难以达到人类驾驶员水平。因此，驾驶员行为与认知的研究逐步被引入自动驾驶技术研究当中，研究人员开始倾向于从人类驾驶员本身的驾驶模式中学习和提取有益于自动驾驶汽车的控制算法。

驾驶员行为与认知的研究可以从多个方面影响自动驾驶技术的发展。对于 L3 半自动驾驶汽车，驾驶员需要在紧急情况下对车辆进行接管。此时，车辆需要实时监控驾驶员行为，避免驾驶员在分心或疲劳困倦状态下接管车辆，防止造成更严重的交通事故。相对于驾驶员行为方面的研究，驾驶员的认知研究更加复杂和多样。经调查发现，手动驾驶依然是最具驾驶乐趣和吸引力的驾驶方式。这一结果从一定程度上说明驾驶员更希望车辆符合自己的驾驶意图与风格。相似地，驾驶员意图推理和驾驶员情绪方面的研究，可以使得自动驾驶汽车具有更贴近人类驾驶行为的智能表现，并实现高效、文明、稳健的决策规划与道路交互。因此，驾驶员的认知研究会给 L4 或 L5 的自动驾驶汽车带来更深远的影响，这将决定自动驾驶技术是否能够被接受以及更好地融入人类社会。

驾驶员行为与认知的研究在一段时间内依然会是自动驾驶领域的热点和难点。未来驾驶员行为与认知的研究需要进一步将人类驾驶员的驾驶经验与知识同自动驾驶汽车强大的感知与运算能力相结合，使自动驾驶汽车更好地融入实际的道路交通场景。

6.自动驾驶：人机共驾

随着自动驾驶技术的发展，汽车与驾驶员之间形成了一种动态交互关系，驾驶员和汽车意图必然出现耦合与制约。与机器精确的感知、控制能力相比，人具有模糊、退化、个性化等特点；而人相对机器而言，在学习能力和处理未知工况能力上具有明显的优势。因此，人机共驾存在两个层面：驾驶员与汽车控制之间驾驶权的切换与融合。

从驾驶权切换的角度来说，切换的时机、切换对驾驶员的影响是需要解决的关键问题。在切换的时机方面，可以通过判断驾驶员对方向盘的握紧程度进行控制权刚性交接。而从驾驶权融合的角度进行分析，需要着重考虑人机交互与驾驶权分配问题、人机共驾策略及测试评价方法等关键问题。最初的人机共驾研究中，驾驶员和汽车之间的权重是固定的。

针对自动驾驶汽车的测试，美国、中国、欧洲等国家和地区均致力于完善自动驾驶汽车相关的标准规范，但是在评价方法上，现有测试规范多为指南，尚无系统的有关人机共驾的测试评价标准和体系。目前人机共驾交互方式单一，尚不足以满足人机共驾多层次、多维度的交互需求，对人机共驾中驾驶员与汽车相互影响的机理，如何充分利用人机优势以提升人机共驾系统整体性能、构建个性化人机共驾系统，以及如何评价测试等关键问题的研究还比较欠缺。

7.自动驾驶：网联化

网联自动驾驶是自动驾驶与车联网技术融合的产物。通过引入现代通信与网络技术，网联自动驾驶汽车可以与其他通信终端（包括路侧设施、车辆、行人和其他道路使用者等）和云端进行实时通信，实现整个交通系统的信息交换与共享，从而有效地提高车辆的感知、决策和控制能力，提升车辆和交通系统的性能。

依据计算单元的布置方式，网联自动驾驶可分为基于车端与基于云端两类。基于车端的网联自动驾驶主要基于群体智能、分布式系统等相关理论，对典型的多车网联系统进行研究，如一维的车辆队列控制和二维的交叉路口协同等。基于云端的网联自动驾驶主要利用丰富的云端计算资源实现全局的决策与控制优化协同，其难点在于决策优化问题的设计和在线实时求解（如图 2-2 所示）。对于危险工况，一种有效的优化方法是最小化全局的车间相对动能，从而减轻碰撞伤害甚至避免碰撞；对于常规工况，一种有效的优化方法是采用 ADMM（Alternating Direction Method of Multipliers，交替方向乘子法）进行耦合目标函数和约束条件的迭代求解，从而降低计算的复杂度。

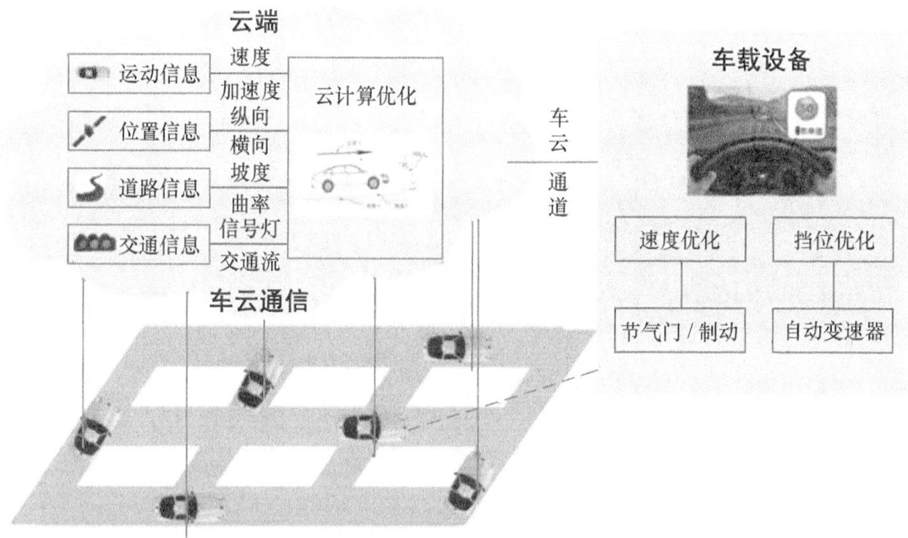

图 2-2　基于云端的网联自动驾驶框架

基于云端的网联自动驾驶技术的另一种有效解决方案是采用虚实结合的平行驾驶技术和影子模式。平行驾驶是一种兼具运营管理、在线状态监测、应急驾驶安全接管等功能的先进云端化网联自动驾驶集成解决方案，是基于信息物理社会系统的 ACP 方法在网联自动驾驶领域的典型应用。ACP 方法是人工社会（Artificial Societies）、计算实验（Computational Experiments）与平行执行（Parallel Execution）的有机结合。平行驾驶的基本原则是通过对人工世界的模拟和交互来完成复杂的自动驾驶任务，从而指导真实自动驾驶汽车的运行。慧拓智能公司提出的平行驾驶中的数字四胞胎由描述车、预测车、引导车和真实车组成。如图 2-3 所示，描述车主要通过形式化方式描述自动驾驶汽车的行为和交通环境的特征，以构建虚拟车辆和环境模型；预测车主要通过大量的计算实验方法，对复杂行车场景和工况（含边缘场景 / 工况）进行试错、优化和预测；引导车则通过信息和物理车辆之间的实时交互，以引导真实车安全、高效地驾驶。近几年，平行驾驶技术已在智能矿山和商用物流车等领域实现了有效的落地应用。

驭势科技公司提出的影子模式可以解决在人工模

式下进行自动驾驶系统迭代升级的问题。该自动驾驶系统在人工模式下也会进行周围环境的感知与车辆的定位，并综合感知定位信息、底层执行器状态和车辆动力学参数做出决策规划，最后产生相应的车辆控制指令，但是不会将控制指令下发底层执行。自动驾驶系统及云端平台将充分利用上述信息，进行后续的优化，具体应用包括：对比自动驾驶系统决策规划的行驶轨迹与人工驾驶的实际行驶轨迹，当人工驾驶行为较好时，反馈给自动驾驶系统，优化决策规划算法；当两者轨迹存在较大偏差时，通过云端分析偏差原因，用于自动驾驶系统优化或驾驶员驾驶行为优化；当两者轨迹较为吻合时，可折算后计入自动驾驶系统测试里程。影子模式可以对比自动驾驶系统最终输出的控制指令与人工驾驶的控制指令，累计自动驾驶系统和人工驾驶的差异，并在云端对人工驾驶行为进行分析。这种方法可以判断人工驾驶的好坏程度，从而通过反馈来优化自动驾驶系统的规划控制算法。

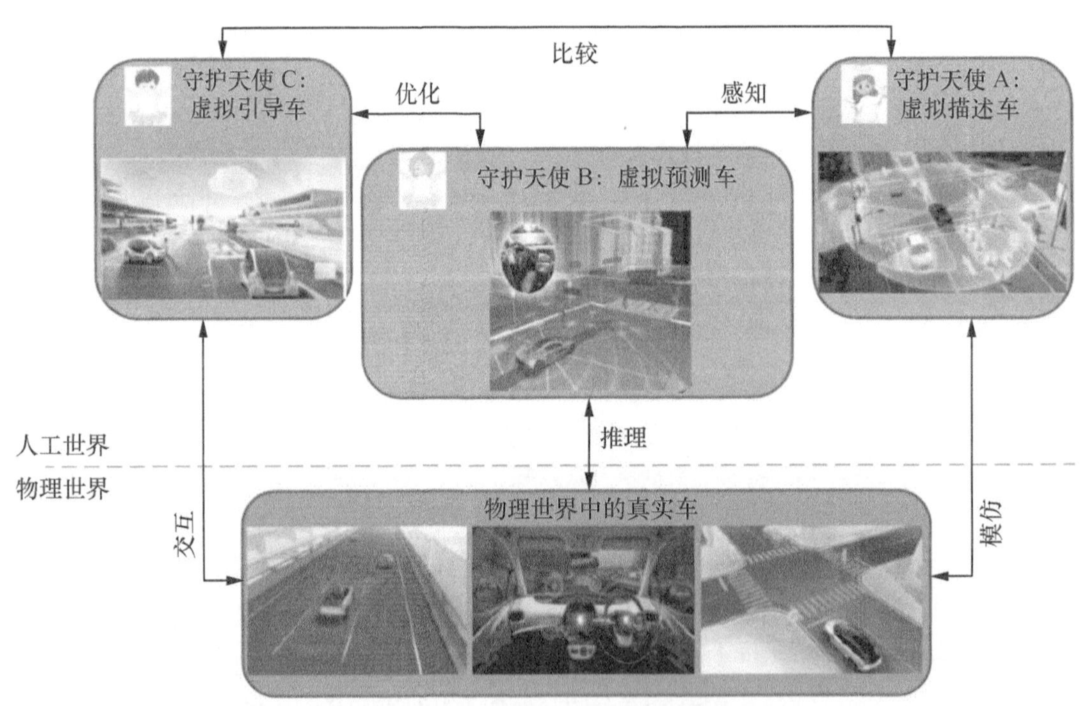

图 2-3　平行驾驶中的数字四胞胎结构

目前，网联自动驾驶的发展仍面临诸多挑战。在关键技术方面，对部分网联下的协同技术研究尚不充分，相关通信技术也有待完善；在产业环境方面，缺乏统一的行业标准和国家法规。未来，随着关键技术的突破和产业环境的完善，自动驾驶与网联化的融合必将相辅相成，不断加速发展。

8.总结

本小节分别从环境感知、自主决策、路径规划、驾驶员行为与认知、人机共驾、网联自动驾驶等技术入手，回顾了过去十几年自动驾驶技术发展的几个主要分支，分析了自动驾驶技术各部分目前面临的困境和挑战。最后讨论了一种可以有效提高自动驾驶汽车安全性、高效性和舒适性的方法，即基于云端的网联自动驾驶技术。其中，平行驾驶中的数字四胞胎、基于云端的网联自动驾驶以及影子模式等技术框架，可以对自动驾驶汽车的决策方案进行有效的测试和优化，进而确保自动驾驶汽车安全、稳定、高效地运行。

2.1.3 智能驾驶领域的发展态势与展望

★ 关键词：智能驾驶　技术体系　产业发展　态势展望

★ 作　者：冯晓辉　王哲　李雅琪

智能驾驶领域的全球竞争，不仅是技术和产业的竞争，也是制度层面、政策层面及标准层面的竞争。

1.智能驾驶的内涵与范畴

（1）智能驾驶的基本概念

智能驾驶指的是利用先进的车载传感器、控制器、执行器、雷达等装置，融合人工智能、计算机视觉、现代通信与网络技术，使车与车、路、人、云平台等道路交通参与者进行智能信息交换、共享，使汽车具备复杂环境感知、智能决策、自主控制等功能，最终实现以更安全、更高效、更舒适、更节能的形式替代人类操控机动车辆的新一代信息技术。

根据美国 SAE 制定的 J3016 自动驾驶分级标准，将自动驾驶汽车分为 L0~L5 共 6 个等级。其中 L0 为无自动驾驶，即便有主动安全系统的辅助，仍由驾驶员执行全部的动态驾驶任务。L1 为驾驶辅助，在适用的设计范围内，自动驾驶系统可持续执行横向或纵向的车辆运动控制的某一子任务（不可同时执行），由驾驶员执行其他的动态驾驶任务。L2 为部分自动驾驶，在适用的设计范围内，自动驾驶系统可持续执行横向或纵向的车辆运动控制任务，驾驶员负责执行目标与意外的检测与响应任务并监督自动驾驶系统。L3 为有条件自动驾驶，在适用的设计范围内，自动驾驶系统可以持续执行完整的动态驾驶任务，驾驶员需要在系统失效时接受系统的干预请求，及时做出响应。L4 为高度自动驾驶，在适用的设计范围内，自动驾驶系统可以自动执行完整的动态驾驶任务和动态驾驶任务支援，驾驶员不需要对系统请求做出回应。L5 是完全自动驾驶，自动驾驶系统能在所有道路环境中执行完整的动态驾驶任务和动态驾驶任务支援，驾驶员不需要介入。

（2）智能驾驶技术体系

智能驾驶技术体系从架构上可分为线控车辆平台、硬件开发平台、软件开发平台以及云服务平台 4 个模块。

线控车辆平台是实现智能驾驶的底层支撑技术，可实现线控转向、线控油门和线控制动等线控功能。

硬件开发平台主要包括车载计算单元、GPS、人机交互硬件，以及摄像头、激光雷达、毫米波雷达、超声波雷达等各类车规级传感器。其中，传感器是智能驾驶技术所需的核心感知器件，主要包括定位传感器、雷达传感器、听觉传感器、视觉传感器以及姿态传感器 5 类。不同传感器收集各类道路交通信息，经过后续算法提取、处理与融合，形成完整的周边环境图，为系统决策提供基础依据。

软件开发平台主要包括实时操作系统、开发框架、高精定位、感知、决策等关键环节。实时操作系统是汽车电子软件的重要组成部分，可以实现分层化、平台化和模块化，在提高开发效率的同时降低开发成本。此外，计算机视觉、多传感器的感知信息融合、决策规划等需要深度学习的深度参与，TensorFlow、Caffe 等深度学习框架也为智能驾驶提供了落地机会。

云服务平台主要包括高精度地图、仿真平台、数据平台等环节。高精度地图是实现无人驾驶汽车高精度定位、路径导航、路径规划的基础。仿真平台通过海量实际路况及自动驾驶场景数据，促进自动驾驶系统的开发与快速迭代。数据平台包括传感器数据、车辆行驶数据等。基于云平台的智能驾驶技术有机融合基于机器学习的智能驾驶技术，通过结合 GPS 定位、高精度地图等技术，使车辆与云平台进行信息交互来掌握全局交通信息，大幅提高道路交通的效率和安全性。

（3）智能驾驶的技术路线

智能驾驶的技术路线主要分为自主式与网联式两种。其中，自主式智能驾驶即我们通常所说的无人驾驶，该种发展路线基于车载传感器、控制器、执行器、雷达等硬件装置，以深度学习、机器学习等人工智能技术为核心，使汽车具备复杂环境感知、智能决策、自主控制等功能。该种发展路线将沿着美国 SAE 制定的 L0~L5 自动驾驶等级逐步进行。融合车载传感器和网联信息、适合复杂工况的有条件自动驾驶（L3）于2020年实现，高度、完全自动驾驶（L4~L5）将于 2025 年之后逐步实现，并在 2030 年左右实现一定规模的产业化应用。

网联式即我们通常所说的车联网技术，通俗而言是指 V2X（Vehicle to everything，车与一切互联），包括与其他车辆、行人、道路设施等互联，使汽车拥有更高的感知能力，发现潜在风险，优化路径规划。车与云平台互联并及时更新车内系统，为驾驶员与乘客提供信息娱乐服务。车联网的成熟，理论上将降低对传感器和算法的性能需求，也便于生活服务供应商进入汽车，丰富商业场景。部分汽车已经具备初级网联化技术，实现了汽车与云端互联，通过 OTA（Over-the-Air，空中下载）技术的升级，汽车可自动、及时地更新系统和辅助信息，并将用户的操作数据上传至云端。但更高级别的网联协同感知、决策和控制以实现 V2X 的信息互联，会涉及基础设施的改建、车载网络的升级［车载以太网代替 CAN（Controller Area Network，控制器局域网）总线结构］和通信技术标准的出台，目前尚处于研发布局阶段。智能汽车、智能网联汽车、网联汽车的关系如图 2-4 所示。

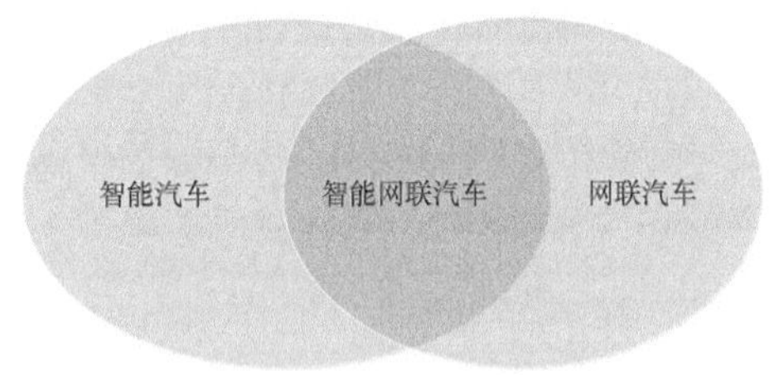

图 2-4　智能汽车、智能网联汽车与网联汽车的关系
（来源：赛迪智库，2018 年 12 月）

2.关键技术的发展态势

当前，人工智能芯片为智能驾驶提供基础算力支撑，Adaptive AUTOSAR（Adaptive Automotive Open System Architecture，自适应的汽车开放系统架构）成为汽车智能驾驶的主流软件架构，车用通信技术创新也越发活跃。但是，面向车联网的智能信息安全防护技术亟待迭代升级，相应的标准和评价体系尚未完全建立，智能驾驶在功能安全、信息安全、预期功能安全等方面的标准仍在制定和完善中。

（1）车用高性能人工智能芯片为智能驾驶提供基础算力支撑

智能驾驶的兴起使汽车日益成为大型的智能化终端。由于驾驶场景的复杂性，因此智能网联汽车相比手机，需要超过其 100 倍的算力，超过其 10 000 倍的数据生成速度，具有更加严格的最低时延要求。例如，L4 自动驾驶汽车每天需要处理的数据量可达 4TB。随着人工智能算法在智能驾驶领域的大量应用，相应的人工智能芯片也迅速应用于智能驾驶领域，并逐渐成为主流。与传统汽车电子架构中广泛采用的微控制器芯片相比，人工智能芯片的运算能力得到大幅提升。当前，较为成熟的人工智能芯片主要有通用 GPU（Graphics Processing Unit，图形处理器）、半定制 FPGA（Field Programmable

Gate Array，现场可编程门阵列）和全定制ASIC（Application Specific Integrated Circuit，专用集成电路）三大类。其中，GPU因其通用性和成熟性成为现阶段的主流产品，但随着智能驾驶算法的日渐成熟，更高性能、更低功耗的专用芯片正在快速发展成型，FPGA和ASIC未来有望取得更快发展。

（2）Adaptive AUTOSAR成为智能驾驶的主流软件架构

AUTOSAR是由全球汽车制造商、汽车电子部件供应商、汽车软件和工具服务商以及半导体制造商联合成立的一个标准联盟组织，致力于为汽车工业开发一个开放的、标准化的软件架构。为适应汽车智能化、网联化的发展需要，2017年AUTOSAR发布了Adaptive AUTOSAR标准，通过推广、普及统一的软件架构及接口标准，推动汽车软件健康、有序地发展。智能网联汽车软件按照主要功能可以划分为车控软件、操作系统、自动驾驶核心软件以及应用软件。其中，车控软件遵循Adaptive AUTOSAR，可提高ECU（Electronic Control Unit，电子控制单元）的复用性，支持不同的控制系统，缩短开发周期。操作系统目前多采用基于POSIX（Portable Operating System Interface，可移植操作系统接口）标准的QNX、Linux等，Adaptive AUTOSAR可全面支持POSIX操作系统的开发。关于自动驾驶核心软件的算法，Adaptive AUTOSAR虽未涉及算法标准，但提出了硬件加速、通信等API标准。此外，Adaptive AUTOSAR通过定义标准API，使得应用软件的跨平台网络通信更加简单、方便。

（3）车用通信技术创新活跃，面向汽车领域的网络体系架构建设处于起步阶段

通信技术在汽车领域的分支演进迅速。车载网络方面，以太网借助开放性、高带宽、低成本优势持续向汽车领域渗透。未来，以车载以太网为骨干，多项车载网络技术互补共存，形成基于域控制器的混合车载网络有望成为发展趋势。车际通信方面，DSRC（Delicated Short Range Communication，专用短程通信）技术成熟、标准完善，先发优势明显，已应用于多个国家的智能交通系统中；基于LTE（Long Term Evolution，长期演进技术）网络的LTE-V2X性能优异、效益突出，生态系统正在快速建立，与DSRC的产业化进程差距逐渐缩小；5G-V2X能力指标大幅提升，有望满足未来自动驾驶和汽车平台化应用需求。与此同时，作为全新的应用型网络，面向汽车领域的网络体系架构的建设处于起步阶段，尚未形成统一的网络通信协议栈和数据接口，底层的网络标识编码和解析技术种类较多、成熟度较低。

（4）信息安全越发重要，防护技术持续迭代升级

智能驾驶的发展使汽车系统和服务平台逐步由封闭走向开放，产生的数据量庞大且敏感程度较高，数据和隐私安全的重要性日渐提升。智能驾驶的信息安全包含“云—管—端”3个层次。云端的监管服务、运算学习等平台涉及物理环境安全、设备主机安全、接口安全、数据库安全、应用程序安全等方面。管端的信息安全主要是DSRC、LTE-V2X和5G-V2X等V2X通信过程的信息传输安全。终端的信息安全则涵盖了车内网络、车载总线、车辆接口等方面的信息防护。当前，随着智能驾驶技术的发展，信息安全防护技术也在不断演进，涉及硬件安全模块、软件操作系统、网络通信标识体系等多个方面。

（5）测试认证需求日益细化，相关标准和评价体系尚未建立

智能驾驶软硬件系统的测试涵盖了基础部件测试、控制系统测试、功能测试、信息安全测试等诸多方面。随着智能驾驶技术的快速演进，相应的测试认证需求不断发展细化，与传统汽车测试的差异也不断凸显。一方面，智能驾驶系统的测试认证涉及的领域更加广泛，测试内容更加繁杂，与信息技术领域的联系更加密切；另一方面，与传统的实车测试相比，模拟仿真测试技术在智能驾驶系统测试认证中的作用也日益重要。相比实车测试，模拟仿真测试技术的可操作性、可重复性、详尽性和快速性都有显著的提高，可以更好地满足智能驾驶领域的测试认证需求。同时，对于新兴的智能驾驶技术，无论是国内还是国外，相应的标准和评价体系都尚未完全建立，功能安全、信息安全、预期功能安全等方面的标准仍在制定和完善中。

3.智能驾驶产业的发展态势

随着新一代信息技术、人工智能等技术的飞速发展，全球汽车产业也正处于深度变革期，智能化、网联化成为汽车产业新的战略制高点，国内外传统车企、新造车公司、大型 IT 企业纷纷加紧布局智能驾驶领域，智能传感器和车载智能计算平台则成为智能驾驶产业发展的制胜关键。

（1）国内外智能驾驶产业化进程提速

国外智能驾驶产业的竞争合作格局已初步形成，汽车和科技巨头成为两大引领性力量。从产业环节看，欧美已基本打通“整车制造 + 汽车电子 + 计算芯片 + 人工智能 + 应用场景”的全产业链条，形成了克莱斯勒—谷歌 Waymo、戴姆勒—博世—英伟达、宝马—德尔福—英特尔—Mobileye 等产业阵营。从行业集中度看，形成了巨头企业核心引领、细分领域龙头企业协同参与、大量初创企业有益补充的产业格局。在多个领域企业的激烈竞争中，以通用 Cruise、谷歌 Waymo 等为代表的汽车和科技巨头企业脱颖而出，成为两大主导力量。汽车巨头在汽车整车制造方面积累深厚，科技巨头在智能驾驶核心算法、计算平台系统集成方面优势明显，二者将引领汽车向智能化方向发展，引发多领域的交叉融合和巨大变革，全维度、多梯次的产业竞争合作格局日渐明朗。

国内智能驾驶全产业链还未有效激活，整车制造、汽车电子环节参与度亟待提高。一方面，国内整车厂商技术能力与国外差距较大，汽车电子环节缺乏涉足 ADAS 等汽车电子控制系统的本土一级供应商。ADAS 的构成如图 2-5 所示。另一方面，整车厂商在智能驾驶领域的推进布局，多采取“核心零部件从国外采购、核心算法外包给科技企业”的做法，企业间在风险共担、数据分享等方面尚未找到成熟的合作模式，尚需强化全产业链的协同合作。

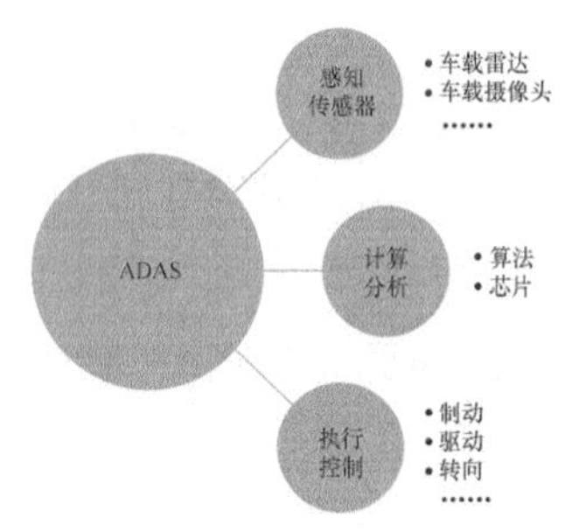

图 2-5　ADAS 的构成

（2）智能传感器成为智能驾驶产业的核心基础

ADAS 传感器是智能网联汽车环境感知的核心部件，是实现无人驾驶核心技术突破的重要环节。2020 年国家发展和改革委员会等多部门联合发布《智能汽车创新发展战略》，智能汽车传感器的产业化问题显得更为紧要。

当前全球 ADAS 传感器产业链基本实现了全产业链布局，已经形成从上游（车载摄像头、毫米波雷达等）到中下游（芯片、算法、应用系统、平台）的完整的体系架构，各环节都有骨干企业带动，如摄像头核心感光芯片领域的索尼、三星等日韩典型企业，毫米波雷达领域的博世、大陆等典型企业，芯片、算法领域中的 Mobileye、ADI 等骨干企业等，技术附加值高的领域呈现行业集中度高的趋势。

我国 ADAS 传感器市场增长潜力巨大，但缺乏本土供应商。相关机构统计，我国智能驾驶领域 ADAS 传感器市场 2018—2020 年的年平均增长率超过 30%。特别是我国实行《C-NCAP 管理规则（2018 年版）》后，明确规定“2018 年所有新型汽车都必须安装配备 ADAS”，国内汽车电子安全性标准不断提升，相关市场将呈现指数级增长态势。市场研究机构 Tchnavio 的报告指出，预计到 2021 年，博世、大陆、德尔福、DENSO 和 Mobileye 将成为我国智能驾驶传感器市场的五大主要公司。

（3）车载智能计算平台成为产业竞争制高点

车载智能计算平台是基于高性能芯片和嵌入式实

时操作系统构建的整车计算控制核心，能够实现对车辆的状态判断、行为决策和整车控制。摩根大通预测，随着车载智能计算平台的规模化应用，全球汽车芯片市场在 2025 年前将达到 730 亿美元的规模。车载智能计算平台与通信、信息、交通等多领域实现协同创新，是智能驾驶发展的重要支撑，对我国抢占汽车产业发展制高点和建设汽车强国具有重要意义。

目前，全球 IT 巨头纷纷发力研制车载智能计算平台（如表 2-1 所示）。英特尔公司通过一系列并购与投资打造了由 CPU、FPGA、EyeQ、5G 构成的通信和计算平台，智能网联汽车的业务布局日趋完善。2017 年 7 月，英特尔公司推出首个具备自动驾驶功能的 5G 车载智能计算平台“英特尔 GO”，提供从汽车、网络到云平台的端到端自动驾驶解决方案，未来还将加速打造车载智能计算平台的生态圈。英伟达公司凭借其在深度学习训练平台领域的优势，实现了智能网联汽车计算平台的快速迭代，意在打造自动驾驶的“最强大脑”，近年来根据不同企业的传感器布局和要求，英伟达公司提供定制版本的 Xavier 计算平台，目前已与丰田公司和奥迪公司达成战略合作协议。

同时，全球汽车零部件供应商也主动涉足车载智能计算平台。汽车零部件供应商大多将车载智能计算平台视为汽车产业的盈利增长点，联手软件及芯片龙头企业，布局车载智能计算平台产品。博世公司联合英伟达公司开发出基于人工智能技术、可大规模量产的车载智能计算平台，搭载了具有 Xavier 人工智能超算芯片的 Drive PX 平台，每秒可进行 30 万亿次的深度学习运算，并可实现 L4 的自动驾驶。德尔福公司联手 Mobileye 公司打造车载智能计算平台，德尔福公司提供雷达硬件方面的支持，Mobileye 公司提供摄像头及相关算法的支持，合作开发 CSLP（Centralized Sensing Localization and Planning，中央传感定位与规划）平台。德尔福公司力图推出市场上首个 L4/L5 自动驾驶系统。

整车企业积极应用车载智能计算平台。特斯拉公司销售的所有车型都搭载了可支持全自动驾驶功能的计算平台。该计算平台基于英伟达公司的 Drive PX2，通过运营特斯拉公司开发的神经网络系统，处理来自 8 个车身摄像头、12 个超声波传感器和 1 个增强版前向毫米波雷达的数据。奥迪公司推出的车载智能计算平台 zFAS，由奥迪、德尔福、英伟达、Mobileye 和 TTTech 等企业合作开发。zFAS 的环境感知解决方案包括 4 个高清俯视鱼眼摄像头、1 个高清摄像头、1 个红外线夜视摄像头、4 个超声波传感器和 1 个激光雷达。福特、通用、沃尔沃、宝马等汽车企业也都在积极参与研制自动驾驶场景下的车载智能计算平台。

车载智能计算平台对控制系统提出的高计算效率、高实时性和高可靠性需求，需要高效的汽车级芯片以及传感器作为硬件支撑。近年来，尽管我国在硬件方面取得了一定的进步，但关键技术仍受制于人。目前，我国只有百度公司推出了开源自动驾驶平台 Apollo，但其硬件平台是基于英伟达、Mobileye 等公司产品的集成。一汽、上汽、长安等汽车企业推出的具有初级智能网联功能的车型，所采用的也都是外资企业的硬件平台。

表 2-1　全球车载智能计算平台总体情况概览

企业类别	计算平台	性能指标	功能特点
IT 企业	英特尔 GO	支持高达 7Gbit/s 的峰值速率，通过多面板 28GHz 阵列实现全覆盖，带宽为 800MHz	提供高性能车载计算、强大的数据中心平台和最新的人工智能技术
	英伟达 Xavier	实现每秒 30 万亿次计算，功耗为 30W	采用自定义的八核 CPU 架构，内建英伟达全新 Volta GPU 架构，是自动驾驶汽车的计算机视觉加速器

续表

企业类别	计算平台	性能指标	功能特点
	恩智浦 BlueBox	40W 功率下，实现 90 000DMIPS 的运算能力	同时处理各类传感器及 V2X 的数据，基于 Linux 操作系统，可试用其他品牌的传感器节点处理器
零部件企业	博世联合英伟达计算平台	每秒可进行 30 万亿次的深度学习运算	实时处理、分析外部传感器输入的数据，以应对各种危险情况的发生
	德尔福联合的 CSLP	采用 10mm 工艺，实现每秒 12 万亿次计算，功耗小于 5W	能够实现精确定位、自由空间探测、360° 行人感应、三维车辆探测、路径与移动规划等功能
汽车企业	特斯拉 Autopilot	每秒可进行 12 万亿次计算	自动紧急制动、碰撞预警、车道保持以及主动巡航系统等
	奥迪 zFAS	实现每秒 3270 亿次计算，功耗小于 6W	显示大量传感器信息，并通过这些信息快速计算车辆周围环境，最终反馈给驾驶辅助系统

（来源：赛迪智库整理，2018 年 12 月）

4.智能驾驶的发展趋势与展望

（1）自主式和网联式融合发展是智能驾驶未来发展的重要方向

智能驾驶的实现有赖于对环境信息的感知，从实现智能的手段而言，智能驾驶的技术路线可分为自主式和网联式两大路线。自主式智能驾驶主要依赖车载传感器来感知信息，并辅以高精度地图和高精度定位技术。在智能化交通基础设施尚未普及、V2X 车用通信技术也不够成熟的情况下，自主式技术路线是当前智能驾驶发展的主流路线。然而，随着智能驾驶向更高级别发展，自主式技术路线对车载计算芯片、传感器的要求迅速提升。从单个汽车来看，这无疑带来了成本控制、功耗控制等多方面的巨大压力；从整个交通系统来看，节点间交互的滞后降低了单节点高度智能化的效能，在某种意义上也造成了无谓的浪费。未来，随着公路等基础设施的智能化程度的提升，以及 V2X 车用通信技术的快速产业化应用，局部交通道路信息感知、高精度定位等均可由外部提供，这样不仅可以大幅降低车辆的成本，降低对车载软硬件的依赖和要求，还能够提升精度和可靠性。因此，自主式和网联式的融合发展将成为未来真正实现智能驾驶的必由之路。

（2）智能驾驶发展迅速但L5自动驾驶产业化落地仍需较长时间

当前，全球范围内的企业针对智能驾驶技术的研发存在 3 种发展思路：一是渐进式发展思路，即逐步由 L0~L5 发展；二是阶跃式发展思路，即从 L3 自动驾驶起步；三是激进式发展思路，即直接研发 L4、L5 自动驾驶汽车。虽然智能驾驶已成为技术创新和产业资本活跃的热点领域，L5 自动驾驶也引发了人类足够的向往，但智能驾驶的蓬勃发展难掩 L5 短期内难以落地的客观事实。在技术和产业化层面，从 L3 到 L5，随着自动驾驶级别的提升，智能驾驶系统对环境感知、数据运算处理、决策执行、高精度地图与定位等方面的要求也迅速攀升，从而带来了算力、成本、功耗、可靠性、配套基础设施等方面的巨大挑战。这些问题在技术层面的解决和产业化层面的成熟都仍需时日。在法律道德层面，人工智能所引发的伦理道德和法律法规问题已在全球范围内引发争议和思考。以人工智能为核心技术的智能驾驶也面临同样的问题，世界各国都在积极开展智能驾驶相关法律和道德问题的研究，对这些问题的研究也同样不是短时间内可以解决的。

（3）智能驾驶实际发展水平与表面上的热炒形成对比

相较于国外，我国的智能驾驶强于算法和系统集成，而底层的软硬件仍是短板。当前，我国尚停留在初创企业“百花齐放”的阶段，诸多明星智能驾驶企业大多“尚在幼冲”，很多都是基于人工智能技术的积累而涉足汽车领域的，即便是人工智能芯片企业也多聚焦算法硬件加速和系统集成。在硬件方面，国内企业采用的计算芯片、高性能传感器基本购自英伟达、英特尔、英飞凌、恩智浦等国外厂商，国内同类产品大多性能不足甚至仍处于空白阶段。此外，国内车规级电子元器件检测认证标准体系的建设滞后，阻碍了汽车电子产业的发展。在软件方面，我国一方面在汽车操作系统、车控软件等方面积累薄弱，缺乏类似黑莓 QNX 的主流产品，另一方面缺乏类似 Adaptive AUTOSAR 的统一软件架构标准，有碍于培育成熟产品和生态体系。总体上看，与表面的热炒形成对比，我国智能驾驶技术在核心关键领域的发展仍落后于国外，能否把握宝贵机遇打造新优势、弥补旧短板既至关重要又挑战巨大。

（4）法律法规环境将成为影响智能驾驶进展的关键因素

当前，从全球范围来看，政策法规的制定普遍落后于智能驾驶技术的进展。美国各州的自动驾驶道路安全法规标准不一、参差不齐。美国 NHTSA（National Highway Traffic Safety Administration，国家高速交通安全管理局）曾表示，目前缺少足够的自动驾驶汽车道路行驶数据来制定全面的监管法规。我国在智能驾驶领域的相关法律法规进度仍落后于美国。不过，我国目前已经成立了国家制造强国建设领导小组车联网产业发展专项委员会，逐步明确智能驾驶技术的创新应用法律法规。未来，智能驾驶产业必将面临来自技术能力、成本、能源安全、网络安全、社会和消费者认知、保险赔偿等诸多方面的考验。营造有机生长的法律法规环境将显著降低智能驾驶的事故发生率，减少安全风险，提升社会经济效益，这对智能驾驶产业长远、健康的发展也至关重要。

2.2 智能驾驶的产业技术热点

2.2.1 智能驾驶测试技术及其面临的挑战

★ 关键词：道路测试技术　智能驾驶

★ 作　者：周锐　李力

近年来，大数据和人工智能技术的蓬勃发展为智能驾驶领域带来了许多新机遇和突破。智能驾驶的商业化正在快速推进中。然而，智能驾驶在真正落地之前必然会经历智能驾驶测试这一环节。根据测试环境，智能驾驶测试可以分为三大类：封闭场地测试、开放道路测试和虚拟仿真测试。它们各有优点，也各有亟待解决的问题。

1. 智能驾驶及其研究现状

智能驾驶是指利用计算机系统实现几乎不用人工干预就可以自动行驶的状态。从本质上说，它是涉及注意力吸引和分散的认知工程学，主要包括网络导航、自主驾驶和人工干预 3 个环节。智能驾驶的前提条件是选用的车辆满足行车的动力学要求、车上的传感器能获得相关视听觉信号和信息并通过认知计算控制相应的随动系统。通过对智能驾驶技术进行分解可以看到：智能驾驶的网络导航解决“我在哪里”“到哪里”“走哪条道路中的哪条车道”等问题；自主驾驶是在智能系统控制下，完成车道保持、超车并道、红灯停绿灯行、灯语笛语交互等驾驶行为；人工干预则是驾驶员在智能系统的一系列提示下，对实际的道路情况做出相应的反应。具体到汽车领域，智能驾驶往往指的是智能汽车。不论是通过单车智能还是智能网联，终究会实现技术融合，表现为智能化的最高形式——自动驾驶。

目前，随着智能驾驶领域相关技术不断取得突破，与之相关的国家政策法规也在向支持行业发展的方向持续推进。单车智能和智能网联是实现无人驾驶的两条路径。单车智能，即车辆本身通过感知、传递、分析、决策与控制来对环境做出反应，完成自主驾驶，以谷歌公司和特斯拉公司为代表，目前他们正在多地开展测试，虽然已经积累了大量的测试里程，但仍然会出现各种事故，安全性难以保证，系统可靠性较差，智能化程度距离商业化落地仍然有很长的道路要走。智能网联，即通过智能和互联技术提供车辆周围及前方路况信息来保持车和车之间、车和环境之间、车和人之间的互通互联，从而实现车辆的无人驾驶。目前我国智能网联汽车产业仍处于萌芽期，需要国家顶层设计发展战略的支持，按智能网联汽车发展的轻重缓急程度分阶段推出相关法规政策。行业内主流汽车企业、互联网企业、信息企业、科研院所及其他机构也正在共同参与技术推进的协同与创新，软硬件设施在逐步完善，但测试与评价体系仍然处于研究阶段，行业内尚未有统一的标准来遵循。

综上所述，不管是单车智能的路线，还是智能网联的路线，目前智能驾驶行业面临的最大痛点就是针对智能驾驶的测试方法与评价方法。本小节主要针对L4、L5（参照J3016标准对自动驾驶的分级）做阐述。

2.智能驾驶测试的三大类型

根据测试环境的不同可以将智能驾驶测试分为三大类：封闭场地测试、开放道路测试和虚拟仿真测试。

封闭场地测试。从2015年起，智能网联汽车示范区便开始在国内落地发芽，包括北京、上海、杭州、重庆、深圳等多处示范区均已开放测试业务。封闭场地测试主要以示范应用及路测资格测试为主，通过模拟一系列智能汽车在无人驾驶时可能遇到的环境、场景、工况来测试无人车的智能驾驶能力。其中，测试环境包括雨雾模拟、隧道模拟、林荫路模拟等；测试场景覆盖网联通信类、安全驾驶类、信息服务类等多种网联场景；测试工况包含城市道路工况、乡村道路工况、车辆极限工况等。此类测试方法的优点是测试场景可控、安全性高，缺点是无法覆盖真实道路的所有场景，对真实场景的参考意义有限。

开放道路测试。为了更加贴近真实使用场景，北京、上海、深圳、长沙、天津、重庆等城市不同程度地开放了开放道路测试区域，以对取得了路测资格的企业及研究单位的相关车辆开放测试。开放道路上有人车与无人车混行，更有行人和非机动车等交通参与对象，更加考验车辆的智能驾驶能力，场景更加丰富。对于开放道路测试来说，其优点是场景更加丰富，测试场景接近真实使用环境，测试结果参考意义大，缺点是不可控因素较多，容易导致安全事故，有极大的安全风险。开放道路测试的实景如图2-6所示。

图2-6 开放道路测试

虚拟仿真测试。通过在实验室环境中虚拟建模，完成车辆动力学建模、环境建模、感知系统建模，全面考验智能驾驶算法的可靠性。引入软件在环、硬件在环、驾驶员在环，对车辆的智能驾驶能力进行充分的测试，研究其在极限工况中的表现。虚拟仿真测试是无人车智能驾驶测试中不可或缺的环节，其优点是可以快速积累测试里程，在保证安全的情况下测试车辆的边界条件与极限性能，缺点是对建模的精度要求较高，且不知如何补偿仿真测试与真实环境的差异。虚拟仿真测试的实景如图 2-7 所示。

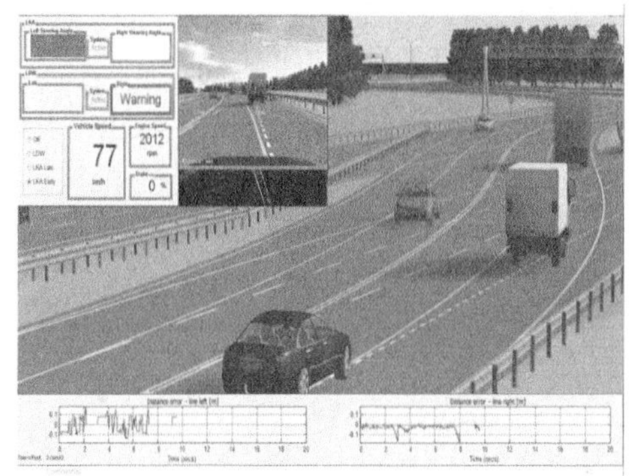

图 2-7　虚拟仿真测试

不管是封闭场地测试、开放道路测试，还是虚拟仿真测试，在目前阶段都面临着不同程度的挑战。接下来将分别阐述这些挑战，并提出建议和设想。

（1）封闭场地测试

随着人工智能的兴起，作为在交通出行领域中的应用，无人驾驶汽车已成为全球主流趋势，而考虑到安全因素，无人驾驶汽车的测试必不可少。无人驾驶汽车在实际开放道路测试之前需要经过大量的封闭场地或者半封闭场地的测试。因此，目前全球主要国家都在积极打造无人驾驶汽车测试场地。本小节盘点了国内外与智能网联相关的各大封闭测试场地（如表 2-2 所示）。

虽然世界各地建设了各种各样的封闭测试场地，但是在封闭测试场地内进行智能驾驶仍将面临以下主要挑战。

封闭测试场地里所能测试的场景往往脱离无人车将面临的真实驾驶环境，特别是在动态测试方面显得尤为不足。例如，在真实测试环境中往往能遇到道路线的缺失或不规范，这些情况在封闭测试场地中很难模拟；同时，在真实环境中，不同的驾驶员有不同的驾驶习惯，而在封闭测试场地，模拟干扰车辆的驾驶员很难模拟所有的驾驶习惯，从而导致在封闭测试场地内很难穷尽所有车况。

表 2-2　国内外封闭测试场地

序号	测试场地名称	基本情况	主要特色
1	Mcity（美国）	0.13km^2，2015 年 7 月开放	1. 全球第一座无人车测试场地 2. 模拟城市工况，场景极其丰富 3. 注重柔性设计与强化试验方法
2	GoMentum（美国）	8.5km^2，2014 年开放	1. 主要用于测试无人驾驶技术和车联网技术 2. 自动驾驶汽车安全测试场地
3	ACM（美国）	一期 1.5km^2，2017 年 5 月开始建设，2017 年 12 月开放 二期，2018 年开始建设 三期，2019 年 12 月完成	1. 2017 年一期建设完成，2018 年二期开建城市路段 2. 建成后，不仅仅用于测试，还用于研究、产品研发、教育等产学研一体的项目
4	TRC SMART Center（美国）	一期 2.2km^2，2017 年 3 月开始建设	1. 独立测试场地 2. 灵活多变的现代化智能交通测试平台与设施，将拥有一个高速交叉路口、一个可变性测试区域（宽为 50 条车道的宽度总和，长为 10 个足球场首尾相连的长度总和）

续表

序号	测试场地名称	基本情况	主要特色
5	SunTrax（美国）	1.6km^2，2017 年开放	将整个奥克兰变成一个自动驾驶公园城市
6	AstaZero（瑞典）	2km^2，2014 年 8 月开放	1. 全球首个全规模道路安全测试场地 2. 专为无人车测试建设
7	Mira（英国）	3.5km^2，2015 年 6 月开放	由传统有人车测试场地转型修建
8	JARI（也叫 J-town）（日本）	0.15km^2，2019 年 3 月开放	1. 有较好的模拟城市场景的自动驾驶环境，与其研究院设立在一起，技术研发能力强 2. 高速测试道路较长，可进行充分的测试 3. 主要用于车路协同技术的开发与研究
9	K-City（韩国）	0.032km^2，2018 年 6 月开放	1. 无人车专用测试场地，具备丰富的城市场景 2. 在 Mcity 基础上进行优化建造
10	IDIADA（西班牙）	—	欧洲三大独立测试场地之一
11	马拉加测试场（DEKRA）（西班牙）	0.05km^2，2017 年 11 月开放	一个互联汽车、自动驾驶汽车及电动车的国际测试平台
12	Castle（美国）	0.4km^2，2014 年开放	谷歌公司自建的测试场地，专供谷歌公司测试其无人驾驶汽车并培训无人驾驶汽车的司机
13	纬壹科技城（新加坡）	2km^2，2016 年开放	全球首个无人出租测试场地，真实环境的城市商业区
14	ALMONO（美国）	0.17km^2，2016 年开放	1. Uber 公司专用于无人出租车的测试 2. 比真实场景更加复杂的模拟场景
15	MITRP 测试场（美国）	0.24km^2，2018 年 1 月开放	1. 丰田汽车公司在美国建设的专用无人车测试场地 2. 专注于极端情况测试
16	上海 A Nice City（中国）	一期 5km^2 二期 27km^2 三期 100km^2 四期 150km^2	1. 国家智能网联汽车（上海）试点示范区 2. 涵盖安全、效率、信息服务、新能源汽车等大量 V2X 技术应用场景 3. 可模拟雨、雾、冰、涉水、白天、夜晚等各类自然环境和人工照明
17	重庆 i-VISTA（中国）	一期 0.27km^2 二期 2.24km^2，2019 年全部完成	1. 国内最全面、专业、权威的测试场地 2. 具备国内丰富的测试场景 3. 集合国内优秀的资源
18	北京亦庄测试场（中国）	0.91km^2，分三期建设，2019 年全部完成	1. 立足京津冀，面向全国 2. 具有典型京津冀交通特点与华北气候特征 3. 支持 V2X 与面向 L4 自动驾驶的测试需求 4. 具有高速、城市和乡村全场景 5. 可结合智能交通系统管理与控制
19	杭州云栖小镇和桐乡乌镇（中国）	2015 年签署协议	1. 打造全国首个 5G 车联网项目，打造智慧交通城市示范区 2. 包括云栖小镇和桐乡乌镇，围绕阿里巴巴集团进行基于大数据、云计算的新能源汽车和车联网相关应用研究，云栖小镇的建设内容是优化小镇创新创业环境，加快小镇涉云企业集聚，形成创新创业的云生态

续表

序号	测试场地名称	基本情况	主要特色
20	武汉智能网联汽车测试场（中国）	一期 $2\sim3km^2$ 二期 $15km^2$ 三期扩展到 $90km^2$，预计 2021 年全部完成	1. 四大领域，安全、效率、信息服务和新能源汽车应用 2. 五大类测试，功能应用测试、零部件/系统测试、智能网联汽车整车性能测试、通信性能测试、智能交通管理测试 3. 功能场景，智能网联、V2X、通信及信息服务 4. SAE，L3、L4、L5 完全自动驾驶
21	长安大学车联网与智能汽车试验场（中国）	$0.28km^2$，2013 年开始改建	1. 传统试验场地成功转型，校企合作典范 2. 丰富的 V2X 通信网联 3. 全国高校唯一 A 级汽车性能试验场地
22	北京海淀驾校（中国）	$0.13km^2$，2017 年开始建设	1. 无人车考试指定场地 2. 北京首个封闭测试场地
23	中汽中心盐城汽车试验场（中国）	$1.6km^2$，2015 年 11 月开始试运营	传统测试场地，已升级部署有关智能网联测试的场景

目前阶段，封闭测试场地往往针对的是 L1~L3（参照 J3016 标准分级）的 ADAS，而对 L4、L5 的测试往往考虑不足。表 2-3 所示为 L1~L3 相应的测试规范。例如，各个国家都建立了自己的 AEB（Autonomous Emergency Braking，自动紧急制动）测试标准，标准中对测试场地往往有十分明确的要求（如试验路面要求干燥、表面无可见水分、平整、坚实，坡度单一且保持在水平至 1% 之间，峰值制动力系数大于 0.9）。而对于 L4、L5 的测试，一方面尚未建立完备的测试标准，另一方面由于测试场地盈利的需求，因此往往会更倾向于建设使用更加频繁的 L1~L3 的测试场地，但自动驾驶所需要的场景更加丰富（如图 2-8 所示）。

表 2-3　ADAS 测试规范

标准规范	自适应巡航系统	前向碰撞预警系统	盲点检测系统	乘用车车道保持系统	车道偏离告警系统	AEB（车辆）	AEB（行人）
ISO 15622:2010	√						
ISO 22179:2009	√						
GB/T 20608—2006	√						
ISO 17361:2007					√		
ISO/DIS 15623:2013		√					
ISO/DIS 17387:2008			√	√			
ISO/DIS 22178:2009	√						
SAE J2399	√						
SAE J2400		√					

续表

标准规范	自适应巡航系统	前向碰撞预警系统	盲点检测系统	乘用车车道保持系统	车道偏离告警系统	AEB（车辆）	AEB（行人）
SAE J2478				√			
FMCSA-MCRR-05-005					√		
FMCSA-MCRR-05-007	√	√					
Euro-NCAP		√				√	√
IIHS						√	
NHTSA			√		√	√	

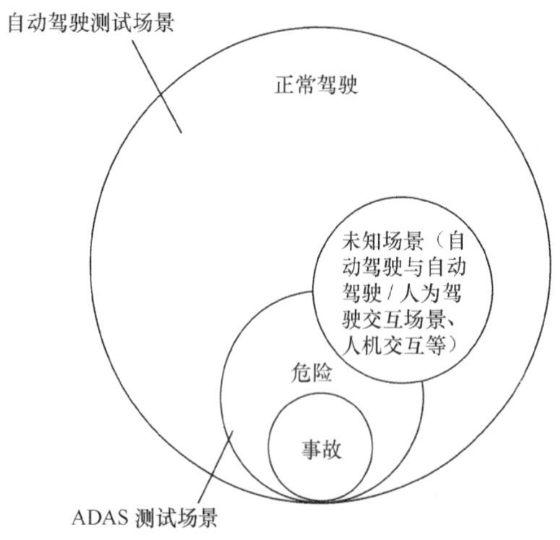

图 2-8　自动驾驶所需场景

作为物联网重要节点之一的智能网联汽车，具有十分显著的终端设备属性。智能网联汽车内部包含车载传感器、控制器、执行器等装置，融合了现代通信与网络技术，能够实现车与车、路、人、云平台等的智能信息交换、共享，能够感知周边复杂环境，及时做出智能决策，帮助驾驶人员达成对智能网联汽车自身的协同控制，并最终替代人实现“安全、高效、舒适、节能”的自动化驾驶。对 V2X 的测试也成为封闭测试场地不可或缺的一部分。但是目前阶段，人们对 V2X 测试的理解往往停留在功能性测试阶段，“拥有多少 V2X 测试场景”已经成为大家谈论一个场地 V2X 布局的唯一指标。但是功能性测试只是 V2X 测试的一部分，还有一些其他方面的测试也很值得人们关注。

通信性能测试。第一，帧格式测试困难；第二，测试次数的要求模糊，即参数的选择要求模糊；第三，DSRC 的通信表现和车辆的智能模块、判决算法的功能界定的问题，即如何界定责任——汽车工程师往往更注重该网联应用的效果，而通信工程师则更注重其中通信的质量，彼此之间关于这一问题的沟通非常困难。

协议一致性。目前阶段的各种模块都有独特的数据结构。在这种情况下，所有的 RSU（Road-Side Unit，路侧单元）都没有用。无论采用 RSU 还是 NB-IoT（Narrow Band Internet of Things，窄带物联网），都需要统一数据分组格式。由于各种模块的数据分组格式五花八门，无法通过 RSU 或 NB-IoT 建立中继，因此导致严重的应用测试困难。国内已经有专家开始注意到这个问题，并在该领域展开了研究。2018 年 11 月举办的 V2X “三跨”（跨通信模组、跨终端提供商、跨整车厂商）互联互通展示活动是其中很好的范例。

信息安全性。信息安全主要面临三大风险：一是来自云平台的云端风险，二是来自网络传输层的传输风险，三是来自车端内部传输的内部风险。目前阶段对这三大风险尚未有明确的测试标准。

（2）开放道路测试

随着智能驾驶技术的快速发展，封闭场地测试的局限性逐步显现。为了应对和弥补封闭场地测试的不足，国内外多地逐步开放了部分无人车测试道路。表 2-4 对国内外无人车开放测试道路进行了盘点。

表 2-4　国内外无人车开放测试道路

序号	地点	基本情况	主要特色
1	美国加利福尼亚州（最早的开放测试道路）	2012 年 2 月开放	加利福尼亚州成为全球首个可以自主为无人驾驶汽车制定法则的州郡，具体长度不详
2	英国布里斯托尔市、考文垂市、格林威治小镇、米尔顿凯恩斯镇	2015 年 1 月开放	具体路段不详
3	美国纽约州	2017 年 5 月开放	具体路段不详
4	美国亚利桑那州	2018 年 2 月开放	具体路段不详
5	北京经济技术开发区、顺义区、海淀区	2017 年 9 月，亦庄道路开放 2018 年 3 月 22 日，其他道路开放	44 条，全线共计 123km
6	上海嘉定区和临港地区的部分道路	2018 年 3 月 1 日对外开放	37.2km（嘉定区 11.1km，临港地区 26.1km）
7	重庆礼嘉街道环线道路	2018 年 4 月 18 日开放	4 个路段，全线共计约 12.5km
8	广东深圳福田区、南山区、盐田区等 9 个区域	2018 年 10 月 30 日开放	首批开放道路选择合围区域 19 个，总面积约 30km^2，全线共计约 124km
9	湖南长沙湘江新区指定道路	2018 年 10 月 28 日正式开放	全线共计约 7.8km
10	天津东丽区	2018 年 10 月 25 日首批开放	全线共计约 5.35km
11	吉林长春	2018 年 7 月 10 日开放	全线共计约 8km
12	山东济南	2018 年 7 月 25 日开放	全线共计约 4.8km
13	福建平潭、广东广州南沙区、广东肇庆	—	均已颁布了路测规定，并颁发了测试牌照，但未正式发布路段

当智能汽车在封闭场地内积累了足够的测试里程后，就会在开放道路上进行测试，这也是智能驾驶是否能够应用的最后的试金石。目前阶段的开放道路测试也面临一系列挑战。

无人驾驶技术尚未成熟，需要在测试过程中配备测试安全员，且要求安全员全程集中注意力，以防发生不可预知的事故。例如，美国东部时间 2018 年 3 月 19 日晚间 10 时，一辆无人驾驶汽车在亚利桑那州的坦佩市撞到一名行人并致其死亡。*The Wall Street Journal* 称，这是已知的首例无人驾驶致使行人死亡的事故，事故的原因之一是安全员注意力不集中造成接管不及时，最终导致无人车撞死行人。而目前在我国，很少有企业具备成熟的安全员培训体系，国家层面也没有安全员培训相关的立法。对安全员的培训至少应该包含以下几个方面。

· 安全员背景调查与筛选，包括安全员之前的驾驶违规记录调查。

· 无人驾驶的基础技术常识培训。

· 无人驾驶的法律法规培训。

· 无人驾驶的操作规范培训。

· 驾驶模拟器的模拟操作培训。

· 安全员资格考试。

· 通过资格考试的安全员也需要接受定期的抽查和考核。

目前阶段的开放道路测试需要投入大量的人力、物力和财力。从全球来看，对人类驾驶员来说，每 1 亿 km 发生致命事故 1~3 起。对于无人驾驶，我们希望其比人类驾驶更安全，最好能使致命事故率降低一个量级，做到每 10 亿 km 最多发生一起致命事故。在统计学上，要达到足够的置信度，需要进行多次重复试验（至少 100 次以上）。这意味着一套比人类驾驶更加安全的无人驾驶的系统需要测试的总里程达到 1000 亿 km。按照一辆车一年 10 万 km 的总里程计算，则需要 100 万辆车，花费一整年的时间来收集无人驾驶的数据和进行测试，才能够验证无人驾驶所需的安全性。同时，无人车和有人车混行的状况复杂且存在极大的不确定性，难以确保 100% 的安全，但对无人车来说，我们往往更希望碰到“危险”的情况来测试其传感器和算法的边界条件。

各个地方的地形环境、驾驶员驾驶风格、政策都存在很大的差异。这样就会出现如下情况：在北京能够很好地识别红绿灯的无人车到了天津就变成“盲人”；在上海平原地区能够跑得很好的无人车到了重庆山地后变得“控制不住自己”。

目前出台的大部分法规都是针对乘用车的，而对于更容易造成严重事故的无人驾驶卡车和工程机械车等尚未有完善的法规。同时，对于无人驾驶汽车的保险以及事故发生后理赔的法规也需要进一步完善。

当前无人驾驶相关的国家级量化评价方法尚未出台，但是人们已经在进行很多有效的尝试。例如，由国家自然科学基金委员会主办的“中国智能车未来挑战赛”，通过在道路中设置动态和静态的任务点，然后根据任务的完成质量来实现对无人车的智能性测评。

（3）虚拟仿真测试

由于路测效率较低，因此目前很多车企都倾向于选择自动驾驶仿真测试与实际路测相结合的方式来完成落地前的安全检测。2017 年，*The Altantic* 发布的一份报告称，Waymo 公司重新设计了其正在测试的城市的全计算机模型，并每天通过它们测试 2.5 万辆“虚拟自动驾驶汽车”。Waymo 公司的仿真测试可通过计算机来重新创建真实的驾驶数据，以此形成紧密的反馈回路系统，利用该系统可模拟测试多达数千种变化场景。这些模拟数据可被下载至测试车中，以此来增强测试车的安全性能。对于仿真测试的优势，Navigant Research 咨询公司的高级分析师萨姆 · 阿布萨米德（Sam Abuelsamid）曾表示：“仿真环境在验证自动驾驶系统的性能和稳定性方面至关重要，特别是对于软件堆栈的人工智能部分，如神经网络。”

另外，仿真环境有助于解决在现实中很少出现的极端问题。一些在实际路况中极少出现的情境，可在仿真环境中以不同视角重复出现。仿真测试有助于无人驾驶测试车应对不同情境下发生的事故。同时，工程师在考虑对自动驾驶系统进行改造（如修改人工智能设计或者传感器架构）时，通过仿真环境可以提前预估该种改造带来的影响。表 2-5 所示为对自动驾驶仿真平台的调研。

表 2-5　自动驾驶仿真平台

企业	成立时间	地点	业务类型	合作企业	最新进展
PanoSim	2014 年	中国	汽车等	一汽、长安、福特等	v2.4 优化升级了雷达、GPS 等模型，模拟实验场景更加丰富

续表

企业	成立时间	地点	业务类型	合作企业	最新进展
51WORLD	2015 年	中国	汽车等	宝马、戴姆勒等	2018 年 5 月，51VR 自动驾驶仿真平台在国内曝光
MSC Software	1963 年	美国	汽车、航空航天、机械、船舶、医疗等	一汽等	2017 年 7 月，发布 MSC Adams 2017.2，提高了 Adams Solver 和 Adams Car 的易用性和仿真速度，扩展了 Adams 的实时仿真功能
Ansys	1970 年	美国	汽车、航空航天、医疗、建筑等	奥迪等	2018 年 5 月，以 3 亿美元并购 Optis 公司，利用模拟平台加速研发自动驾驶技术
Mentor	1981 年	美国	汽车、电子设计自动化等	上汽、江淮等	2017 年，推出 Mentor DRS360 平台，满足 L5 自动驾驶汽车的需求
MathWorks	1984 年	美国	汽车、医疗等	上汽等	2014 年 2 月，与东南大学合作，为全校师生提供 MATLAB 和 Simulink 以做教学和学术之用
Mechanical Simulation	1996 年	美国	汽车、教育、赛车等	福特、大众、博世等	2018 年 5 月，OTSL 公司在 Auto Sens 和无人驾驶技术车辆展会两大展会上采用 CarSim 模拟软件演示车辆操作
Metamoto	2016 年	美国	汽车等	车厂、Tier1、传感器公司等	2018 年 8 月，推出新的自动驾驶模拟服务
RightHook	2016 年	美国	汽车等	福特等	2017 年 7 月，推出第二款产品 RightWorldHIL，可通过高清地图模拟环境，创建场景
Parallel Domain	2017 年	美国	汽车等	蔚来等	2018 年 5 月，完成 250 万美元的种子轮融资，宣称其运算项目不到 1min 就可生成城市街区
IPG Automotive	1984 年	德国	汽车等	大众、宝马、博世、大陆等	2018 年 1 月，与 Elektrobit 公司建立技术合作伙伴关系，共同开发自动驾驶功能
dSPACE	1988 年	德国	汽车、航空航天、医学工程等	一汽、越博动力等	2018 年 8 月，在日本大阪设立新的销售处，这是在日本的第四个办事处
TESIS	1988 年	德国	汽车等	丰田、一汽等	2018 年 7 月，与恒润科技公司召开研讨会
VI-grade	2005 年	德国	汽车、摩托车、铁路、飞机、赛车等	宝马、沃尔沃、蔚来等	2018 年 9 月，参加在法国举办的“DSC 2018”会议
AAI	2017 年	德国	汽车等	奥迪等	伟世通公司与 DeepScale、Stee、StradVision、AAI 等多家技术公司合作研发自动驾驶平台 DriveCore
Oktal	1989 年	法国	航空、汽车、铁路等	雷诺等	2018 年 8 月底，收购 Sydac 公司
CVC	1995 年	西班牙	汽车等	英特尔、丰田等	2018 年 6 月，丰田研究所向自动驾驶开源模拟器 CARLA 投入 10 万美元
rFpro	2007 年	英国	汽车、赛车等	法拉利等	2018 年 4 月，推出世界上第一个商业可用的仿真平台，用于培训和开发自动驾驶汽车

续表

企业	成立时间	地点	业务类型	合作企业	最新进展
TASS	2013 年	荷兰	汽车等	Applus IDIADA 等	2018 年 8 月，TASS 公司发布了 PreScan v8.5，用于 ADAS 应用以及自动驾驶的开发、测试和验证
Cognata	2016 年	以色列	汽车等	英伟达、微软等	2018 年 6 月，与奥迪公司合作，加快研发自动驾驶汽车

（来源：亿欧及其他媒体）

虽然虚拟仿真测试有众多优势，但其同样面临很多挑战。

各个企业和机构的仿真测试都在“自扫门前雪”，所使用的都是不同的数据接口和不同的场景表述方式，其目的更多的是方便自家无人驾驶算法的开发和测试工作，数据通用性不强。无人驾驶数据的积累，特别是包含“危险工况”场景的数据积累非常困难。因此，呼吁能尽快从国家层面建立相应的数据格式和公共的数据库来解决这一问题。不管是 FOT（Field Operational Test，现场操作测试）还是 NDS（Naturalistic Driving Study，自然驾驶研究），我国都尚未建立相关的公共数据库。

虚拟仿真测试软件中的生成算法还远远不够成熟。有些在软件中人们感觉“和真实非常相似”的场景在无人车看来却和真实情况“相去甚远”。例如，目前，一些无人驾驶汽车研究者考虑如何从现实采集的二维图像数据中提取物体的三维属性，并在三维引擎中重新渲染并产生新的二维虚拟测试数据。而另外一些研究者则考虑如何基于生成式对抗网络来直接从二维实测图像数据生成新的二维虚拟测试数据。但这些算法在目前阶段还停留在比较理论的阶段，如果要在无人车中真实应用，还需要解决如下问题。

- 如何保证虚拟测试中虚拟物行为的真实性。
- 如何保证虚拟测试中虚拟物表现的丰富性。
- 如何保证虚拟测试中场景和任务的覆盖性。
- 如何实现虚拟测试中机器判定的正确性。

目前阶段，仿真测试中的感知、决策规划和控制往往相对独立，尚未有一家公司或者机构能够做出成熟的从原始数据到车辆状态的端到端的测试方法。而端到端的测试方法是和真实道路测试最接近的，也是亟须解决的问题。

有些机构利用交通事故数据集来训练或测试无人车算法。这种做法虽然能够帮助无人车找到更多的临界条件，但是有时候也会“误导”无人车，其原因在于这些事故数据集中所包含的往往是“人类驾驶员容易犯的错误”，并非“无人车容易犯的错误”。无人车更需要的是“无人车事故数据集”。同时，对于事故的数据往往局限于统计层面，而无人驾驶所需的往往是“深度数据”，具体如下。

- 事故现场的痕迹标记、信息采集和绘制的现场图。
- 事故车辆的内外部测量和分析。
- 事故参与者的回访。
- 事故伤亡人员的伤情及治疗信息等。
- 固定点的监控视频、车辆上的行车记录仪数据和视频或其他相关数据。

3.总结和展望

综上所述，随着人工智能、大数据、深度学习等技术的快速发展，智能驾驶领域取得了重大突破，其商业化进程正快速推进，巨大的市场蓝海吸引了大量的高校、研究机构、创业公司和一线互联网巨头快速进行产业部署。但是我们必须清醒地意识到，智能驾驶距离全面的自动驾驶，即 L5，仍然还有很长的路要走，尤其是针对无人车的测试面临着巨大挑战。不论是封闭场地测试、开放道路测试还是虚拟仿真测试都是智能驾驶测试中的重要组成部分，无法替代，将共同对智能驾驶测试进行相互促进与补充。相信随着市场充分的自由竞争与合作，再加上政府、行业等相关部门的政策与法规的引导与支持，智能驾驶在不远的未来将颠覆人类社会的交通与运输方式，极大地方便人类安全、高效的出行，推动人类新的进步与变革。

2.2.2 高精度地图的“世界观”

★ 关键词：高精度地图　感知　决策　规划　群体调度

★ 作　者：李阳

在智能驾驶的发展过程中，有一种看不见、摸不到的“传感器”在发挥着巨大作用，它就是高精度地图。作为自动驾驶产业链中关键的一环，高精度地图是自动驾驶发展的重要支撑。本小节将阐述高精度地图和传统的导航电子地图的区别，明确高精度地图在自动驾驶中的作用，并指出目前高精度地图行业存在的问题。

1.导航电子地图的演进

自 2002 年国内第一份商业导航电子地图在四维图新公司诞生起，导航电子地图到现在经历了十几年的发展，并随着国内汽车保有量的快速增长而不断演进。

导航电子地图可以看作在车载导航使用场景中，传统地图电子化后和数据库技术的结合。对于地物的空间表达层次，导航电子地图通常使用非常直观的点、线、面组合。量化层次除了绝对的坐标外，基本处在描述阶段，如道路等级、限速等。点可以代表任何一个在当前比例下面积和长度可以忽略的地物，可以是一家餐厅、一个路口，也可以是一个限速标牌。线和面则分别被用来表达长度、面积不可以忽略的地物，如边界、河流、道路、风景区、行政区划等。

数据库技术大幅提高了地图能承载的信息量和表达能力。传统的地图主要通过可视化的方式——绘制样式和文字来承载信息，再通过图例来帮助用户解译，如不同等级的道路会用不同宽度和颜色的线来表达。导航电子地图除传统表达方式外，还可以通过数据表的方式，存储更多的属性和地物之间的关系。在道路等级和道路名称上，增加别名、道路类型、功能等级、道路宽度、车道数、限高、限重等一系列针对导航场景的属性信息。不同地物之间，也可以用数据表来表达可通行、禁止通行、从属、相关等交通规则和关联关系。

基于深入导航场景的丰富数据，导航软件可以轻松地实现用名称或地址来搜索目的地，规划一条最短或最快或最省钱的路径。这条路径具有提示驾驶员遵守交通法规、提示前方道路的限速、提示即将到来的转弯、建议行驶的车道等人性化功能。

为了提高导航的体验，导航电子地图的更新速度不断加快、覆盖范围不断扩大、属性丰富度也越来越高，逐渐出现了行人导航、三维城市模型、模式图等更多样的要素。

2010 年之后，ADAS 地图越来越多地进入人们的视野。与导航这种专注于让地点更容易被检索、规划的路径更优、用户更容易按照规划好的路径驾驶等类似的驾驶结果完全依赖驾驶员操作的产品不同，ADAS 地图专注于让车辆在相同驾驶员的驾驶下变得更安全、更舒适、更高效。

ADAS 地图在量化程度上从原本导航电子地图的以描述为主提升到下一个等级——以测量为主。ADAS

地图的绝对坐标精度从导航电子地图的 10m 提升到 5m 以内，相对精度为 1~3m，而关键的 ADAS 属性坡度、曲率等的采样率也提升到 1m。此目的是使地图数据对现实世界的整体表示是正确的。基于准确的坡度信息，ADAS 地图可以帮助车辆提前控制速度来降低油耗。

随着自动驾驶浪潮的到来，自动驾驶地图的空间抽象层次进一步细化到了驾驶的层次。在驾驶场景中，第一步是自动驾驶系统要能够准确地确定自身在环境中的位置，第二步是自动驾驶系统可以在环境中安全、平稳地驾驶。所以，自动驾驶场景中的地图主要有两个图层：一是定位图层，二是驾驶图层。

定位图层中记录的是每一个具备独特性的目标或特征，我们称之为地标，如交通标志、地面标志、灯杆、信号灯等，记录的内容包括绝对坐标、属性、几何轮廓等，用来和感知结果匹配，进行车辆位置计算。

驾驶图层中记录的是对道路的详尽描述，如道路边缘、每一条车道的边缘和中线、纵向坡度、横向坡度等所有和驾驶行为相关的属性，用来帮助自动驾驶系统准确控制自身的位置和姿态。

为了符合驾驶场景的需求，通常来说，高精度地图的量化程度更高，其绝对误差应该小于 1m，相对误差应该小于 0.5m。而在对精度比较敏感的场景中，如停车，误差则应该小于 0.2m。

因此，高精度地图的高精度，既高在空间抽象层次，也高在量化程度。与标准导航电子地图、ADAS 地图相比，高精度地图不仅发展于不同的时期，同时作用于不同的场景。特别是，导航电子地图和高精度地图分别专注于以驾驶员为核心的导航场景和以自动驾驶系统为核心的自动驾驶场景。在自动驾驶产品化的漫长历程中，如何打通这两个场景，也是一个非常重要的课题。

2.高精度地图的作用

高精度地图在自动驾驶中的作用可以分为两种：空间参考和环境信息的结构化。空间参考主要为系统提供不同要素的位置、范围来为不同的功能提供支撑。环境信息的结构化可以保证参与系统计算的数据维度可控，避免场景复杂时数据维度的不合理，导致系统能力不足或难以计算。

（1）感知

高精度地图可以为感知模块提供固定范围内的精确道路面域以及周边设施，如将人行横道或应急车道作为兴趣区参考（如图 2-9 所示）。兴趣区内的物体会影响自动驾驶系统的驾驶行为，所以需要使用比较精确的模型来检测兴趣区内存在的物体，并计算每个物体的类别、速度、姿态等信息。而对于兴趣区外的物体，则仅需要简单判断其是否会进入兴趣区。

图 2-9　高精度地图辅助环境感知

（2）定位

理论上，基于定位图层的 3~4 个地标，通过与感知结果匹配并计算距离，就可以精确地计算出车辆当前的位置。但在现实中容易识别和匹配的地标，如较大的交通标牌的密度并不稳定，大部分路段可以保证每 200m 就有足够的地标，而有的路段可能要 1km。而对于密度比较稳定的，如路灯杆等，则难以检测和匹配，定位的精度就难以得到保证，而自动驾驶场景要求定位及姿态的估计是准确且稳定的。众多基于高精度地图定位的方案都会采用密度比较稳定的地标作为定位或者里程计参考，而将容易识别、匹配的地标作为控制点来不断修正精度。自动驾驶中的高精度定位如图 2-10 所示。

图 2-10　自动驾驶中的高精度定位

（3）决策

在 L4 的城市场景自动驾驶中，一个典型的场景就是车辆和行人交错的复杂路口。想要顺利通过路口，需要能够准确预测每一个路权竞争者的行为，从而得出有效的决策结果。预测的瓶颈在于，感知结果的不稳定将极大地影响预估姿态的准确性。而决策的瓶颈在于，复杂路口的路权竞争者较多，数据维度难以控制，对机器学习方法并不友好，也难以用经典方法实现并维护能力强大的通用决策模块（基于规则的决策模块往往有数万行处理逻辑的代码）。

高精度地图准确地记录了各个车道之间的关联关系，如可通行和交通规则。如果一辆车在路口前的左转车道稳定行驶，那么其未来的行为空间只剩下左转对应的几条车道。用这种方式，可以把高维的姿态空间轻松地映射到行为空间，并大幅度地提高长期预测的精度（如图 2-11 所示）。决策可以使用类似的方法来将决策映射到行为空间，也可以将整个环境通过结构化的可行驶区域及可行驶行为来分层次进行端到端决策。这种方案需要对数据组织进行专业的设计，以保证在表达环境精度准确的同时，保持数据维度的统一。

图 2-11　自动驾驶中高精度地图的预测

（4）规划

车道级的路径规划和局部路径规划是高精度地图的核心应用。基于导航电子地图的导航软件将从起点到终点的全局路径规划结果同步到自动驾驶应用，基于导航电子地图和高精度地图的匹配参考，可以实现车道级的路径规划。以车道级的路径规划结果作为参考基准线，可以实现平顺、安全的局部路径规划。

（5）群体调度

除单智能体的系统外，高精度地图的作用更多地体现在多智能体系统中。在统一的空间参考下，对多智能体进行优化调度，是未来单智能体问题基本得到解决之后的主要课题（如图 2-12 所示）。

图 2-12　高精度地图控制车辆

3.高精度地图必须直面的问题

（1）品质

与导航场景不同，高精度地图的任何一个微小的错误都有可能对驾驶场景造成严重的安全影响，因此对高精度地图的品质要求较高（很多时候要求精度超过 99%），与导航电子地图的精度要求（95%~97%）相比，其难度大幅提升。对常规的生产制作流程而言，这意味着翻倍的品质控制流程深度和成本。

四维图新公司正在探索的是如何结合数据工程师应对复杂数据的整体判断和自动化工具的精准度等困难。在生产流程中，可以利用自动化工具，区分复杂和简单场景，同时提取复杂场景中自动化工具难以处理的地方和自动化结果可能异常的地方，由专业数据工程师负责处理这些疑问。在具体操作上，可以将人工经验和自动化工具相结合，如在绘制地标精确的几何轮廓时，可以利用专业人员的经验，快速判断出一个大概的区域和类型，再利用自动化工具基于该类型的模板自动提取最优几何轮廓。这种自动化的结果在效率和精度上都要优于专业数据工程师的手工作业。

（2）鲜度

高精度地图作为自动驾驶系统的重要组成部分，其可靠性除依赖制作过程中的严格把控外，同样依赖对现实变化的及时体现。我国正在快速发展基础设施建设，因而路网变化频繁，鲜度将会是近期高精度地图最重要的课题之一。

在需要考虑成本的前提下，解决鲜度问题的较好办法就是多源融合。专业的采集团队可以制作出精美的全国高速路网地图，但是无法实现每个变化都能被及时发现，并且实时体现在地图中。

一个想实时发现变化并且在精度要求范围内进行更新的平台，需要具备能够辨别不同来源数据的可靠性和精度的能力，需要具备能够判断当前数据是否足够进行更新、更新之后精度是否符合要求的能力。

4.总结

高精度地图是自动驾驶系统量产化的一大助力因素。通过高精度地图对真实世界的准确表达，再复杂的工况都可以在几乎不损失精度的前提下，得到有效的结构化表达。基于高精度地图搭建的自动驾驶系统会更加通用，可快速扩展到地图覆盖范围内的全部真实道路，而不再是仅适用于局部场景的演示。

2.2.3 激光雷达与自动驾驶的产业化之路

★ 关键词：激光雷达　传感器　产业发展

★ 作　者：邱纯鑫

随着人工智能技术的突破性发展与完善，全球各大领域正迎来前所未有的变革机遇。其中，为人们出行提供便捷的汽车行业，正以全新的姿态融入人工智能的发展中，而自动驾驶是汽车行业未来重要的发展方向。在自动驾驶中，各类传感器、高精度地图、GPS 等都是不可绕过的话题，而其中的激光雷达更是扮演了相当重要的角色。长久以来，激光雷达凭借其强大的感知能力，成为自动驾驶必不可少的传感器，两者相辅相成，共同快速发展。

1.激光雷达产业前景概述

可以说，激光雷达是人工智能时代最具有想象力的传感器之一，它能够进行主动探测，不受外界环境光影响，实时感知环境信息，获得精确可靠的三维数据，从而赋予机器人超越人类的视觉能力。

随着人工智能时代的来临，激光雷达被广泛应用于自动驾驶、机器人、安防监控、无人机、地图测绘、物联网、智慧城市等高新科技领域。据高盛集团估计，到 2050 年，全球激光雷达的市场规模有望超过 6000 亿元人民币，发展规模呈指数级增长。

人工智能技术快速产业化的自动驾驶领域，市场规模巨大。汽车行业相关权威机构预测，到 2035 年，全球自动驾驶汽车销量将达到 1180 万辆。麦肯锡全球研究院预测，到 2025 年，自动驾驶汽车将催生出一个 2000 亿～1.9 万亿美元的巨大市场。与此同时，物流领域已被视为自动驾驶技术率先落地的领域之一，根据国家物流与采购联合会数据，智慧物流市场规模将在 2025 年突破万亿元。

2.激光雷达的定义与分类

激光雷达是通过激光测距技术探测环境信息的主动传感器的统称。它利用激光束探测目标，获得数据并生成精确的数字工程模型。

激光雷达的激光测距技术有激光 ToF 法、三角法和调频连续波法 3 种。

激光 ToF 法。将光脉冲在目标与雷达间的 ToF 乘光速除 2，就可以获得距离。该方法成熟度比较高，适用于长距离探测，绝大部分车载激光雷达采用的就是该方法。

三角法。由于入射光和反射光构成一个三角形，对光斑位移的计算运用了几何三角定理，因此该方法被称为三角法。该方法适用于短距离探测，多用于单线二维激光雷达。

调频连续波法。原理与雷达类似，通过多普勒效应等光的波动变化，测算发射光谱频率和接收光谱频率的差异，便可得出距离和速度。该方法比较前沿，尚无成熟产品。

激光雷达的种类比较多，可通过下面 4 个主要方面进行划分。

· 根据功能用途，可分为激光测距雷达、激光测速雷达、激光成像雷达、大气探测雷达、跟踪雷达。

· 根据载荷平台，可分为星载、机载、车载和地基。

· 根据扫描方式，可分为机械式、MEMS、Flash、OPA（Optical Phased Array，光学相控阵）。

· 根据雷达线束，可分为单线和多线。

自动驾驶广泛使用的激光雷达产品属于车载多线激光成像雷达，这类激光雷达是本小节探讨分析的对象。

3.激光雷达在自动驾驶中的应用优势

激光雷达与摄像头都具有出色的成像能力，一直以来被当作自动驾驶的核心传感器。激光雷达相较于摄像头的优点在于能得到准确的三维信息，而且由于其自身是主动光源，因此激光雷达能够不受光照的影响，白天和晚上都能照常工作。

摄像头的优点在于识别的颗粒度比较高，能够获得丰富的纹理和色彩，所以能够实现精细化的识别。在这一点上，激光雷达不如摄像头。

摄像头的缺点是受环境光的影响大，在强光照射、高亮反白物体、夜晚弱光环境等情景中，采集到的数据都难以通过算法进行有效、可靠的环境感知。

激光雷达是通过激光主动探测成像的，不受环境光影响，可直接测量物体的距离、方位、深度信息、反射率等。算法首先对障碍物进行识别，然后分类，因而识别的准确度和可靠性远超摄像头，且消耗的计算资源低于摄像头。

可以说，激光雷达在自动驾驶中应用时最重要的就是高精度定位，因为先确定自身所在的位置，自动驾驶汽车才会面临“要往哪里去”的问题。所以，确定“我在哪里”是第一步，也是非常关键的一步。按常规理解，定位应该只是 GPS 的任务。的确，自动驾驶的定位会用到 GPS，但是 GPS 定位的精度不足，而且在遇到高楼林立或者进出隧道等情况下，信号稳定性差，因此难以保证自动驾驶汽车的安全。所以自动驾驶需要结合激光雷达、GPS、IMU 等，完成稳定、可靠的高精度定位。

激光雷达硬件配合针对自动驾驶研发的人工智能感知算法，可以完成对周围障碍物的识别、对路边沿进行检测、进行高精度定位等任务，还能够实现分类标注，把障碍物分为卡车、小汽车、行人、自行车等。

4.激光雷达与自动驾驶的产业化发展之路

我们对自动驾驶的发展做一个阶段性的划分，根据发展历史和对行业未来的预测，自动驾驶的发展可以分为 3 个阶段。第 1 个阶段，2016 年之前，实验室阶段；第 2 个阶段，2016—2020 年前后，试运营阶段；第 3 个阶段，2020 年之后，大规模商业化运营阶段。在每一个阶段，自动驾驶都对激光雷达有着迫切的需求，激光雷达技术产品的发展也推动着自动驾驶的快速发展，具体如下。

（1）实验室阶段

回顾自动驾驶的发展历史，最早可以追溯到近百年前，美国的陆军电子工程师弗朗西斯·胡迪纳（Francis Houdina）开始用无线电波控制车辆的制动、离合以及转向。1956 年，通用汽车公司用预埋电缆配合车上安装的接收器进行车辆的控制。1977 年，日本筑波工程研究院开始使用摄像头传感器，指导车辆驾驶。1998 年，帕尔马大学使用双目摄像头对物体进行识别、导航，当时车辆行驶了 2000km，其中 94% 的里程都是在自动驾驶模式下完成的，剩下 6% 需要在人工干预下完成。

自动驾驶发展具有代表性的事件是 2004 年 DARPA 举办的无人车挑战赛，当时有 20 多支队伍参与，遗憾的是，没有一支队伍完成任务，即使比赛总里程只有 11.78km。

据悉，之所以没有队伍完成任务，最主要的原因是车辆对环境感知不充分，几吨甚至接近十吨的车，碰到前面的小草堆就“不敢”过去了。这也从侧面反映出纯视觉传感器的缺陷，它们要对强光对射、黑暗、斑驳光影的道路环境进行感知，这将大大增加算法的难度。

在 2005 年 DARPA 举办的无人车挑战赛中，新的突破出现了。斯坦福大学车队在车顶上装了多台单线激光雷达，这类单线激光雷达原来并不是用在机器人或自动驾驶汽车上的，而是用在工业方面的，所探测的距离并不远。但是在装上单线激光雷达后，斯坦福大学车队的车辆完成了比赛，夺得了冠军（如图 2-13 所示）。激光雷达在自动驾驶环境感知系统领域的地位开始确立。美国激光雷达企业 Velodyne 也正是因为参加了这个比赛，才意识到激光雷达对自动驾驶的重要性，于是开始投入机械式多线激光雷达产品的研发。

图 2-13　在 2005 年 DARPA 举办的无人车挑战赛中，斯坦福大学的大众途锐夺得冠军

在此之后，多线激光雷达成为自动驾驶方案的常规配置。2017 年，拥有 L3 自动驾驶能力的全新奥迪 A 系列正式搭载激光雷达。同时，L3~L5 自动驾驶车辆必须搭载激光雷达已基本成为行业共识。

（2）试运营阶段

从2016年开始，自动驾驶开始进入试运营阶段，激光雷达的市场需求爆发。

Waymo 公司作为全球自动驾驶的领先企业，2016 年、2017 年和 2018 年，汽车的下单量从 100 辆、600 辆增长到 2 万辆；2018 年 5 月底，菜鸟公司发布了物流小车，表示要在 3 年内投入 10 万台；2018 年 6 月，京东公司的无人车项目总部落户长沙，开展区域化试运营；2018 年 7 月 4 日，百度公司和金龙公司合作的自动驾驶巴士宣布小批量量产……行业对激光雷达的需求量不断攀升。2016—2017 年，各领域陆续进入小批量路测阶段。非高速开放场景进入小批量路测阶段，需要快速部署软件算法与激光雷达硬件结合的环境感知解决方案。面对突如其来的需求，激光雷达市场进入短暂的供不应求阶段。此外，高速、复杂场景自动驾驶方案也进入小批量路测阶段。

2017—2018 年，各领域的自动驾驶方案基本进入小规模试运营阶段，非高速开放场景应用开始规模化试运营，市场需求开始发生改变：非高速开放场景追求激光雷达系统的稳定性、产能、性价比；高速、复杂场景路测逐渐增加，对高线束激光雷达环境感知方案的需求增加。

2019—2020 年，自动驾驶的低速封闭场景和开放场景应用进入规模化试运营，在高速开放场景中的实验更加流畅，准备进入自动驾驶批量化运营阶段。激光雷达行业产品性能开始趋于统一，但市场对产品价格、性能、系统稳定性、可制造性等全方位要求明显提高，市场竞争的内容发生改变，全新一代革命性技术产品——固态激光雷达开始进入市场。

这一阶段是激光雷达市场规模开始爆发、激光雷达初创企业快速成长的时期。由于成立时间早，Velodyne 公司凭借其传统机械式激光雷达，在市场中占据优势地位。同时，在这一阶段前后，国内外激光雷达企业纷纷成立，并快速成长为行业的核心力量。例如，2014 年，成立于深圳的速腾聚创公司，凭借超过 10 年的科研积累，快速完成产研转化。2017 年 4 月，速腾聚创公司在国内率先量产车载 16 线激光雷达，同年 9 月，量产 32 线激光雷达，并正式发布基于激光雷达的自动驾驶环境感知人工智能算法，提供软硬结合激光雷达环境感知解决方案，快速获得大量市场份额。2017 年 10 月， 速腾聚创公司公布 MEMS 固态激光雷达，并于 CES 2018 公开展示，一举成为世界上为数不多掌握固态激光雷达核心专利技术的公司。

（3）大规模商业化运营阶段

2020 年之后，自动驾驶进入大规模商业化运营阶段，各自动驾驶服务运营方全面竞争，自动驾驶汽车私人消费市场逐渐爆发。

全球各大车企、Tier1 的自动驾驶发展时间如表 2-6 所示，他们基本上都计划在 2020—2022 年实现 L3 或者 L4。而 L5 的实现则大有不同，大部分企业将实现 L5 的时间定在 2025 年，部分企业定在 2022 年，更有甚者选择定在 2030 年。

＊表 2-6　车企、Tier1 的自动驾驶发展时间

公司	2017年	2018年	2019年	2020年	2021年	2022年	2023年	2024年	2025年	2026年	2027年	2028年	2029年	2030年
宝马					L3 兼容 L4				L5					
博世				L3、L4		L5								
大陆				L4					L5					
奥迪	L3			L4										
奔驰戴姆勒				L4										
标致雪铁龙				L3					L4					L5
雷诺日产		L3		L4					L5					
现代					L4									L5
德尔福（安波福）		L4		L5										
福特					L4									
英伟达				L3	L4									
丰田				L3										
本田				L3					L4					
斯巴鲁				L3										
奥托立夫					L4									
沃尔沃				L4										

在这一阶段，各类型的自动驾驶汽车将开始规模化量产，并在各场景下常规化运营，对激光雷达有车规级、易量产、高分辨率、低成本等严格要求。激光雷达需要向大规模量产、低成本及高稳定性方向

发展。

实际上，距离这一阶段到来的时间点已经非常近了，目前，传统激光雷达系统由于受物理极限和成本高等因素限制，难以满足这一阶段的行业发展需求。因此，在自动驾驶大规模商业化运营的实现中，有关环境感知的使命将会落到全新一代的固态激光雷达技术产品上。固态激光雷达技术方案可分为 MEMS、OPA 与 Flash 这 3 种。

MEMS。利用 MEMS 微振镜对激光进行精确控制，系统内所有的机械部件都集成到单个 MEMS 芯片上，芯片利用半导体工艺生产。

OPA。相控阵方案，原理与相控阵雷达类似，采用多个光源组成阵列，通过控制各光源的发光时间差，合成具有特定方向的主光束，实现对不同方向的扫描。

Flash。面阵方案，短时间内直接发射出一大片覆盖探测区域的激光，再以高度灵敏的接收器完成对周围环境图像的绘制。该技术的发明和应用的时间比较长，高功率问题限制了其探测距离。

这 3 种革命性的方案都有基于自身技术原理带来的不同的优缺点。同样是芯片化方案，千元级别的 MEMS 方案和 OPA 方案相比，成本难以快速降到百元甚至十元级别，但是更容易实现远距离探测，而 OPA 方案与 Flash 方案要达到 200m 的探测距离还有大量的工作要完成。

面对这场具有革命性技术加持的竞争，纵观全球行业市场，新一代产品的核心技术已经被速腾聚创、Innoviz、Quanergy 等后起之秀率先掌握，未来的市场将是多元化的。

目前，已经完成固态激光雷达测试的激光雷达厂商正在进行车规级测试认证、性能提升、量产准备等工作。

2018 年 5 月，速腾聚创公司推出的 MEMS 固态激光雷达 RS-LiDAR-M1 已经率先被搭载到菜鸟公司无人驾驶物流车上，成为首款在无人驾驶汽车上使用的固态激光雷达。

激光雷达进入自动驾驶感知系统，成功推动了自动驾驶结束漫长的实验探索期，进入快速发展的试运营期。自动驾驶的快速发展和行业需求，反向激发了激光雷达技术和产业的全面爆发。全新一代固态激光雷达产品方案的成熟和量产，将推动自动驾驶商业化运营的大规模普及。

5.激光雷达产业的未来发展

激光雷达产业有 3 个主要发展方向：激光雷达固态化、激光雷达与摄像头底层融合、激光雷达智能感知系统。

第一，激光雷达固态化。面对即将到来的自动驾驶商业化运营的阶段性市场，低成本车规级的固态激光雷达需要肩负使命，因为行业对固态激光雷达的真正量产期待已久。激光雷达固态化后，将消除传统机械式激光雷达中存在的物理限制，并带来高分辨率、长距离、车规级、易量产以及低成本等优势。

第二，激光雷达与摄像头底层融合。两者作为自动驾驶的核心传感器，各自拥有独特的优势，摄像头可以获取真实世界中丰富的二维彩色信息，激光雷达能够获取三维高精度空间信息（如图 2-14 所示）。对于自动驾驶环境感知需求，一方面，如果仅依靠摄像头获取的二维图像，则感知的可靠性和探测的准确度都难以保证驾驶的安全性；另一方面，仅依靠激光雷达很难对诸如交通路牌、红绿灯等信息做出有效识别，以及对复杂障碍物进行精细化分类。通过底层深度融合激光雷达和摄像头数据，可以发挥出更强大的感知作用。将二维彩色信息覆盖到三维高精度空间数据上，获得时空同步后的彩色点云数据，极大地提高了人工智能感知算法对目标物体的分割及分类探测距离、准确度、精细度，从而大幅提升自动驾驶汽车的安全性。

第三，激光雷达智能感知系统。基于 MEMS 固态激光雷达、人工智能环境感知算法、激光雷达与摄像头底层融合的多项前沿技术形成闭环，达成了智能化激光雷达感知系统。通过人工智能算法对彩色数据进行预处理，有选择性地对感兴趣区域进行重复探测，能够为自动驾驶带来更远的探测距离与更为准确的感知结果，有效减小中央数据处理单元的数据处理压力，从而确保汽车迅速完成安全、可靠的驾驶操作响应。

图 2-14 激光雷达与摄像头底层融合技术，左边为融合后彩色三维点云，右边为二维图像

6.总结

激光雷达推动了自动驾驶行业的迅速发展，加速了其商业化进程，提供了高效、快捷的物流运输，更守护了人类安全、可靠的出行。

可以说，自动驾驶的商业化将加速“自动驾驶时代”的到来。激光雷达产业和技术在迫切的市场需求下快速成长。未来，更先进的激光雷达产品和更成熟的产业链又将通过精确、可靠、低成本的三维环境感知能力，加速机器人、无人机、安防监控、智慧城市等人工智能产业商业化的进程，推动人类全面跨入人工智能时代。

2.3 智能驾驶的应用实践

2.3.1 无人驾驶电动集装箱拖挂车的研发

★ 关键词：无人驾驶 集装箱 卡车 运输

★ 作 者：孙立 张栋栋 王超 张天雷

自动驾驶不仅将改变人们的出行方式，还将引领物流行业的变革。随着世界经济的不断发展，跨国贸易变得越来越频繁，港口作为商品进出口的重要节点，面临着成本与效率的双重挑战。如今，无人驾驶电动集装箱拖挂车的产生，有望进一步提升港口的物流竞争力。本小节将从系统架构、软硬件设计、环保效益等多个角度出发，深度解读无人驾驶电动集装箱拖挂车的实际价值与应用前景，探寻港口物流的新趋势。

1.引言

集装箱平面运输的自动化问题一直是港口行业的热议话题，痛点来自驾驶员的高强度工作，难点在于运输环境动态多变，若能实施成功，则意义重大。

传统方法采用人工驾驶的集装箱拖挂车（简称“集卡”）在码头前沿岸桥和后方堆场之间转运集装箱。该工作对控制精度要求高，并且作业条件差，操作单一乏味，因此驾驶员容易出现失误，进而造成运输任务失败甚至引发安全事故，影响码头的整体工作效率。

为了降低集卡司机的劳动强度，降低人力成本，提高集装箱的装卸效率和作业的可靠性与稳定性，各港口码头逐渐将自动化技术作为重点关注的对象。1985 年前后，在劳动力成本高且贫乏的地区，部分港口开展了相关研究。1993 年，荷兰 ECT 投产了世界上第一个自动化集装箱码头，利用 AGV 进行集装箱运输。该 AGV 采用内燃机驱动，一次装载一个集装箱，行驶速率为 3m/s，利用车载天线跟踪在码头呈矩阵式布置的雷达收发机和地下导线系统，从而实现导航和定位。此外，德国汉堡 HHLA 集团的 CTA 码头也投产AGV。该AGV采用柴油机驱动，可通过遥控加油车完成自动加油，借助搭载的差分定位系统和激光雷达系统，结合埋设在码头上的电子标签进行导航和定位。

AGV的缺点是需要对码头地面的基础设施进行大规模改造，不能用于人机混合运行的传统码头。另外，由于AGV的定制化程度较高且产量少，因此售价非常高，不如集卡经济实用。随着京津冀地区的环保等级不断升级，天津市对天津港的发展定位和建设美丽港口提出了更高要求。电动技术以其零排放、无污染的优势获得了更多企业的关注，在此背景下，电力驱动集卡应运而生。电力驱动集卡具有零排放、无污染、低噪声、低能耗等柴油车无可比拟的优点。

2.无人电动集卡整车简介

无人驾驶电动集装箱拖挂车（简称“智能集卡”）采用6×4双驱底盘布置，S32整车布局，并突破以往的设计理念，搭载了高强度城域网技术承载系统和先进的EBS（Electronically controlled Brake System，电子控制制动系统）与ESC（Electronic Stability Control，电子稳定控制）系统，采用了“大扭矩双驱动电机+ST16大速比双级减速后桥”的动力传动布局，利用大容量/高倍率动力电池，具备高传动效率、大扭矩输出和长续航能力等特点。

智能集卡（如图2-15所示）采用250kW永磁同步电动机驱动，应用容量为290kW·h，利用磷酸铁锂电池储能，满载续航里程达150km。

图2-15 智能集卡

智能集卡的整车设计尺寸如图2-16所示，主要技术项目参数如表2-7所示。

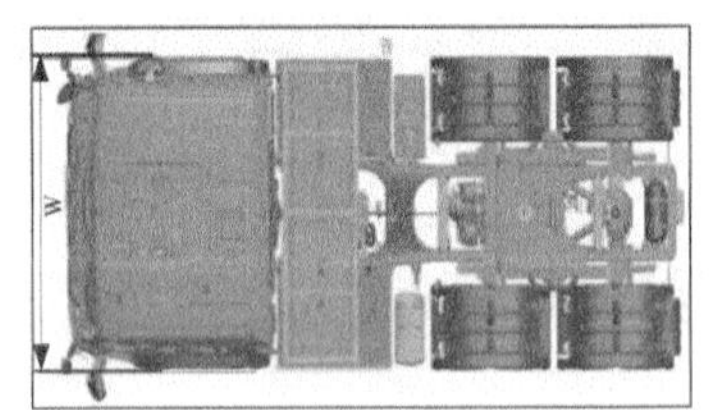

图2-16 智能集卡的整车设计尺寸

表2-7 智能集卡的主要技术项目参数

参数		数值	单位
外形尺寸	长（L）	6880	mm
	宽（W）	2496	mm
	高（H）	3120	mm
前悬（$L1$）		1495	mm
后悬（$L4$）		785	mm
轴距（$L2+L3$）		3200+1400	mm
轮距	前轮距	2022	mm
	后轮距	1816	mm
接近角	α	15	°
	β	26	°
鞍座离地高度（$H1$）		满载1320/空载1370	mm

车架系统采用高强度8mm单层梁，悬架系统采用高刚度多片簧，具备强大的落箱冲击吸能缓冲能力，可执行大冲击载荷作业。采用大扭矩（4260N·m）永磁同步电机直驱系统，结构简单、效率高，具备优越的加速性能及舒适的驾驶体验，匹配磷酸铁锂动力电池，具有抗振动、抗冲击、抗碰撞、抗短路、

抗高温等优点。

为实现智能化操控，车辆采用了博世公司开发设计的第三代 Servotwin 电控转向器，并搭载了 EBS 和 ESC 系统，通过电信号控制车辆制动，进一步提升了车辆行驶的稳定性与舒适性（如图 2-17 所示）。

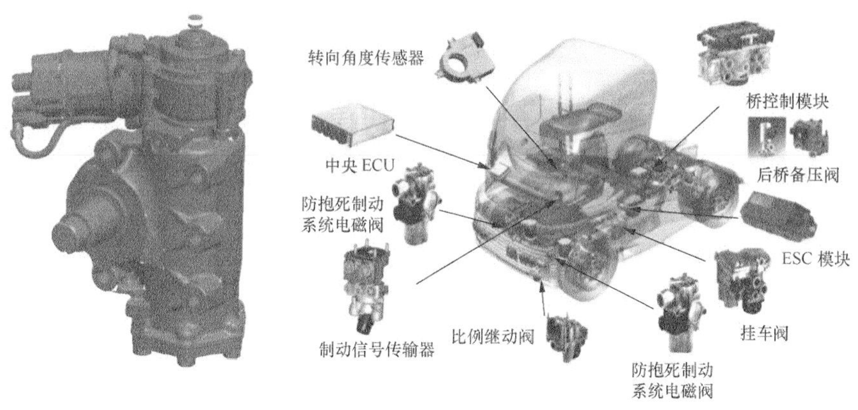

图 2-17 线控系统

3.智能集卡系统架构

智能集卡系统架构如图 2-18 所示。其中，车载系统主要承担自动驾驶工作；服务器系统主要承担云平台工作；硬件和传感器系统分成两个部分：车载硬件主要用于车载系统，服务器硬件则承担云平台的运行。

车载系统依据铁路上常用的“二乘二取二”安全策略进行设计，通过冗余性来保证自动驾驶的安全性和稳定性，其中 5 个基本模块如下。

（1）硬件接口

通过硬件接口，可以获取相机、激光雷达、毫米波雷达、GPS+IMU、车辆接口等设备采集的信息。

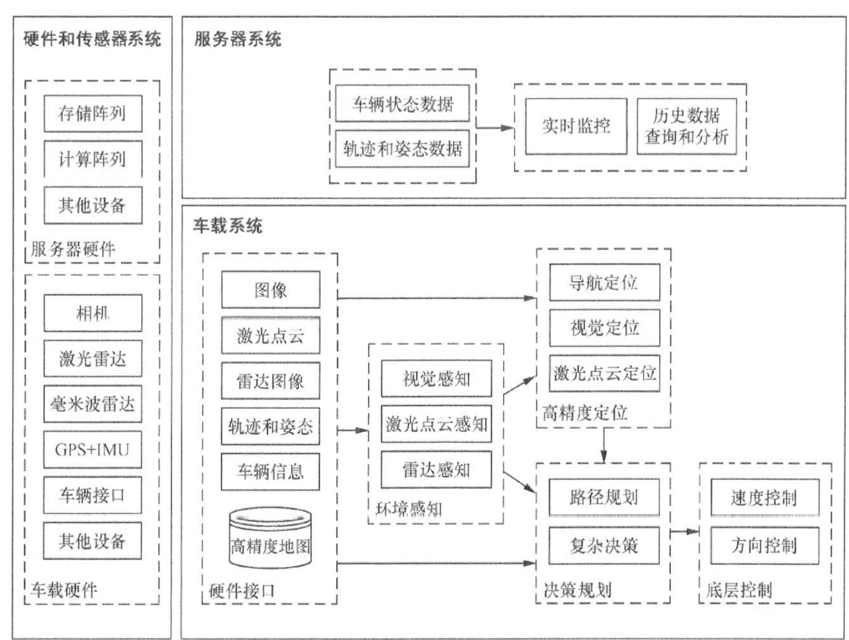

图 2-18 智能集卡系统架构

（2）环境感知

通过视觉感知、激光点云感知和雷达感知，可以重建车辆可观测范围内的全部信息和场景模型。

（3）高精度定位

结合环境感知和高精度地图的知识，可以综合导航定位、视觉定位、激光点云定位的结果，确保定位的精确性和稳定性。

（4）决策规划

以环境感知、高精度定位和硬件接口为基础，可以进行路径规划和复杂决策，并通过多维度的信号分解完成底层控制。

（5）底层控制

底层控制包括速度控制与方向控制。

4.功能设计

根据港口内智能集卡作业需求设计的系统具备以下功能。

（1）路径智能规划

车辆接受任务后，自动驾驶系统依据货场全局地图数据信息及整体运输状况，规划出从起点至终点的完整、可通过的最优路径，最终完成集装箱的定点装卸、转堆等任务，在多车场景下避免锁死情况的发生。

（2）智能模式切换

自动驾驶系统异常时，可向监控中心上报相关指令，并切换至人工驾驶模式，由司机驾驶至相关区域进行检修。

（3）环境感知

车辆在行进过程中，通过车载传感器感知周围环境信息，识别其他车辆和交通标志，为控制决策提供输入。常用的传感器为三维激光雷达和单目相机。

三维激光雷达主要用于对周边场景中的移动障碍物进行检测和跟踪，并重建静态地图。使用 PointNet 框架训练神经网络，对周边场景中的行人、车辆和其他物体进行检测；对行人、车辆进行跟踪，根据静态障碍物建立静态地图，为车辆行驶提供周边场景信息。

单目相机主要用于对车道线和交通标志进行识别，给车辆在道路中的行驶提供必要的交通规则信息。根据项目需求，在 50m 范围内，漏检率要低于 1%；在 50~200m 范围内，可以提供较高的检测精度。

（4）高精度定位

通过激光雷达采集周边环境信息，制作局部区域高精度地图，高精度定位结合激光雷达扫描周围环境所获得的点云，与高精度地图进行匹配，可获得位置信息。

高精度定位通过惯性导航、高精度差分 GPS、局部地图信息匹配等技术共同实现。在 GPS 信号良好的情况下，采用“惯性导航 + 高精度差分 GPS”方案，利用惯性导航数据对高精度差分 GPS 定位结果进行优化；在 GPS 信号受限的情况下，使用局部地图信息匹配技术，将周边场景的静态地图与高精度地图进行匹配，计算车辆在高精度地图中的位置。匹配采用 ICP 方法，同时考虑车辆在行驶过程中具有时间和空间的连续性，使用卡尔曼滤波器，根据匹配定位结果和惯性导航数据进行定位优化，保障车辆的定位精度。

（5）底盘和控制模型适配

完成线控底盘和控制模型的匹配与测试。对车辆控制模型进行全方位的调试适配，将主要运动控制分解为对油门、制动器和方向盘的控制，车速可达到 40km/h，横纵向控制误差小于 0.2m，精准停车精度为 ±80mm。同时，对车辆的灯光、雨刷等功能性装置进行控制，满足正常行驶需求。

（6）车道保持

车辆识别车道线和可行驶区域，在规定的车道内稳定、安全地行驶。

（7）自动变道

在多车路况下进行场景建模和条件判断，遇到障碍物时完成自动变道。

（8）紧急制动

当车辆在行进过程中遇到紧急情况或异常情况时，车辆可以紧急停车。

（9）状态监控

在车辆平台中加装智能网联模块，将车辆信息发送至监视平台。通过监视平台，可实时查看车辆的运行状态，包括任务目的、当前位置、运行轨迹等，便于对车辆进行管理和调控，同时实现汇总任务和车辆信息的目的，方便后续使用。

5.硬件设计

智能集卡需要的传感器包括相机、激光雷达、毫米波雷达以及 GPS+IMU。系统方案需要的硬件设备包括以太网交换机、HMI 显示设备以及操作终端等，整体硬件架构如图 2-19 所示。

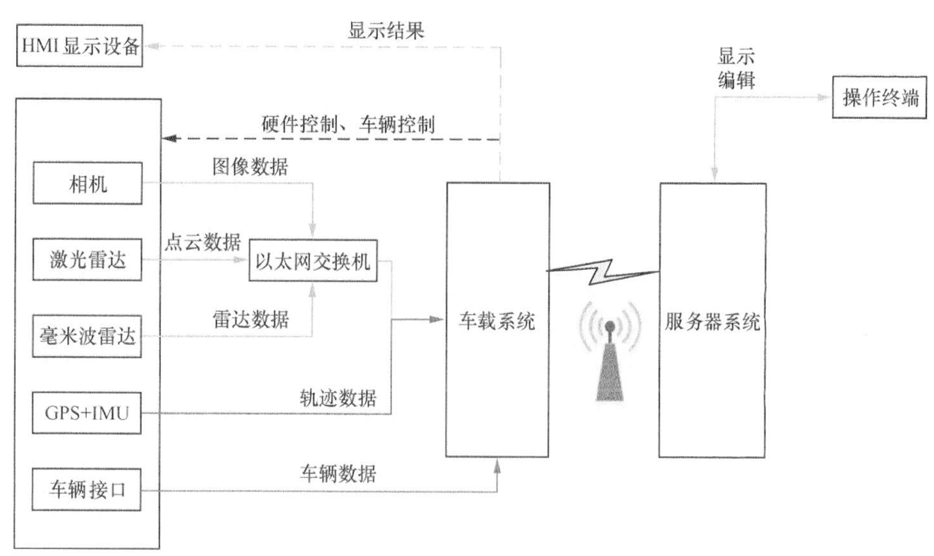

图 2-19　智能集卡硬件架构设计

（1）相机、激光雷达、毫米波雷达、GPS+IMU、车辆接口

相机、激光雷达和毫米波雷达通过以太网与车载系统相连，GPS+IMU 通过串口与车载系统相连，车辆接口通过 CAN 总线与车载系统相连。上述传输媒介既承担数据传输的功能，又负责相应控制信号的反馈。HMI 显示设备通过以太网与车载系统相连，各传感器和硬件设备的结果都可以在 HMI 显示设备上进行实时显示。

（2）车载系统和服务器系统

车载系统和服务器系统通过无线网络进行数据交换。

（3）操作终端

操作终端通过以太网与服务器系统相连，其中服务器系统兼顾数据存储和处理功能，操作终端可以显示车辆的实时信息，支持车队和车辆的调度和管理操作。

另外，需要对车辆底层进行线控改造，系统方案改造的接口包括油门、制动器和方向盘等，其特色在于：首先，重新设计了接口网关，能够保证传输的低时延和数据包上传下达的高可靠性；其次，增加了安全驾驶模块，能够解决上层决策规划可能引起的车身振荡以及受到周边环境变化影响的问题；最后，设计了基于模型预测的高精度转向和加减速控制单元，显著提高了车辆控制的响应速度、安全性和平滑度，以便在自动驾驶系统异常时，进行智能模式切换。

在传感器布置方面，系统方案的设计如图 2-20 所示。该设计能够保证对车辆周边环境进行 360° 无死角监控，且存在较大的安全冗余，除布置在港口固定位置的差分基站外，车载传感器主要包括 4 个部分（其中集卡在作业情况下，传感器应安放在挂车部分），具体如下。

· 前向的 Ibeo 激光雷达、长距毫米波雷达及相机。

· 后向的短距毫米波雷达及相机。

· 侧向的 16 线激光雷达。

· 车顶的 GPS+IMU 及其他设备。

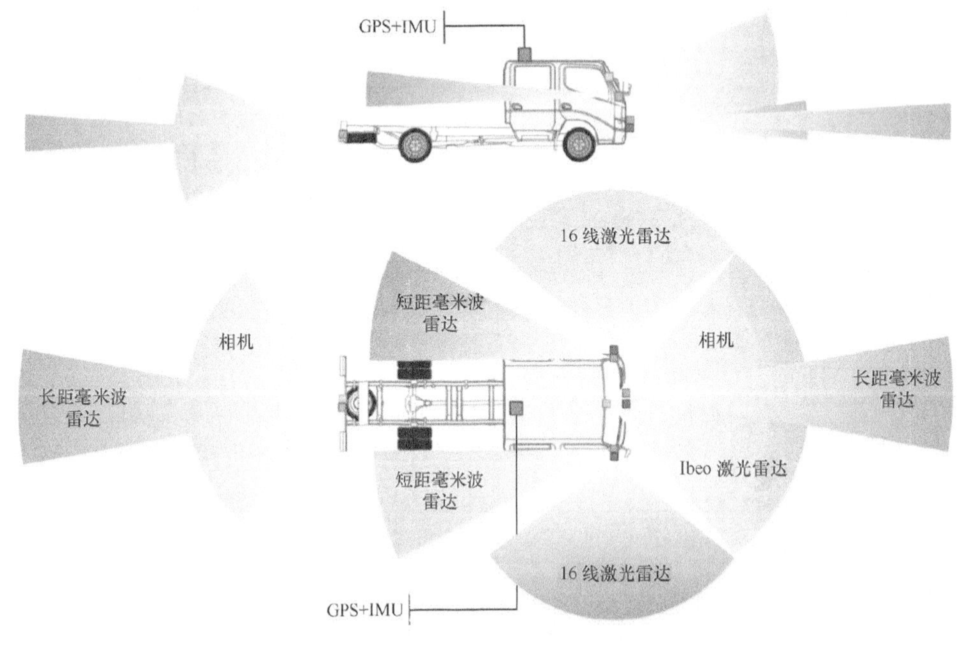

图 2-20　**智能集卡传感器布置**

6.软件设计

（1）软件组成

车载软件系统主要包括环境感知、高精度地图、高精度定位和决策规划 4 个部分，云监控平台软件系统包括 TOS（Terminal Operating System，终端操作系统）对接、任务管理和实时监控 3 个部分。车载软件系统架构如图 2-21 所示。

虚线部分标出的高精度地图产生过程是在离线状态下完成的，主要包括传感器标定、数据采集、三维重建、高精度地图制作和发布 4 个步骤。

实线部分标出的是实时计算模块，其中抓取图像、抓取点云、高精度定位和高精度地图解析都是并发进行的。

抓取图像和点云数据后，通过传感器融合检测网络、匈牙利算法可以完成障碍物感知，通过场景分割网络可以完成驾驶场景建模。

高精度地图模块通过抓取定位信息，从高精度地图数据库中提取当前地图。

数据融合模块则将障碍物感知、驾驶场景建模和局部高精度地图进行融合，生成栅格态势图。

决策模块给出横向决策、纵向决策，并由二次路径规划模块设计最优路径，其中也会考虑中控平台的

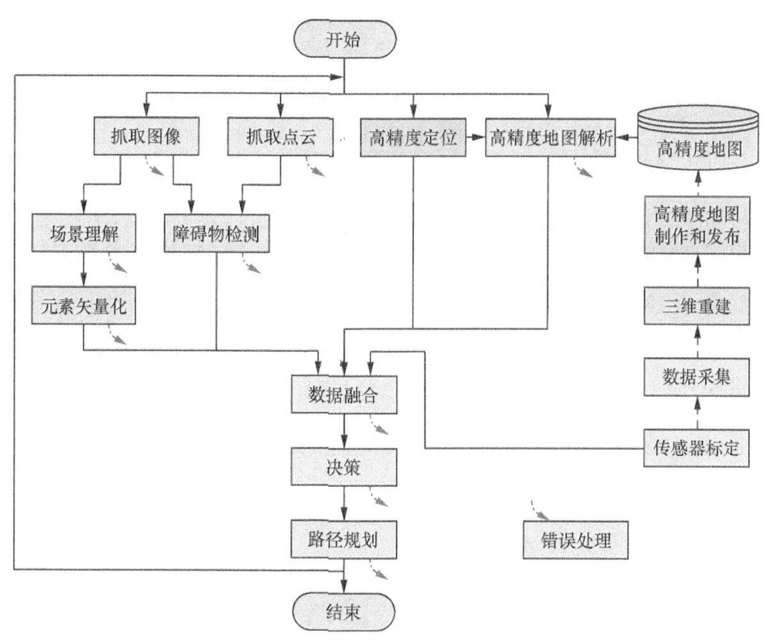

图 2-21　智能集卡车载软件系统架构

冲突决策命令，保证系统整体的稳定性。

上述模块都包含相应的错误处理机制。

（2）环境感知

环境感知采用多传感器数据融合的深度学习方法完成。

多传感器数据融合是针对一个系统使用多种传感器这一特定问题展开的一种关于数据处理的方法，是近几年发展起来的一种实践性较强的应用技术，是多学科交叉的新技术，涉及信号处理、概率统计、信息论、模式识别、人工智能、模糊数学等理论。无人驾驶系统中常用的感知传感器包括摄像头、激光雷达、毫米波雷达等。

深度学习是人工神经网络的一个分支，近年来得到了快速发展和应用。深度学习是指学习样本数据的内在规律和表示层次。深度学习过程中获得的信息对诸如文字、图像和声音等数据的解释有很大帮助。它的最终目标是让机器能够像人一样具有分析和学习的能力，能够识别文字、图像和声音等数据。自动驾驶的场景复杂多变，而处理复杂问题是深度学习的优势，借助深度学习，系统能够更好地理解环境变化。

（3）高精度地图

① 三维重建

标定和采集。与传统的规划设计图和电子地图不同，高精度地图能够记录每个环境体在世界坐标系中的精确位置，并将误差控制在厘米量级。因此，高精度地图的采集需要多种高精度传感器配合使用，包括高精度差分 GPS、惯性导航、里程计、激光雷达和相机等。但上述传感器配置在实际应用中，存在位置不同、姿态不同、采集频率不同和起始时间不同等难题。系统方案提供的自动标定技术是专门针对这些问题的解决方案。时序上，通过 GPS 时间戳统一注入，以采集时间对齐，能够保证时间误差在毫秒量级。空域上，采用八叉树手动和自动标定方案的结合，可以完成不同传感器的空域对齐，位置误差控制在厘米量级，姿态误差控制在 0.5° 以内。图 2-22 所示为基于时空域标定方法将多次采集的三维激光点云投射在同一坐标系内的结果。

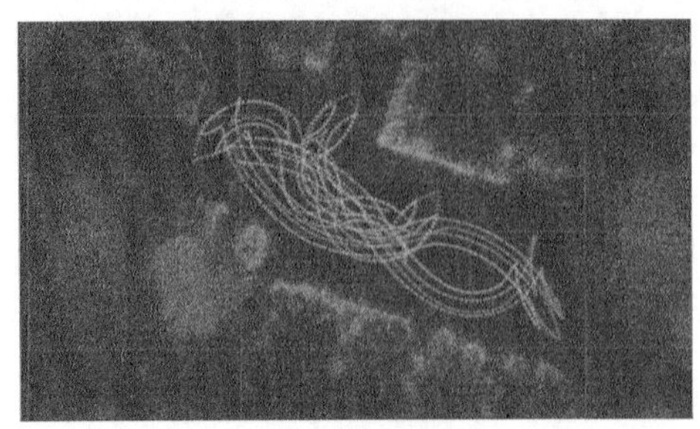

图 2-22　时空域标定

数据拼接和染色。高精度地图的三维重建依靠数据拼接和染色来完成。系统方案首先以位置和姿态确定每一帧点云和图像的初始估计，然后利用特征点提取和匹配技术估计帧间点云和图像的相对运动，最终将上述结果统一在一个完整的数学模型下，利用光束平差法进行优化。图 2-23 所示为某港口内集卡运行环境的高精度地图实例，采集和运算高精度数据可得到港区环境中道路、作业设备等元素的厘米级高密度坐标表示。

图 2-23　某港口内集卡运行环境的高精度地图实例

② 地图制作及应用

基于三维重建结果，可利用高精度地图的查看和编辑工具进行地图要素的制作，支持的要素包括车道线、护栏、路沿、灯杆、岸桥和各种分类区域等。地图按照国际通用的 OpenDrive 格式进行发布。考虑到港口地理和应用的安全性，发布过程中将对每个要素的位置和重要目标进行扰动和加密。后续使用中如果港口规划发生变化，则可及时对地图进行更新。

（4）高精度定位

高精度定位主要采用复合定位的方式来完成。正常情况下主要使用组合导航定位：高精度差分 GPS+IMU。考虑到 GPS 信号弱的情况会影响定位精度，系统方案还设计了激光点云定位和视觉定位。基于激光点云定位技术，通过激光点云与高精度地图的匹配，综合使用点云位置和反射强度信息，确定车辆位置。基于视觉定位技术，通过关键帧、关键点以及关键元素视觉特征的提取和匹配，估计相机的位置和姿态变化，从而估计车辆的位置。

在实际应用中，根据环境条件和传感器状态，系统使用不同的模式进行定位，包括 GPS+IMU 定位、GPS+IMU+ 激光点云定位、GPS+IMU+ 视觉定位、GPS+IMU+ 激光点云定位 + 视觉定位、IMU+ 激光点云定位 + 视觉定位。高精度定位方案能够保证定位精度达到 10cm，在特定区域的定位精度达到 5cm 以内，以满足自动驾驶和集装箱装卸作业的需求。图 2-24 所示为港口内基于高精度定位的岸桥下停车示例。

图 2-24　港口内基于高精度定位的岸桥下停车示例

（5）决策规划

① 横纵向决策

系统方案的决策机制以基于规则式的决策为主，基于机器学习的决策为辅，两种方式结合进行。在基于规则式的决策中，系统方案设计了超过 300 种“场景—决策”的映射。而这些场景以外的部分，均转向安全侧状态，避免交通事故和异常事件的发生。

② 路径规划

全局路径规划运行于中控平台，负责道路级的路径规划。通过给定任务内容、车辆位置和状态以及高精度地图等信息，指定该车辆当前时刻的具体运行路线。

如图 2-25 所示，TOS 已经下发了从开始点到结束点的移箱任务，一次规划需要给出一条最合适的工作路径。高精度地图提供了道路的整体拓扑信息（岔路口为节点，岔路口之间的道路为边），一次规划问题也就是在图模型中寻找开始点到结束点之间的最优路径问题。上述分析是针对某项任务、某辆集卡、某时刻的一次规划结果。

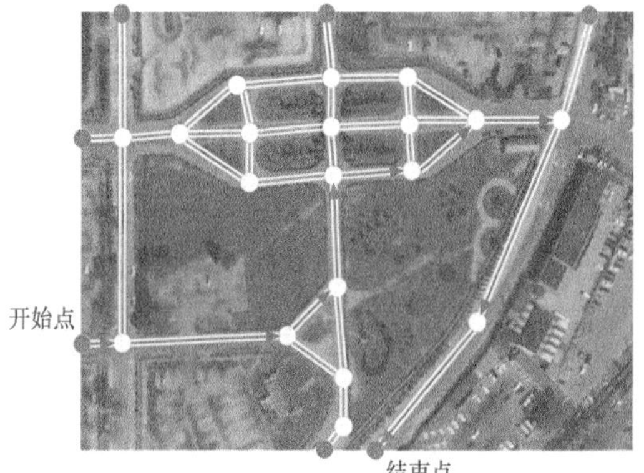

图 2-25　车辆一次规划示例

实际运行中，通常包括多个作业任务和多辆集卡。因此，系统方案利用多源节点间的最优路径模型来描述一次规划问题，即综合考虑高精度地图信息（道路的吞吐量、并发车辆数目）、任务耗时，将其作为约束条件来寻找所有集卡在某时刻的最优路径。系统方案采用图剖分和双向带时间窗口的规划算法完成优化，此算法在 Patrick 码头上已得到验证。

局部路径规划运行于车载平台。通过给定高精度地图、车辆位置和状态以及环境感知等信息，指定该车辆当前位置的局部运行路线。其中高精度地图给出了道路信息（车道数、车道位置、限速和其他要求），环境感知给出了障碍物位置和其他不可行驶区域。在栅格化处理和决策后，二次规划需要生成局部的带有速度矢量的预瞄点序列。

以图 2-26 为例，智能集卡发现自己身处 3 车道道路的中间车道，且前方有障碍物。在系统方案中，首先以左车道中心线为终点进行撒点，拟合多条螺旋线；其次考虑集卡模型、车辆舒适性、驾驶安全性和周边环境，从中选取一条最优的螺旋线；最后将该螺旋线进行插值、局部优化，以带有速度矢量的预瞄点序列的形式给出最终结果。

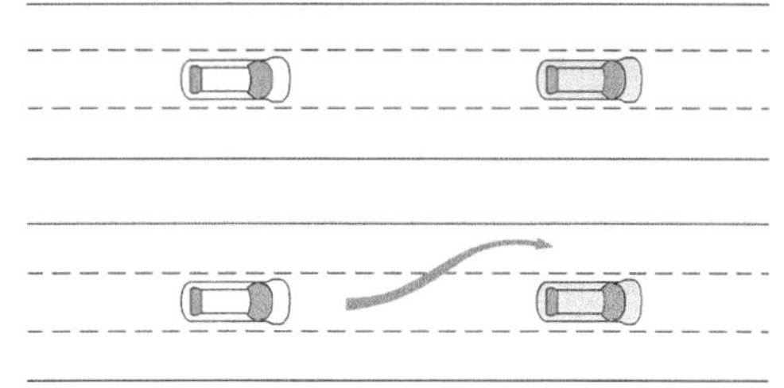

图 2-26　车辆二次规划示例

（6）云监控平台

云监控平台主要包括 TOS 对接、任务管理和实时监控功能。如图 2-27 所示，云监控平台从 TOS 接收智能集卡作业任务，对车辆进行统一调配，在作业过程中实时监控车辆状态。

图 2-27　云监控平台功能

① TOS对接

云监控平台通过专属无线网络和 TOS 连接，接收智能集卡作业任务信息，下发给各个车辆。通过专属网络、加密协议通信以保证通信安全，防止外部干扰和入侵。

② 任务管理

统一协调、管理各智能集卡的作业任务，控制集卡行驶和作业。采用智能化的任务调度和路径规划方法，提高作业效率，减少能源消耗。管理人员统筹安排，可以根据需求对每辆车进行分时、分任务的配置和管理。存储历史任务信息，提供相应的报表生成和分析功能。

③ 实时监控

智能集卡能够将车辆的状态、轨迹和姿态等信息传递给云监控平台，使云监控平台完成实时监控工作。云监控平台具有基于任务信息的智能监控报警功能，能够根据智能集卡的实时位置、运行轨迹和正在进行的作业任务信息，判断车辆作业状态是否正常，根据智能集卡各模块的工作状态判断车载系统是否正常，并在发现异常情况时及时报警。

7.节能环保与经济效益分析

（1）节能环保

① 内燃式集装箱牵引车单车年均能耗量

假定内燃式集装箱牵引车年均消耗柴油约 24t，折合成标准煤系数为 1.4571kgce/kg，碳排放系数为 3.1605kg/kg。

内燃式集装箱牵引车年均消耗标准煤：

24t×1.4571kgce/kg=34.9704t

内燃式集装箱牵引车年均碳排放量：

34.9704t×3.1605kg/kg ≈ 110.5239t

② 电动集装箱牵引车单车年均能耗量

假定电动集装箱牵引车年均耗电量为90 000 kW·h，折合成标准煤系数为 0.330kgce/(kW·h)，碳排放系数为 0kg/kg。

电动集装箱牵引车年均消耗标准煤：

90 000kW·h×0.330 kgce/(kW·h)=29.7t

电动集装箱牵引车年均碳排放量：

2.97t×0kg/kg=0t

电动集装箱牵引车年均节约标准煤：

34.9704t−29.7t=5.2704t

电动集装箱牵引车年均减少碳排放量：

110.5239t−0t=110.5239t

通过对比以上数据可以得出，每辆电动集装箱牵引车每年可节约 5.2704t 标准煤，减少碳排放量 110.5239t，一方面极大地降低了化石燃料的消耗，减少了温室气体排放总量，节约了设备使用成本，提高了设备投资回报率；另一方面积极响应了国家节能减排、治污降耗的号召，加快了能源结构调整，推动了能源供应的多样化进程，具有极大的环境保护效益及良好的社会效益，有力助推了“绿色港口”的建设进程，务实推进了清洁能源应用示范区的建设。

（2）经济效益

柴油发动机与电力驱动发动机能耗对比如下。

① 柴油拖挂车单车年均成本分析

假定每 5000km 做一次保养（每月运行 3800km），机油价格为 25 元 /L，每次需添加机油 23L，机油滤芯 100 元 / 个；做 3 次保养更换一次空气滤芯，价格为 220 元 / 套。

年均发动机保养费：

25 元 /L×23L/ 次 ×9 次 +100 元 / 个 ×9 个 +220 元 / 套 ×3 套 =6735 元

假定柴油拖挂车每月运行 3800km，油耗约为 0.53kg/km，当前柴油价格为 7.4 元 /L，折合 8.9 元 / kg。

年均燃油费：

0.53kg/km×8.9 元 /kg×3800km×12= 215 095.2 元

则年均总运行成本为：

215 095.2 元 +6735 元 =221 830.2 元

② 电动拖挂车单车年均成本分析

以 42 台车计，假定需要建设 12 个充电桩（每个 10万元），需另设置 1000kV 变台 2 座（日常使用一座，应急使用一座，每座 120 万元），变台年维保费用为 10 万元 / 座。变台和充电桩按 10 年摊销，根据电动集装箱测试数据，每月能耗为 1.96kW · h/km，按电力公司电价 1.1 元 /(kW · h) 进行计算。

单车变台成本：

120 万元 / 座 ×2 座 ÷42 台 ÷10 年 ≈ 5714 元 /（台 · 年）

单车充电桩成本：

10 万元 / 个 ×12 个 ÷42 台 ÷10 年 ≈ 2857 元 /（台 · 年）

单车变台年维保成本：

10 万元 / 座 ×2 座 ÷42 台≈ 4762 元 / 台

单车年电耗成本：

1.96kW · h/km × 1.1 元 /(kW · h) × 3800km × 12 ≈ 98 314 元

单车年均总运营成本：

98 314 元 +5714 元 +2857 元 +4762 元 = 111 647 元

③ 电动拖挂车单车年均节约成本

每台电动拖挂车比每台柴油拖挂车年均节约成本为：

221 830 元 −111 647 元 =110 183 元

通过以上数据对比得出，每台电动拖挂车比每台柴油拖挂车年均节约运行成本 110 183 元，重汽电动拖挂车单机购置价为 100 万元（补贴后），比柴油拖挂车高 57.5 万元。如果初期一次性支付全部投资额且年均收益固定，静态回收期按 T= 投资额 / 年收益，则电动拖挂车的回收期为：

$T_{电动}$=57.5 万元 ÷11.02 万元 / 年≈ 5.2 年

投资回收期约为 5.2 年，结合拖挂车的使用寿命一般为 10 年，投资收益非常可观。随着物流业的发展和环保要求的提高，电动拖挂车的市场需求量越来越大，这将推动电动拖挂车技术的迅速发展。

天津港聚焦智能驾驶技术以提高港口运力。研究智能集卡在港口自动化应用中的关键技术，可实现集卡精确定位导航、智能驾驶完成运输任务以及远端监控，且兼容人工驾驶。具体研究包括智能感知、智能决策、智能控制、智能调度、智能诊断等关键技术。

系统包括远端监控装置和车载智能驾驶装置。远端监控装置根据港口集装箱运输需求生成运输任务和路线，随时监控集卡位置、姿态和速度等信息，并根据异常情况远程控制集卡。车载智能驾驶装置接收远端监控装置发送的任务和路线，利用车载传感器系统感知集卡运行环境，利用车载多传感器融合定位系统得到车辆位置和姿态信息，综合形成驾驶语义，并以此做出决策，进一步规划轨迹，计算转向、油门、制动和挡位控制量，最终控制集卡完成运输任务。驾驶过程中，驾驶员可随时接管集卡进行人工驾驶。

通过智能集卡在港口自动化中的应用，推进关键技术迭代，以期解决当前内部集卡的运输安全、运输效率和运输费用等问题，从而提升港口吞吐量，为务实推进“智慧港口”建设提供有利保证。

8.总结

智能驾驶技术作为港口自动化领域的前瞻性技术，所聚焦的领域是目前国内外关注的热点。目前，国内外集装箱平面运输多采用磁导航的 AGV，其灵活性较差且价格较高，而智能集卡对港口的改造要求小，实现了无轨导航，可在全港区行驶。

采用人工智能尤其是智能驾驶技术赋能，从经济、效率和安全等角度解决港口目前面临的问题，能够全面提升港口物流的竞争力。智能集卡技术除用于国内外港口，还可以推广至高速物流，或横向扩展至城区物流等领域，市场前景非常广阔。

2.3.2 自动驾驶在共享汽车中的落地运营

★ 关键词：共享汽车 自动驾驶 商业模式

★ 作 者：李康清 晏科文

在经历了资本的推动发展之后，共享汽车行业在当前环境中逐步开始思考行业的痛点和未来发展的方向。面对取车难、停车难、还车难、车况差、卫生差、调度难、充电难、盈利难等问题，首汽 GoFun 共享汽车正在进行的自动驾驶落地运营，试图通过科技推动共享汽车行业的发展，为公共交通服务开辟新的共享汽车商业模式，从而实现智慧交通的目标。

1.共享汽车行业的困境

目前，共享汽车行业面对的问题主要包括以下 4 个方面。

第一，成本问题。共享汽车企业从新能源汽车主机厂采购一台新能源汽车需要花费几万元至几十万元不等，再加上市场运营成本和维护成本，尤其是车辆改装和后期的维护费用，单台车的资金投入成本非常高。车辆购置的巨额投入和所获得的微薄盈利之间难以平衡。虽然传统的分时租赁运营模式发展良好，但是盈利依然遥遥无期。

第二，停车问题。共享汽车的停车问题成为共享汽车行业中较为突出的矛盾。共享汽车每进入一个城市，都要提前进行网点布局规划和停车位租赁，对场站的选择日益成为共享汽车行业重要的工作内容。面对日益高涨的出行需求，共享汽车企业也逐渐增多，单一企业的规模普遍不大，网点稀疏，汽车数量供不应求。由于场站选择的问题，因此许多人可能跟随地图走了很远才能勉强找到一辆闲置车辆，这会严重损害用户体验，也背离了共享出行的基本原则——便捷性。

第三，车辆损耗和卫生问题。共享汽车在使用过程中不可避免会产生损耗，造成车身有明显的剐蹭痕迹，车体卫生环境也存在“脏、乱、差”等现象。由于缺乏对用户有效的引导和监管，因此极大可能会影响后续其他用户的体验。共享汽车租金不高，导致企业利润较少，在单一的盈利模式下，需要大量的投入进行用户引导和市场教育才能盈利。

第四，安全问题。对于共享汽车是否具有安全性，不少消费者持有怀疑态度。共享汽车作为共享产品，其使用频次比普通汽车高出很多，如果维修和保养不够及时，质量监督不够严格，则很容易产生安全隐患。

未来的共享汽车行业需要整合技术能力、运营能力、资源整合能力和资金实力。当今阻碍行业发展的有两大因素：一是创新模式受制于新科技的研发、落地；二是高速发展的需求受制于资源不足。将最新的自动驾驶技术与共享汽车的智能运营系统进行场景融合，能够有效解决目前共享汽车在使用过程中的用户痛点。共享汽车自动驾驶技术不但能够有效解决用户在使用过程中的“停车难、找车难、取车难和潮汐调度难”等问题，而且能够利用包括智能辅助驾驶系统、人脸识别技术、智能座舱监控技术、自主泊车等在内的自动驾驶功能，在低速、空载、无人的场景下真正为用户带来安全、高效并且在行车过程中全方位保护的体验。

随着自动驾驶技术的进一步成熟，未来将实现共享汽车运营的潮汐效应场站间的智能调度、停车位自动无线充电等功能，这能够在一定程度上降低共享汽车运维和调度的成本，增强行车安全性，减少车损，提高车辆利用率和对用户进行有效的引导，为共享汽车行业的可持续发展提供条件。

2.自动驾驶技术优化共享汽车商业模式

共享汽车为自动驾驶技术提供了有效的应用落地场景。未来，通过自动驾驶进行共享汽车潮汐调度之后，无论是用户的停车体验，车辆的清洁、维护、保养，还是夜间调度的人力成本等，都将得到极大的优化。

用户在进入场站道路电子围栏内的任意地点下车后可以实现一键泊车，这将极大地提升用户的体验和提高共享汽车的用车周转率。尤其是在冬天或阴雨天，用户可能会考虑到距离取车点和停车点还有数百米或者更远的距离，从而放弃使用共享汽车。但拥有自动驾驶功能以后，共享汽车可以从停车场自动开到用户眼前，实现“车找人”（如图 2-28 所示）。用户下车后，车辆自动停到偏僻、低效的停车场，同时车辆可以实现高密度停放，不过多占用稀缺的停车场资源（如图 2-29 所示）。

图 2-28　自动取车

图 2-29　自动还车

此外，自动驾驶能够解决线下运营调度的问题，提升车辆的利用率。一些智能化的手段还能够约束用户的乘车行为，使其养成文明用车的习惯，降低企业的运维成本。

自动驾驶这项具有颠覆性的技术注定成为推动共享汽车市场发展、优化共享汽车商业模式的有效路径。未来，共享汽车行业的自动驾驶将促进汽车出行产业的融合发展，交通出行会更加便捷。

自动驾驶的落地要充分考虑用户的接受程度、道路的接受程度、政府法律法规的接受程度，以及安全问题。因此，企业应在充分考虑各方因素后，选择如何切入市场。首汽 GoFun 共享汽车从其系统集成切入，重点解决“用户下单取车前一公里”“车辆自动驾驶过程中的安全驾驶辅助”“还车最后一公里”这 3 个痛点，从而提升运维调度效率。在推动自动驾驶功能慢慢普及的过程中，用户体验尤为重要。用户只有通过共享汽车感受到自动驾驶给交通带来的改变，才会慢慢接受“自动驾驶时代”的到来。

3.首汽GoFun共享汽车自动驾驶平台

首汽 GoFun 共享汽车自动驾驶平台包括车端、云端服务大数据和手机 App 端。车端能够依靠毫米波雷达、激光雷达、视觉摄像机图像、IMU 导航和其他传感器，实时捕获、采集和融合数据。前级预处理和高性能自动驾驶主控器不仅极大地缩短了时延，同时显著提升了传感精度和整体系统效率，从而满足自动驾驶在共享汽车落地运营中的安全性相关要求。

自动驾驶主控器将未经筛选的信息经过预处理后从所有系统传感器直接传输至一个中央处理单元，而原始数据将在此进行隔层的实时融合。通过与传感器供应商协作定制，采集前端传感器的原始数据进行预处理，从而减轻微控制器、传感器节点的相关处理工作压力以及降低功耗、散热、防静电、成本和尺寸等方面的成本。在所有系统传感器节点配置预处理微控制器可带来极大优势，包括提升实时响应性能，大幅降低系统成本和复杂度，访问所有捕获到的传感器数据，为汽车周围的实时环境和自动驾驶条件建立算法模型。简化网络通信物理总线架构、硬件接口和单线多层网关的车载以太网主干架构，打造出更为精简的数据传输架构，从而进一步缩短系统时延。利用集中的传感器数据提升精度和可靠性，以适应环境的冗余度和动态解析。经过优化的信号处理软硬件系统和规则强化学习的计算优化，以及可用于机器深度学习的神经网络，集成在首汽 GoFun 共享汽车的自动驾驶平台上，可以满足安全性、成本、功率、热能和排放的量产化要求，满足 IATF16949 质量管理体系要求，并符合 ISO 26262 ASIL D 标准系统。借助集中式实时原始传感器数据融合技术，提高自动驾驶系统开发的 FPGA+x86 基础架构的自动驾驶控制器、安全控制器的灵活性和超高信号的处理效率，使得功耗被控制在 60W 的功率限额内。在自动驾驶系统中，各种不同的传感器在捕获、预处理和融合数据的过程中发挥了重要作用。

感知、认知、决策、控制和执行是自动驾驶的五大阶段。认知阶段是依据感知信息完成处理、融合的过程，形成对全局的理解。据此，自动驾驶系统通过算法得出决策结果，将其传递给控制系统生成执行指令，完成驾驶动作。多传感器的信息融合、决策规划也需要深度学习等算法的深度参与，搭建完整的自动驾驶系统。传感器发挥感知周边环境的作用，高精度地图也能够提供更前瞻的信息指示和冗余性，帮助汽车进行高精度定位，使驾驶系统感知到更大范围的交通态势，保证自动驾驶的安全。共享汽车能通过 V2X 通信设备与其他主体互联，并能通过大数据云服务平台实时更新数据、系统和高精度地图。高精度地图对道路信息的记录能帮助汽车自主进行路径规划，记录、学习驾驶行为和轨迹，了解车主行车习惯，为自动驾驶汽车提供决策支持，为车主提供个性化的出行体验。

深度学习框架以及计算平台为自动驾驶提供了落地运营的可能，而规则强化深度学习算法好坏的关键在于数据的质量，因而数据常常被行业内看作自动驾驶的核心。获取数据的方法包括亲自实车测试、软件模拟和众包等不同的方法。首汽 GoFun 共享汽车将算法模块嵌入共享汽车中，亲自实车测试，获取真实运营场景数据，并通过比对驾驶员的行驶轨迹和算法输出结果来进行进一步修正。多传感器融合将有效提升汽车的感知融合能力，多种不同传感器分布式的运作架构经过规则强化深度学习算法后，在数据层进行融合。决策算法依据来自感知层和认知层的信息完成判定，直接决定汽车行驶的轨迹线路。

行驶安全是自动驾驶汽车能否落地的先决条件，也是自动驾驶汽车在共享汽车中落地时要解决的首要问题。行驶安全包括功能安全、冗余安全和信息安全。功能安全保证整套方案的正常运转。冗余安全是指系统发生故障时能有备份、冗余系统作为保障。信息安全包括数据的存储、应用、传输安全，以及来自传感器、车联网等不同系统的信息安全。信息安全保障整个通信链路能够低时延地进行实时安全通信。人为的故意伤害将对自动驾驶的信息安全提出挑战。首汽 GoFun 共享汽车采用系统集成、兼收并蓄、混合互补的路线进行算法集成开发与分布式计算架构，不同算法经过封装成为覆盖不同环节的系统模块，并与其他传感器硬件配套，组成可量产、可通用的完整自动驾驶解决方案。首汽 GoFun 共享汽车目前已经与相关主机厂、Tier1 供应商等合作，取得数据和算法软件，形成商业闭环，进行自动驾驶共享汽车定制和园区落地运营测试。

首汽 GoFun 共享汽车在自动驾驶领域内的重要突破是位于成都经济技术开发区的首汽 GoFun 共享汽车自动驾驶实验基地。该实验基地目前已经进入真实园区环境路测，可实现园区电子围栏内道路任意地点自主取车、还车、多场站多车编队巡航调度、车辆高密度停放等功能（如图 2-30 所示）。

在智能化、轻量化、电动化、网联化、共享化等发展方向中，共享化作为未来可能的发展趋势，符合交通发展的需求。自动驾驶的落地将推动智慧交通系统的构建，企业与政府可共同搭建智能网联平台，对交通数据进行整合处理，形成分析预测模型，从而运

图 2-30　园区落地运营测试

用于交通调度引导、线路规划、车辆管控等方面，使城市交通运转更高效、环保和便利，优化市民的出行体验。

未来，用户只要在手机上轻轻一点，车就到楼下了。到达目的地后，车能自动找到停车位置，一边充电一边等候下一位共享汽车用户。

2.3.3　无人驾驶在末端物流配送中的应用和挑战

★ 关键词：无人驾驶　物流行业　无人配送

★ 作　者：夏华夏

近年来，无人驾驶的热潮已经从学术界迅速往工业界蔓延开来，无人驾驶被出行、物流、仓储等行业寄予厚望。我们从末端物流的应用场景来研发无人驾驶技术，并认为这是一条比较切实可行的技术演进道路。同时，我们遇到了不少实际的困难和挑战。本小节将从业务需求、技术趋势、生态建设等几个方面来探讨无人配送的应用落地。

我国的电子商务发展迅速，其中实物电商和服务电商的增长促进了物流配送的迅猛发展。国家统计局公布的数据显示：2020 年，全国快递业务总量达到 833.6 亿件，同比增长 31.2%。不断增长的业务量将给末端带来极大的配送压力。

以外卖为代表的服务电商同样有着末端配送的巨大需求。中国饭店协会联合饿了么发布的《2020—2021 年中国外卖行业发展研究报告》显示，2020 年中国在线外卖市场规模达 6646.2 亿元人民币，同比增长 15%。业内人士估计，未来 5 年国内的外卖规模将达到每天约一亿单。

电商的快速发展让快递、外卖的人力支出成为各平台的重要支出成本，因此多家大平台和众多的初创公司开始探索如何使用无人驾驶技术来提升“末端配送”的效率。本小节用“无人配送”来特指使用无人驾驶的末端物流配送，无人配送不是完全不用人力，在未来很长时间里将是人机协同作业。

1.无人配送应用的现状

目前，国内外有多家公司在做无人配送的研发。

国外最早做无人配送车的是成立于 2014 年的英国创业公司 Starship，其机器人配备了 9 个摄像头，具备完整的避障系统，可完全自动执行任务，能够以 6.44km/h 的速度行驶，每次可以运送约 9kg 的物品。美国硅谷的初创公司 Nuro 也推出了全自动无人配送车 R-1，该无人配送车不是为低速园区或者人行道而设计的，而是可以在绝大多数城市内的地面道路上行驶。美国的机器人创业公司 Marble 正在和 Yelp 公司合作，用机器人配送外卖，用户使用 Yelp 公司的 Eat24 软件下单后，可以选择让机器人送餐上门。类似的无人配送车还包括 Robby 公司的机器人、机器人开发创业公司 ZMP 发布的“CarriRo Delivery”等。

在国内，菜鸟、京东、美团等有配送业务场景的公司，也在加码室内无人配送，其末端配送的无人车开始在高校、园区内进行测试运营。一些机器人和无人驾驶的创业公司也在末端配送方面做了诸多努力，例如新石器公司在测试园区的无人配送，赛格威、优地、云迹科技等机器人公司在测试楼内的配送（如表 2-8 所示）。

表 2-8　无人配送领域的部分公司及其产品

	公司名称	无人配送产品及运营情况
国外	Starship	2014 年成立，在人行道运行，2016 年开始试点配送
	Marble	2015 年成立，在人行道运行，2017 年 3 月开始试点测试
	Nuro	2016 年成立，2018 年展示 L4 的无人送货车，载重 100kg 以上，在市政道路运行
	Robby	2016 年成立，2018 年发布“Robby-2”，在人行道运行
	ZMP	2017 年发布“CarriRo Delivery”，在人行道运行
国内	菜鸟	末端物流车菜鸟“小 G 2 代”和“小 G Plus”，在阿里巴巴集团杭州总部路测
	京东	无人配送车在中国人民大学等 6 所高校进行校园测试
	美团	“小袋”以园区内运行为主、“魔袋”以市政道路运行为主、“福袋”以楼内运行为主，在雄安等地测试
	新石器	在园区内进行无人配送、无人零售的测试
	赛格威	在商场内进行取餐的测试
	优地	在写字楼内进行末端 100m 配送的测试
	云迹科技	在酒店内进行末端 100m 配送的测试

国内的无人配送起步比国外稍晚，但是国内的企业有着明显的场景优势。

首先，从物流配送业务来看，国内的业务规模远超其他任何一个国家。国内 2020 年的快递业务量占全球总量的 60% 以上，而外卖配送量更是比其他任何国家至少多一个量级。依托如此巨大的业务体量，无人配送在国内的电商企业得到了更多的投入。

其次，因为国内的人口密度较大，每单配送需要的配送距离相对较短，对无人配送车的续航里程要求不高。小型的无人配送车因为可载电池容量小，天生有续航短的缺点，在国内的场景中无人配送车相对更容易落地。

总体而言，现在国内外众多的公司大多处在小规模试运营或者早期研发的阶段，还需要在无人驾驶、人机交互等多种技术上不断完善，才能满足多种多样的、复杂的运行场景的需求。

2.无人配送的必要性

我国电子商务的发展可能带来配送运力需求的快速增长与社会适龄劳动力人口的不断减少之间的矛盾，而无人配送将是解决这个矛盾的有效手段。如前所述，我国的电商规模在未来将有数倍的增长，对配送运力的需求也必将随之不断提高。另一方面，我国的劳动年龄人口（16~59 岁）在 2011 年达到最高点，从 2012 年开始逐年下降，至 2017 年，6 年内减少了约 3800 万（如图 2-31 所示）。随着老龄化现象的发生及城镇化进程的加速，适龄劳动人口数量与日益增长的生产建设、服务消费需求之间存在巨大差距。所以，我们需要用无人驾驶技术来提升配送的效率。麦肯锡全球研究院预测，未来十年，80% 的包裹都将自动进行配送。

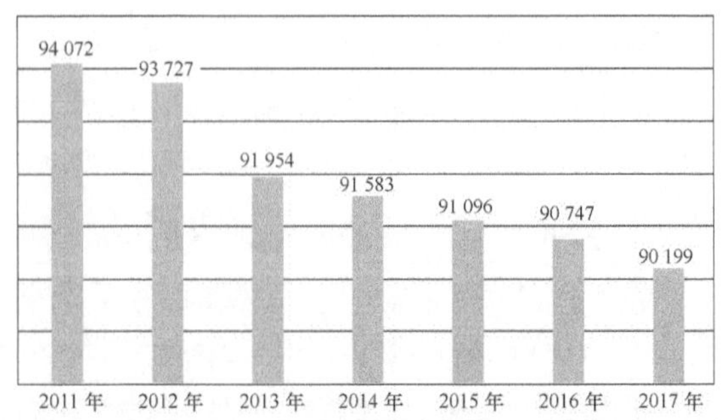

图 2-31　2011—2017 年我国劳动年龄人口（万人）

（来源：国家统计局）

无人配送也会改善配送员的工作环境和体验，这在外卖业务中显得尤为重要。外卖平台通常需要一年365天、每天24h不间断地提供服务，以便满足消费者的需求。但这也意味着配送员经常需要在一些比较恶劣的环境中工作，例如严寒、酷暑、风雨、暴雪以及深夜环境等。无人配送的应用将在极端天气环境下协助配送员进行工作。

3.人机协同的应用场景示例

无人配送的落地需要与既有的配送体系配合。在未来很长的时间里（十年甚至更长），由于无人驾驶技术的成熟度、工作场景的规范性、用户的消费习惯以及接受度等原因，无人配送车只能运行在某些场景中，需要与配送员协同作业，与配送员进行配合和提供支撑。

以外卖配送场景作为示例。用户在外卖平台下单后，外卖平台将订单信息传递给商户，同时指派一名最合适的配送员进行配送，而整个配送过程大致可以分为3个阶段。

第一阶段，到餐馆取餐。通常情况下，配送员需要步行数百米，路程往返以及与餐馆交互需要近10min。

第二阶段，中间路程的运输。

第三阶段，“最后一公里”的送餐，到达写字楼或者住宅小区后，配送员再步行或坐电梯到达用户所在的楼层，最终将餐品送到用户的手上。

这3个阶段可以由同一个配送员完成，也可以分阶段分别由不同的配送员、无人配送车或者机器人来协作完成（如图2-32所示）。这种人机协同的配送方式可以提高整个流程的效率，提升人均配送能力。

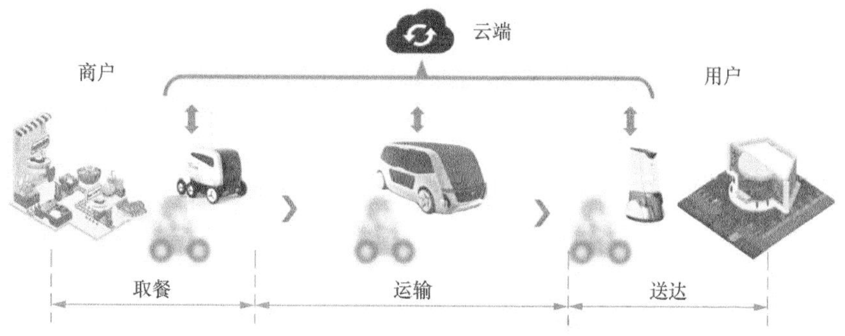

图2-32　外卖配送场景的人机协同

4.无人配送对无人驾驶技术的意义

从无人驾驶技术的发展角度来看，无人配送可以帮助无人驾驶技术尽快落地应用，从而更好地进行技术的迭代。

无人驾驶技术在学术界已经历了30多年的演进，在工业界也已经有10多年的历史。如图2-33所示，早在20世纪80年代，国内外一些高校就开始做这方面的研究。例如卡内基梅隆大学在1984年就做出了一辆可以在校园里自主行驶的无人车“Terregator”，虽然它的行驶速度最高只有每秒几厘米。清华大学、国防科技大学等也在20世纪80年代开始了无人车的研究。1992年，北京理工大学、国防科技大学等5家单位联合研制了我国第一辆能够自主行驶的测试样车“ATB-1”，其行驶速度可以达到21km/h。从2004年开始，DARPA开始资助美国的无人车挑战赛，2005年的无人车挑战赛上有5支团队的车顺利完成200多千米山路的行驶，其中的冠军车是斯坦福大学塞巴斯蒂安·特隆教授团队的无人车“Stanley”。在这之后，特隆加入谷歌公司，并在2009年创立了谷歌公司的无人驾驶项目，后来从谷歌公司独立出来成立子公司Waymo。谷歌公司是在工业界较早开始做无人驾驶的企业，到2018年已经研究了近十年。

1984 年卡内基梅隆大学的“Terregator”

1994 年德国的“UniBwM”

2005 年斯坦福大学的“Stanley”

2016 年 Waymo 公司的“Firefly”

图 2-33　几款无人车

经过学术界 30 多年和工业界 10 多年的发展，无人驾驶技术有了长足的进步，但是这项技术离成熟还有很远的距离。参考 2017 年美国加利福尼亚州交通部发布的无人驾驶报告中的数据，表 2-9 所示的最后一列是每行驶多少英里需要一次人工的干预，一般称之为 MPI（Miles Per Intervention）。MPI 越大，代表无人驾驶的级别越高。业界公认较好的 Waymo 公司，其产品在 2017 年的 MPI 是 5596 英里（1 英里 ≈ 1.61km）。与人类驾驶的水平相比，人类驾驶平均 16 万英里出一次事故，而致命的事故平均 9000 多万英里发生一次。这说明目前无人驾驶距离人类的驾驶水平还相去甚远。

2016 年，兰德公司做了一个数学模型，模型表明，如果要以 95% 的置信度证明在死亡率方面无人驾驶比人类驾驶低（20%），大概需要 110 亿英里的无人驾驶里程。这意味着什么？如果有一个包含 100 辆车的车队，以40km/h 的平均速度 24h 不停地行驶，那么也需要 500 多年才能累积行驶 110 亿英里（如图 2-34 所示）。

表 2-9　无人驾驶与人类驾驶的对比

公司	路测英里数	人为干预次数	无人驾驶英里数 / 人为干预次数
谷歌 Waymo	352 545	63	5596
通用 Cruise	131 676	105	1254
百度	1949	43	45
奔驰	1087	652	1.7
人类平均驾驶英里数 / 普通事故			165 000
人类平均驾驶英里数 / 致命事故			90 000 000

（来源：美国加利福尼亚州交通部，2017 年）

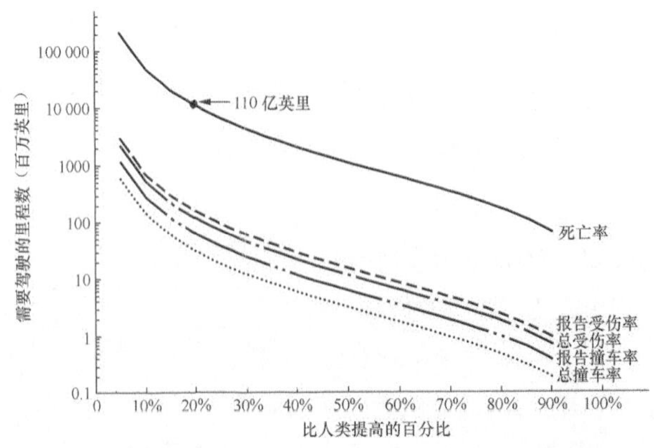

图 2-34　证明无人驾驶在 95% 置信度优于人类驾驶所需里程

（来源：兰德公司）

在无人驾驶技术不成熟的情况下，是很难进行大规模的上路测试的，除非投入大量资金雇佣无人驾驶汽车安全驾驶员。在完全脱离驾驶员之前，需要更多的研究和工程工作（可能超过十年）来改进无人驾驶技术，包括更高分辨率的传感器、更好的算法、更好的计算芯片等。

无人配送场景具有“小”“轻”“慢”“物”的特点，因此对无人驾驶技术的可靠性要求相对较低，无人配送可以更早地落地应用，帮助研发人员进行无人驾驶技术的测试和迭代。

以餐饮外卖的配送场景为例，盒饭的长度一般不到 30cm，所以车子也可以做得比较小，实际使用的无人配送车的宽度都在 50~100cm 范围内，长度不超过 2m。这么小的车子重量也会轻一些，从几十千克到几百千克。设备比较“小”“轻”，若发生故障，对周围环境造成严重伤害的概率就会小很多。

由于是“末端配送”，因此距离通常比较近（如餐饮外卖一般在 3km 的范围内），20km/h 左右的时速就足够满足这种短距离运输的需求。因为设备的行驶速度较慢，其制动距离也比较短，一般在米级，所以对传感器、计算单元的要求都相对较低，传感器的感知距离大于 30m 即可，而计算单元做出感知、决策、控制、执行的全周期只要不超过 1s 就可以接受。

最后是“物”，运送的是盒饭、包裹等物品，而不是乘客。载物的设备对行驶的平稳性、舒适性的要求比载人低很多，控制算法实现起来就容易一些。另外，因为车内没有乘客，设计时可以去掉传统车辆上用于保护乘客的装置，如安全带、气囊等，同时增加保护周围人或车的设计，如柔性外壳等，这进一步降低了对无人驾驶安全性的要求。综合这些因素，我们认为无人配送将会在未来的 3~5 年内大规模落地应用，早于载人场景的应用。

一旦无人配送在末端物流场景大规模落地应用，对整个无人驾驶的行业都是非常有帮助的。第一，无人配送有非常丰富的场景，覆盖了除高速路之外的大部分城区、园区、室内的道路。以美团外卖为例，其业务覆盖全国大多数市县，从北到南，一年 365 天，四季不同的天气，白天黑夜不间断，山区、高原、城区等各种道路，因此可以给无人驾驶提供丰富的数据。第二，有足够大的容量，如每天有几十万名配送员活跃在美团外卖平台上，同时外卖行业在快速增长，未来很容易在这上面部署几十万甚至几百万辆无人配送车。如果有 100 万辆无人配送车，只需要一两个月就可以积累兰德公司的报告里所说的 110 亿英里的里程和数据。

5.无人配送相关的技术

无人配送涉及的技术栈很深，融合了硬件、软件、算法、通信等多种技术（如图 2-35 所示）。

无人配送首先是一种无人驾驶技术的应用，所以必不可少地需要用到无人驾驶通常都要用到的技术，包括计算机感知、定位、规划、控制等算法，数据平台、仿真平台、监控系统等云端软件，激光雷达、摄像头、GNSS（Global Navigation Satellite System，全球导航卫星系统）、IMU 等硬件传感器，以及汽车工业链中的线控底盘技术。大多数技术跟一般的自动驾驶基本相同，这里不赘述。以下仅介绍一些无人配送车特有的技术特点。

很多无人配送车需要在没有卫星信号的室内运行，所以需要有在室内也能实现精准定位的方案。室内的无人配送车融合多种信号进行定位，一是 Wi-Fi 指纹，即无人配送车感知到周围的多个 Wi-Fi 接入点的信号强度，通过将 Wi-Fi 指纹与事先采集到的位置指纹库进行比对分析，就可以得到无人配送车当前的大致位置。二是使用 SLAM 技术，基于这项技术，无人配送车可通过激光和摄像头观测到周围的环境特征，定位自身位置和姿态，再根据自身位置增量式地构建地图。一旦完成了地图构建，后续在同一区域内的运行就可以复用地图做进一步的定位和规划。

此外，无人配送还涉及大量物联网互联的技术，以便与道路、电梯、门禁等进行交互。这与无人配送

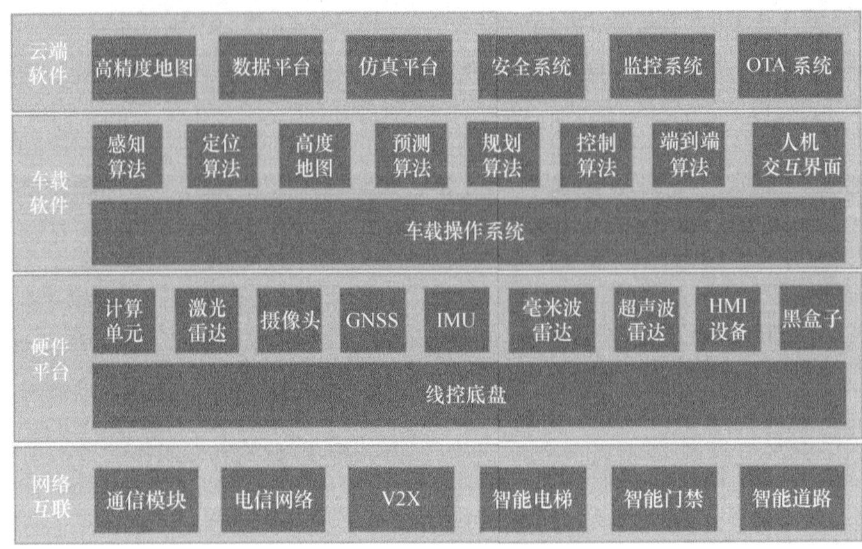

图 2-35　无人配送相关的技术栈

车行驶的区域有关，如非机动车道、人行道、工业园区、住宅小区、写字楼等。在这些区域内经常需要与人、车、道路、建筑进行交互。若园区和住宅小区的出、入口安装有门禁系统或者闸机系统，无人配送车则需要与门禁、闸机系统交互才能进出。此外，很多楼宇都使用弹簧推拉门，有一些在开启时还需要旋转把手，无人配送车很难进行这些物理的操作，因此需要对无人配送车行进道路上的门进行改装，以使无人配送车能通过无线信号来开启或关闭这些门。无人配送车还需要具备与电梯交互的能力，能够呼叫电梯并指示电梯去往特定的楼层。

图 2-36 所示为无人配送车与电梯、闸机进行智能交互的一种实现方案。电梯和闸机上都加装了能够接收云平台指令的通信模块。无人配送车通过 4G 网络向云平台发送指令，云平台将指令下发到电梯或闸机的控制模块，控制模块将指令转码为机械控制信号。

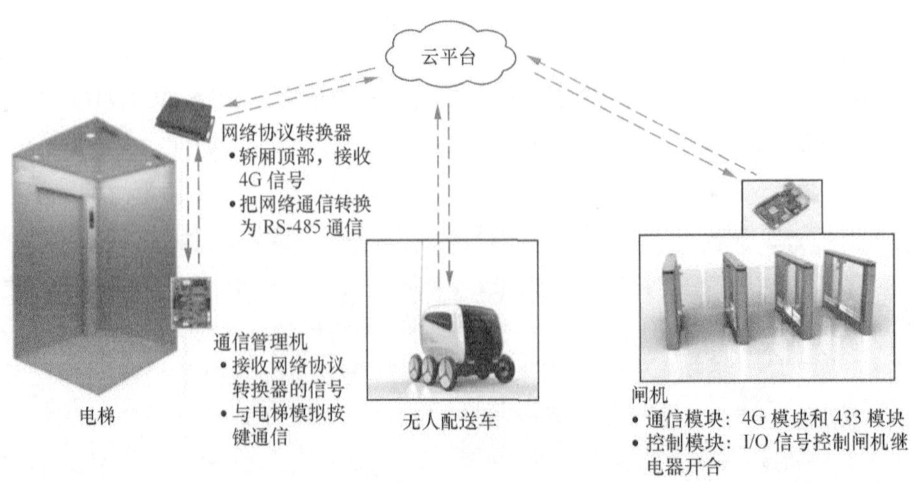

图 2-36　无人配送车与电梯、闸机的智能交互

此外，无人配送的大规模落地应用还有一个关键的技术需要突破——大规模人机协同配送的智能调度系统。由于每一个配送订单都可以由多个配送员、多辆无人配送车接力完成，因此调度系统需要确定指派哪个配送员、哪辆无人配送车来进行配送，以及要完美地安排指派的配送员、无人配送车经过的路径和时间，让他们刚好在相同的时间到达相同的地点，从而高效地完成订单的交接。考虑到整个系统的巨大规模，将来可能达到每天亿级的订单量、百万级的配送员和无人配送车，要做到高效的配送调度是非常有挑战的。

6.政策上的机遇和挑战

无人配送的大规模应用需要很多配套的法律、法规和标准等支持。

近年来，我国发布了一系列政策，为我国的无人配送提供了前所未有的发展机遇。2015 年 7 月，国务院印发《关于积极推进“互联网 +”行动的指导意见》，其中的“互联网 +”11 个具体行动中就包括“互联网 + 高效物流”“互联网 + 人工智能”等。2016 年 8 月，国务院印发《“十三五”国家科技创新规划》，其中也包括研发智能机器人的规划。2017 年 7 月，国务院印发《新一代人工智能发展规划》，该规划部署，到 2020 年人工智能总体技术和应用与世界先进水平同步。

同时，行业需要不断完善无人配送车的技术标准。在北京市经济和信息化局、中关村智能网联汽车创新中心等机构的指导下，包括美团点评、北京千方集团、中国信息通信研究院等在内的中关村智通智能交通产业联盟成员及有关单位，在 2018 年 10 月联合发布了《服务型电动自动行驶轮式车技术要求》团体标准。该标准为无人配送车设置了技术标杆，也为配送机器人、轮式送餐车的应用落地和监管提供了参考依据。

政府对无人配送车的监管的配套政策也有待完善。例如，无人配送车可以在哪些道路上行驶？无人配送车是否需要上牌？如果车辆涉及事故或交通违规，会发生什么？谁是负责人？2018 年 11 月，工业和信息化部等六部委联合发布了《关于加强低速电动车管理的通知》，其中强调要建立长效监管机制，但是更多具体的政策还有待出台。

7.总结和展望

无人配送是人工智能的典型落地场景，完成无人配送需要无人驾驶技术、机器人技术、视觉分析、自然语言理解、机器学习、运筹优化等一系列创新技术的高度集成。无人驾驶技术距离完全成熟还有很长的一段路，但是无人配送可以帮助无人驾驶技术快速落地、快速迭代。

同时，国内的配送场景具有中国特色，需要大量的自主创新而非“拿来创新”，无人配送的成功应用标志着无人驾驶、机器人控制、机器学习等一系列创新技术实现了重大突破，实现传统产业升级，使服务型产业向强技术驱动服务型产业过渡。

2.3.4 智能驾驶对城市空间的变革

★ 关键词：智能驾驶　城市空间规划　场景城市

★ 作　者：李忠

智能驾驶，是人工智能领域最受瞩目的应用领域之一。当象征着未来的人工智能技术与人类主要的出行方式结合时，便产生了惊人的化学反应。未来，交通将给城市带来变革。确切地说，智能驾驶汽车的应用将会重塑城市空间。

“I could be bounded in a nutshell, and count

myself a king of infinite space.（即便我身处果壳之中，仍自以为是无限宇宙之王。）"，威廉·莎士比亚（William Shakespeare）的戏剧《哈姆雷特》中的主人公哈姆雷特（Hamlet）如是说。这句话亦为史蒂芬·霍金（Stephen Hawking）所用，以此为他的科普著作《果壳中的宇宙》命名。也许对丹麦王子哈姆雷特以及霍金而言，"果壳"都意味着那个坚硬的、禁锢着他们的空间。

在我眼中，城市空间也是一种"果壳"。而城市内容——所有那些吸引人们迁移并定居到城市中的城市功能体系及技术产业，便是"果壳"中聚集能量的宇宙。但是，在我看来，这个"果壳"——城市空间，并不坚硬。"果壳"中的宇宙不断地变化，影响并改变着"果壳"。也就是说，我们的城市空间已经数次被城市内容所改变，在未来，那些不断进步的各种技术仍将继续改变城市空间。目之所及，城市空间已经随着新技术的演进发生了两次重大的变化。

第一次工业革命对现代城市空间的改变至关重要。在此次工业革命中，大规模的工业生产出现。由于城市中工厂对劳动力的大量需求，因此使得大量人口开始在城市聚集。1800 年，英国居住在城市的人口约为全国人口的 1/5。而在短短 51 年后，居住在城市的人口猛增到全国人口的 1/2。巨变的城市人口数字说明，我们的"果壳"——城市空间，出现了前所未有的膨胀。

城市形态再次发生变化时，是以电气化和汽车为代表的第二次工业革命时期。1913 年，世界上第一条汽车流水装配线在福特公司的工厂出现。1919—1929 年的十年间，洛杉矶的人口数量翻了一番，与之相对应的是汽车拥有量增长了 5 倍。到 1930 年，美国已经达到了每 5 个人里就有 1 个人拥有汽车。在这种情况下，城市从原来的狭小、拥挤和紧密的形态，发展为大尺度和以车行交通为主导的大城市乃至超级大城市。

这个时间也是很多美国城市形态和欧洲城市形态出现极大分歧的开始。这种城市形态的不同并非像很多规划文章所写——是源于规划思想的不同，而是源于一个极其重要的技术变革，即汽车所带来的重大变革。可以说，看似与城市空间规划和城市设计没有任何关系的汽车，却带来了影响深远的城市空间革命。

当下，能使城市形态再一次产生重大变革的，就是本小节的主题——智能驾驶。它至少会从以下 3 个方面再次重塑我们的城市空间（如图 2-37 所示）。

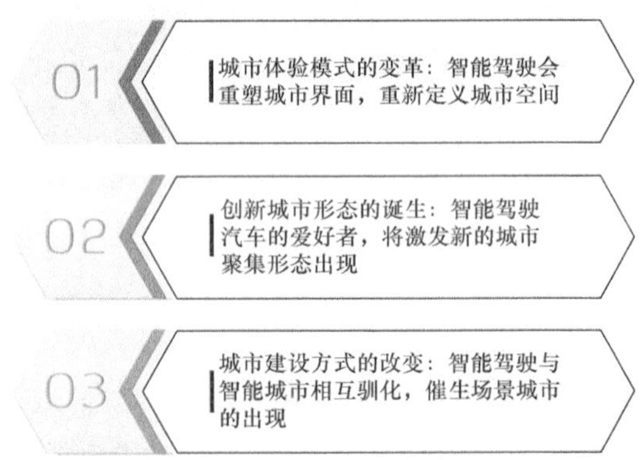

图 2-37　智能驾驶从 3 个方面重塑城市空间

1.城市体验模式的变革：智能驾驶会重塑城市界面，重新定义城市空间

现在有很多预测城市变化的人，预测出的未来城市听起来像是我们将住在月球上一样。这种预测逻辑其实不太合理。因为合理的预测逻辑是：在不怎么改动我们所处空间的情况下，获得新的感受。正如麻省理工学院可感知城市实验室的主任卡洛·拉蒂（Carlo Ratti）所说："从建筑学的角度来看，未来的城市看起来不会有本质上的变化，就像古罗马也没有和当今城市有多大差别一样。"

"果壳"依旧是"果壳"，但并不坚硬。未来，为城市带来最大变革的，应该是交通重塑城市界面。确切地说，智能驾驶汽车的应用，将会重塑城市界面。那些以往固定的城市功能空间，如街道、停车场，将被赋予新的功能。汽车本身也将变成新的、多元的城市功能空间。我们的城市界面将呈现出新的变化。

（1）智能驾驶汽车本身，会创造新的城市结构

2017年的拉斯维加斯消费电子展上，一款由我国驭势科技公司研发的智能驾驶汽车，在丰田、奔驰等大牌云集的北展馆上一经亮相便引发了高度关注。大家一看这辆车就会发现，它改变了汽车传统的两排座模式，汽车变成了一个包厢。之所以会如此设计，是因为驭势科技公司的CEO吴甘沙认为，汽车在将来会是完全的自动驾驶，不用再设置驾驶座位。

当智能驾驶级别达到L4及以上时，我们将不再需要手扶方向盘。没有了方向盘，驾驶座位就会变得无用。所以，智能驾驶汽车本身就会变成一个可以自由活动的功能空间。它可以满足我们的各种需求：可以是女孩子们奔赴约会之前的化妆室、商务人士和客户进行洽谈的小型会议室、全家出游途中的游戏室等。

未来，智能驾驶汽车将会变成商业下沉的一个端口。正如吴甘沙所说：“智能驾驶解决的是你在路上的时间如何消耗的问题，并且由此会衍生出一系列的商业生态。”例如，我是一个电影爱好者，原来住在距离市中心上班地车程1h的地方。现在有了这种车，我可能会主动搬到距离上班地车程2h的地方。为什么呢？因为电影一般时长是1.5~2h，我每天早上起来可以选一部电影，这样我看着电影，吃着早饭就到公司了。下班的时候，我可以再选一部电影，在回到家的路上就看完了。一天中，我能看两部电影，而且可以把我一天中最无聊的时间变成一天中最幸福的时间。因此，汽车产业并非“夕阳产业”而是“朝阳产业”，汽车将成为互联网的一个重要接口，这就是很多开发商都愿意投入汽车行业的原因。

更为重要的是，由于智能驾驶汽车这个有趣的功能空间出现，原本漫长、无聊甚至痛苦的通勤时间会变得令人期待。就此，人们的社会活动半径会进一步拉大，我们的城市也会随之进一步延展。

（2）行车与停车模式的改变，会释放原有的城市空间

就驾驶汽车而言，其实较危险的往往是智能驾驶汽车和有人驾驶汽车混合上路的情况。如果完全变成智能驾驶汽车，就可以对车进行厘米级的定位。今天，为了做智能驾驶汽车，谷歌公司已经将定位精确到厘米级。这就意味着，在卫星定位中需要考虑到狭义相对论中的时间延迟现象和广义相对论中的空间重力场扭曲现象，由此才能保证车的定位是厘米级的。当如此精确的定位成为可能并广泛使用后，城市的道路就不需要留出大量的冗余空间，道路将会被精确地收窄。由此，原来很多用作道路的城市空间被重新释放出来。

不仅仅是行车道路空间可以被更多地释放出来，智能驾驶特有的停车模式也将释放一种城市空间——停车场。现在普通的“开车族”，一般每天开车通勤需要1.5~3h，但是在剩余的时间中，汽车就必须停在某处等着，浪费了很多时间，也占用了很大空间。未来，我们对智能驾驶汽车的要求是“但求使用，不求拥有”。智能驾驶汽车送完我们就开走再去服务别的人，不需要停在我们身边，从而省去大量的停车空间。普华永道公司预测：未来，当人们将智能驾驶汽车作为一种日常使用工具时，停车场中的车辆数将会减少99%。由此，大量的停车空间将被释放出来。

这种改变距离我们并不遥远。2017年5月在纽约召开的美国规划师协会年会上，未来城市和规划的系列演讲就已经探讨了智能驾驶对城市和郊区的重塑问题。佛罗里达州州立大学社会科学与公共政策学院院长演示了一份由他的团队发表的研究报告——《畅想佛罗里达州的未来：智能驾驶汽车时代的交通和土地利用》。其中提出，对很多购物中心而言，智能驾驶汽车可在卸客后自动泊车或不再跟随乘客停留。因此，对临近停车场的用地面积需求可以大大降低，更多的土地可以用于绿化以及其他生活空间。

那么，新的城市空间被释放出来后，会为城市带来什么样的新变化呢？我们可以进行一个非常重要的工作——街景重构。我们可以把原来的“停车场”变成“停人场”，让原来聚集汽车的地方，重新变成聚集人的城市社交空间。原有的人行道由于路边停车的取消而变得更加宽敞。我们布置各种各样的“城市家具”，让这里变成城市客厅、运动场以及科技展示场。

如果说，汽车的出现已经改变过一次城市的空间，那么智能驾驶汽车，将再次重塑我们的城市界面。我们的“果壳”——城市空间，不仅会长大，而且会变得更加有魅力。

2.创新城市形态的诞生：智能驾驶汽车的爱好者，将激发新的城市聚集形态出现

如果我们剥离开智能驾驶汽车作为“交通工具”的定义，那么智能驾驶汽车还意味着什么呢？我相信它将一如既往地承担着远超“交通工具”的内涵。

让我们梳理一下“汽车”这个概念。汽车在现代社会中绝对不仅仅意味着交通工具，它被人类赋予了更多的心理投射。汽车，可以是奋斗成功、完美家庭的心理投射，可以是游牧民族在现代社会中对“从前的草原好伙伴——马”的心理投射，可以是男人对狂野不羁梦想的心理投射。汽车在现有社会所承担的这些内涵，我相信未来在很长一段时间内依然会由智能驾驶汽车来承担。而这又将对城市产生什么影响呢？这意味着，一种新型城市形态的出现。

要解释清楚这件事，就必须把智能驾驶放到其所处的时代中进行考量。未来将是互联网更加发达的时代。而互联网的兴起与发展，将导致城市聚集的模式从“规模聚集”向“兴趣聚集”迈进。

当电话、汽车以及互联网被发明出来后，有人预测我们的城市会走向衰退。他们认为，人类可以不居住在城市，人类将通过网络相互传递与分享信息。他们做出如此判断是因为，在他们看来，城市的本质只是为了容纳那些为提高生产效率而聚集在一起的人口。当不再需要通过聚集来提高效率时，作为人群聚集的载体——城市，便会瓦解。

但我认为，人类聚集的本质动力在于人类是一种社会性动物。社会性动物的聚集属性是不会改变的。在互联网时代，我们的“果壳”——城市空间，不会变得更加破碎离散。即使工作不再需要人们大规模地聚集在一起，我们还会因为别的原因（如兴趣）形成新的聚集组合。

互联网让我们和原有社会交往中的“海内知己”做到了“天涯比邻”。但更重要的是，不断涌现的各种社交网络让五花八门的“垂直社交”变得如此普遍。通过互联网，我们可以很容易地寻找到不同维度中的“知己”。由此，我们可以更加自由地出于对某种事物的热爱而聚集在一起。

在秦皇岛，因“孤独的图书馆”而名声大振的阿那亚社区，其实一点儿也不孤独。社群是阿那亚商业模式的核心。目前线上社群都是基于共同行业、爱好、价值观等，线上以分享、专业话题讨论、抢红包等强化黏性；线下以论坛、读书会、聚餐、徒步旅行、红酒、摄影等聚人。通过线上、线下统筹运营，最终将具有共同特征的人聚集在一起。

所以，人们不仅仅可以因为规模生产而聚集在一起，还可以因为兴趣聚集并形成新的城镇社区。互联网让城市因兴趣而聚集成为可能，并带来一种新的城市形态。这就是专家提出的“定制城市”——那些量身定做公共服务、精确满足高价值个体需求的城市。这种新型的城市形态将成为网络时代城市形态的重要组成。

打个形象的比喻：未来城市可能更像一个巨大的比萨，比萨上每一个意大利辣香肠就是聚集某一种人的城市聚落。你可以想象，在一个集成的城市中，有人喜欢智能驾驶，有人喜欢运动，还有人喜欢电子游戏……大家都可以形成这样一种聚集，使一个个小中心聚集成一个大中心。我相信智能驾驶也一定会在其中形成一个非常有趣的城市聚落。

我们千万不要小瞧那些由交通工具的爱好者而

形成的强大聚集力。在美国，航空爱好者聚集成将近 500 个航空小镇。其中，柏溪镇是美国规模最大、最典型的航空小镇。来到柏溪镇的人都是极其喜欢航空的，其中不乏影视明星这样的航空“发烧友”——开着波音 707 飞机的人。他们都是因为热爱航空才聚集到这里的。法国的勒芒自 1923 年开始连续打造了数届勒芒汽车耐力赛。汽车爱好者聚集在这里，把自己汽车的消音器摘掉。因此，这个城市在法国有个外号，叫“轰鸣小镇”。

我们可以想象，在未来，有可能首先出现一批对智能驾驶极其感兴趣的爱好者。他们因为对智能驾驶技术或者智能驾驶汽车本身的热爱而聚集在一起，居住在一起，率先建设一个“智能驾驶汽车小镇”。在这样一个小镇中，一切城市设施与建筑都是为了让他们更好地体验智能驾驶，更好地服务智能驾驶。

所以说，智能驾驶不仅会改变我们的“果壳”——城市空间，甚至可以制作出新的“果壳”。

3.城市建设方式的改变：智能驾驶与智能城市相互驯化，催生场景城市的出现

未来如此美好。但是，我们必须将目光从远方收回来——思考智能驾驶如何影响城市建设。

智能驾驶在走向美好未来之前，必须通过一个真实的考验，即智能驾驶必须能在复杂的城市而不是在单一的测试场中实现，并对各种情况应对自如。那么城市到底复杂在哪里？我们不妨先了解一下城市是如何规划出来的。数据的收集和使用是城市研究和城市规划中非常重要的环节。在过去，大规模收集城市规划所需要的城市数据几乎是不可能的。因为城市内容每时每刻都产生着各种各样的海量数据。城市的发展参数如此庞杂又瞬息万变，因此城市规划师们只能凭借自己的经验与阅历来设计、规划我们的“果壳”。

因此，也就出现了一个有趣的现象，不管过去还是现在，很多规划师都是青年俊才，20 多岁就可以做出很好的建筑，但是 20 多岁就能成名的规划师屈指可数。规划师需要一定的时间来积淀生活，积累经验。冯纪忠先生曾说过：“建筑设计是在感性思维基础之上加一点点理性思维，而城市规划设计是在理性思维基础之上加一点点感性思维。”

然而，随着人工智能技术在城市规划与建设方面的介入，似乎让一切都变得简单了。人工智能技术让规划一座城市变得如此简单：培养一名规划师需要 10 年，而人工智能训练一个城市模型只需要 10 天；规划师每 5 年修编一次城市总体规划，而人工智能每时每刻都在收集数据做出城市运行问题的即时判断；规划师基于现实来预测城市未来 5 年的发展状况，而人工智能可以预测出城市未来 20 年的发展状况；规划师以小区作为规划的基本单元，而人工智能能对城市中所有个人的行为做出精确判断。可以说，未来的城市与未来的汽车将会有更加精准的配合。

但这并不是说，智能驾驶会更容易通过城市的测试。即便人工智能如此全知全能，也离不开各种各样的数据“喂养”。智能驾驶如此，城市规划与建设更是如此。人工智能获得的数据越真实，做出的预测就越准确。所以智能驾驶与未来城市之间必须相互匹配与磨合，不诞生于计算机的虚拟计算中，而必须孕育于真实场景中。因此，会出现一种为了创造未来而被制造出来的城市——场景城市。在这里，智能驾驶与未来城市之间必须相互匹配、相互学习、相互驯化，从而为今后更多、更大、更真实的城市中的智能驾驶积累更多经验。多伦多的“未来之城”就是这样一个场景城市。

多伦多在全球智慧城市中排名前列，它集中了整个加拿大 37% 的人工智能就业机会。谷歌母公司旗下的人行道实验室与多伦多合作开发了一个城市项目——未来之城。在该项目的发布会上，加拿大总理表示，要将这个项目做成新科技、新尝试的试验场。人行道实验室也正是按照这个思路进行选址的，最终选择了多伦多东部水滨的一块地方来打造这个“未来之城”。这个地方是多场景、多地貌的，符合多种物

质空间和科技数据相融合的要求，将成为世界上第一个通过互联网建设的社区。可以说，这里不是在城市中加入互联网，而是利用互联网直接建设社区。

在我国，很多人谈到智慧城市时，往往都在谈它的大脑——智能管理，而忽略了足够多的传感器才是组成大脑神经元的关键基础。就如同我们的大脑如果没有神经末梢，就无法起到作用。由于多伦多“未来之城”的建筑多数是新建的，因此在第一轮建设的时候，就加入了足够多的传感器。大量关于交通、噪声、空气质量、感知车流及人的行为的传感器，每个时段都能对城市进行健康诊断。当一个地方出现问题时，传感器将进行提示，并立刻提供各种方案来引导动向。

因为传感器可以实时收集数据，所以可用于尝试解决很多让人头疼的交通问题。例如，平时我们在城市里经常会看到这样的场景：一个公交车站没有太多人，而有很多人的地方未必有公交车站。在多伦多“未来之城”，当很多人在某个地方聚集，并且大家愿意通过互联网分享自己的出行数据时，智能公交就会根据大家的诉求停到身边，这就是虚拟的公交车站。这种交通方式可以改变城市空间的利用及设计方法。在滨海水域，轻便、可移动、可拆装的浮桥设计为各个片区之间创造了交通联系。浮桥也可以直接响应智能驾驶汽车的通行需求，以及渡轮的通航需求，轻松地实现包括智能驾驶在内的各种运输方式共存。

当场景城市被真实地制造出来后，智能驾驶的真实未来就距离我们更近了，或者说是变得可触摸了。这就是我们的“果壳”——城市空间的美妙之处。

4.总结

总之，汽车已经改变过我们的城市空间，我相信智能驾驶将会再次深刻地改变城市空间。我们的“果壳”并不坚硬，它被智慧的内部宇宙改变着。智能驾驶，便是这个内部宇宙中的一颗充满希望的恒星。

-点评-

智能驾驶的应用落地是一项复杂的系统工程，包含感知、决策、规划与控制、驾驶员行为与认知、车联网等模块。

智能驾驶汽车可使城市服务、公共交通和货运服务更高效，并使城市更干净，从而为民众提供更多的绿色休闲场所。同时，智能驾驶汽车带来了一些挑战，例如，智能驾驶汽车将改变劳动力市场和相关行业（如汽车保险业），引发新的隐私问题和网络安全风险，并使城市进一步扩张。目前，包括我国在内的世界各国政府正在努力实现智能驾驶汽车的预期社会效益。

未来，自主式和网联式融合发展是智能驾驶的发展方向。不过，L5 智能驾驶产业化的落地仍需较长时间，在此过程中，法律法规环境也将成为影响智能驾驶发展的关键因素。

CHAPTER 03
人工智能医疗

—导读—

我国是人口大国，解决就医难、看病贵、医疗资源不平衡等问题是满足人民美好生活需要的重点、要点。人工智能技术的发展为解决这些问题带来了新的可能。本章将阐述人工智能医疗的基本概念和技术发展历程，并通过案例和数据分析人工智能在医疗领域的技术热点和应用实践。由此，我们可以看到人工智能在医疗领域落地应用过程中所面临的发展机遇和挑战。

3.1 人工智能医疗概述

3.1.1 人工智能在医疗领域的发展态势和应用展望

★ 关键词：人工智能　医疗　产业发展　典型应用场景

★ 作　者：李雅琪　冯晓辉　王哲

1.人工智能医疗的基本概念

（1）人工智能医疗的内涵和外延

人工智能医疗是指以互联网为依托，利用一系列算法和软件在复杂医疗数据分析领域，结合人工智能技术及医疗大数据服务，模仿医疗专家诊断疾病的思维过程，进而提升医护人员的诊断质量与效率。更具体地说，人工智能医疗是使计算机在没有收到医护人员的直接指令的前提下，自主地分析病患的病症与预防或治疗手段之间的关系。

人工智能医疗亦可被解读为人工智能技术在医疗场景中的应用。结合目前国内外人工智能在医疗领域的各种应用，现将其应用场景归纳为医学影像、药物研发、医疗助手、生物技术、疾病风险预测以及医院管理六大类，涉及的主要人工智能技术包括机器学习、计算机视觉、自然语言处理等。机器学习通常运用统计的方法使计算机具备“学习”技能。计算机视觉是指用计算机来模拟人的视觉系统，从而实现物体识别、形状方位确认、运动判断等功能。自然语言处理主要研究利用计算机处理大量的自然语言数据，从而实现语音识别、语义识别以及自然语言生成。

（2）人工智能医疗的兴起与历史回顾

1968 年，斯坦福大学成功研发出 DENDRAL 专家系统，被视为人工智能医疗的开端。虽然该系统是为有机化学的应用而设计，用于协助化学家判断某待定物质的分子结构的，但它为后续的 MYCIN 系统提供了研发依据。MYCIN 系统由斯坦福大学研发，用于协助医生对住院的血液感染患者进行诊断，并选用抗菌素类药物进行治疗，这是人工智能在医学上早期的应用。

20 世纪 70 年代，匹兹堡大学研发出 INTERNIST-1 系统，实现辅助诊断功能，用于教学实验。但是 MYCIN 系统与 INTERNIST-1 系统均未能实现从业者的常规应用，其主要原因有两点：一是一些疑难病症难以通过规则来建立知识库；二是随着知识库规模增大，推理循环过程包含大量的无效匹配尝试，导致推理效率低下。20 世纪 80 年代，模糊集理论、贝叶斯网络和人工神经网络被应用到医疗领域的智能计算系统中，医疗专家系统正式展开在临床诊断上的应用。

最近半个世纪以来，医疗与科技的发展在很大程度上促进了人工智能技术在医疗领域的广泛应用。21世纪，人工智能在医疗领域的应用范围拓宽，不局限于单一的病情诊断，还包括健康管理、疾病预测、药物研发等一系列新兴应用。此外，对应用的智能化程度的需求升高，不仅要对治疗病人的过程进行模拟，还需要对整个治疗过程中可能出现的问题有精准的预测并提出相应的治疗方案。

2.人工智能在医疗领域的发展态势

（1）技术创新

当前，人工智能领域的技术创新十分活跃，为"人工智能 + 医疗"技术产品的发展带来了巨大的推动力。

首先，底层技术要素日益完备。在数据方面，随着医疗行业数字化水平日益提升，医疗行业的数据量已呈现指数级增长，国内三甲医院的电子病历数据库以及基层医院和体检机构的健康档案数据库等相关数据资源不断积累。在算力方面，基于 GPU、FPGA 等技术路线的人工智能专用芯片发展迅速，海量数据的并行运算能力不断提升，可基本满足人工智能赋能医疗的算力需求。在算法方面，深度学习算法模型迭代迅速，使得人工智能的智能化水平持续提升，在医疗行业的渗透面积不断扩大。

其次，人工智能应用技术发展迅速。人工智能算法模型的快速发展和普及应用推动了计算机视觉、语音识别、自然语言处理等应用技术的快速进步。例如，在计算机视觉领域，人工智能技术已使机器的图像识别错误率低于人眼。在 2017 年的 ImageNet 挑战赛中，初创企业 Momenta 已将错误率降低至 2.251%，较前一年第一名 2.991% 的结果取得了近 25% 的提升，并远低于人眼 5.1% 的错误率。

（2）企业布局

医疗是当下最热门的人工智能技术的应用领域之一，各类拥有人工智能技术的企业争相在医疗领域进行布局。

① 国外企业

IBM 公司的 IBM 沃森健康成立于 2015 年，目前已应用于肿瘤、心血管疾病、糖尿病等领域的诊断和治疗。2016 年，IBM 沃森健康进入我国市场，在国内众多医院中进行推广。

微软公司的微软亚洲研究院智慧医疗项目以人工智能、大数据为基础，涵盖了从基础研究到应用研究等多个层面的垂直领域研究工作，其目前所研究的领域包括基础的医学自然语言理解、基于计算机视觉与机器学习技术的数字医学影像识别，以及利用语音识别和自然语言理解技术所进行的医疗文字处理等。

2015 年，谷歌公司重组了 Alphabet 公司，其子公司 Verily 承担了大部分的医疗任务，主要研究领域包括数据生成、疾病检测和生活方式管理。Verily 公司研究的主要疾病有眼类疾病、糖尿病、心脏病、帕金森病和多发性硬化等。

② 国内企业

腾讯公司的腾讯觅影的主要研究领域有人工智能医学影像（包括肺炎分析筛查、肺炎早期筛查、眼底疾病筛查、结直肠癌早期筛查、宫颈癌早期筛查）和人工智能辅助诊疗（包括智能导诊技术、病案智能化管理以及诊疗风险监控）。现在腾讯觅影已在上百家三甲医院落地，协助医生提高诊疗效率和准确率。

科大讯飞公司的讯飞医疗的研究领域包括口腔电子病历、云医声（全面辅助医生查房、记录、检查等工作）、医疗机器人、超声助理等。讯飞医疗还在和医疗机构共建智慧医院。2017 年 8 月 20 日，科大讯飞公司与安徽省立医院宣布建立全国第一家智慧医院，主要包括智慧就医、智慧诊疗和智慧管理 3 个部分。

2016 年 10 月，百度公司推出旗下的百度医疗大脑。百度医疗大脑为百度医生在线问诊提供智能协助，为医院提供帮助，以及为患者建立用户画像以便进行慢病管理。百度医疗大脑的想象空间很大，但真正落地的挑战也很大。2017 年，百度公司裁撤了其医疗事业部，永久关闭百度医生。

（3）产业发展

据不完全统计，截至 2018 年第四季度，我国人工智能医疗领域共有 310 起融资事件，其中约 87% 的公司都还处在 A 轮及天使轮阶段（如图 3-1 所示）。

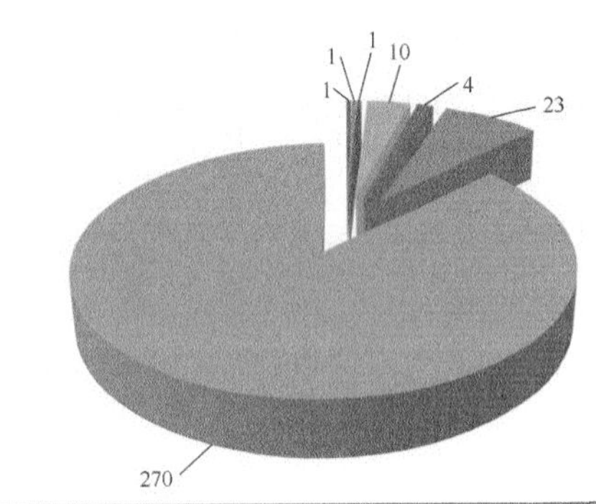

融资轮次	E+	D	C+	C	B+	B	A 轮及天使轮
事件数量（单位：起）	1	1	1	10	4	23	270

* 图 3-1　我国人工智能医疗领域融资情况统计

（来源：鲸准，赛迪智库整理，2018 年）

海外人工智能医疗领域共有 114 起融资事件，其中约 82% 的公司处在 A 轮及天使轮阶段（如图 3-2 所示）。

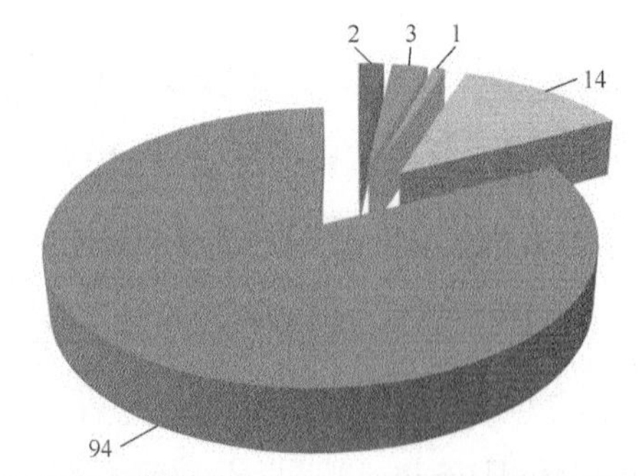

融资轮次	E+	C	B+	B	A 轮及天使轮
事件数量（单位：起）	2	3	1	14	94

* 图 3-2　海外人工智能医疗领域融资情况统计

（来源：鲸准，赛迪智库整理，2018 年）

在所有融资事件中，最具热度的四大领域是药物研发、智能诊断、医学影像和医用机器人。人工智能技术用于药物研发可缩短研发周期，而研发周期缩短一年所节约的成本是以亿元为单位计算的。

（4）应用进展

根据医疗产业的产业链结构，可将人工智能的应用场景划分为诊断阶段、治疗阶段、康复及健康管理阶段。例如，基于机器学习模型构建的应用程序可利用大量潜在医疗数据，帮助识别疾病并提供疾病辅助诊断和双重检查，进行人类基因测序、临床试验、药物发现和研发以及流行病爆发的预测。人工智能系统还可帮助医院改善其运营工作流程和提高数据管理效率。

① 诊断阶段

人工智能在诊断阶段的应用场景包括医学影像诊断、辅助诊断、医疗虚拟助理等，全球市场预计可以达到万亿级规模，是人工智能技术在医疗产业中应用较为成熟的部分。目前，将利用计算机视觉技术实现的医学影像辅助诊断与病理分析结合后，其诊断准确率高达 99.5%，可大大缓解放射科医生的工作强度。我国部分智能影像诊断企业已获得三类器械证，正式进入商业化阶段，智能医学影像诊断竞争格局基本形成。同时，我国医院对智能问诊助手的应用需求有所增加，院内场景“预问诊”的需求量大，具备落地能力。

② 治疗阶段

人工智能在治疗阶段的应用场景包括药物研发、智能医疗机器人等。从全球的情况来看，目前，医疗机器人的代表是“达芬奇”微创外科手术机器人。国内也有部分初创公司在做这部分工作。更值得关注的是，药物研发周期长、投入大、失败率高，但回报丰厚。人工智能算法正在靶点寻找、化合物数据质量等药物研发的关键环节上发挥更大作用，产业发展潜力巨大，预计可达千亿级的市场规模，可能成为未来人工智能技术与医疗行业深入结合的新风口。

③ 康复及健康管理阶段

人工智能在康复及健康管理阶段的应用场景具有

覆盖范围广、应用场景多等特点，涉及智能健康管理、医疗可穿戴设备、疾病风险预测、信息化和数据管理等诸多领域。我国的健康管理意识尚待培育，健康大数据尚待采集与整合。目前可能的应用产品主要以企业端为切入口，直接面向消费者的终端产品市场前景尚需大步开拓。

3.人工智能技术在医疗领域的重点应用场景

（1）医疗虚拟助理

医疗虚拟助理是指基于医疗领域的知识系统，借助语音识别和自然语言处理等技术实现人机交互，为患者提供医疗咨询、自诊、导诊等服务的信息系统。消费电子领域诸如苹果公司的“Siri”、亚马逊公司的“Alexa”、微软公司的“Cortana”等通用型的虚拟助理已经家喻户晓，医疗领域的虚拟助理则尚处于起步阶段。目前，市场上主要有用于实现语音电子病历、智能导诊、智能问诊等功能的医疗虚拟助理。

语音电子病历可通过语音实现病历录入，从而大大节约医生手写病历的时间，可以使医生将更多时间和精力用于与患者沟通和进行疾病诊断。目前，科大讯飞、云知声、中科汇能等企业可提供语音电子病历类产品，并已在北京大学口腔医院、上海交通大学医学院附属瑞金医院等国内多家医院落地使用。当前，语音电子病历仍存在较高的技术壁垒，需要构建完备的医学知识图谱，并突破信号采集、降噪和模型训练等技术问题。此外，还需改变医生的问诊习惯，因而面临落地问题。未来，随着技术提升和应用推广，语音电子病历将逐步提升渗透率，并向医院内的其他场景延伸。

智能导诊机器人可以通过各类传感器获取患者的体温、心率、血压等体征数据，实现挂号、科室分布及就医流程引导、身份识别、数据分析、知识普及等功能。当前，国内科大讯飞、杭州百世伽等厂商推出了“晓曼”导诊机器人等多个型号的智能导诊机器人，并在中国人民解放军总医院、中南大学湘雅医院等国内多家医院实现落地。经临床验证，智能导诊机器人可在一定程度上缓解医院导诊人员的工作压力，并确保患者得到较为精确的服务，从而提升就诊效率。与此同时，相关产品也存在准确率不高、产品性能不稳定等问题，因此其技术成熟度有待进一步提高。

智能问诊系统通常包含预问诊和自诊两大功能。预问诊，即在医生诊断之前通过交互获取患者信息，初步形成诊断报告，以缩短问诊时间，提升问诊效率；自诊，即由患者在计算机或手机上通过人机交互完成智能问诊，形成诊断报告，以供患者参考。目前开发智能问诊系统的公司主要包括康夫子、云知声、云听、壹健康、达闼科技、万物语联和半个医生等。当前，智能问诊系统的准确率较低、使用效果不佳。这是由于智能问诊对医学专业知识的依赖性极高，需要依据电子病历、医生诊断报告、治疗方案等多维度的数据进行整合分析和综合判断，且需要经过专家严格审核。因此，需要首先构建完善的医学知识图谱，才能提升智能问诊的准确率。

（2）医学影像

医疗行业在高质量影像数据的获取上存在两方面问题：一是高质量的影像数据集中在少数三甲医院，不同医疗机构的数据很少能够实现共享，缺乏有效的数据互通机制；二是尽管我国已经积累了大量医学影像数据，但医学设备存在着标准不统一的情况，所以影像数据可能没有以正确的标准化形式记录下来或者存在缺失，限制了人工智能在医学影像行业的进一步应用。在医学影像学的场景下，基于人工智能技术的医学影像诊断目前还应用于单一且规律性强的领域。其已在心血管、神经、肿瘤等医疗学科有了比较成熟的应用，可以辅助医生进行有效的诊断。

从全球来看，IBM、微软、西门子、通用电气等企业在对医学影像的人工智能研究上占据主流位置。由 IBM 公司研发的沃森肿瘤解决方案是世界上最为成熟的医疗应用级人工智能之一，其给出的治疗方案和顶级专家给出的治疗方案有 90% 以上的相似度，并在诊断皮肤黑色素瘤方面以 97% 的准确率超越医学专家的判断。沃森肿瘤解决方案的医学影像分析单还同时标示出橙色和红色的部分，分别代表“谨慎使用”和“不推荐使用”。在提升效率的前提下，沃森肿瘤解决方案减轻了医生的工作负担，降低了漏诊概率，比人类医生考虑的角度更加全面，尽量降低了医疗风险。但是，IBM 公司的内部文件显示，许多医生在使用沃森肿瘤解决方案时，发现其在极端的诊断案例中，可能给有出血症状的癌症病人提出不合适的诊断建议。这引发了外界对其风险控制能力的质疑。

在国内，腾讯觅影的结直肠癌早期筛查人工智能系统和推想医疗科技公司的深度学习技术医学影像在辅助诊断并提供解决方案方面已经取得阶段性突破（如图 3–3 所示）。腾讯觅影的结直肠癌早期筛查人工智能系统在临床试验中每秒可以分析 10 张影像。经大样本、非同源、多中心的测试统计，腾讯觅影对结直肠息肉的实时定位准确率达到 96.93%，实时鉴别是否为腺癌的准确率达到 97.20%。推想医疗科技公司研发的智能医学影像系统包括智能 CT（Computed Tomography，计算机断层扫描）辅助筛查系统、智能 X 线辅助筛查系统、深度学习科研平台等多种人工智能产品，已在上海长征医院、华中科技大学同济医学院附属同济医院、大连大学附属中山医院等数家医院的影像科上线试用。

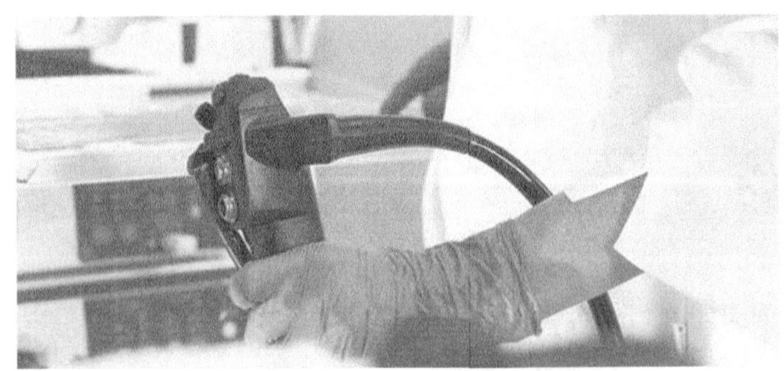

图 3–3　使用腾讯觅影进行结肠镜检查

（来源：腾讯觅影官网，赛迪智库整理，2018 年）

（3）药物研发

深度学习算法的进步正对药物研发产生重大影响。在传统模式下，一种新药物从实验室研发到上架销售平均需要 12 年的时间，而深度学习算法正通过建立新的计算模型使药物研发时间大大缩短。目前，人工智能辅助药物研发的热点包括肿瘤、中老年病和罕见病药物研发。

如表 3–1 所示，从全球来看，美国在人工智能药物研发上处于领先地位。Numerate 公司是其中的佼佼者。Numerate 公司成立于 2007 年，该公司的创新药物设计平台基于机器学习技术，模拟小分子化合物的药物特性，分析药物的靶点结合能力和特异性，找出药物动力学、药物代谢特性及毒副作用，挑选出最有希望的模拟化合物进行合成和实验。实验结果被用于修正和提高模拟的准确性。随着这个过程的不断循环，模拟系统给出的候选化合物将越来越有针对性。

我国在利用人工智能技术进行药物研发方面与美国相比虽有较大差距，但已经有所进展。深圳晶泰科技公司是国内该领域的先行者之一。晶泰科技公司正式成立于 2015 年，最早诞生于麻省理工学院，公司主要为小分子药物提供基于云计算的药物固态研究技术，能够为药物固态筛选和设计提供最佳的解决方案（如图 3–4 所示）。晶泰科技公司的投资方为真格基金、腾讯公司和峰瑞资本。2018 年 5 月，晶泰科技公司宣布与辉瑞制药公司进行战略研发合作，融合量子物理与人工智能，建立小分子药物模拟算法平台，这显著提高了算法的精度和适用广泛度，并有效驱动了小分子药物的创新。

表 3-1　美国人工智能公司在医疗行业的发展

人工智能公司	技术	合作者	目标疾病	启动时间
Numerate	运用机器学习技术来模拟小分子化合物的药物特性	武田药业	肿瘤、肠胃病和中枢神经疾病	2017 年 6 月
Berg Health	运用深度学习筛选患者数据中的生物标志物	无	多种疾病	无
Exscientia	利用深度学习筛选药物和疾病数据库	赛诺菲医药	代谢疾病	2017 年 5 月
Recursion Pharmaceuticals	运用计算机视觉技术在上百种疾病的细胞模型中进行上千种候选药物的检测	赛诺菲医药	与基因相关的罕见的遗传病	2016 年 4 月

（来源：赛迪智库整理，2018 年）

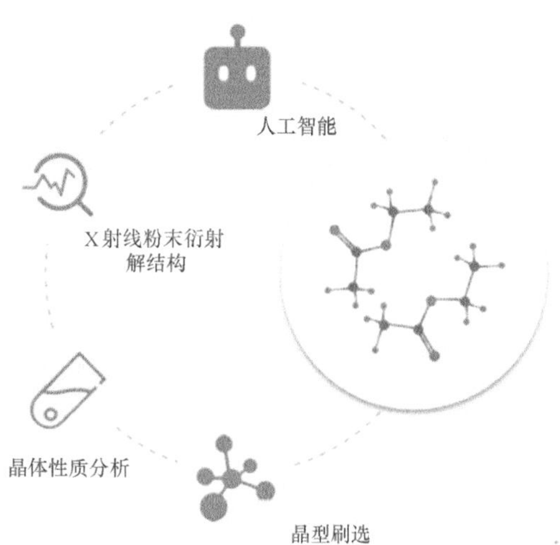

图 3-4　晶泰科技公司人工智能药物晶型预测流程
（来源：晶泰科技公司官网，赛迪智库整理，2018 年）

（4）智能健康管理

智能健康管理是指借助人工智能等信息技术，在医疗保健科学的基础上建立的健康管理服务系统，以达到降低患病风险，保持健康生活的目的。当前，智能健康管理类产品主要有健康大数据平台、健康管理系统、精神健康诊疗机等。

健康大数据平台可利用人工智能算法对所获得的用户健康数据进行分析，并提供健康行为干预和健康管理服务。得益于大数据服务的快速发展，目前健康大数据平台类产品的技术成熟度较高。当前，智能手环、智能手表、智能手机等智能硬件收集的数据是用户健康数据的主要来源。但不同产品间存在较明显的“数据孤岛”问题，因而需要开放的健康大数据平台类产品打破“数据孤岛”，汇聚数据并挖掘数据的深层价值。以妙健康公司旗下的“妙 +”为例，它可采集 17 个品类超过 300 款智能硬件设备的健康数据，实现健康数据收集、健康行为干预、健康增值等服务功能。

健康管理系统基于人工智能技术和健康医疗知识图谱，以手机 App 或嵌入家用电器、健身器材等智能设备的形式，提供膳食营养推荐、慢性病管理、健身指导等健康管理服务。以人工智能医疗类企业健康有益公司旗下的人工智能精准健康管理系统“ego”为例，其通过接入手机等智能设备以及健康类手机 App 获取用户健康数据，并为个人用户及企业、机构用户提供多类场景下的精准健康管理服务。当前，此类服务的技术成熟度较高，但服务价值的进一步提升有赖于健康医疗知识图谱的完善。

精神健康诊疗机瞄准精神心理类疾病，基于人工智能算法构建诊断工具模型和药物治疗模型，提供心理健康方面的服务。当前，人工智能在心理健康管理方面的模型训练数据不足，技术成熟度较低，是人工智能在医疗领域较为空白的领域。涉足其中的企业和相关产品数量很少，目前主要以辅助精神心理治疗师工作为主。未来，随着数据积累和模型优化，此类健康管理服务的水平有望逐步提升。

4.人工智能在医疗领域的发展机遇与挑战

（1）面临两方面的独特机遇

第一，我国在智能药物研发领域拥有独有的机遇。若可以利用人工智能技术快速从中医、古方、汤剂中抽取出有价值的药物成分加以研究，也许能够医治至今尚未解决的疑难杂症。

第二，我国医疗环境存在医生少、病患多、就医难、看病贵、医疗资源不平衡等痛点。通过各项人工智能技术，将医疗专家的智慧标准化、智能化，从而提高诊断效率和质量，降低诊断成本，将拥有广阔的市场需求。尤其在慢性病筛查、疾病预防、患病风险评估等领域，人工智能技术大有可为。

（2）面临三大方面的重大挑战

一是高质量数据难获取。人工智能医疗的研发无疑需要大量的临床数据。但是目前数据的获取没有明确的渠道，多数企业与个别专家合作，由专家提供患者的临床数据。但在法律上，患者的数据并不属于专家。数据获取流程缺乏监管制度，患者的隐私难以得到保障。

二是核心技术尚未取得突破性进展。目前，多项人工智能医疗技术都停留在辅助和实验研发阶段，如智能医学影像只能作为协助医生诊断的辅助性工具。患者更关心的不只是肿瘤是否存在，而是肿瘤是良性还是恶性的，以及如何进行治疗。现有智能医学影像技术尚不能提供此类信息。

三是产业链尚未形成。现有的智能医疗应用落地困难，尚未形成产业闭环。诸多人工智能医疗应用都面临着“谁是付费方”的难题，智能医疗的应用产品尚未与医保体系和医院管理打通。

3.1.2 人工智能在医疗方面应用的局限性及对未来的展望

★ 关键词：人工智能　医疗　商业应用　局限

★ 作　者：王健宗

由于医疗资源在全球范围内都是稀缺资源，因此人工智能在医疗方面的应用需求不仅十分广泛，而且十分迫切。作为人工智能中的一大热点，人工智能医疗备受投资方的青睐，得到了源源不断的风险投资支持。截至 2017 年 8 月，国内共有 104 家人工智能医疗企业，融资总额超过 180 亿元人民币。然而，人工智能医疗作为目前人工智能应用中最受关注且意义最为重大的方向之一，仍然面临重重困难，无论是技术本身还是外部环境都存在一系列的问题。

1.人工智能+医疗的重大意义

2017 年，谷歌公司旗下的 AlphaGo 一举将人工智能推向风口浪尖，采用强化学习的 AlphaZero 则启发了人们：人工智能算法还存在更多可能性。这令人工智能受到了前所未有的关注。同时，从 2017 年开始，国家已积极布局人工智能相关产业。国务院正式印发的《新一代人工智能发展规划》提出“三步走”战略目标，抢抓人工智能发展的重大战略机遇，预计到 2030 年，我国的人工智能理论、技术与应用总体将达到世界领先水平。

人工智能依靠其准确的分析与决策以及高效的计算能力，解决了目前医疗行业的痛点问题——医疗服务供给与需求严重失调、人才需求量大、医疗资源紧张等。当面向医生、医疗机构和患者这 3 个不同群体时，人工智能技术应用于医疗的意义可以体现在 3 个不同方面。

对医生而言，人工智能技术不仅可以辅助诊断与决策，还可以提高诊断能力，减少筛选、对比患者病史和病例的时间。斯隆凯特琳研究所估计，在对癌症患者进行诊断与治疗时，人工智能应用程序通过深度学习技术，可以不间断地在数百万页的医学资料中完善自己并筛选出需要的资料，只需要几秒即可提供诊断与治疗方案。相比之下，医生在这个过程中则受限于人脑有限的记忆空间和时间。因此，人工智能技术可以为医生临床诊疗提供数据和工具支持，同时可以为医护人员减负，减少重复问诊次数，提高诊疗效率。

对医疗机构而言，人工智能同样可以通过先进的技术帮助其提升运营水平和患者服务质量，并可显著节省医疗成本。在机构运营方面，医疗机构可以通过人工智能技术合理地配置资源并提高机构的统筹管理能力，如实现系统性、有针对性地管理人员，合理制定预算等。同时，人工智能技术可以有效帮助制定前瞻性决策。基于此，从事疾病预测与预防的人工智能医疗初创公司不断涌现，它们通过向医疗机构提供病人水平预测、手术事故预估、传染病发病率追踪或高危人群识别等功能，帮助医院或政府控制并提前预估公共健康风险，从而更好地配置资源，实施预防医疗计划。麦肯锡全球研究院报告显示，通过采取人工智能技术，美国每年可节约约 3000 亿美元的潜在医疗服务成本；英国每年可节约约 33 亿欧元的住院费用。另外，通过运用全流程的人工智能应用，医院可节约一半人力成本，可将在编护士的生产力最多提高 50%，同时显著减少患者的等待时间。

对患者而言，人工智能应用于医疗行业的意义更是十分重大。人工智能技术在为患者节约医疗时间成本的同时，通过提供精准、权威、可信的诊断，缓解医患间由于信息不对称造成的不信任，增强患者对医疗服务的信心。借助大数据技术，其能够促进医疗服务向个体化、精准化转变。此外，通过人工智能手段能够提高患者自查率，从而更早地发现疾病并且更好地管理疾病。

2.人工智能+医疗的发展脉络

人工智能的概念在 1956 年达特茅斯学院举办的首次人工智能研讨会上第一次被提出。最早在医疗领域进行的人工智能探索是 1972 年利兹大学研发的 AAPHelp 系统，它主要用于辅助诊断腹部剧痛等。这样的尝试一直持续到 20 世纪 80 年代，当时出现了一些商业化应用系统，主要用于依据临床表现提供诊断方案。当下较为知名的人工智能医疗应用是 IBM 沃森，其在肿瘤、慢病、健康应用、疾病治疗等方面都有不俗表现。IBM 沃森在全世界癌症领域排名前三的医院中都得以运用，并已正式进入我国。

人工智能医疗可成为解决医疗生产力的一大利器。因此，推动人工智能代替人来提出诊断与治疗方案，已经涉及医疗领域的各个环节。目前人工智能在医疗领域的应用案例主要分为以下几类：虚拟助理、医学影像、药物挖掘、营养学、生物技术、急救室/医院管理、健康管理、精神健康、可穿戴设备、风险管理和病理学等。

2016 年，IDC 曾预测，到 2020 年，全世界医疗数据总量将达到 40 万亿 GB，是 2010 年的 30 倍。随着数据存储成本下降，数据量拓展更加迅速，数字人工智能也将加速发展。

我国在人工智能领域虽起步较晚，但凭借人口基数大、产业组合丰富、人才储备充分等优势发展迅猛，已逐渐成为全球领先的人工智能研发中心，迎来政策利好与技术热潮。根据火石创造公司的 HSMAP 系统的统计数据，国内人工智能医疗相关企业近年来的增长非常迅速，创业公司层出不穷，主要分布在北京、广州以及长三角地区。根据 2017 年 7 月国务院发布的《新一代人工智能发展规划》，我国计划在 2025 年实现新一代人工智能在智能医疗等不同领域的广泛应用。

3. 人工智能+医疗的商业化落地面临的阻碍

（1）数据层面的局限性

人工智能医疗当下所面临的最大困难是不同来源的数据的整合。

首先，我国缺乏数据安全相关的执法落地实践。这需要尽快落实相关的配套数据安全标准和指南以及有关医疗大数据行业的相关条例，以规范医疗数据的法律监管现状。政府部门需要考虑相关立法，企业本身也应当强化数据保护意识，建立企业内部规范和技术标准。如今医疗行业数据正以惊人的速度激增，其法律监管需要引起行业的高度重视。中国科学院院士顾东风表示，国家在搭建统一大健康大数据医疗平台的过程中，已在初步拟定通用大平台标准。同时，应用在推广大数据时应该隐去个人特征，如姓名、住址等信息。

其次，数据来源不同，其质量、格式与诊断意见都不相同，很难实现数据的有机链接与解读。尽管我国医疗数据量庞大，可开拓的空间非常广阔，但是高质量的数据并不多。即使医院有数万病例，但如果根据不同的病症、检查方式及研究目的进行区分后，数据量就会变得很少。而且在诊断某一病症时，并不能够仅依靠某一项的单一数据，而是需要结合病人的其他信息，如实验室检测和病理标本等。这些基因和病理数据在获取时难度很大且花费巨大，在与算法结合时将增加额外的难度。尤其当面对患病人群数量少的罕见病群体时，可以提供给人工智能建立模型的有效数据非常少。为了解决这个问题，已经有公司另辟蹊径，如美国犹他州盐湖城的 Recursion 公司利用罕见病患者特殊的细胞结构，以细胞结构特征与疾病的关联作为机器学习的补充素材，从而希望帮助提升人工智能在罕见病领域的诊断效果。不仅罕见病确诊是一个难题，罕见病药物的研究与开发也因其市场需求小、成本高，以及罕见病生物学机制复杂且陌生等原因而未能得到药物研发公司的重视。有分析师提出，也许可以利用人工智能药物研发中底层核心的知识图谱技术，充分连通现有的期刊文献、临床数据、实验室的理化数据等，整合训练出有效的模型，提供决策支持。

最后，除了数据量不均衡以及数据标准化不足之外，不规范的标注也是提升人工智能模型质量的一大障碍。医学图像识别是人工智能在医疗行业的一大重点应用，分别有分类、检测和分割 3 种方法。它们都需要准确且全面的标注，否则会造成数据污染，影响模型效果。Airdoc 公司创始人兼董事长张大磊提出，人工智能从业者 80% 的时间都用于数据预处理，因为数据预处理的结果和质量对模型的整体效果有至关重要的影响。但医疗领域的标注因其高度的专业性，必须需要医学专家才可以进行。所以这在模型的建立过程中是一个瓶颈。为了解决这个问题，专注人工智能研发的平安科技公司正在探索如何通过小样本学习理论的突破来解决这个问题，尽管近几年内仍然需要大量的医生进行人工标注。

（2）技术层面的局限性

从技术层面来看，目前人工智能的发展仍处于早期的阶段，即计算智能。尽管感知层面的技术有一定的进步，但认知层面的技术发展仍处于非常早期的阶段。而且几乎所有人工智能的最新进展都是通过监督学习来完成的，即输入数据后快速生成简单的回应。深度学习是监督学习中重要的方法，但其与有高度认知能力的人工智能还有很大差距。这种监督学习框架的致命弱点在于需要海量的经过标注的数据。就现状来说，非监督学习理论仍不成熟，这导致其应用仍然存在很大的局限性。

可以想象，在一个普通的就医场景下，如果将医生与患者交互中的信息量转换成人工智能算法识别的某几个指标，则会无形中丢失许多信息，并且对最终的诊断产生一定影响。因为患者与医生之间的交流存在复杂的前反馈，尽管已经通过文献或教材建立了相关病种的知识库，但仍缺少一个专业医生的常识库。而且当下的算法只能够通过学习诊断出已知的病症，却对疑难杂症一无所知。除了常识不足，相较于一个专业医生，人工智能技术并不能提供医患之间的情感交流，而情感交流这种“糖丸效应”在实际就医中起到了非常积极的作用。同时，一个经验丰富的医生在进行诊断时，不仅会参考患者客观的病理情况，也会在交流过程中评估患者的心理及精神状态，帮助诊断其病情。但当今的人工智能技术尚未能够在感性智能上有所突破。

此外，医疗属于弱信号处理范畴。不同于自然场景下的图片，在阅读胸片图片时，我们关注的 ROI（Region Of Interest，感兴趣区域）一般是很小的钙化点，属于很弱的肺纹理信号，而非 ROI（如肌肉与骨骼）的信号较强。为了解决这个问题，可以考虑尽早在模型中加入类别的监督信息，不断将分类信息尽早引入网络。

医疗设备逐渐从医院转移到家庭，并且越来越小型、便携，这就要求算法模型运算速度更快，能耗更低，体积越来越小。针对如何与硬件相结合的问题，硬件的局限性（如发热灼伤人体、电池寿命等）将成为需要努力解决的难题。人工智能医疗的另一个基础，即计算能力，也存在一定的局限性。随着量子计算以及速度更快的芯片的出现，计算能力或许可以得到进一步的提升。

即便算法测试的效果不错，但是在医疗行业进行验证时仍会出现问题。例如，当验证治疗方案时，由于个体差异大，干扰因素多，因此验证时可能出现不同的结果，需要多维度进行分析。

除了算法本身的局限性，在应用中也存在许多困难。例如，在医学影像识别中，诸如病理细胞的检测主体容易出现大量堆叠的情况，在识别与分割的过程中容易混淆出错。另外，当人工智能与手术机器人相结合时，需要利用图像识别对人体组织进行精准定位及边缘区分，但当下的准确度是无法达到要求的。

（3）市场及政策层面的局限性

据了解，如今人工智能医疗行业发展形势大好，但在国内审批及认证方面仍处于打磨的阶段。与美国 FDA 将大多数人工智能医疗产品审批为二类医疗器械相比，国内将新一代人工智能医疗产品定位为三类医疗器械，即高风险设备。所以人工智能医疗产品基本上要通过临床试验，并且临床评价的路径控制得十分严格。

即便顺利通过了临床试验，如今用于审批的标准数据库也还在建设中。因为人工智能医疗产品的普遍适应性必须通过建立标准测试数据库来进行考核，从而确保模型可以在不同等级的医院环境中正常使用。

建立这个数据库要遵循广泛性、兼容性以及医学图像标注的标准性。广泛性要求数据来自不同城市的医院；兼容性要求有不同类别的图像，如不同层厚的 CT 图像；医学图像标注的标准性则依靠招募有人工智能医疗研究背景的医生，并按统一标准的标注方案对医生进行培训，再进行标注。食品药品检定研究院官方发布的信息显示，2018 年 3 月 26 日，标准测试数据集（眼底部分）建设完成，肺结节的标准数据库建设方案也已经定稿，并已建设完成。

当人工智能医疗企业顺利通过审批后，人工智能产品的性能、模型以及应用界面仍将不断快速迭代，那么传统的升级审批流程速度是无法满足产品的迭代需求和行业的发展速度的。据了解，在传统的升级审批流程下，人工智能医学影像产品的迭代周期是 3~5 天。如果每周都需要报备更改，那么企业和政府部门都会有极大的负担。

人工智能医疗面对的外部环境除了审查及审批带来的困难外，还有患者对人工智能的复杂态度。涉足人工智能医疗的英特尔公司联合数据调查公司 Convergys Analytics 展开了一项调查活动，重点关注人们对人工智能的态度。尽管总体来说，人们对人工智能将带来的改变相当积极乐观，认为人工智能医疗技术将越来越多地介入医疗保健领域，能够提高医疗诊断的效率，同时降低医疗成本。但仍有许多人对人工智能的诊断能力持有怀疑态度——人工智能将导致致命错误（54%）、人工智能执行不力或无法正常工作（53%）、人工智能会被夸大而不符合预期（49%）。即使人们也相信人工智能可以提高诊断准确率，但一旦出现错误，在医疗行业则意味着生与死的区别，将对产品和行业公信力造成极大的打击。而且如果出现严重的后果，如何界定、划分责任也是当下热烈讨论的议题。

4.人工智能+医疗的未来方向

人工智能医疗在我国拥有巨大的需求，是帮助解决我国医疗资源供需失衡、医疗资源分配不均、人口老龄化、优质医疗条件需求等重要问题的有力工具。同时，受益于我国产业组合丰富、人口基数大、政策利好等优势，其前景十分广阔。过去几年，以互联网医疗为主的形式已经随着人工智能技术的发展与成熟，从以人工驱动逐渐转型为以技术驱动、以数据为新生产要素的全新人工智能医疗服务供给。为了更好地促进人工智能医疗全方位的发展，不仅需要从产业自身生态链上延伸其应用的深度与拓宽广度，也需要外部环境的充分支持。

从产业生态链和与人交互的角度来看，未来人工智能由云部分和端部分构成。而作为生态链顶层的云部分，在未来将主要用于解决医疗信息的存储、汇总、管理，大数据挖掘和信息管理与决策等问题。例如，谷歌公司的医疗大脑通过人工智能可以高效、快速地分析海量数据，处理大量电子病历数据，甚至包括医生的手写笔迹。这些或结构化、或医生的随手注记均可以被神经网络整合与分析。为了实现这样的服务，需要更高性能的存储、敏捷的架构和集群化的技术等，能够对需求或变化做出迅速的反应。至于端部分，其在预防、诊断与治疗 3 个医疗流程阶段都可以介入并帮助提升医疗服务质量，应用场景十分广泛。

作为健康管理的前置位，人工智能在疾病预测与药物研发方面的发展被广泛关注。疾病预测主要通过基因测序与检测，达到提前预测疾病发生的目的。而药物研发则要求在短时间内通过核磁共振和荧光显色等方法对大量待选化合物进行筛选，这需要大量的时间与极高的开发成本。但如果应用人工智能技术，就可以进行虚拟筛选，对化合物的可能活性做出预测，从而缩小筛选范围，大大节省开发成本。此外，科研人员可以结合科学文献，利用数据分析技术和文本挖掘方法，更智能地推断药物和疾病间的潜在关系，不仅可以在已知的范围内实践，更可以探索全新的药物线索。

在诊断和治疗阶段，人工智能医疗在辅助诊断、医学影像诊断和虚拟助理等应用领域也在不断发展，并且技术已经相对成熟。例如，结合影像辅助诊断与病理分析的技术准确率已高达 99.5%，能缓解医生的阅片压力，提高医疗效率等。在辅助诊疗方面，许多公司通过人机交互的智能设备终端内部集成的各种智能传感器，收集患者信息并分析其身体情况，不仅可以协助医生及医院达到精准治疗的目的，还可以帮助患者进行自查，自主进行慢病管理或健康管理，其未来将向便捷化、实时化与智能化发展。

除此之外，一直比较边缘的康复医疗也逐渐受到人们重视。我国当前康复医学的发展只满足了小部分需求，仍然有大量人群需要专业的康复医疗服务。华创证券预计，到 2022 年，我国康复市场规模将达到 1000 亿元人民币，老年人、残疾人和慢性病患者等总人口预计为 1.7 亿。人工智能在康复医疗中的应用主要是采用深度学习技术获取人体运动信息，建造三维模型，从而帮助患者进行个性化健康评估，提供精准化康复方案。

从外部环境因素分析，行业对复合型人才的需求也十分巨大。相关政府部门以及专业协会等都需要尽快对健康数据分析师和健康数据监护师等新兴人才展开认证，从而规范行业的从业人员标准与资格。统计显示，我国只有 25% 的人工智能从业者拥有超过十年的行业经验。因此，政府需要加大对人工智能相关的教育与研究项目的投入，同时在全球范围内吸引和聚集人才。

除了人才储备支撑，还需要有相应的人工智能医疗平台作为基础。对此，政府的支持是必不可少的，可以建立健康智慧社区与健康城市，从而集中高度分散的信息（如整合电子医疗记录、医生记录和医疗保险材料等相关信息）。这些数据信息的标准化不仅有助于提升相关算法模型的质量，更有助于打造医疗健康立体数据系统。例如，在急诊部门面临突发急症患者或重症患者时，可能遇到患者无法表达清楚病情，同时医生无法了解其病史的情况。如果建立了完善的立体数据系统，救治将变得更加精准与有效，同时可以应用于建立医疗健康监测网，帮助提高医疗的及时性和有效性。这也需要引进有足够科研实力与技术的企业作为产业支撑。

5.总结

长期来看，引入人工智能医疗技术对于推进落实新医改分级诊疗、优化医疗资源，以及提升基层医疗机构的医疗服务质量有着非常重要的作用，可以极大限度地解决患者就医难的问题。人工智能的引入有助于将优质医疗资源带到基层，为基层医生提供及时、准确的决策支持，增加患者对基层医院的信任。

尽管人工智能医疗备受关注，但实际上它才刚刚起步，无论是技术本身还是外部环境都存在许多局限性，如前文提到的对算法影响最大的数据问题。相较于国外的人工智能产业，虽然我国的数据量十分庞大，但数据标准化与结构化的程度都较低，也并不完整。医疗机构总体分散，无法实现数据联通，甚至医院内部也没有实现数据共享。如何建立一个标准的数据体系是训练好人工智能模型的必要前提。

挑战虽多，但医疗卫生信息与管理系统协会针对美国医院人工智能技术应用前景开展的一项调查显示，约 35% 的医疗机构计划在两年内使用人工智能技术，而计划在 5 年内使用人工智能技术的医院超过一半。人工智能医疗的目标十分明确，发展空间也十分广阔。纵观当下行业的赛道，尚未出现领先优势非常大的巨头。对各体量的公司而言，在技术研发、政策制定和投资等多方支持下，人工智能医疗充满了机遇与可能。

3.2 人工智能医疗的产业技术热点

3.2.1 深度学习与医学影像分析研究进展

★ 关键词：深度学习　医学影像　神经退行性疾病　乳腺癌　手术导航

★ 作　者：赵地

近年来，深度学习一直处于科研界的前沿。深度学习模型在各个领域的良好效果引发了在更多领域利用该技术进行数据挖掘和分析的热潮，其在医学和生物认知领域也同样引发关注。关于深度学习在医疗方面的应用，容易想到的就是其在医学影像学上的应用。本小节将探讨当前深度学习在医疗领域的应用前景，并重点讨论深度学习在医学诊断方面的应用。

1.人工智能医学简介

深度学习是人工智能领域的最大热潮之一。深度学习主要包括 CNN、循环神经网络、强化学习等。其中，强化学习是人工智能医学领域的最新发展之一，在图像分割等领域有较好的应用。人工智能医学是指人工智能在医学领域的应用，包括人工智能医学影像、人工智能电子病历等。人工智能医学已经发展了多年，其中包括 IBM 沃森。2011 年 2 月，IBM 公司开始利用沃森的临床决策支持能力开发 IBM 沃森系统，相关使用单位包括哥伦比亚大学医学中心等。全球医疗保健信息技术行业市场情报和咨询公司的一项新报告指出，到 2021 年，人工智能医学影像的市场份额将达到 3 亿美元。

2.深度学习与医学影像分析

深度学习几乎可以应用于医学影像分析的方方面面，包括核磁影像、CT 影像、超声影像、病理影像等。基于多个实例，本小节将介绍深度学习在医学影像分析领域的应用。

神经退行性疾病是指由各种原因引起的大脑的病态改变，常见的神经退行性疾病包括阿尔茨海默病、帕金森病等。全世界约有数千万老年人患有不同程度的帕金森病，研究人员在不断探索新的方法，力求将帕金森病症区别于多系统萎缩病症，并使其得到早期诊断。如图 3-5 所示，基于深度学习的帕金森病症早期诊断的研究已经开展起来。

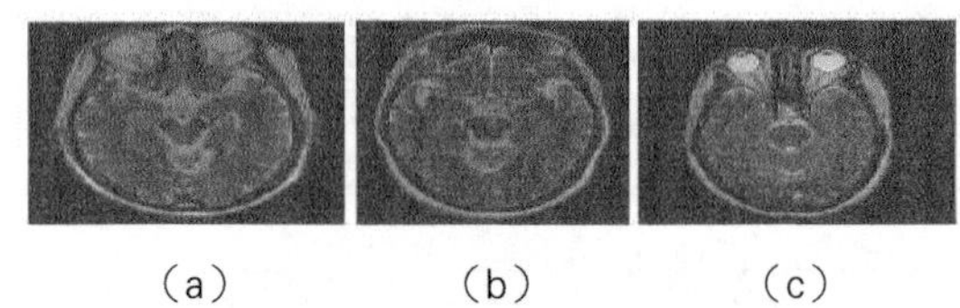

图 3-5　基于深度学习的帕金森病症早期诊断：（a）帕金森病症；（b）多系统萎缩病症；（c）正常

神经退行性疾病最主要的类型为阿尔茨海默病，俗称老年痴呆症。目前，我国的阿尔茨海默病患者人数已居世界前列。由于阿尔茨海默病会对大脑造成不可逆的损害，因此早期诊断阿尔茨海默病变得十分急迫。如图 3-6 所示，从 2015 年开始，基于增强 AlexNet 的深度学习的阿尔茨海默病的早期诊断的研究已经开展起来。

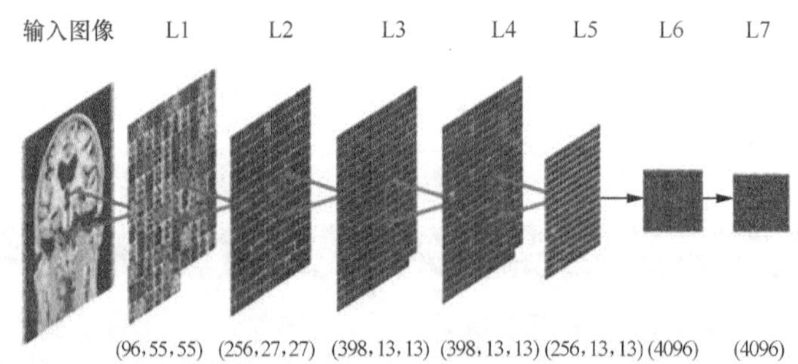

图 3-6　基于增强 AlexNet 的深度学习的阿尔茨海默病的早期诊断

深度学习也应用在超声影像分析领域。随着生活水平日益提高，脂肪肝目前已经成为比较常见的肝病。随着人工智能医学的到来，深度学习逐渐开始应用于脂肪肝超声影像的分析。如图 3-7 所示，基于深度 CNN 的脂肪肝超声影像诊断的研究已经开展起来。

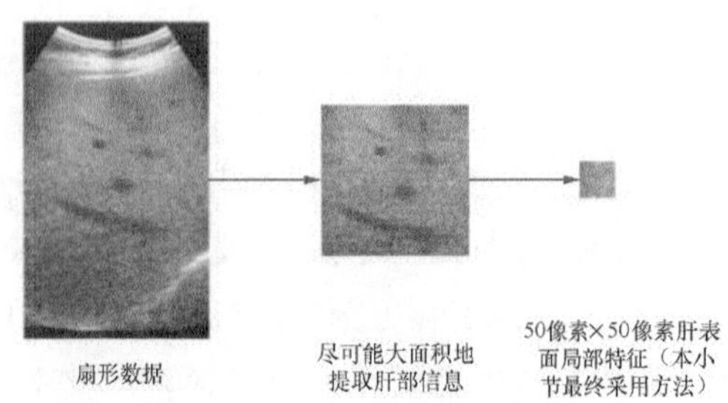

图 3-7　基于自适应对比度增强和深度 CNN 的脂肪肝超声影像诊断

深度学习还应用在乳腺癌超声影像的分析之中。乳腺癌是最常见的恶性肿瘤之一，给女性的健康带来了极大的损害。通过对乳腺结节的超声影像分析，良、恶性结节在边缘处呈现较为显著的差异。如图3-8所示，基于AlexNet模型和自适应对比度增强的乳腺结节超声影像诊断的研究已经开展起来。

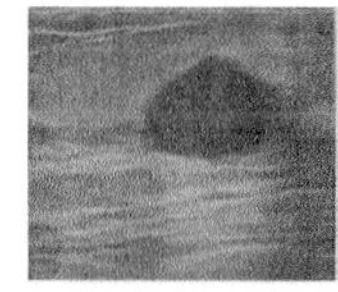

图3-8 基于AlexNet模型和自适应对比度增强的乳腺结节超声影像诊断

人工智能医学还应用在手术导航领域。在麻醉手术中，麻醉医生常常需要对臂丛神经进行精准的定位。基于深度学习，能够实现对臂丛神经超声影像快速而精准的分割，在超声影像上对臂丛神经的位置进行精确的标定。如图3-9所示，基于SegNet模型的臂丛神经超声影像分割的研究已经开展起来。

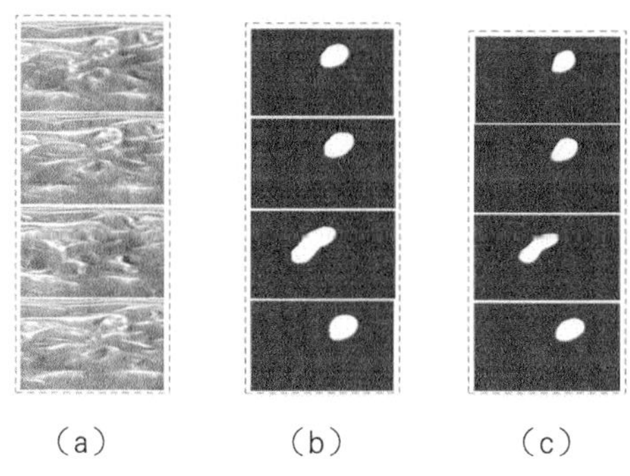

图3-9 基于SegNet模型的臂丛神经超声影像分割：(a)臂丛神经超声；(b)实验结果；(c)标准结果

深度学习在病理影像分析领域也有成功的应用。通过联合使用不同深度的深度学习网络模型，学习到不同方面的胃癌病理影像特征，从而获得更好的胃癌病理的特征信息。如图3-10所示，基于深度学习的胃癌病理影像分类方法的研究也已经开展起来。

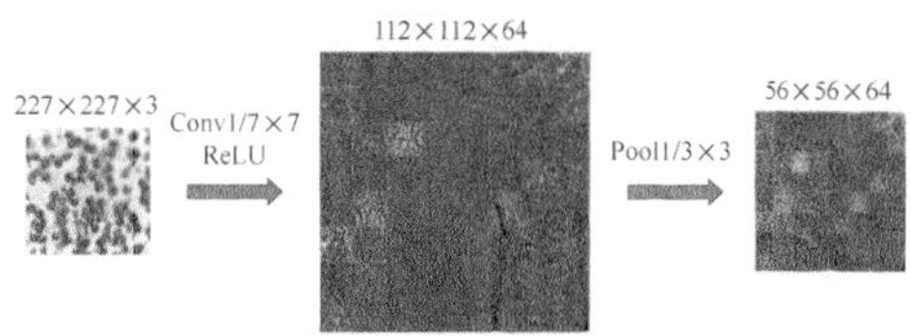

图3-10 基于深度学习的胃癌病理影像分类方法

3.人工智能医学的计算实现

在人工智能医学影像的研究中，需要大量使用卷积、反卷积等操作。目前，已有与快速卷积的快速计算的相关研究。

同时，MATLAB广泛应用于人工智能医学的研究之中。然而，MATLAB简单易用的特性与算法复杂性的矛盾，造成各个领域的MATLAB程序运行缓慢。

总而言之，作为计算机学科和医学学科的热门领域之一，人工智能医学的发展需要交叉型人才持续的努力，共同推动人工智能技术在医疗领域取得突破性进展。

3.2.2 精准医疗时代人工智能在医学图像中的应用

★ 关键词：医学影像　人工智能辅助诊断　精准医疗

★ 作　者：王艺培　闫雯　张益肇　来茂德　许燕

目前，人工智能赋能医疗领域的场景主要表现在虚拟助理、医学影像、辅助诊疗、疾病风险预测、药物挖掘、健康管理、医院管理、辅助医学研究报告等模块。其中，医学影像无疑是当前热门和有所突破的应用场景。基于人工智能技术实现以医学图像为介质的精准医疗的研究有着不可估量的意义。

2011年，精准医疗的概念在美国科研人员的《走向精准医疗》的报告中首次出现，2015年，在我国的精准医疗论坛上，精准医疗的定义首次被提出。与最初的精准医疗强调基因组学、蛋白组学等组学的应用不同，我国的精准医疗更侧重于结合现代科技手段与传统医学方法，加强对人体机能和疾病本质的了解，最大限度地提高个人和社会的健康效益。虽然两种定义中对精准医疗的侧重点不同，但核心是相同的，即大数据和医疗相结合。

近年来，人工智能和大数据等技术的高速发展，大大促进了精准医疗的研究。可以说，医疗大数据是开展精准医疗研究的基础，而人工智能为深度挖掘医疗大数据提供了可能。在医疗大数据中，医学图像是不可或缺的一部分，其在疾病诊断、治疗方案的制定和疾病预后中具有重要的参考价值。医学图像包含的信息可以反映人类健康和疾病情况，因此基于人工智能技术将这些信息提取出来并应用到临床中，能大大改善临床治疗的效果，对精准医疗的研究有不可估量的意义。本小节将以医学图像分析为切入点，阐述人工智能对包含医学影像和病理切片在内的多种医学图像进行深入信息挖掘和疾病诊断的精准医疗研究，并展望未来的研究方向。

1.以医学图像为介质的精准医疗

广义的医学图像是指所有用于医学研究的，对人体或人体某部分，以非侵入或侵入方式取得的内部组织图像，常见的种类包括超声影像、X 光片、CT、PET（Positron Emission-computed Tomography，正电子发射型计算机断层显像）、MRI（Magnetic Resonance Imaging，磁共振成像）和病理切片等。在医学图像处理中，算法通常对图像的噪声和图像分辨率有一定的要求，因此常用的图像是以 CT、PET、MRI 为主的医学影像，以及反映病变发生过程的病理切片。医学影像和病理切片都是肿瘤诊断和治疗的重要辅助手段。由于医学影像的非侵入性，因此医生通过医学影像可视化人体的内部结构，准确定位肿瘤的位置以及确定扩散情况，可用于肿瘤的初筛，但是影像学检查并不能作为临床制定治疗方案的依据。在临床上，病理切片是确诊恶性肿瘤的唯一标准。在恶性肿瘤治疗前均应有明确的组织病理学诊断，否则无论临床上如何怀疑患者患有恶性肿瘤，都不能确诊并实施损毁性治疗，如大范围的手术和放化疗等。因此，病理切片和医学影像两种手段相结合，便可以为肿瘤诊断和癌症治疗提供完整、严谨的诊断依据，从而为基于图像的精准医疗的实现打下基础。

2.人工智能在医学图像分析中的应用

在人工智能时代，计算机视觉在医学图像领域的应用越来越广泛，如医学影像的分割和分类任务、病理切片的特征提取、癌症分类和分级任务等。基于人工智能的方法之所以能够适用于医学图像分析，其核心原因在于，人工智能的方法可应用于大数据分析，同时电子医学图像数量呈“爆炸式”增长，二者使得人工智能技术在最大限度上发挥了深度学习特征的作用，也使得医疗大数据的储备得到了充分的应用。下面介绍人工智能在医学图像分析中的应用。

（1）病理切片

病理切片是临床中癌症诊断的金标准。在临床上，通常采用人工阅片的方式。但人工阅片会耗费医生大量时间与精力，导致准确率下降，而且医生本身无法避免主观性，导致不同医生的阅片结果也会存在差异。在精准医疗对诊断准确率越发严格的要求下，这种定性的分析方法有一定的局限性。高分辨率的全切片数字化图像的出现改变了这一情况，出现了一系列使用计算机自动进行病理切片阅片的辅助诊断的算法和技术，包括检测识别、癌症自动分级以及肿瘤分割 3 个方面的众多算法与应用。然而，病理切片染色的密度、切片的平整度、异物杂质的引入以及制片时组织样本的损坏程度等，均会对病理切片最终的制片质量产生影响。另外，在采集病理切片图像的过程中，对图像进行压缩时引入的变形、噪声以及一些切片扫描仪固有的特性，都将影响最终的电子切片图像质量。这些因素都对传统的图像分析算法造成了重重困难与阻碍，为人工智能算法的应用带来了契机，也是目前众多研究者们重点解决的问题和方向。

① 细胞检测与识别

在病理检查过程中，分析细胞内部结构与特征是不可或缺的一环，细胞核以及有丝分裂的特征、数量等信息在病理诊断中起着关键作用。例如，细胞核检测与分割是癌症诊断与分级的重要步骤，乳腺癌淋巴细胞浸润情况与患者的存活率及预后情况密切相关，而通过在限定区域内（通常为 $2mm^2$）进行有丝分裂计数可判断肿瘤增殖情况。细胞核外形随着细胞核所属种类的不同、疾病的不同恶化程度以及该细胞核所处的生命周期的不同，显现出巨大的差异性。有丝分裂有 4 个不同时期，各时期的细胞核外形变化较大，给自动检测带来了不小的挑战。众多基于人工智能的算法都致力于解决上述问题，检测并分割细胞，极大地丰富了在细胞层面上的分析以及对癌症诊断的研究。

丹·西雷桑（Dan Ciresan）等人使用深度 CNN 对乳腺癌病理切片进行逐像素分类，在 2012 年 ICPR（International Conference on Pattern Recognition，国际模式识别大会）有丝分裂检测比赛中获得冠军，让研究人员看到了深度 CNN 在病理切片应用中的巨大优势和潜力，由此催生出一大批受此启发的深度学习方法。徐军等人提出了一种 SSAE（Stacked Sparse Auto Encoder，栈式稀疏自编码器）算法，采用滑动窗口策略，从像素强度中学习细胞核高层次特征，将图像的小块标记为“细胞核”或“非细胞核”两类，从而完成对乳腺癌病理切片的细胞核检测。锡里努昆瓦塔纳·科苏克（Sirinukunwattana Korsuk）等人设计了一种空间约束的 CNN 细胞核检测，并提出了一个 NEP（Neighboring Ensemble Predictor，邻近集成预测器）对细胞核进行分类。其中，空间约束的 CNN 估计某像素位于细胞核中的可能性，如具有高概率值的像素在图像空间上会被约束于位于细胞核中心的邻近区域中。王平安等人提出了一个用于检测有丝分裂的深度层级 CNN。该深度层级 CNN 由两部分组成，一个基于全卷积网络的粗检索模型，用于识别并定位图像中有丝分裂的候选区域；在此基础上，一个判别模型利用其他领域的信息，运用迁移学习方法，进一步从候选者中遴选出有丝分裂，其效果远超其他算法。

② 腺体分割

腺体是人体的一种重要结构，存在于大多数器官、系统中，而发源于腺体上皮的腺癌则是人体较普遍的一种癌症类型。通过检查腺体的形态，可以将腺癌分为恶性或良性以及判定该腺癌的严重程度，因此腺体分割对腺癌的分析与诊断意义重大。

在 2015 年 MICCAI（Medical Image Computing and Computer Assisted Intervention，医学图像计算和计算机辅助干预）的腺体自动分割比赛中，深度学习方法技压群雄。王平安等人利用全卷积网络的多层级特征提取，提出了一种轮廓敏感的深度神经网络，该网络能够同时输出分割概率谱和勾勒腺体的轮廓。凯恩斯·菲利普（Kainz Philipp）等人所提出的方法基于像素级分割和轮廓检测模型：首先提取出组织结构的特征表示；随后训练两个深度 CNN 分类器，Object-Net 用于预测每个像素是否属于腺体，Separator-Net 用于预测腺体边界；最后，综合以上输出得到分类结果。奥拉夫·朗内贝格（Olaf Ronneberger）等人提出了一个 CNN U-Net 和训练策略，向网络输入一个 RGB 三通道病理切片图像，可以直接输出一个腺体与背景的二分分割谱，该算法的亮点是利用数据扩增算法在有限的、有标签的数据集上取得优异的结果。许燕等人提出了一种多通道神经网络，包括全卷积前景分割网络、HED（Holistically-nested Edge Detection，整体嵌套的边缘检测）网络和物体检测网络，提取肠癌腺体病理切片中与形态、边界及位置相关的特征，基于 3 种特征的整合做出逐像素预测，得到腺体的分割结果，该方法的性能超越了同期比赛中的其他队伍的方法。

③ 癌症自动分期

通过评估癌症组织的大小和扩散情况来确定癌症病程发展的过程被称作癌症分期，临床医生以此为基础为患者提供治疗计划和量化预后。目前有几种癌症分期系统，使用较广泛的是 TNM（Tumor-Node-Metastasis，肿瘤 – 淋巴结 – 转移）分期系统，其中 T 表示原发肿瘤的大小和范围，N 指附近癌症的淋巴结，M 代表是否存在远处转移。T、N 和 M 分数的不同组合对应着癌症的不同分期。目前 TNM 分期系统是判别癌症分期的金标准，然而病理检查主要依赖于病理学家的主观意见，不同病理学家的判断差异会导致癌症分期有所不同，影响治疗方案的制定。因此，为避免人类主观经验的干扰，有必要建立和使用计算机辅助诊断系统来对癌症进行自动分期。

迈赫迈特·居南·埃尔托桑（Mehmet Günhan Etrosun）和丹尼尔·鲁宾（Daniel Rubin）设计了一个神经胶质瘤自动分级算法，该算法由两个 CNN 组成，使用癌症基因图谱数据库中的病理切片来训练网络，在分类低级别胶质瘤与多形性成胶质细胞瘤任务中的准确率达到 96%，在低级别胶质瘤分级任务中的准确率达到 71%。法比奥·斯潘霍尔（Fabio Spanhol）等人将 AlexNet 用于乳腺病理切片的分析，将其分为恶性与良性，准确率为 85.6%。斯科特·多伊尔（Scott Doyle）等人从前列腺癌组织图像中提取出 102 种基于图结构、形态学以及纹理的特征，并对细胞核与腺体结构进行定量分析，将图像分为格里森分级 3、格里森分级 4、基质以及上皮组织。秦曾昌等人将 CNN 用于乳腺病理切片的癌症分级中，从 106 张苏木精 – 伊红染色乳腺组织切片中提取出像素级、物体级以及语义级的多层级特征，在高—低分级、中—低分级、中—高分级和高—中—低分级中的准确率分别是 92%、77%、76% 和 69%。

由于电子病理切片中包含较多的冗余信息，因此目前而言，关于自动癌症分级分期以及预后方面的研究成果及应用数量和质量都有待提升和完善。

（2）医学影像

区别于病理切片，医学影像以非侵入方式获取患者的内部组织影像。要保证利用医学影像对疾病进行诊断以及评估的准确性，必须保证图像采集和图像分析两个过程的质量。近年来，电子设备不断发展更新，图像采集质量得到了极大提升；图像分析也随着人工智能算法的发展，取得了一定的突破。

① 肿瘤分割

MRI 由于其安全性和信息的丰富性而成为医学成像技术中的一个重要组成部分，广泛应用于临床诊断和治疗。MRI 包含不同的模态，每一种都能捕捉到潜在的解剖学特征，所有这些模态在功能上各不相同，在临床中往往通过 MRI 来诊断肿瘤的位置。目前，由于大量的 MRI 的肿瘤图像不断产生，在人力有限的情况下，无法在短时间内由医生手动标注并分割所有图像中的肿瘤区域。因此，计算机自动进行肿瘤分割成为必然趋势。

尼拉贾·梅农（Neeraja Menon）等人在 ABC（Artificial Bee Colong，人工蜂群）算法和模糊 C 聚类的基础上，提出了一种快速的 MRI 脑肿瘤分割方法。塞尔吉奥·佩雷拉（Sérgio Pereira）等人设计了一种基于小卷积核的 CNN 的自动分割方法，在数据预处理过程中使用了强度值正则化，该方法虽然在深度 CNN 分割方法中不常使用，但在 MRI 脑肿瘤分割中，结合数据增强算法后，对整体性能有较大提升。穆罕默德·哈瓦伊（Mohammad Havaei）等人提出了一种基于深度 CNN 的自动脑肿瘤分割方法，该方法专攻神经胶母细胞瘤 MRI，同时获取局部和全局特征。针对肿瘤标注不均衡的问题，该方法采用两阶段训练以解决。与 2013 年 BraTS（Brain Tumor Segmentation，脑部肿瘤分割）比赛中的其他方法相比，该方法的性能有了极大提升。

② 医学图像配准

医学图像在疾病诊断、术前计划以及术后监测中有着重要的应用。为了得到病灶更加全面的信息，医生通常需要将同一个病人的多种模态的图像结合起来，通过组织学和病理学诊断得到病情分析。在计算机技术的辅助下，研究人员通过医学图像配准技术找出与输入图像中我们感兴趣的结构相匹配的最佳空间变换，应用于分析在不同时间、从不同视角、利用不同设备所获取的同一物体的多个图像的信息。因此，医学图像配准对于观察病灶发展有着至关重要的作用。

除了上述提到的配准算法，随着神经网络的发展，算法对特征的提取能力更强，基于学习的配准算法也逐渐显露出优势。布德维恩·莱列维特（Boudewijn Lelieveldt）等人训练了一个三维 CNN，使用人工生成的位移矢量场，对胸部 CT 图像进行配准。但是在配准中，对有标签的数据的获取有一定难度而且准确率不高，因此无监督算法的提出很有必要。沈定刚等人提出使用无监督深度学习算法进行脑 MRI 配准，并构建了一个堆叠的二层 CNN，为每个图像块提取层级并加以表示，其中高层级特征由低层级网络的响应推断而来。许燕等人提出了一种使用 CNN 和无监督端到端策略的算法，对二维 CT/MRI 的医学图像进行配准。实验表明，该算法在二维脑图像配准方面达到了现有最高的准确率，在二维肝图像配准方面达到了较高的水平，该算法亦可应用于其他器官（如肾、肺等）的配准。

3.总结与展望

人工智能技术以其强大的特征提取能力在计算机视觉领域拥有独特的技术优势。通过人工智能技术的辅助，计算机辅助的图像的分析能力得到了大幅提升。人工智能技术既可以协助医生在治疗过程中进行准确分析，降低医生因主客观因素的干扰导致的诊疗误差，同时可以作为沟通非入侵式的医学影像与入侵式的病理切片的桥梁，将病理信息体现在人体的结构和功能成像中，提高疾病诊断的可靠性。人工智能的虚拟现实技术还可以实现在手术室和科研等多个医疗场景的交互，以及实现医学影像的介导手术，通过人机合作进一步提高医疗水准和效率。

综上所述，人工智能技术在医学图像分析中取得了一定的研究成果，为实现精准医疗奠定了基础。计算机分析可以实现大数据的采集和整合，从中提取出对疾病诊断和预后有用的关键信息，大大提高医疗大数据的利用率，进而推动医疗个性化服务，为精准医疗未来的发展提供新的生机。

3.2.3　基于深度学习的医学图像分割技术

★ 关键词：深度学习　计算机视觉　分割算法　医学图像

★ 作　者：亢寒　张荣国　陈宽

随着数字成像技术的发展以及医疗成像设备的普及，影像数据分析成为医学界一个重要的辅助诊疗手段。通过 MRI、CT 以及其他的医学影像技术得到的器官解剖成像能够客观反映组织结构、病理变化等，从定位取证到引导治疗，为医生提供了重要帮助。临床上，一般由有经验的放射科医师对医学图像进行处理，这样的人工操作不仅烦琐、耗时，而且由于人的主观意识会导致出现处理上的差异。近年来，随着大规模图像数据的产生和计算能力的飞速发展，人工智能，尤其是深度学习技术在计算机视觉和图像处理领域取得了突破性的研究成果，其强大的特征学习能力引起了广泛的关注。将人工智能应用到医学图像处理中，不仅能够提高处理效率，而且可为后续医生进行病情分析提供辅助作用。本小节将从医学图像分割的角度对深度学习在医学图像处理上的应用进行阐述。

1.医学图像分割

图像分割是指按照一定的特征将图像分为几个特

定的互不相交的“连通”区域的过程，相关特征在同一区域内具有一定的一致性或相似性，而在不同区域内具有明显差异，这种差异在每个区域的边界处最为明显。医学图像分割则是根据某些特征（如灰度、纹理、频域特征等）将二维或三维医学图像进行图像分割。医学图像分割在医学研究、临床诊断、病理分析以及影像信息处理等研究与实践领域具有重要的学术研究意义和应用价值，主要用于：感兴趣区域提取，便于医学图像分析；计算人体器官、组织或病灶的容积、体积等，便于临床参数的计算；图像的三维重建或可视化；医学图像检索研究等。

由于人体内部和周遭环境的种种复杂因素的干扰以及成像噪声、伪影、容积效应的影响，因此实际获取到的医学图像具有模糊、灰度不均匀，甚至不同组织间灰度接近的缺陷。此外，人体的解剖结构具有一定的复杂性以及病理或病灶在不同的生理条件下具有很大的个体差异性。这些复杂的条件给医学图像分割带来了很大的挑战。如今，为了获得更多的图像信息，人们已经将处理对象从二维图像转换为三维甚至四维图像，这样的转换不仅增加了图像的复杂度，而且为计算机存储与处理增加了难度，使得分割处理更加困难。

医学图像的分割大体可以分为人工分割、半自动分割和全自动分割 3 种算法。人工分割算法是指由有经验的放射科医师直接在原始图像上进行边界勾画或者借助图像处理软件对图像进行边界或感兴趣区域的提取。人工分割算法烦琐、耗时，效率低下，并且容易受到人的主观意识的影响而造成分割的差异性。半自动分割算法主要是将计算机处理数据的能力与人为操作进行结合，这种半自动操作虽然运用了计算机的数据处理与数据分析技术，但是依然需要结合放射科医师的经验来进行分割。半自动分割算法虽然提高了处理效率，但是并没有完全将人解放出来。全自动分割算法则完全脱离人的干预，不受人为因素的影响，完全由计算机进行图像分割。由于全自动分割算法的复杂性以及运算上的效率和时间问题，在很多情况下，分割结果并不能满足要求。因此，研究全自动分割算法一直是人类的追求，而且高效、实用的全自动分割算法往往是研究的重点。

近几年，人工智能，尤其是深度学习迅速发展，基于深度学习的分割算法已在图像分割领域取得了显著成就，其分割准确度已经超过了传统的分割算法。深度学习技术能够从大量数据中自主学习到图像特征。为得到更为符合需求的分割结果，近几年深度学习被应用于医学图像分割中。

2.深度学习与分割算法

（1）深度学习的发展

深度学习是在人工神经网络的基础上演变而来的，其典型例子是前馈深度网络或多层感知机。20 世纪 40 年代到 20 世纪 60 年代，随着生物学理论的发展和第一个模型的实现（如感知机），单个神经元已能够进行训练。但是这种简单的线型模型存在很多局限性。最明显的就是无法学习 XOR（Exclusive OR，异或）函数。正是这些局限性，使得人工神经网络的热度有所下降。20 世纪 80 年代后期，向后传播算法的出现及其在人工神经网络中的应用，极大地推动了机器学习的发展。由于当时的硬件设备的局限性以及理论分析的匮乏，因此人们认为深度网络是难以训练的。与此同时，机器学习在其他领域得到了很好的发展。这样的境遇，使得人工神经网络再次走向没落。2006 年，深度学习概念的出现使得人工神经网络第三次出现在人们的面前，学术界纷纷加入这一行列中。由于数学论证的难度和网络模型的复杂度，因此有关深度学习理论方面的研究仍处于初级阶段，但是其在工程应用方面却显现出巨大的潜力。2012 年 6 月，吴恩达带领的团队创建的深层神经网络，经过充分的训练，机器系统可以自动识别出猫的图像。这是深度学习领域最著名的案例之一，引起了各界的关注。如今，深度学习已在语音、计算机视觉与自然语言处理这三大方面获得重大突破，世界各国的科技公司纷纷加大对深度学习领域的投入。

（2）深度学习在医学图像分割中的相关技术

图像分割在本质上是对像素级别的分类，即判断图像上每一个像素点的所属类别。典型的用于图像分类的 CNN 由于其后端使用的是全连接层，因此要求输入图像的大小固定不变。最初使用 CNN 进行图像分割时，为了对每个像素进行分类，通常会使用该像素周围的一个图像块作为 CNN 的输入，用于训练和预测，并且每个图像块大小相同。这种方法存在存储开销过大和计算效率低下的缺点。前者是因为将图像分割成小块进行存储，后者是因为大多数像素的卷积被重复计算了多次。针对这样的问题，乔纳森·朗（Jonathan Long）等人在 2015 年提出全卷积神经网络。

① 全卷积神经网络

全卷积神经网络采用端到端的学习模式实现了输出图像的像素级分类。该网络模型将普通的 CNN 中的全连接层改为卷积层，保证了对任意大小的图像都能进行处理，并且在网络后端采用反卷积层对得到的特征图进行采样，保证网络输出图像大小与输入图像大小一致，实现了网络端到端的操作。该网络模型中的跳跃连接结构，结合上下文信息，有助于提高分割精度。

马努·戈亚尔（Manu Goyal）等人使用同一个全卷积神经网络对黑色素瘤、角膜以及良性病变进行训练，使得网络能够同时对 3 种目标进行分割。藤田浩史（Hiroshi Fujita）等人将全卷积神经网络算法和多数投票算法相结合，在人体躯干 CT 图像中分割出了 19 个目标，使用二维 CT 切片图像进行全卷积神经网络训练，并用三维多数投票算法对分割结果进行表决，得到最后的分割结果。

由于全卷积神经网络更多的是对下采样后的特征图直接进行上采样，其像素定位并不精确，得到的结果较为粗糙，因此在一般情况下，会对得到的分割结果进行一些后处理操作。

② U-Net

2015 年，奥拉夫·朗内贝格等人提出了 U-Net 网络结构，与全卷积神经网络相似，该网络模型使用编码 – 解码结构以及跳跃连接结构。U-Net 作为语义分割网络，适用于医学图像分割，并且针对数据量很小的生物医学图像数据集进行图像处理，获得了较好的分割结果。与全卷积神经网络不同的是，U-Net 的编码部分与解码部分采用对称结构，并且使用跳跃连接将编码与解码的特征图进行通道合并，这样的操作将编码部分的特征图直接传递到解码部分，使得 U-Net 在像素定位上更加准确，分割结果比全卷积神经网络更加精准。

U-Net 自提出后，在医学图像分割中受到了研究者们的青睐，大多数的研究者在进行医学图像分割时先采用的网络模型便是 U-Net，并在 U-Net 的基础上提出改进。尤金·沃龙佐夫（Eugene Vorontsov）等人研究了在普通 U-Net 中，除了较长的跳跃连接，还使用了类似于 ResNet 的短连接结构，通过实验证明了跳跃连接对生物医学图像分割的重要性。鲁德拉·普德尔（Rudra Poudel）等人将类似于 U-Net 的网络结构与 GRU（Gated Recurrent Unit，门控循环单元）结合，提出 R-FCN（Region-base Fully Convolutional Network，基于区域的全卷积网络），该网络模型利用二维切片间的空间依赖性，改善了对心尖部分左心室内外膜的分割效果。马穆杜尔·哈桑（Mahmudul Hasan）等人将 U-Net、残差网络结构与循环神经网络结构结合，提出了 RU-Net 和 R2U-Net，并使用它们进行了视网膜图像中的血管分割、皮肤癌分割和肺损伤分割。奥拉夫·朗内贝格等人将二维 U-Net 延展到三维图像领域，提出三维 U-Net 网络结构，该网络结构将连续的二维切片序列作为输入实现三维图像分割。福斯托·米拉里（Fausto Milletari）等人提出了 U-Net 的三维变体 V-Net，利用三维卷积层直接基于 Dice 系数进行目标函数计算，完成三维图像分割。

③ 医学图像分割算法中的其他技术

· 多尺度特征融合

何恺明等人提出的 SPP（Spatial Pyramid Pooling，空间金字塔池化）模块旨在使用任意大小的图像作为神经网络的输入。针对同一物体在不同图像上呈现尺度大小不同的问题，使用多尺度特征融合的网络不仅可以分割出尺度大的物体，也可以分割出尺度很小的物体。在图像分割中，多尺度的概念主要体现在输入图像尺度以及网络结构上。受 SPP 的启发，陈良杰等人在 DeepLab v2 中使用了结合膨胀卷积的 ASPP（Atrous Spatial Pyramid Pooling，空洞空间金字塔池化）模块。这一模块使用不同大小采样率的膨胀卷积作为并行分支，提取不同尺度的特征，从而实现多尺度特征融合。赵恒爽等人提出 PSPNet（Pyramid Scene Parsing Network，金字塔场景解析网络），并在其中使用了另一种金字塔池化模块。该模块使用不同大小的池化层提取不同尺度的特征。值得一提的是，PSPNet 在不使用全连接 CRF（Conditional Random Field，条件随机场）作为后处理的情况中，在 PASCAL VOC 2012 数据集上取得了当时最佳的分割精度结果。沈春华等人提出了 RefineNet，使用不同分辨率的特征图作为 RefineNet 模块的输入，并将其用在网络的不同阶段，这样的操作在某种程度上解决了图像信息丢失的问题。

在医学图像分割方面，康斯坦丁·卡姆尼特萨（Konstantions Kamnitsas）等人提出了一种双通路的三维 CNN，该网络模型使用多尺度输入图像，在分割创伤性脑损伤、脑肿瘤和缺血性中风病灶的任务上取得了较好的结果。沈定刚等人提出了一种新型全卷积神经网络，用于分割 MRI 中的血管周围空间。该网络模型使用多通道输入，提供管状结构信息和精细图像细节，使用多尺度特征来表征 PVS（Perivascular Space，血管周围间隙）与邻近组织之间的关联。

· 后处理

为了获得更为精准的分割结果，在使用网络模型对图像进行分割后，往往使用 CRF 对网络分割结果进行图像后处理。肝脏及其病变的自动分割是建立精确临床诊断和计算机辅助决策支持系统的定量生物标志物的重要一步。帕特里克·克赖斯特（Patrick Christ）等人提出了一种利用层叠全卷积神经网络和密集三维 CRF 自动分割 CT 腹部图像的方法。该方法对两种全卷积神经网络进行训练和级联，对肝脏及其病变进行联合分割并使用密集的三维 CRF 对网络分割结果进行细化。胎盘的定量评估对评估怀孕期间胎盘的健康状况很重要。阿米尔·阿兰萨里（Amir Alansary）等人采用三维多尺度 CNN 对胎盘图像进行分割，并使用密集三维 CRF 对分割结果进行细化。

总而言之，医学图像中的分割已经出现了大量深度学习相关算法。这些算法在公开发表的数据集中已经取得了相对较好的结果。

3.深度学习在医学图像分割中的应用实例

医学图像中的器官和其他子结构的分割可以定量分析与体积和形状相关的临床参数，并且通常是计算机辅助检测中重要的一步。据统计，分割是将深度学习应用于医学图像的研究中较常见的主题。

一般的分割流程分为数据处理、ROI 提取、神经网络分割、分割结果后处理等（如图 3-11 所示）。

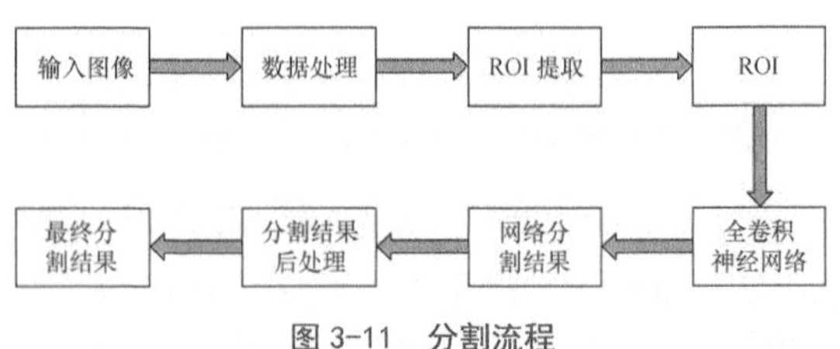

图 3-11　分割流程

高分辨率的 CT 成像技术能够获得肺部解剖结构的细节图像。图 3-12 所示为肺部 CT 图像，从图中可以清楚地辨认出肺部、肺叶、气管等。因此，肺部 CT 图像成为临床和研究工作中的肺功能检测和肺部疾病诊断的金标准。下面以肺部 CT 图像分割为例，介绍深度学习在医学图像分割中的应用。

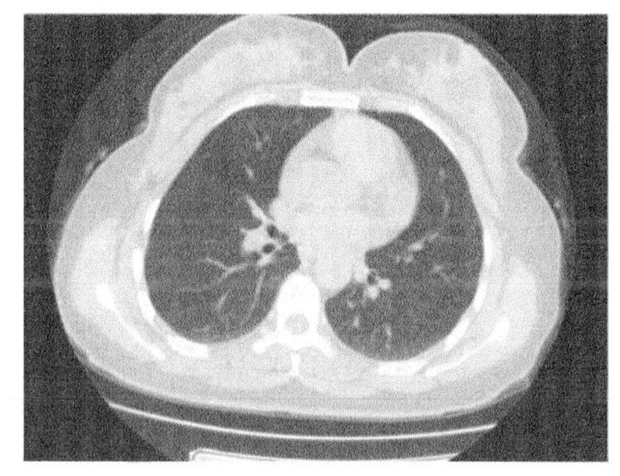

图 3-12 肺部 CT 图像

使用深度学习进行分割，其关键在于精准的定位以及像素分类。为提高分割精度，研究人员以及实际操作者更多地关注神经网络结构的设计以及图像后处理方法。在设计神经网络结构时，研究人员更加注重全局与局部信息的获取与使用。实验表明，使用改进后的 U-Net，对肺部甚至是肺叶的分割精度比使用原始 U-Net 的分割精度提高了 10%，比使用全卷积神经网络的分割精度提高了 20%。一般情况下，全连接 CRF 会被作为后处理手段进行操作。CRF 对于分割区域的边界处以及较小的误分类区域具有一定的改善作用。

使用 CRF 进行图像后处理虽然可以提高分割精度，但在实际操作中无法做到端到端处理。因此，研究具有较好分割精度的端到端算法也是研究人员需要考虑的问题。进一步实验表明，使用恰当的网络模型组合进行分割，可以获得一般网络后处理后的分割结果。

图 3-13 所示为使用 CNN 进行肺部分割的结果，其中左侧为网络分割结果，右侧为人工分割结果。

针对肺叶分割，研究人员需要做的是更为细节的操作：将右肺分为上、中、下共 3 个肺叶；将左肺分为上、下共 2 个肺叶。因此，这需要神经网络不仅要将肺部分割出来，还要根据肺叶裂隙的走向将肺部的 5 个肺叶分割出来。图 3-14 所示为使用神经网络分割肺叶的操作。从中不难观察到，肺叶分割与肺部分割的原理相似，但是由于肺叶裂隙可能出现模糊、不清晰的情况，因此研究人员更需要关注像素之间的关系。如今的分割算法已经能够将肺叶较好地分割出来。

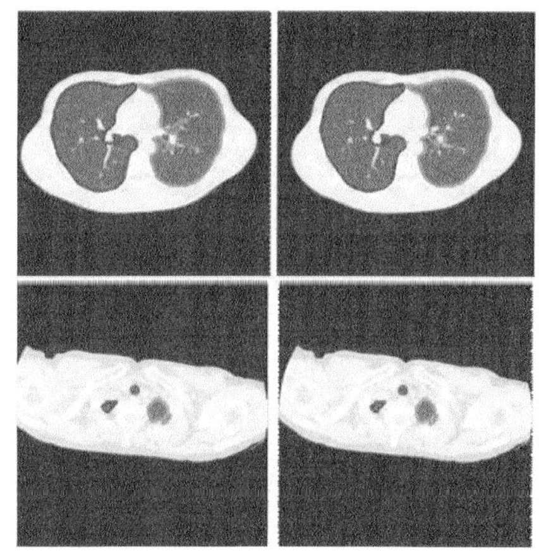

* 图 3-13 肺部分割的结果

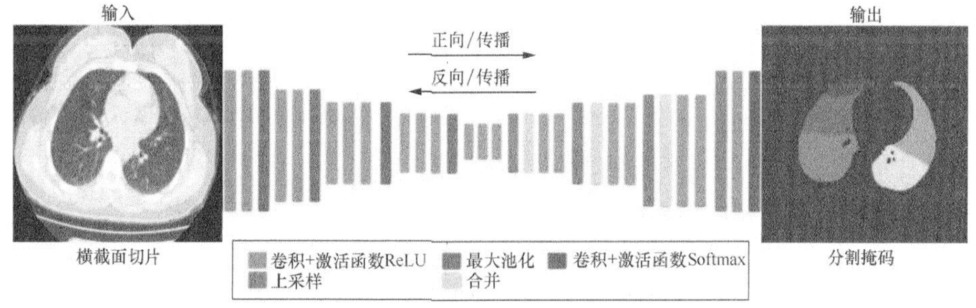

* 图 3-14 使用神经网络分割肺叶

对病灶分割来说，研究人员还面临另一个挑战，那就是类不平衡。以肺结节为例，在进行肺结节分割时，属于结节的像素占整个图像的 10%，甚至更少。在这种极不平衡的情况下，易分类的像素更容易占主导地位，因此肺结节的分割效果并不是很好。常见的解决方法有调整损失函数以及增强数据。

4.总结与未来发展方向

深度学习算法在医学图像处理中具有重要的理论研究意义以及实用价值。本小节阐述了深度学习在医学图像分割中的应用，并给出了深度学习在肺部分割方面的实例。

对医学图像进行分割已经发展到三维领域，虽然三维图像能够为提高分割精度提供更多维度的信息，但是却降低了模型的训练效率，增加了图像的处理时间。如何平衡分割精度与模型操作的时间效率是未来研究工作中一直需要考虑的问题。

总之，在“大数据时代”，挖掘人工智能的自身潜能，基于深度学习的图像分割算法还有很大的发展空间。

3.2.4 目标检测集成框架在人工智能医学图像辅助分析中的应用

★ 关键词：医学图像　目标检测　图像分类　算法框架　人工智能辅助诊断

★ 作　者：吴志力　吴宇

1.简介

图像分类与识别是常见的图像分析任务，同时是图像检索的基本单元。近十年来，这些任务的完成效果得到全面提升。如 ImageNet 作为图像分类与识别领域久负盛名的数据集，其应用于模型的准确率已在 AlexNet、VGG、GoogleNet、ResNet、SENet 等深度神经网络的辅助下，从 72% 逐步提升到 97.75%，达到超越人眼 94.9% 的水平。这些神经网络以结构深、层数多而被冠以“深度”之名，也催生了“深度学习”的人工智能流派，但它们为何会在图像分类与识别上表现出超乎常人的效果，目前假说众多，却并无定论。它们就像从图像输入到分类输出的中间位置的黑盒模型，以端到端一步到位的方式得到良好的结果，却令人知其然而不知其所以然。

虽然深度神经网络用于图像分类有黑盒模型的硬伤，但因为其效果好、普及面极其广泛，所以在医学图像的分类（如分为有病、无病或者哪类病）上也变得流行起来，如应用于皮肤癌、胸片等场景。这些研究的普遍特点是将在 ImageNet 上成功的神经网络加以简单利用或衍生，以便在医学图像的分类上取得好的效果。

基于深度神经网络对医学图像进行疾病分类，也可视为一定程度的 CAD（Computer Aided Diagnose，计算机辅助诊断）。但因为深度神经网络不擅长把分类结论归结到医学图像的具体特征上，也难以给出准确的影像描述，所以得出的分类或诊断结论欠缺可解释性，并不足以让医生全盘参考。

深度神经网络在医学图像分类与诊断方面欠缺可解释性的弱点，促使我们反思一步到位实现诊断的任务设置是否合理。实际上，CAD 除了指代 CADx（Computer Aided Diagnosis，计算机辅助诊断）外，也包含 CADe（Computer Aided Detection，计算机辅助检测），后者常指对图像内病灶 / 病变的检测。可以说，CADx 抽象、宏观，CADe 则更为具体、微观。无独有偶，在通用的图像分析领域，除了分类，目标检测也是核心任务之一，并且后者的应用面日益扩大。简而言之，目标检测是确定图像内各个物体的位置、边界与类别。相比常规的图像分类与识别，目标检测更精细，计算量更大。目标检测通过把任务设置为对各个局部目标的检测，实现对更具体局部的定位，通常在积累了微观特征与证据后，得出对整体图像分类的结论，结论更直观、可印证、可信度更高。

本小节把图像分割视为特殊的目标检测。虽然语义分割和实例分割等可视作与分类、目标检测并列的图像分析任务，但从目标检测角度来看待图像分割，把分割任务视为边界及位置更为精准的目标检测，也是行之有效的做法，业界还涌现了 Mask R-CNN 等优秀算法。医学图像的分割任务也很常见，包括器官分割勾画，以及病变 / 病灶分割等。但医学图像的分割有其特殊性，体现在：三维图像（如 CT）或二维图像上多层投影 / 重影叠加，导致（如 X 光片）分割难度大；病灶 / 病变是从正常组织变化而来的，分割边界模糊。在基于深度学习的目标检测这一成熟框架下处理医学图像分割，也是化繁为简的做法。

目标检测可以通过在目标周围绘制适当大小的 BBox（Bounding Box，边界框）或者曲线形的边界（Mask）来进行定位。在自动驾驶、智能监控、面部识别应用中，快速、精准的目标检测系统日益受到重视。相应的目标检测算法框架，也经历过 R-CNN、Fast R-CNN、Faster R-CNN、Mask R-CNN 等演变。但在现有的目标检测框架中，BBox 和 Mask 两种识别目标是相互独立的，数据标注不能复用，数据处理环节与网络结构耦合严重，不能做到灵活调整；目标检测相比分类模型训练所需的 GPU 计算量大，在推断环节，依赖 GPU 容易存在并发瓶颈，需要以较小代价在 CPU 和 GPU 上进行运算，产出结果；医学图像内细微、不明显、立体形态的病灶的检测，对常规目标检测提出了挑战，需要相应的损失函数和模型改造。

本小节重点讨论目标检测类的深度神经网络方法在医学图像分析上的运用，将特别讨论为了解决上述 3 类问题而研发的目标检测集成框架 eWingDET。它通过集成和优化 Faster R-CNN 和 Mask R-CNN 等算法，以实现医学图像的目标检测与分割。

本小节涵盖的范畴是基于人工智能的 MIA（Medical Image Analysis，医学图像分析）。在文献中，MIA 与医学影像学常交替使用。狭义而言，医学影像学研究借助介质（如 X 射线、电磁场、超声波、内窥镜等）把人体的内部组织器官以影像方式表现出来，方便对人体健康状况进行评价。但广义而言，医学影像学包括成像技术 / 设备、图像处理技术，以及日益重要的医学图像分析。医学图像分析涵盖的图像类别，也不仅限于内部组织器官，还包括体表皮肤、五官、外部关节特征等的拍摄图像、显微查看及扫描的组织与细胞病理图像等。随着互联网技术、移动终端、穿戴式设备的发展，这些医学相关的图像通过存储和远程传输后，进行人工判读或者人工智能分析，将具有现实意义。本小节探讨的案例也是针对广义的医学图像而言的，将包括 CT 影像、口腔 X 光片、宫颈液基细胞病理图像和皮肤图像等。

2.eWingDET目标检测集成框架

（1）必要性与创新性

目标检测是比分类与识别更细致和多元的任务。深度学习给图像中的目标检测性能带来了巨大提升。ImageNet 在 2013 年推出大规模图像识别挑战赛，在 4 万个互联网图像中检测 200 类物体，第一年的精度只有 0.2258。但到 2017 年的最后一届比赛，深度学习已将这一精度提高到 0.7322。

宜远智能公司集成了一套自己的目标检测框架，支持 BBox 和 Mask 两种识别目标的任意切换，支持骨干网络的自由更换，支持多种类的图像增强方式，支持二维、三维图像的目标检测。该框架的实现以 TensorFlow 为内核，以 Faster R-CNN/Mask R-CNN 为核心，可进行 Python 端多 GPU 训练。训练好的模型可以直接在前端使用 C++ 在 CPU 上进行运算，产出结果。并且该框架定制了对模型性能的评价函数，加入了 FPN（Feature Pyramid Network，特征金字塔网络），改善了对小目标检测的性能，如对 CT 影像中钙化病灶目标的检测。

（2）eWingDET目标检测集成框架整体流程

eWingDET 的整体流程如图 3-15 所示。针对图像分析需求，基于标记的数据，在 eWingDET 内选择合适的骨干网络结构，通过参数调优选择最优模型。将图像预处理及模型接口模块 C++ 工程化，将待检测图像接入 eWingDET 内进行推断计算，进行后处理后输出结果。

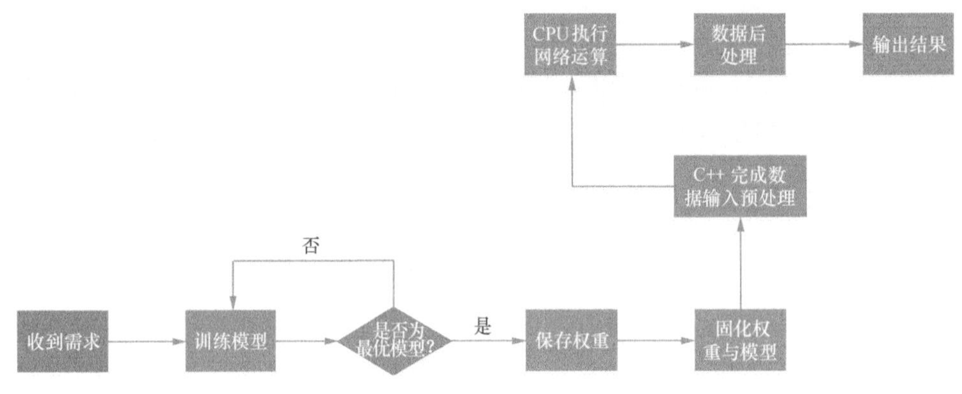

图 3-15　eWingDET 的整体流程

（3）训练环节

图 3-16 所示为 eWingDET 训练环节架构。我们所采用的目标检测方法是 Faster/Mask R-CNN 这类的两阶段检测方法。两阶段检测方法可以简单描述为以下两个过程：基于图像提取出若干个可能包含物体的区域，称之为候选区域；在所提取出的区域中，判别哪些区域中包含什么物体目标，以及目标的对应区域。

当输入一个图像时，会先经过骨干网络提取出图像的特征向量，后面的目标检测都是基于提取出来的特征向量进行的。骨干网络通常使用经典有效的 CNN 结构，如 ResNet、MobileNet，但会配合使用多组预训练好的网络权重。在第一阶段中，会预先生成众多的 Anchor（各种不同大小、不同比例的候选区域），将 Anchor 与特征向量结合，每个 Anchor 对应会产出 1 个概率（判断此 Anchor 是前景还是背景的概率）以及 4 个数值（此 Anchor 与真实的区域的差距）。然后挑选出前景概率大的 Anchor，组成候选区域，作为下一个阶段的输入。

因为候选区域可能会存在尺寸、长宽比例不一致的情况，所以需要对所有的候选区域进行 ROI 池化或 ROI 对齐，得到统一的尺寸，以便作为第二阶段的分类器部分的输入。

在第二阶段中，将候选区域输入分类网络中，得出每个候选区域具体类别的概率以及根据此候选区域定位得到真实目标的范围。

宜远智能公司的 eWingDET 将数据处理环节与网络结构定义环节进行抽象、分离，可根据具体情况自由结合使用，并且可以容易地进行新结构的扩展。如骨干网络支持 Inception Net、Inception_ResNet、ResNet、ResNeXt、Xception 、MobileNet、ShuffleNet、SqueezeNet 等。

（4）推断环节

对新的待测数据进行推断时，首先将模型训练环节中得到的最优模型权重与网络结构进行合并，生成固化网络的 PB 文件并加密。然后根据具体的需求或任务，编写或复用已完成的 C++ 数据处理模块。最后结合 PB 文件一起接入 eWingDET 的 C++ 框架中，编译生成可执行文件。

启动推断运算时，可将待检测图像传入，调用 CPU/GPU 执行网络运算，对运算结果进行数据后处理之后，即可得到被检测出的目标。

图 3-17 所示为 eWingDET 的 Inference 类，该类抽象出 Command 和 Strategy 两种对象，Command 实现具体的 Inference 步骤、数据准备步骤或数据预处理步骤，由 Strategy 将 Command 进行组合，并向外提供功能。通过该 Inference 类，可以灵活地实现多类网络架构在 BBox 和 Mask 上的目标检测分割效果，并且可以兼容 CPU 及 GPU 的计算，且 CPU 和 GPU 都经过了代码和编译优化。

（5）医学图像AIaaS研究平台

所有医学图像模型轻型化、CPU 兼容化后，可以快速接入医学图像 AIaaS（AI as a Service，人工智能即服务）研究平台。该平台集成了多类医学图像分析功能，经审核合格的机构用户与专业用户，可以进入平台进行模型体验，使用 API 调用等服务。该平台根据模型体验和 API 调用的次数，扣除额度，但用户也可因为帮助改善模型和提供算力而获得奖赏额度。

3.应用案例

下面讨论 eWingDET 在多类医学图像中的应用，涵盖针对 CT 图像的肺结节检测、牙齿根管识别、宫颈液基细胞病理涂片分类、皮肤图像的目标检测等，并将讨论如何对所用模型进行性能优化、结构选择、产品接入，以及 AIaas 的平台服务化。

（1）针对CT图像的肺结节检测

放射影像是医学影像中数据量最大、数据格式最为标准、与生命健康意义关联最为紧密的，其涵盖的格式包括 X 光、CT（含 PET-CT 等）、MRI（含功能性 MRI）等，其涉及的身体部位，从内到外都很普遍，包括身体内部各种脏器、骨骼、心脑血管，也包括牙齿锥形束 CT 等。

CT 是目前用来检查肺肿瘤并鉴别其良、恶性的最常用的影像技术之一。由于 CT 分辨率高，对肺结节的大小、形态、位置及与周围解剖结构的关系显示清晰，因此其可为手术提供重要参考。CT 在对周围组织的侵犯及淋巴结的转移检测方面有明显优势。

我们针对胸部 CT 的 DICOM（Digital Imaging and Communications in Medicine，医学数字成像和通信）数据，建议进行不同的预处理尝试，如定位感兴趣部位。这个环节除了基于 eWingDET 进行有监督分割外，也可以使用封装的图形学方法进行无监督分割。图 3-18（a）所示为原始图，图 3-18（b）所示为分割后的肺。经过预处理后，寻找肺结节的任务相对能够得到简化。

肺结节目标检测的骨干网络如图 3-19 所示，整体上采用 U-Net+ResNet 的思想，能更好地识别小结节。里面每个 ResNet 块都是由多个卷积层、BN（Batch Normalization，批标准化）层以及 ReLU（Rectified Linear Unit，修正线性单元）层组成的。该网络将 CT 的多层图像作为三维输入，具备处理三维目标检测的能力。该目标检测还级联了多层网络，采取层次化降低假阳性率。每到下一层模型，都会选取比上一层更难分辨的数据进行训练。该模型曾被实时运用于 2017 年的天池医疗 AI 大赛。在允许使用 GPU 的环节，该模型排名全球第二。该模型的定位得分达 0.806，结节检出率高达 95%，结节大小从 3mm 到 35mm 不等，且对小于 5mm 的小结节检出率非常高。

该模型除了成功接入 API 平台，方便合作机构实测效果外，也进一步接入合作医院进行测试。如图 3-20 所示，为了实现图像人工智能服务，在医院体系内与 PACS（Picture Archiving and Communication System，影像存储与传输系统）和 RIS（Radiology Information System，放射信息系统）对接，常需要保持足够的灵活性。这体现在待测图像的接通上面，可以来自设备推送，也可以是 PACS 服务器的推送和拉取。通过人工智能服务器进行目标检测、结构化描述以及辅助分析输出的结果，也可以是自动推送或者消息触发 RIS 拉取。同时需要比较独立的病灶检出结果查看系统，例如，可以从 RIS 触发。

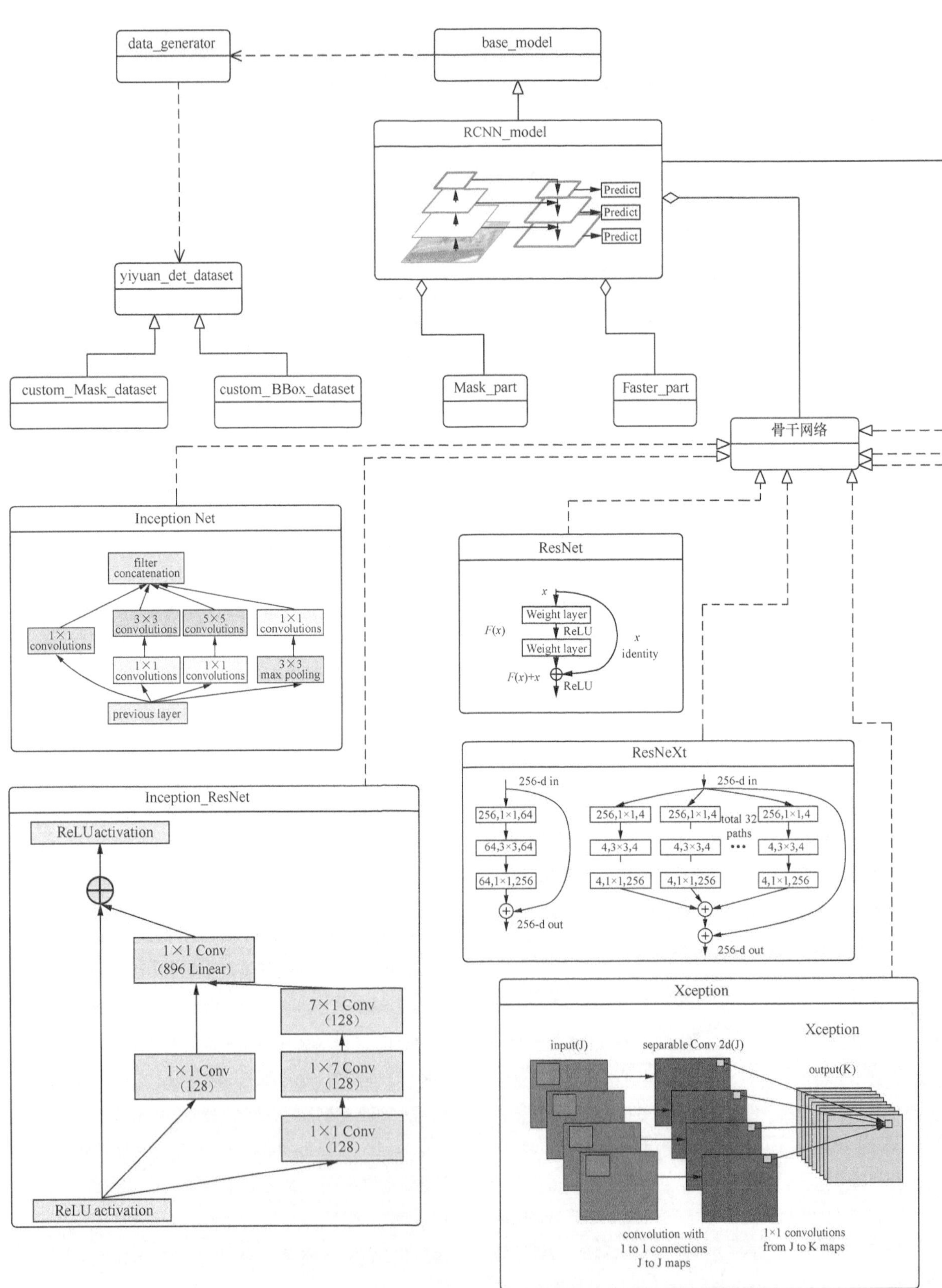

图 3-16　eWingDET 训练环节架构

RoL Align
class
box
Conv
Conv

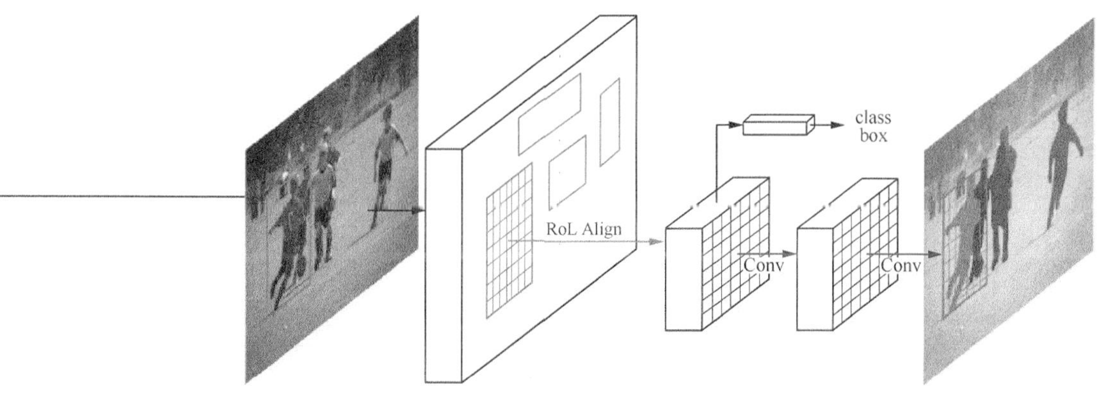

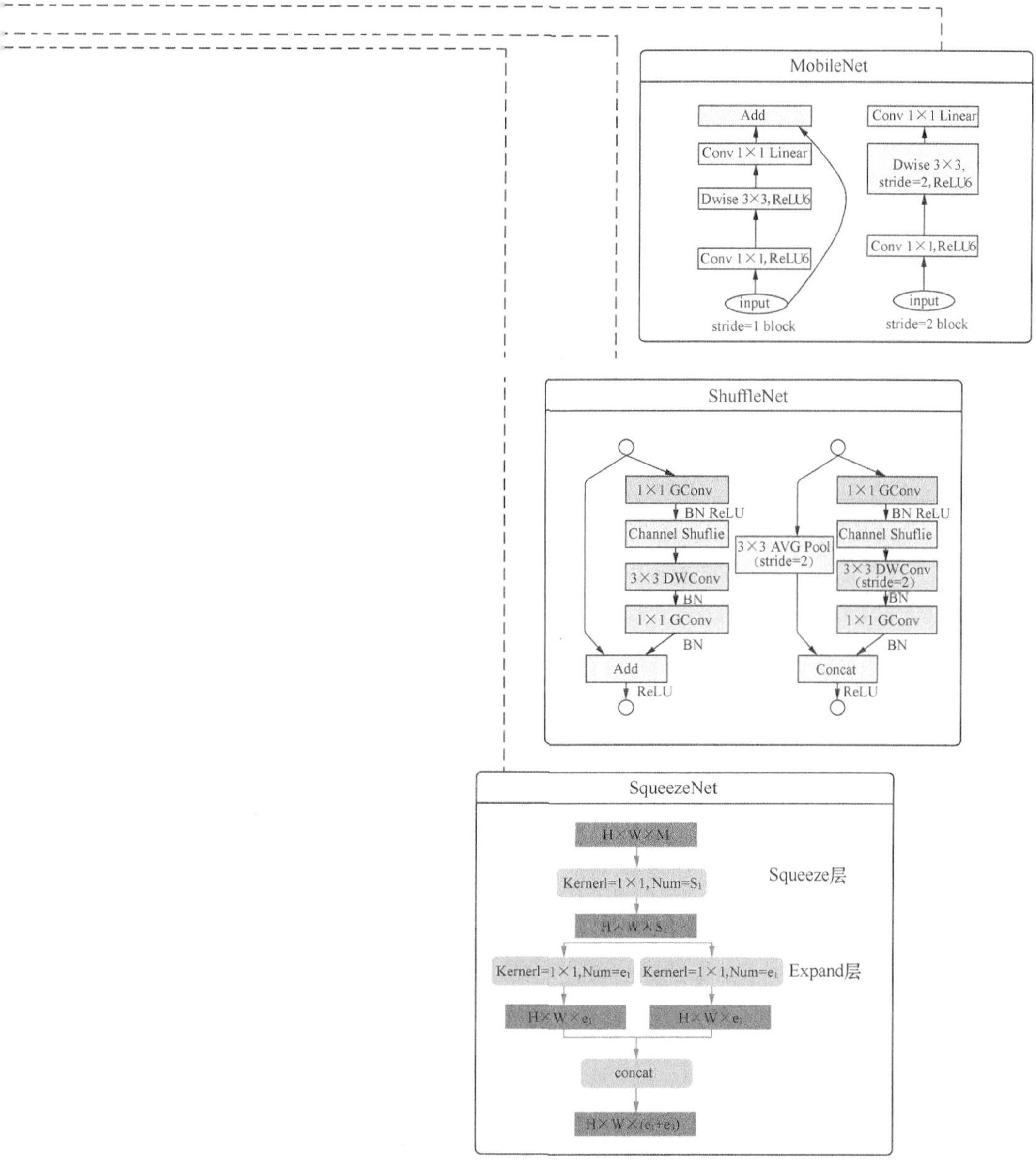

MobileNet
Add
Conv 1×1 Linear
Dwise 3×3, ReLU6
Conv 1×1, ReLU6
input
stride=1 block
Conv 1×1 Linear
Dwise 3×3, stride=2, ReLU6
Conv 1×1, ReLU6
input
stride=2 block
ShuffleNet
1×1 GConv
BN ReLU
Channel Shuflie
3×3 DWConv
BN
1×1 GConv
BN
Add
ReLU
3×3 AVG Pool (stride=2)
1×1 GConv
BN ReLU
Channel Shuflie
3×3 DWConv (stride=2)
BN
1×1 GConv
BN
Concat
ReLU
SqueezeNet
H×W×M
Kernerl=1×1, Num=S1
Squeeze层
H×W×S1
Kernerl=1×1,Num=e1
Kernerl=1×1,Num=e1
Expand层
H×W×e1
H×W×e1
concat
H×W×(e1+e3)

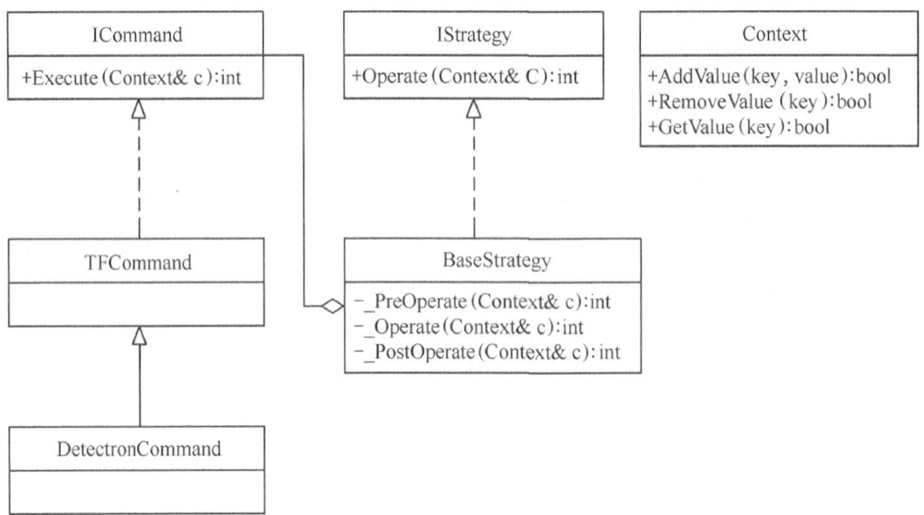

图 3-17　eWingDET 的 Inference 类

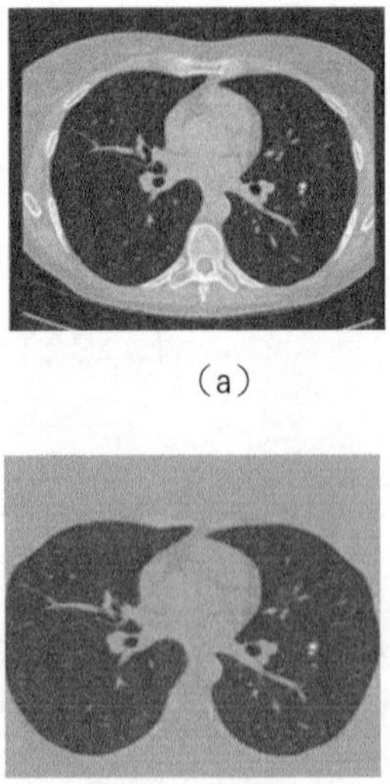

(a)

(b)

图 3-18　基于图形学方法的肺部分割：（a）原始图；（b）分割后的肺

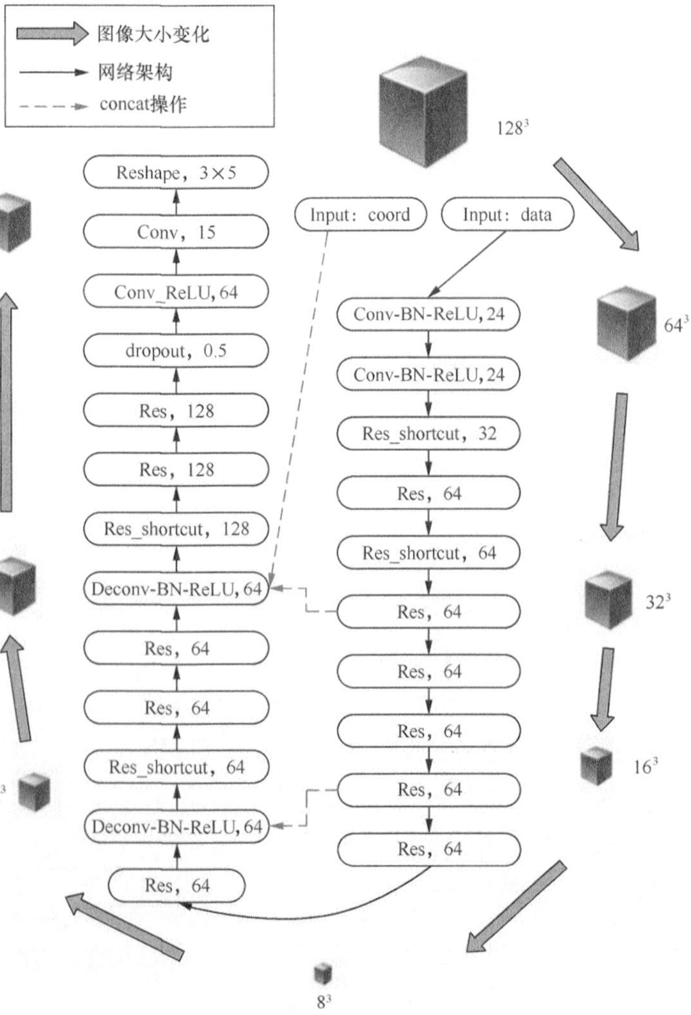

图 3-19　肺结节目标检测的骨干网络

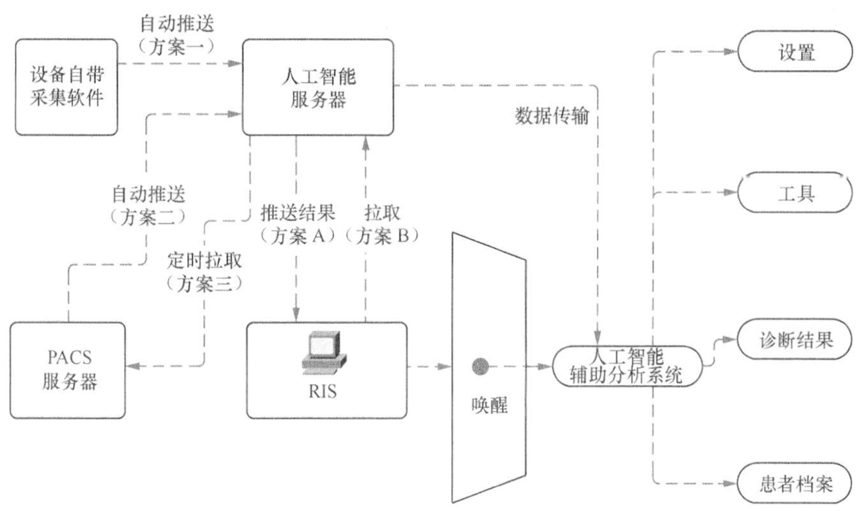

图 3-20 肺结节 CT 检出接入医院系统的多样方案

（2）牙齿根管识别

牙齿根管识别是对牙齿 X 光片中显示的需要进行根管治疗的牙齿进行检测。所采取的 eWingDET 使用的算法是集分类、检测、分割于一体的 Mask R-CNN。骨干模型包括 FPN_ResNet101、ResNet_ROI_Conv 5 和全卷积神经网络。训练集来自医生对每一颗牙齿进行的边缘勾画、牙位及根管问题标注。模型还采用了遮挡健康牙齿的方式，对需要根管治疗的牙齿进行训练数据分类的平衡。图 3-21 所示的粉色 pred_good 和红色 pred_bad 区域分别代表模型预测的正常牙齿和需要治疗的牙齿，浅绿色 gt_good 和深绿色 gt_bad 区域代表医生标注的正常牙齿和需要治疗的牙齿。模型还进一步计算了牙齿的牙位编号，方便形成结构化报告。

（3）宫颈液基细胞病理涂片分类

子宫颈癌是病因明确的癌症，在女性恶性肿瘤中排名第二，仅次于乳腺癌。全球每年有超过 52.8 万名女性被诊断为子宫颈癌，有 28 万名女性死于子宫颈癌，死亡率位居女性癌症的第四位。子宫颈癌全球约 87% 的死亡发生在发展中国家，我国每年新发病例约

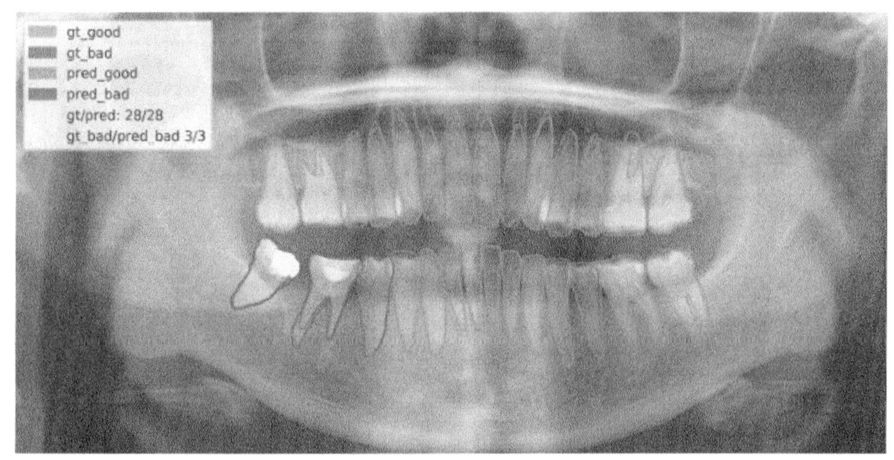

* 图 3-21 基于目标检测的牙齿识别分类

10 万例，约占世界新发病例总数的 1/5，每年有 3 万 ~5 万名女性死亡，每天约有 93 位中国女性死于子宫颈癌。世界卫生组织数据显示，我国女性终身患子宫颈癌的风险大约为 0.9%。针对我国国情，降低子宫颈癌的发病率和死亡率的最有效方法之一是进行有组织、有一定人群覆盖面、确保质量的筛查，然后对筛查出的高危人群（癌前病变和早期子宫颈癌）加以干预和治疗。我国已经开展了大量的工作。但是，我国子宫颈癌的 5 年生存率（30.9%）不足美国（66%）的一半，而我国农村（21.8%）比城市（39.5%）低近一半，由此可以看出，我国的子宫颈癌形势仍十分严峻，防治工作刻不容缓。预防子宫颈癌的正确做法是坚持进行有规律的筛查。在美国，子宫颈癌筛查时间是从女性开始性生活后 3 年左右，不晚于 21 岁，终止时间是 70 岁以后，要在 10 年内有 3 次以上满意而正常的细胞学检查。筛查间隔是如果采用传统细胞学涂片检查，则每年一次；如果采用宫颈液基薄层细胞学检查法，则每两年一次。30 岁后，连续 3 次正常者，可 2~3 年检查一次。中国癌症研究基金会 2004 年的子宫颈癌筛查指南性建议提出：在经济发达地区，筛查起始时间为 25~30 岁，经济欠发达地区为 35~40 岁，高危人群均应适当提前，终止时间定于 65 岁；其间隔是每年一次，连续两次正常，延长间隔至 3 年，连续两次人乳头瘤病毒呈阴性，可延长间隔至 5~8 年。因此，子宫颈脱落细胞学液基涂片检查是病理工作者的一项重要任务。

子宫颈癌得到及时检测以及治疗，便可被治愈。临床上常用基于细胞学的筛查试验，如巴氏或苏木精 – 伊红染色涂片试验检测子宫颈癌细胞。但宫颈细胞学检查是由病理医生进行人工操作的，由于细胞数目巨大，因此可能会导致检查过程耗时及带有偏倚。而正常细胞演变成癌细胞是一个连续的动态过程，加上制片过程会对细胞形态产生影响，因而很多癌细胞难以和正常细胞区分开，而且判断过程非常单调且容易受人为主观因素影响。目前，全国大型医院病理量均在 10 万以上（组织及细胞病理），由于病理医生人才培养周期长，诊断病理人才匮乏（病理人才缺口近 10 万），病理医生超负荷工作，质量难保障。因此，提高宫颈细胞筛查准确率以及速度，减少病理医生阅读宫颈细胞切片所需时间是一个亟待解决的问题。面对与日递增的病理数据处理需求，现代医疗机构需要整合计算机技术才能有效提高病理数据的处理效率。

宫颈细胞病理数字切片的智能化，将有机会投入体检普筛市场。但它并非常规或简单任务，其面临的具体挑战包括：过往的多数研究都是对局部显微视野下的宫颈细胞进行分类识别的，然而病理医生在实际操作中，是对 WSI（Whole Slide Image，全视野数字切片）进行全面观察，对异常细胞进行定位，再得出诊断结论的。但数字化扫描切片的 WSI 图像相当大，其扫描速度、存储、传输均存在技术难点；宫颈细胞智能诊断系统用于筛查时，对防漏诊有较高的要求；将医生对液基细胞分类的判别经验以及最终确诊疾病程度的判定人工智能化时，需要各种层次病理医生的参与，需要开发多个模型进行组装、集成与调优；染色方面有巴氏染色法和苏木精 – 伊红染色法，不同地区和医院选择不同的方法，模型需要兼容两类方法得出的图像。

本案例构建了基于苏木精 – 伊红染色的宫颈液基细胞学人工智能辅助诊断系统，对宫颈液基细胞 WSI 中所有的未见上皮内病变、低级别鳞状上皮内瘤变、高级别鳞状上皮内瘤变、非典型鳞状上皮细胞、鳞状细胞癌和腺癌等进行分类识别。

对于数字病理图像，因为其长宽像素极高，所以无法将整个图像载入 GPU 显存处理，因而在数据准备环节需要对其进行分割。通过改造诸如 OpenSlide 等软件开发工具包，可实现基于多核 CPU 的超多线程分割。平均每张数字病理全图即使通过 ROI 锁定，仍可以分割成超过 5000 幅以上的 1024 像素 ×1024 像素的子图。子图经分布式的机制实时发送到多台 GPU 机器进行训练。所基于的 eWingDET 主要用到 Faster R–CNN 目标检测。通过引入梯度提升决策树特征选择算法的二阶段方法，对每例大图对应的所有子图的目标检测结果进行元学习，实现对整例图像的最终判读。在 2017 年临床病理联盟会议上的国内首个宫颈液基细胞学人工智能辅助诊断人机挑战赛中，该模型的初代版本对宫颈细胞的分类准确率及速度都达到了与专家媲美的程度。目前该模型已经接入 API 平台，并对接远程病理系统进行实测与迭代。

（4）皮肤图像的目标检测

斯坦福大学发布的学术结果显示，基于 eWing-DET 的检测技术在对黑色素瘤的自动识别灵敏度和特异性方面超过了 21 位专家医师的平均水平。考虑到亚洲人种黑色素瘤与皮肤癌的低发病率，该技术优先考虑面部及非隐私部位皮炎及色素性疾病的检测分析，以求最大化应用场景。

现有的 Faster R-CNN 算法主要用于自然场景中的物体识别，如车、房子、人、动物等。这些物体（前景）与背景（图像中的非目标物体）的差异比较大，物体与背景的边缘比较明显，很容易找到目标物体所在的区域。另外，这些物体之间的差异也比较明显，特别是在形状上，所以提取的特征主要体现在形状上，对这些物体的类别进行正确分类也不难，但是皮肤疾病检测却具有挑战性。首先，疾病区域与背景（健康皮肤区域）的差异不明显，只是颜色上稍微有些区别，并且疾病区域没有明显的边缘，疾病区域的形状不规则，不太容易准确地找到疾病区域。其次，疾病之间的差异也不像自然场景中物体之间的差异那么明显，形状上和颜色上都是如此。如痤疮炎症期和接触性皮炎的丘疹脓包期在形态和颜色上比较接近，玫瑰痤疮和敏感肌肤也都表现为泛红，所以疾病分类相比区域检测的挑战性更大。针对这两个问题，从特征提取方面入手，把 Faster R-CNN 默认使用的 16 层的 CNN 改进为残差网络，同时使网络结构变宽，有助于更好地提取特征。另外，把优化目标的疾病类别的权重增加，重点区分疾病类别。

本案例基于 eWingDET，即一种能够准确识别面部皮肤疾病类别和疾病区域的框架，解决由于疾病区域与健康皮肤区域的差异不明显、疾病区域的形状不规则、疾病之间的差异不明显造成的检测准确率不高的问题。通过改进目标检测算法 Faster R-CNN 来实现该目标。

整体的检测流程如图 3-22 所示，使用大量标注了皮肤疾病的位置和疾病类型的训练数据，训练一个改进的 Faster R-CNN 模型。该模型具备检测皮肤疾病位置和类别的功能，对于输入的一张用户图像，就可以检测出疾病类型和发病位置。

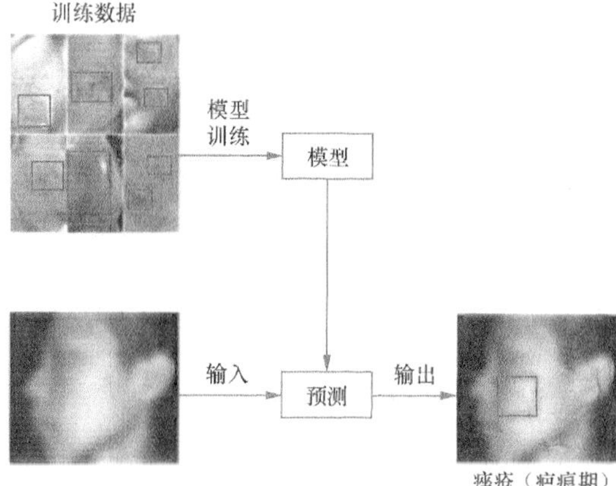

* 图 3-22　面部皮炎目标检测流程

我们积累了千万级别的非敏感部位及面部的皮肤图像，结合专业医师的标注，实现了对常见炎症性皮肤病（如痤疮、皮炎、敏感皮肤、毛细血管扩张）、色素性皮肤问题、顽固性皮肤病（如银屑病、应激性皮炎）的人工智能识别。这个模型的使用效果比基础的 Faster R-CNN 提升了 20%。在可控拍摄条件下，10 种皮炎的分类及定位准确率达到 90% 以上。

因为面部及非敏感部位皮肤检测的普适性，所以该模型接入 API 平台后，除了被专业级皮肤检测设备调用，也接受 App、公众号、小程序及智能镜等软硬件开发或运营商的调用测试。为达到最佳的接口响应，需要基于 eWingDET 对骨干网络进一步轻量级化，增添 FPN 来适应小目标检测，调整网络结构和参数，并根据 CPU 本身的特性，使用专用指令集，对运算进行并行优化，使速度进一步提高。

4.总结

本小节总结了在医学图像分析场景中，分类、目标检测和分割任务的价值及取舍。相比分类，目标检测有利于定位病变部位；相比分割，目标检测适合病变部位边界并不清晰的场景，对于边界清晰的场景，也可以与分割任务兼容。本小节描述了目标检测集成框架 eWingDET。该框架的优点是以更加低耦合的方式集成多类骨干网络，方便进行模型调优和选择，并对 Inference 环节进行了算力优化，基于 C++，支持低成本的 GPU 与 CPU 运行。该框架被运用于多类医学图像，证明了目标检测方法工具的应用价值。此外，本小节还探讨了模型接入医疗系统的可行方案，以及把模型接入统一的 AIaaS 平台的经验。

3.3 人工智能医疗的应用实践

3.3.1 人工智能医疗：凝聚智慧，塑造未来

★ 关键词：深度学习　机器学习　识别算法　医疗

★ 作　者：多林·科马尼修（Dorin Comaniciu）（翻译整理：迟颖）

随着技术的进步和市场的日益成熟，人工智能医疗已经陆续在多个商业应用领域落地。人工智能医学影像技术的成熟将为解决医疗资源短缺、医疗人员不足等问题带来希望，促进智慧医疗的发展。本小节将从西门子医疗具体的技术与案例出发，阐述人工智能医疗是如何在医疗检测与诊断中发挥重要作用的。

过去十年的统计资料表明，以扫描 CT、MRI 和 PET 为主的病人数量不断增加，但是放射科从业人员的人数增长却十分缓慢，这导致医生用于解释影像的时间减少，而对影像解释的错误率却在大幅增长。其中，绝大多数的诊断错误来源于主观的因素，包括放射科医生对病例的认知和挑选的解决问题的方案有误。近年来，随着计算机技术的飞速发展，人工智能领域取得了突破性的研究成果。人工智能在医疗方面的应用将促进医疗的数字化，突出个性化医疗，改善医疗的流程，优化病人的体验。

在西门子医疗中，从最初的影像获取和检查，到测量处理和影像解释，再到后续的治疗辅助和手术指引，人工智能无处不在。举例说明，如图 3-23 所示，人工智能已经深入整个放射科工作流程。扫描前

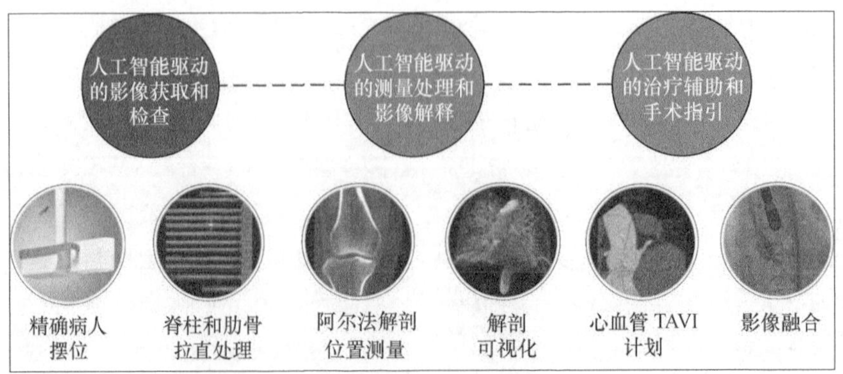

图 3-23　将人工智能应用到放射科工作流程中

精确的病人摆位为医生节约了大量宝贵的时间和精力；脊柱、肋骨等人体部位的拉直处理，可加速病灶的检测，大幅度提高读片的准确率；阿尔法解剖位置的测量、分割、配准等工具使繁重的工作变得轻松和简单；三维重建和可视化工具包是一个能和好莱坞电影特效处理媲美的工具，并给医生的临床应用提供实时更新；手术导航系统如心血管 TAVI（Transcatheter Aortic Valve Implantation，经导管主动脉瓣置入术）计划，以及影像融合技术的多扫描模式、多角度四维影像技术，都给病人带来了耳目一新的治疗体验。

如图 3-24 所示，人工智能与磁共振设备深度结合。西门子医疗新推出的人工智能磁共振，就是将人工智能运用到影像获取和检查的直接体现。磁共振搭载人工智能平台，能够实现精准解剖结构的智能识别，即使存在个体差异或不同的扫描摆位，也可以确保识别的精准性和一致性。人工智能平台通过对海量数据的学习，系统集成标准化扫描方案，医生只需根据病人情况选择所需的扫描策略，便可以自动完成扫描所需的全部步骤，实现从智能扫描准备到后处理流程的一键完成。人工智能磁共振扫描更加智能、成像更加快速、图像更加标准化。

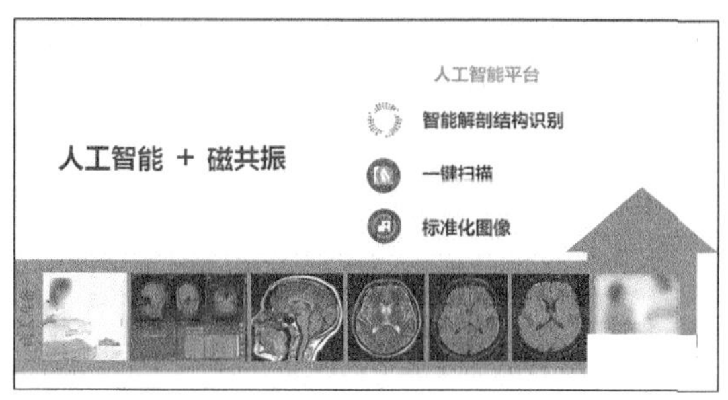

图 3-24　将人工智能应用于磁共振设备

机器学习和深度学习都是实现人工智能的途径，深度学习是机器学习的子集。传统的机器学习和数据挖掘有一定的相似性，但更注重算法的设计，不同的特征用不同的算法来采集，并自动从数据中学习规律。深度学习的基本模型是神经网络，它结合人脑原理和不同的数学模型，通过更加巧妙的算法结构自动提取数据特征和规律。在输入影像不断增多并超过一定限度后，传统的机器学习对特征的提取和吸收就会达到饱和，检测的准确度则不再提升。而深度学习随着训练网络的加深和网络结构的更加精密化，可以不断细化特征的提取，容纳更大量级的输入信息。到目前为止，西门子医疗仍然在不断突破深度学习精度的极限。

西门子医疗人工智能平台的成功得益于全球超过 60 万台影像设备的装机量，得益于平均每小时处理 21 万个以上病例，得益于和很多医院签订的人工智能合作协议。西门子医疗配备了专注于影像标注的团队，现在已经标注了约 2.75 亿幅影像。

西门子医疗人工智能算法的研发中心在美国普林斯顿。该研发中心具备大型的计算和数据中心（图 3-25 所示为西门子医疗使用的爱迪生超级计算机）。同样，其在德国、中国和印度也有人工智能研发分部，各具规模并与当地医疗相关机构密切合作。每年大约有 150 名数据科学家提交大量高质量的专利，在国际著名期刊和会议中投刊和发表论文，不断增强西门子医疗在人工智能领域的竞争力。目前西门子医疗有关机器学习的专利和专利应用已有 400 多个，与前沿深度学习相关的有 100 个，市场上也出现了 30 多个具有人工智能成分的产品。

图 3-25　爱迪生超级计算机

西门子医疗人工智能技术带来的影响体现在多个层面上。

庞大的数据和高质量的分析技术可以用于单个病例的诊断，也可以高效汲取有帮助的信息并给病人提供高质量的服务，从而提升对病人群体的管理。多种数据的融合有助于以病人为中心的个体化医疗的辅助诊疗和决策。各种自动检测、量化分析、后续引导（如手术指引等）可以实现自动读片和自动化流程：从发现问题，到提出诊断，再到设计手术。对设备实施长期高效运行的智能化监管。以下是几个例子。

第一，基于人工智能的磁共振精准解剖结构识别（如图 3–26 所示）。磁共振首先要面对的问题就是实现智能扫描，在提高放射科病人流通量的同时确保图像质量。每个人生而不同，面对不同病人身高、体重、体型上的不同，如何实现精准识别？人工智能平台用于磁共振，不仅可以精准识别颅脑、脊柱、肩关节、膝关节等大范围解剖结构，还可以识别垂体、海马、视神经、前后交叉韧带等精细解剖结构。人工智能平台同时基于不同患者的解剖结构的形状实现自动选择线圈单元、自动调整参数、自动解剖配准等磁共振扫描设置。正是基于精准解剖结构识别和一键扫描设置，西门子医疗实现了磁共振图像的精准化和标准化。

第二，基于深度学习算法并结合深度测量的红外线三维彩色摄像头 FAST，是具有综合性高速运作流程的系统（如图 3–27 所示）。该系统可以个性化地定位病人的扫描区域，并进行调整扫描，主要包括器官位置检测、器官边缘随时间的变化追踪、等中心

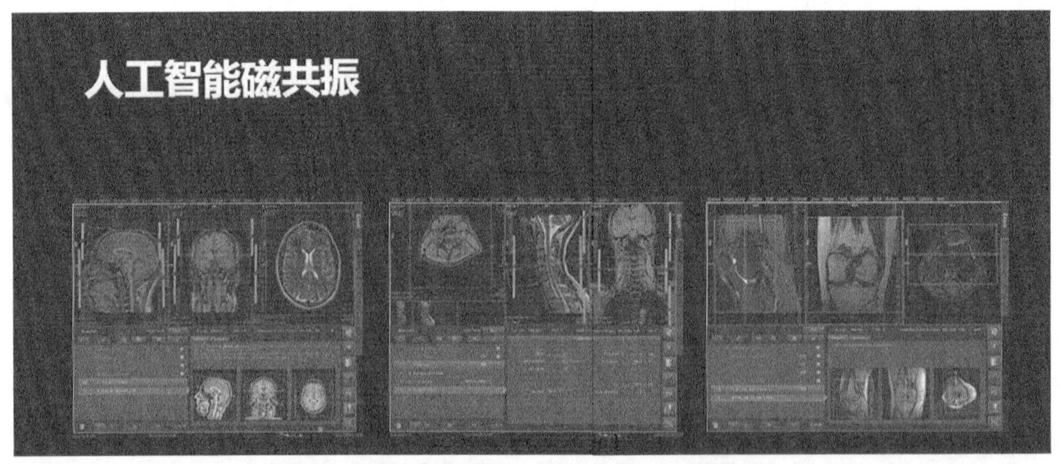

*图 3–26　人工智能帮助磁共振实现精准解剖结构识别

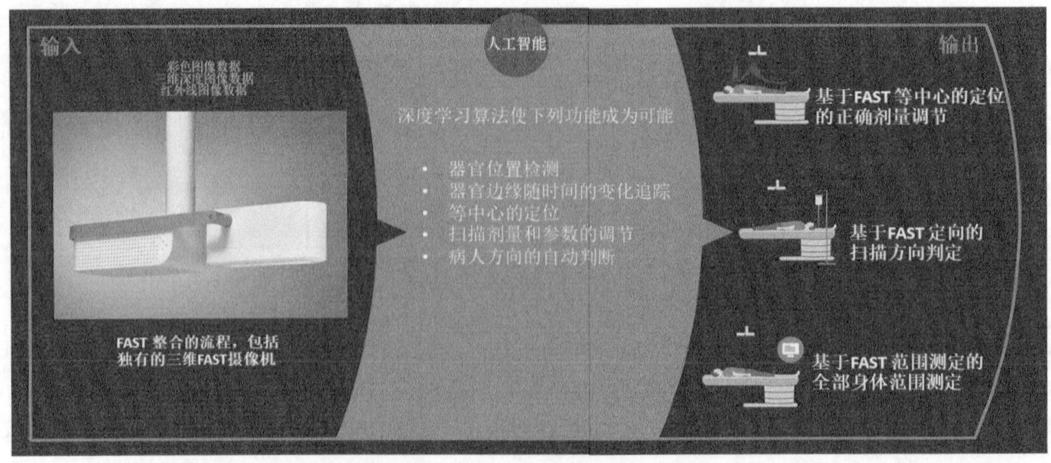

*图 3–27　红外线三维彩色摄像头 FAST

（ISO Center）的定位、扫描剂量和参数的调节，以及病人方向的自动判断等。图 3-28 所示为该系统在 CT 扫描设备上的应用，下一步将会把该系统的应用拓展到核磁和 PET 上。

第三，基于机器学习的器官或病灶检测和分割。图 3-28 中的影像是 CT 放疗前的器官识别，这个技术提高了放疗准备进程的效率。CT 影像只是一个示例，核磁设备提供的影像也可以为放疗预测剂量，因此这也是这一算法的潜在应用平台。如果在该技术的基础上配合 PET 相应病灶区域的准确定位，可以辅助制定出全套放疗计划。这个例子所使用的机器学习算法名称为边缘空间学习，是西门子医疗器官检测工具中的一个新成员。在很多算法项目中，通常使用 CT 影像进行研究，因为它的参数相对少，并且从 CT 中获得的同规格影像数量已经足够庞大。但是这个算法的应用远不限于此，可以很容易地扩展到核磁、PET，以及超声平台。几乎西门子医疗的每个算法项目都可以广泛地运用于多种影像平台，而不限于以下示例。

这项技术中的深度学习主要体现在下述几个方面：身体内标识的识别，使用的是多规模深度强化学习方法，其研究者在 2017 年的 MICCAI 上获得了青年科学家奖；器官分割，使用的是深度对抗式影像到影像网络，其在 2017 的 MICCAI 上被收录；组织特征识别，使用的是深度密集特征金字塔网络；影像融合，使用的是监督式的强化学习，其入选了 2017 年 AAAI（Association for the Advancement of Artificial Intelligence，人工智能发展协会）年会。MICCAI 和 AAAI 年会是顶级的医学影像和人工智能大会。

图 3-29 所示为身体标识识别的原理。搜寻从三维影像的中心开始，深度强化学习为这个搜寻点导

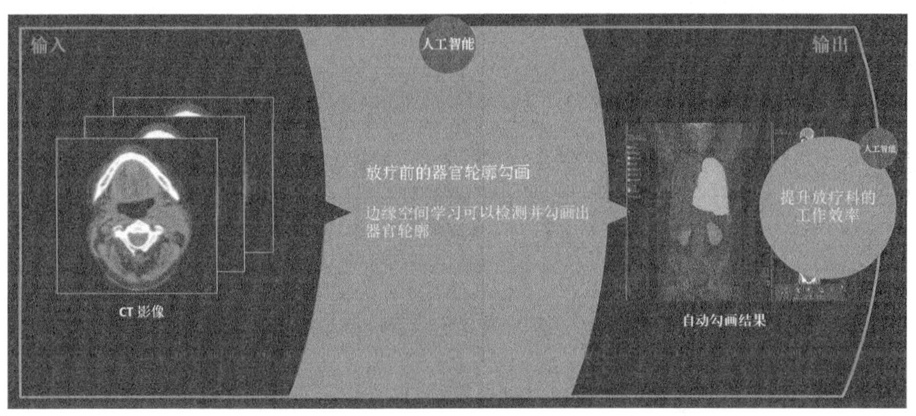

＊图 3-28　机器学习技术驱动人工智能辅助进行危险病灶器官的分割

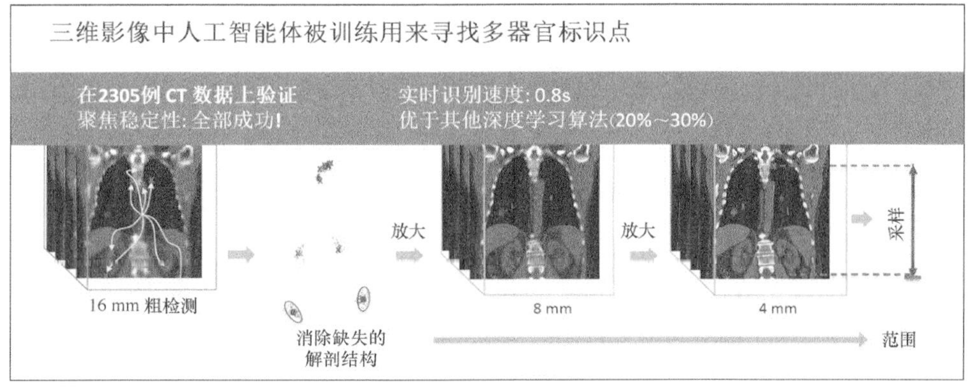

＊图 3-29　身体标识识别的原理

航，就像汽车导航在地图上标识最佳路线。搜寻点沿着已学习的最优路径接近目标器官。程序以 16mm³ 为单位体积初步搜寻体内标识，然后细化到 8mm³，再到 4mm³，具有鲁棒性的算法可以忽略缺失的器官，因而该程序也可以处理不完全的影像。训练好的模型在 2305 例 CT 三维影像中进行了测试，没有失败的案例。同时，检测速度比以往方法提高了 20 倍，实现了实时检测。

当识别出器官的中心位置，接下来就可以把整个器官以及内部的病灶分割出来。西门子医疗让影像到影像的深度网络学习了如何分割三维物体。从三维影像进，到三维分割结果出。然后使用对抗式神经网络把生成模型和原始的器官轮廓进行对比和优化。最初仅依赖非常少的先验知识来启动，之后不断地相互磨合促进，生成精确的结果。图 3-30 所示以肝脏为例，该方法可以广泛地应用于各种 CT 图像上，如有血管造影和无血管造影的图像、不同分辨率的图像、从不同扫描位置获取的图像和病源病症相差很大的肝脏疾病病例图像。图像的生成仅需要几秒，在高准确度的基础上做到高速、高效。

上述的识别和分割方法也可以扩展运用到全身，进行大范围全自动的器官和病灶的测量。图 3-31 所

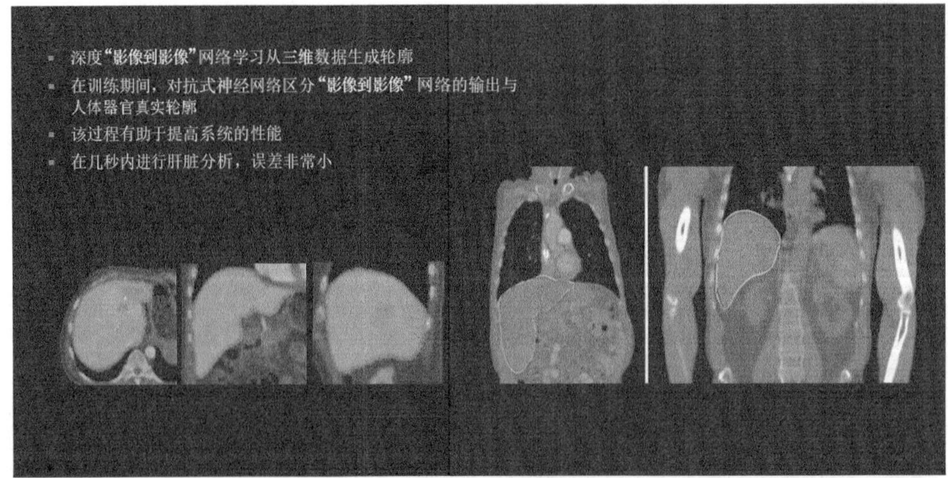

*图 3-30　新一代三维解剖结构等高线轮廓分割使用对抗式神经网络

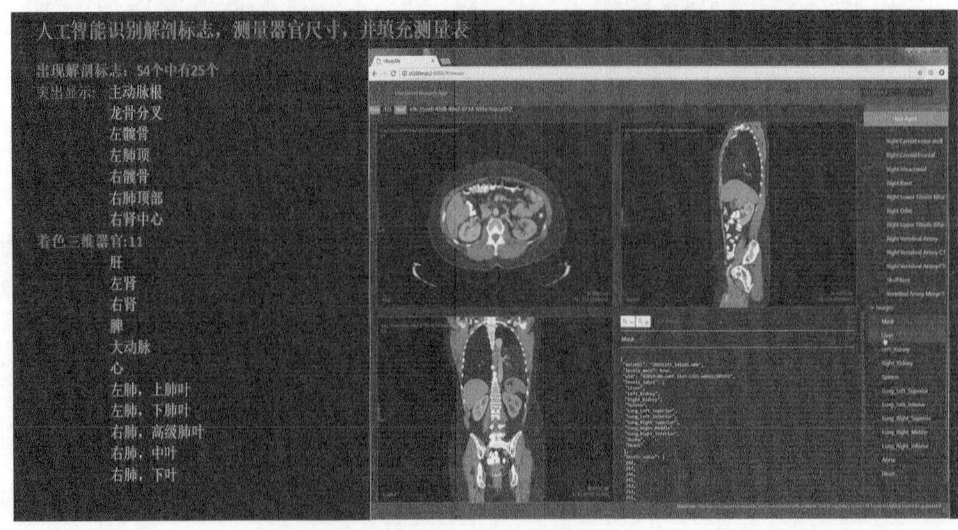

*图 3-31　从影像到测量

示为一个手术切除肿瘤后复查复发转移情况的病例。将这个非结构化和半结构化的全身 CT 影像自动转成结构化的报表，包含器官和病灶的各种特征，大大简化了后续的各种处理。大部分情况下，该技术可以自动生成读片报告，提供现成的初步诊断，为放射科医生创造出更多的时间进行更有针对性、更细化的分析。

人工智能技术同样可以分析处理胸腔影像。如图 3-32 所示，输入的影像可以是 X 光，也可以是 CT 影像。经过深度强化学习和深度对抗式网络的处理，可以得到肺结节、肺气肿和心脏冠脉钙化评分的结果，生成电子病历系统需要的报告和全面的结构化的定量信息。由于同时输入、并行输出，因此可以提高疾病诊断的效率。未来，当实现同步分析 PET 胸部影像时，肿瘤检测将会更加精准。心肌存活检测将可以和已有冠脉狭窄和斑块的结构化信息，以及血流储备分子的功能性分析相结合，把对冠状动脉侧支循环形成的认识和冠心病综合实际危险的分析提到一个新的高度上。同时更多的检测项目，如肺栓塞将会被提上日程。

图 3-33 所示为基于多参数 MRI 的前列腺癌检测。输入的影像为西门子医疗 MRI 的标准化系列图像，包括解剖结构或权重图像、扩散图像、灌注图像等。输出的是符合 PI-RADS（Prostate Imaging Reporting and Data Sytem，前列腺影像报告和数据

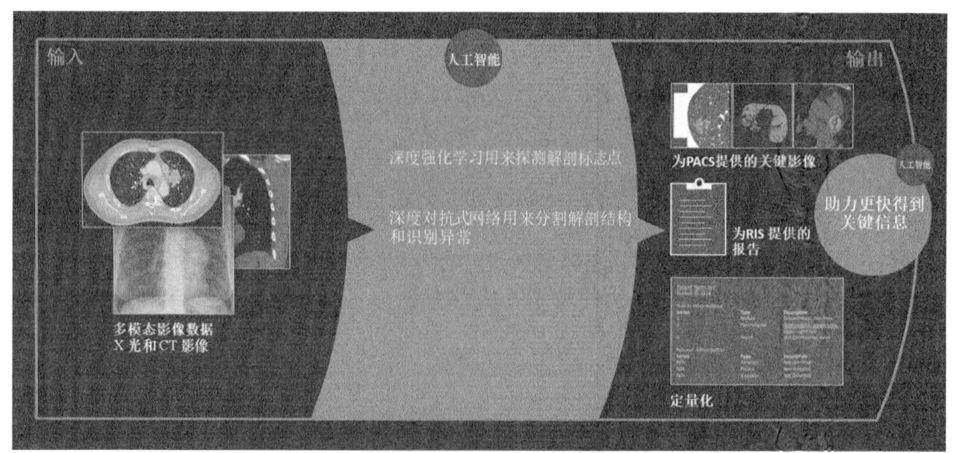

*图 3-32　深度学习算法助力更丰富的胸部成像技术

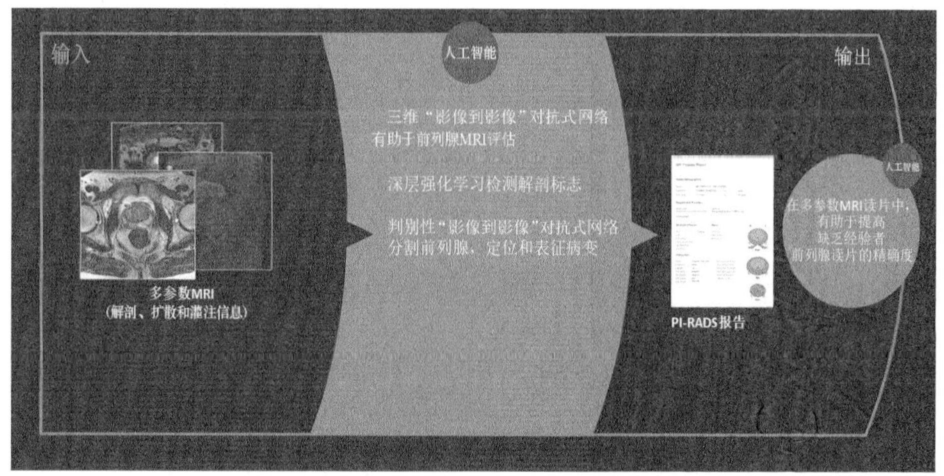

*图 3-33　深度学习技术驱动人工智能辅助的前列腺多参数 MRI 读片

系统）标准的结构化报告，包括肿瘤的恶性良性、区域、尺寸、分级，结合前列腺特异性抗原检测结果，给出 Gleason 评分（前列腺癌组织学分级方法）。基于多时间点的追踪检测，进行风险分析。如果未来结合 PET GA68 前列腺特异性膜抗原的检测，将会获取更加全面的融合信息，进一步发挥影像组学的作用，相信会有更多的发现。

TrueFusion 影像融合技术是以超声为例的技术，它将经食道的多视角的四维结构超声和多普勒功能超声，与“二维 + 时间”的 X 光相融合，对心脏手术进行指引（如图 3-34 所示）。由于它在食道中成像，因此肺气肿、肥胖、胸壁畸形的病人也可以进行扫描，而且实时扫描的角度宽达 -90° ~90° 。这项技术的亮点在于每秒 30 多帧的高速超声影像。高频率的超声提供了高分辨率，从而能够更加清晰地显示组织结构和细微的病例改变。这只是一个多模态影像融合的例子，相信未来也会应用在更广泛的影像融合上。

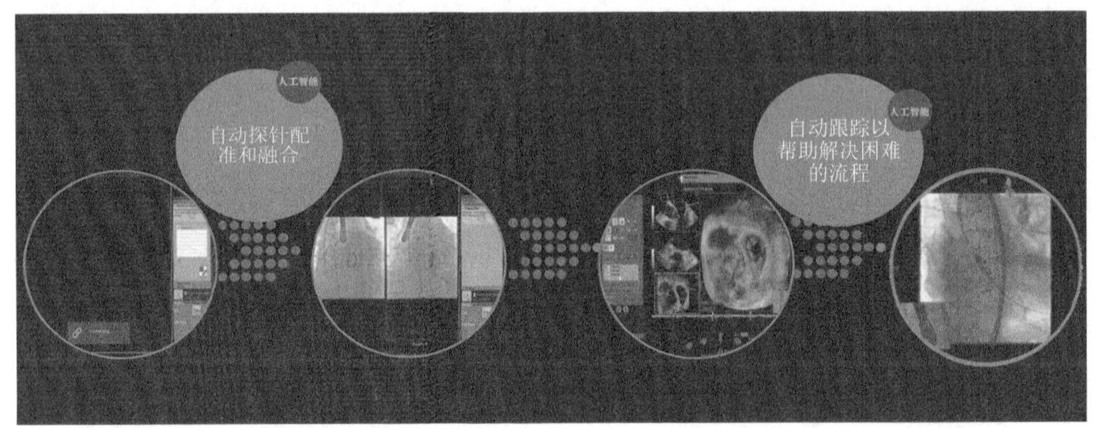

＊图 3-34　以人工智能为基础的影像分析能够驱动介入疗法——TrueFusion 影像融合技术使流程更高效

综上所述，西门子医疗致力于从病人的器官、组织、细胞和分子等多尺度，应用 MRI、CT、PET、超声等多种成像方法来发掘数据特征。未来，还将引入基因和蛋白质等信息。获取这些特征后，西门子医疗搭建了各种个性化的计算模型。以心脏为例，有运动、瓣膜、腔室、液体动态、心肌纤维、组织生物力学，以及电物力学等模型，可以用于各种临床决策，如针对特定的患者，是否需要做手术？如果需要，是做开胸手术还是做微创手术？瓣膜植入还是修复？等等。

那么，人工智能在其中是如何实现信息整合并建立完整的生理学模型的呢？实际上，我们并行地从图像中模拟几何、外伤、纤维信息，从心电图和导管成像中计算电生理信息，从超声多普勒中获得血流和血管壁等信息。当这些模型被融合并用于每个特定病人时，我们可以基于不同的临床场景对其进行定制，如对心脏瓣膜进行修补、外科手术导航等。这是从信息整合到解决临床问题走出的坚实的一步。

上面提到了很多人工智能在医学上的应用机会，但这仅仅是开始。在临床使用上除了心脏病学和肿瘤学外，还有以骨科、甲状腺、肝脏、肾病、传染病为主的常规成像，以及以痴呆、癫痫、脑部肿瘤、脑血管疾病、行为失调、精神分裂等为主的神经学研究。PET 的临床使用在肿瘤学上具有独有的和更加广泛与深入的研究，如图像引导放射治疗计划。

西门子医疗过去十几年的研究硕果累累，这里只展示了部分里程碑的例子（如图 3-35 所示）。从 MRI 人工智能扫描平台，到 CT 心脑血管成像，到心脏多模态融合功能分析，到四维高速超声融入手术指导，到全身扫描前自动摆位，再到放疗前的自动器官标记、分割、配准、测量，西门子医疗研究的范畴不断扩大。2005 年的研究方向主要是单器官，2010 年为多器官，2015 年为系统（如心脑血管系统、淋巴系统等）。我们希望在不久的未来可以扩大范围，实现覆盖全身的检测和分析。届时西门子医疗将对复杂的疾病有更加深入的理解，建立更加成熟的知识体系，助力更好的临床应用。研究表明，算法中的分类器可以基于多于亿万的影像特征来出色地进行优化。相信未来有一天，复杂病情可以由更加智能的算子基于少量经典数据，像人脑一样联想出可靠的结果。让我们大胆憧憬和创造即将到来的未来。

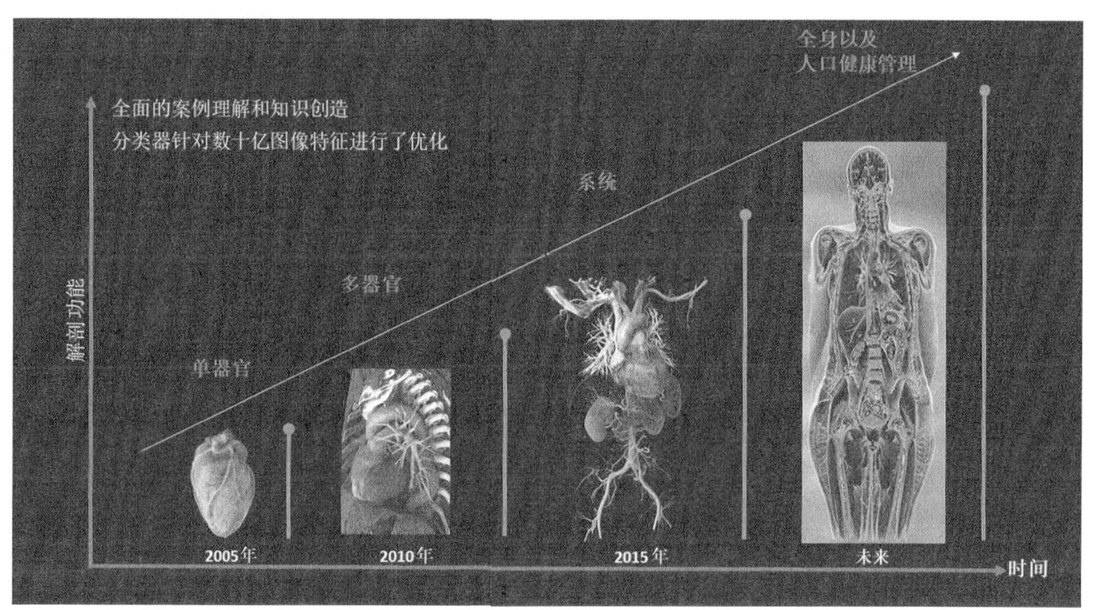

*图 3-35　西门子医疗发展的里程碑

图 3-36 所示为一位患者的心脏血流模型，这是每个病人特有的器官模型。数字化双胞胎代表每个用户一生的个性化病理模型（如心脏的病理模型），每次做检查后，数据都会更新，就像签名落款。人工智能研究的是海量数据，是亿万病人的疾病信息，其最终的服务目标始终都是辅助医生和各位专家，为每一个病人提供贴合需要的、多方位考虑的、优化的诊断和治疗策略。

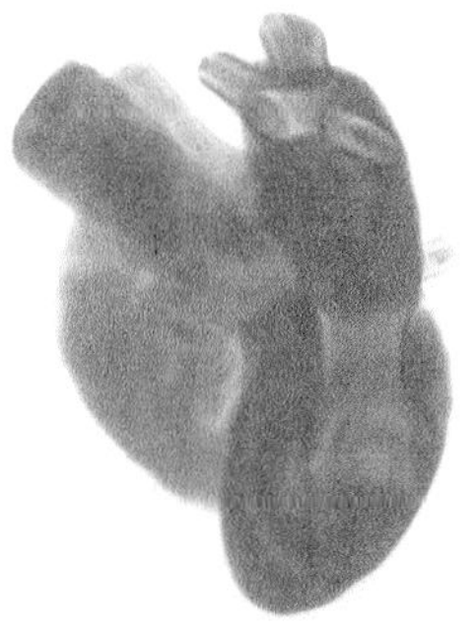

图 3-36　心脏血流模型

3.3.2 平安医疗科技智能疾病预测开启城市公共卫生防控新篇章

★ 关键词：疾病预测 公共卫生

★ 作 者：徐亮

我国的疾病预测和疾病预防工作急切而紧迫。在人工智能逐渐渗透各行各业的当下，人工智能医疗通过对医疗大数据的收集分析，可在多个方面提高医疗系统的效率。平安医疗科技智能疾病预测项目与城市医疗卫生管理部门合作，建立了针对当地状况的疾病预测模型。针对现有的流感监测体系存在的不足，平安医疗科技公司研发了流感预测模型，并在重庆和深圳落地应用。

1.平安医疗科技公司的深度智能疾病预测

党的十九大报告指出，“推动互联网、大数据、人工智能和实体经济深度融合”“实施健康中国战略”“坚持预防为主”“深入开展爱国卫生运动”“预防控制重大疾病”。现阶段我国的疾病预防工作仍然集中在事中和事后的应急处理，而目前国际上发达国家的公共卫生工作已发展到以疾病预防为主，所以我国的疾病预测和疾病预防工作急切而紧迫。同时，随着我国人口老龄化进程的加快，诸如恶性肿瘤、糖尿病等慢性病的多发以及流行性感冒、手足口病等传染病的传播加大了政府卫生费用支出和医疗财政负担。精准、高效的疾病预测防控体系可显著提高政府的疾病控制水平，大幅减少医疗财政负担。

谷歌公司的 AlphaGo 的热潮尚未退去，人工智能已经渗透各行各业，助力传统行业智能升级、智能转型。如今，人工智能已能够在公共卫生领域中得到应用，帮助城市医疗管理部门提升疾病预防和控制的水平。人工智能医疗通过对医疗大数据的收集分析，可在多个方面提高医疗系统的效率。如通过人工智能识别患者医学影像，辅助诊断患者是否患有疾病；电子病例的结构化；医保反欺诈等。在可预见的未来，人工智能医疗将在我国医疗系统中掀起变革的浪潮。平安医疗科技智能疾病预测项目正是人工智能医疗的先行者。平安医疗科技智能疾病预测项目与城市医疗卫生管理部门合作，建立了针对当地状况的疾病预测模型。在传染病预测上，平安医疗科技公司研发了流感预测模型。该模型能够提前一周预测流感发病趋势，准确率已在 90% 以上，目前已在重庆和深圳上线应用，并得到相关城市医疗管理部门的一致认可。

平安医疗科技智能疾病预测项目利用“互联网 + 医疗健康”大数据前沿技术，提出了“宏观 + 微观”的深度智能疾病预测方法，整合上万维度的数据因子进行建模，使用在政府平台上采集的城市级数据，同时结合本地疾病防控实际业务经验和专家知识，更贴近当地城市现状，精度也显著高于传统方法，充分体现了多维数据来源的业务应用优势和实践价值。

宏观层面。在宏观或地区层面，通过整合全国上百个城市的环境气象因子（环境 / 天气 / 季节）、人口信息（人口 / 流动 / 结构）、产业结构、经济教育发展、地区生活行为、医疗习惯、就诊行为等一系列宏观因子，对历史数据进行尝试挖掘，分析时间序列。

微观层面。在个人层面，通过整合全方位、多维度的预测因子和信息来预测疾病发生的风险。这些信息包括信息高度相关但信息频度较低、分布较稀疏的医疗健康因子（体检 / 就诊 / 告知等），也包括信息间接相关但信息频度和深度较高的个人行为因子（财务 / 职业 / 生活等）、互联网数据因子（舆情 / 行为 /LBS 等）等。该方法通过精准评估微观层面风险并将其汇总到宏观层面，能够深入挖掘宏观层面无法统计的细颗粒度的信息，从而提升预测精度。

深度层面。算法融合了多种深度学习和人工智能方法，如时间序列模型、深度学习模型、树模型等，可提高预测精度。

平安医疗科技智能疾病预测项目响应国家的“健康中国”战略，在提高疾病防控能力、降低政府医疗财政负担、降低个人疾病经济负担等方面具有重要的意义和价值。

提高疾病防控能力，降低公共健康管理风险。平安医疗科技智能疾病预测项目旨在打造精准、高效的疾病预测防控体系，提高政府疾病防控能力，降低公共健康管理风险。

降低政府医疗财政负担和个人疾病经济负担。平安医疗科技智能疾病预测项目帮助政府医疗管理机构降低疾病防控工作的成本，帮助降低政府医疗财政负担和个人疾病经济负担。

完善智慧决策水平，建设民生工程。平安医疗科技智能疾病预测项目契合“健康中国”战略，助力政府在卫生经济领域做出智慧行政决策，作为民生工程，服务利民。

2.从流感疫情看传统监测手段的滞后性

流行性感冒（简称“流感”）是由流行性感冒病毒引起的急性呼吸道传染病，临床表现为发热、头痛、肌痛、乏力、鼻炎、咽痛和咳嗽，还可能有肠胃不适等症状。流感能加重潜在的疾病（如心肺疾患）或引起继发细菌性肺炎、原发流感病毒性肺炎。老年人以及患有各种慢性病或者体质虚弱者患流感后容易出现严重并发症，病死率较高。流感传染性强，主要通过空气中的飞沫、人与人之间的接触或与被污染物品的接触而在世界范围内传播，可感染任何年龄组的任何人。在温带气候条件下，季节性流感主要发生在冬季。而在热带地区，全年都可能发生流感，疫情暴发更无规律。

流感是一个严重的公共卫生问题，可在高危人群中造成严重疾病和死亡，使劳动队伍丧失生产能力，对各国人民和经济发展造成巨大的损失，同时会对各国公共卫生体系的建设提出严峻挑战。学术界研究与政府实际采用的传染病疫情预警系统目前主要依赖传统监测手段，包括各级医疗机构、疾病预防控制中心和流感样病例监测哨点医院之间的协作，由医疗机构诊断并报告流感临床诊断病例和确诊病例，研究人员基于该系统报告的信息及自行获取的气象等数据，建立疾病预测模型。但现有的流感监测体系存在不足：以“定时抽样，每周汇总”的方式所获取的数据，其结果存在滞后性；监测手段耗费大量人力、物力，遍及全国的监测网络中任一节点产生的差错都将影响数据的准确性，且各实验室检测和逐级上报的过程烦琐；监测手段获取的数据来源单一，无其他来源数据的比对修正。

3.“人工智能+大数据”流感预测模型

平安医疗科技流感预测模型的目标是提前一周预测流感患病指标，从而为城市医疗管理部门起到预警的作用。流感预测模型将从全市总体角度出发，对不同地区、不同年龄段的人群进行预测。流感预测模型整合了多种来源的数据，其中包括城市疾控中心的流感监测数据，也包括根据疾控专家的业务经验和知识总结论证的影响或反映出流感变化趋势的数据，诸如天气数据、舆情数据等。流感预测模型对采集到的数据进行数据预处理，构建特征因子，集成包含时间序列模型、深度学习模型和树模型的组合模型，对下一周的流感发病趋势进行预测，并结合城市疾控中心专家的业务经验和知识不断迭代和优化模型。目前，流感模型预测的准确率已在 90% 以上，预测结果显著优于传统的预测方法。

（1）智能流感预测模型在重庆落地

平安医疗科技公司 2017 年 2 月与重庆市疾病预防控制中心签订合作协议，联合成立流感预测研究课题组，融合政府平台上采集的城市级数据，同时结合重庆本地疾病防控实际业务经验和专家知识，充分体现了多维数据来源的业务应用优势和实践价值。课题组将流感预测研究成果转化为《重庆市流感与手足口病预测研究报告》，针对重庆现状，提出了流感防控的建议并对传染病预警系统的建设提出了规划设计。

在 2017 年 11 月召开的重庆市疾病预测项目专家评审会中，该研究成果及其价值得到全国排名前三的医院的专家和中国疾病预防控制中心的专家的一致认可。重庆市卫生和计划生育委员会官网对智能疾病预测项目简报摘录如下：“各位专家充分肯定了疾病预测项目的意义和价值。专家指出，在数据层面，本次模型的建立应用了城市级数据，共计接入超过 2000 万份健康档案及电子病历数据，在国际范围内尚属首次；在方法层面，整合上万维度数据因子进行建模，应用先进的人工智能和大数据技术，同时结合本地疾病防控实际业务经验和专家知识，更贴近重庆现状，精度也显著高于传统方法。专家一致认为，本次智能疾病预测项目目前取得的研究成果在全国乃至国际范围内都具有实用性和开创性，可助力更多城市在相关疾病的防控工作中提升效率，降低预防和控制成本。”

2017 年 12 月底，重庆市疾病预防控制中心联合平安医疗科技公司共同举办媒体沟通会，向业界公布流感预测模型的阶段性成果，得到了关注报道。

（2）智能流感预测模型助力深圳疾病防控

从 2016 年 12 月起，深圳市疾病预防控制中心病原生物研究所与平安医疗科技公司联合成立流感预测课题组，双方优势互补，结合各自在流行病病理研究及算法技术上的专业优势，就深圳流感预测问题展开了积极的合作探索。经过一年的努力，深圳市疾病预防控制中心建立了深圳市流感预测模型，优化了流感指数等级定义的方法，提高了深圳市流感预测的精度。

课题组联合研发的流感预测优化方案，利用深圳市流感和流感样病例监测数据、天气、互联网行为、搜索等网络数据，应用“宏观 + 微观”大数据机器学习模型，能够提前一周预测流感样病例百分比，取得了较好的预测效果。同时结合深圳市疾病预防控制中心病原生物研究所疾控专家多年的疾控业务经验，创新性地将人工智能和大数据技术应用于流感预测，使优化后的流感指数能更准确地预测深圳市的流感流行情况。该方案得到了深圳市疾病预防控制中心疾病预防控制专家的肯定。

从 2017 年 12 月初起，深圳市疾病预防控制中心监测到流感上升及暴发的趋势，通过在疾病预防控制中心官方网站发布深圳市流感指数，提前一周预警，提醒市民避免前往人群密集的公共场所。虽然正处于流感高发期，但深圳市的流感并未造成严重影响。

平安医疗科技公司近年来在金融科技、医疗健康以及智慧城市等领域，达到了世界领先的水平。同时，平安医疗科技公司正在积极探索将大数据和人工智能技术转化为社会公共服务，与各地合作开展了智慧医保、城市疾病预测等创新工程，取得了良好的社会效应。重庆市、深圳市流感预测模型的探索和运用将为全国积累有益经验。未来，平安医疗科技公司将继续深入研究和应用智能疾病预测技术，更好地应用人工智能提升疾病防控体系效率，引领国内疾病预测实现质的飞越。同时，这些成果有望在更多城市复制和推广，助力城市提升疾病防控体系效率，为“健康中国”持续做出贡献。

3.3.3 跨界融合，人工智能医学影像正当时

★ 关键词：医学影像　深度学习

★ 作　者：柴象飞

随着人口老龄化现象日趋显著，医疗领域对医生的需求量日益提高，针对这一社会现状，很多人希望通过人工智能技术弥补医疗行业的供需缺口。医学影像诊断作为一项对知识和经验都有着较高要求的复

杂工作，长期以来都受到效率低和易误诊等问题的困扰，而人工智能医学影像技术的出现，有望帮助该项工作取得大幅进展。本小节将针对医学影像诊断这项工作，从市场需求、技术研发、落地应用等多个角度展开深入探索，挖掘人工智能在医学影像诊断领域的深层潜力。

人工智能医疗无疑是目前资本市场上的“香饽饽”，除了因为它是人工智能的一个重要领域外，另一个重要原因是巨大的医疗市场为人工智能医疗提供了广阔的发展空间。人工智能医疗也跨过了“纸上谈兵”阶段，目前已有很多商业应用相继落地。人工智能医学影像技术的成熟以及众多优秀的人工智能医疗企业的出现，为解决中国医疗资源的短缺和失衡等问题带来了希望，同时为应对即将到来的人口老龄化问题增添了更多的信心。

本小节将在系统梳理人工智能医学影像的发展进程基础上，以人工智能医疗领域的领先企业汇医慧影为例，分析人工智能医学影像的真实发展路径以及当前应用情况和未来发展方向。

1.市场需求和技术双轮驱动，人工智能医学影像迎来爆发契机

是什么推动了我国人工智能医学影像的快速发展呢？一方面是医学影像需求巨大；另一方面，由于人工智能技术的不断突破以及与医疗行业的深度融合，使得通过人工智能医学影像产品来进行疾病的筛查、辅助诊断和治疗成为可能。目前市场上已经有较多的实际应用案例，其良好的应用效果进一步强化了人们对人工智能医学影像的信心。

（1）影像市场规模达几千亿美元，人工智能医学影像前景广阔

2018 年全球人工智能应用的市场规模约为 2560 亿美元，到 2025 年这一数字将飙升到 30 610 亿美元。医疗尤其是医学影像是人工智能一个重要的应用领域，其市场规模在百亿美元以上。美国医学影像诊断市场相对成熟，近十年的复合增长率高达 10%，远高于同期 GDP 增速，其中 60% 的市场贡献来自医疗机构，剩余 40% 的市场贡献来自第三方独立影像中心。我国的影像市场虽然没有美国成熟，但发展速度更快，尤其是人工智能医学影像有可能实现“弯道超车”。

我国卫生和计划生育统计年鉴数据显示，2015 年我国医疗费用支出总额约 4 万亿元人民币；其中，2015 年我国影像检查收入占医院收入的 10%~20%，与检验科收入占比接近，仅次于药品收入占比。即使按照 10% 的预算比例计算，医学影像的市场规模也接近 4000 亿元人民币。在这 4000 亿元人民币规模的医学影像市场中，如果人工智能医学影像的渗透率按照 30% 计算，其规模也将超过 1000 亿元人民币。

此外，国家大力推动分级诊疗制度及区域影像中心的建设，使得提供人工智能系统的智能云平台获得了政策方面的大力扶持。在我国，医疗资源的需求和供给长期呈现一种不平衡的“错位匹配”局面：一方面，医疗卫生服务的大部分需求在基层，呈现“正三角形”的需求结构；另一方面，优质的医疗卫生服务资源大部分集中在城市，尤其是城市的大中型医院中，呈现“倒三角形”的供求结构。在医疗资源本来就严重短缺的情况下，这样的资源分配不平衡进一步加剧了就医困难的紧张局面。

在这样的背景下，我国通过大力推行分级诊疗制度来缓解医疗资源短缺的压力。所谓分级诊疗制度，就是要按照疾病的轻、重、缓、急以及治疗的难易程度进行分级，不同级别的医疗机构承担不同疾病的治疗，以实现基层首诊和双向转诊。市场需求和政策推动，将进一步加速医疗云平台的普及，而人工智能影像系统将会是医疗云平台的标配。

（2）人工智能医学影像技术逐渐成熟，医院应用快速普及

算法、算力和数据被认为是人工智能的三大核心要素。数据量的增长、算力的提升和深度学习算法的

优化将带来人工智能效率的持续提升。目前，随着医学影像领域算法的快速突破，机器算力的持续增长以及高质量医学影像数据的不断积累，人工智能医疗的准确率和适用范围都将得到大幅提升。另一方面，大量深度学习平台和框架的开源降低了技术门槛——多个互联网巨头通过云服务或者开源的方式向行业输出人工智能技术，加快了技术的应用和普及。

在算法方面，深度学习是目前最重要的人工智能算法之一，与医学影像相关的图像识别也是深度学习等人工智能技术进步最快的领域之一。以深度学习为代表的“特征学习”，让计算机能以大数据为基础自动寻找目标的高维相关特征值，建立数据处理通道模型，实现全自动的智能处理流程，完成在指定应用场景中的目标的检测、分割、分类及预测等任务。例如，对于医学影像的应用，不需要人工干预就可以通过深度学习的方法提取影像中以疾病诊疗为导向的最主要的相关特征，对医学影像图像进行“阅片”，实现病灶的识别、定位、分类及预测等工作。

随着云计算和人工智能芯片的快速发展，原来阻碍人工智能技术应用的“算力”问题也获得了很好的解决，尤其是 GPU、FPGA 等芯片的发展，使得高通量三维影像的计算速度和时效得到了极大提升。

在数据方面，医学影像与人工智能技术也体现出了高度契合的特征：超过 80% 的医疗数据为影像数据；随着影像检测设备和检测手段的发展，多模态影像与病理、临床、基因以及随访信息等多维数据相结合，使数据呈现多样性，而越多体量、越多样化的数据，就越适合用机器学习和深度学习的方法去处理相关任务。

就具体的细分应用领域来看，人工智能深度学习在医学影像方面的应用可分为 3 个层级：第一层是病灶检测，即对可疑病灶进行识别和勾画；第二层是病灶量化诊断，帮助医生鉴别疾病良恶性、分型分期等；第三层是治疗决策，未来有望通过影像数据和临床数据的相关性分析，帮助临床医生给出科学合理的治疗决策及预后预期。从目前市场来看，深度学习在影像分析方面的应用最为成熟的领域是病灶的自动检测。以乳腺的人工智能诊断产品为例，图 3-37 所示为从原始影像数据到图像特征值提取，再到最终实现病灶区检测的人工智能医学影像处理流程。同时，我们注意到了人工智能算法的更新换代：图 3-37 上半部分流程展示了传统机器学习随机森林（用于早期的 CAD 系统）的算法，该算法中图像特征值的选取主

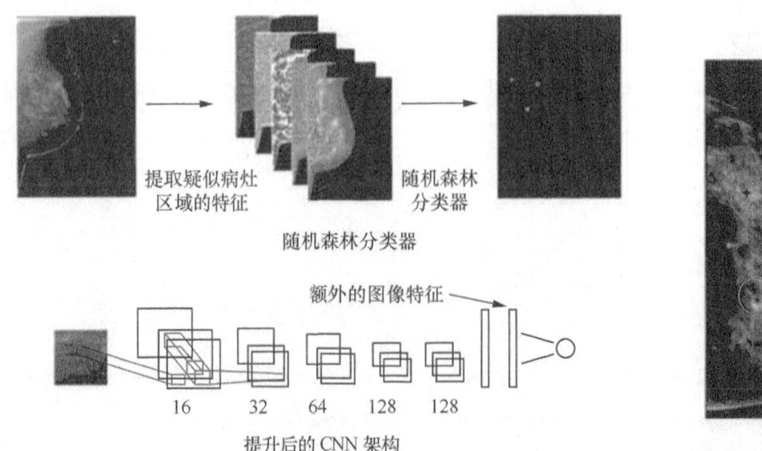

图 3-37　乳腺病灶识别

要依赖人工预先制定的规则；图 3-37 下半部分流程展示了在汇医慧影公司的新一代乳腺产品的工作流程中，CNN 通过深层网络框架模型的前后传播机制主动学习乳腺影像的病灶区特征值，经过上亿次迭代、优化得到含有几千个神经元和数万个参数的通道模型，进而完成乳腺癌病灶的检测。该算法不仅准确率大幅超过了传统的机器学习算法，而且诊断水平更是可以与经验丰富的临床医生“同台竞技”，效率较人工诊断而言也提升了数百倍。

人工智能在医疗行业，除了应用于影像领域外，还发展出了众多其他应用，包括分诊机器人、看护机器人、虚拟助理、健康管理、药物挖掘、基因分析、病理切片等，但人工智能影像无疑是目前最成熟、市场前景最大的细分领域。

（3）准确率和效率的提升，是人工智能医疗系统超越影像医生的关键

我国是人口大国，对医疗资源有着巨大需求。在医学影像领域，影像医生供需缺口大。对医学影像相关业务量较多的放射科来说，对相关医生的需求量至少有几十万。面对如此大的供需缺口，仅靠培养影像医生来“补救”显然是不现实的。全国影像科有 10 余万名“读图说话”的人，但人数仍然不足，同时存在较高知识门槛，平均培养周期在 8 年以上，所看的影像包括 X 光、超声、CT、MRI、PET-CT、PET-MRI 等，因此这一行业形成了体量大、门槛高的现状。

动脉网蛋壳研究院的数据显示，目前我国医学影像数据的年增长率约为 30%，而放射科医生数量的年增长率只有 4.1%，放射科医生数量的增长远不及影像数据的增长。这意味着，放射科医生在未来一段时期内，不仅人员的缺口会越来越大，而且其处理影像数据的工作量和压力会逐步提升，尤其在偏远地区，放射科医生更是稀缺。

那么，面对医学影像这一刚性需求，如何解决上述供需矛盾呢？人工智能医学影像无疑是一个很好的选择。相比影像医生，人工智能系统具有两大优势：第一，高准确率、高效率、高可靠性造就了出色的性能表现，并且这些性能还将在未来得到提升；第二，可复用性、可移植性、可延续性等优势更是令影像医生无法与之相比。

首先，医学影像智能诊断的准确率高，且诊断准确率还在不断提升，效率相比人工诊断更是有了指数级的提升。要用人工智能系统替代影像医生，在阅片准确率上就要过关。人工智能医学影像之所以能获得商业化应用，先决条件就是其准确率达到甚至超过了影像医生的水平。2016 年，谷歌公司通过计算机诊断糖尿病视网膜病变，敏感度达到 96.1%，特异度达到 93.9%；2017 年，斯坦福大学通过计算机诊断皮肤癌，准确率达到 91%；汇医慧影公司的人工智能医学影像产品在胸部智能 CT 结节和肿块标注方面的准确率达到 96%，骨折区域标注准确率达到 95%。总体上看，经过严格训练的人工智能系统，正在逼近甚至赶超顶级医生的诊断准确率，明显高于低年资医生的诊断水平（如图 3-38 所示）。对影像医生而言，阅片时只能凭借经验去判断，容易发生漏诊、误诊。同时，既然是自然人从事的工作，都会或多或少地受到其自身情绪、健康及体能状况等主观因素的影响。

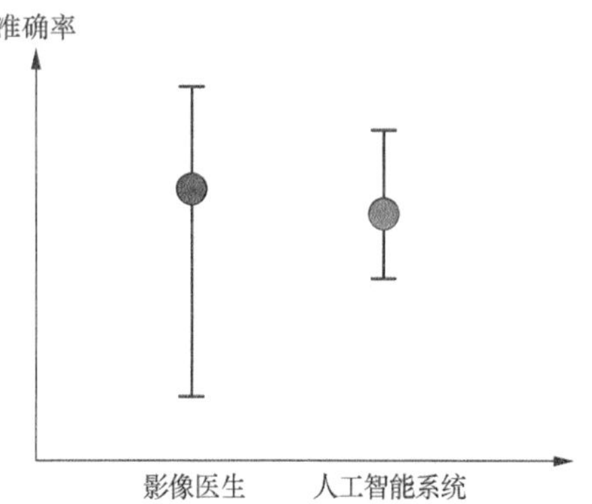

图 3-38　影像医生与人工智能系统阅片准确率对比

其次，准确率达标后，效率就成为人工智能系统“碾压”影像医生的关键因素。通常人类医生需要花费 30min 解读的片子，人工智能系统仅在几秒之内即可完成识别。我们以 10s 来计算，人工智能系统的读片效率是影像医生的 180 倍。放射科有超过 50% 的医生平均每天工作时间在 8h 以上，20.6% 的医生平均每天工作时间超过 10h，并且，在超负荷工作状态下，人容易变得疲劳，需要增加休息的频率和时间，否则工作效率会再打折扣。与之相比，人工智能系统可以 24h 不间断地工作。即便排除节假日的因素，人工智能系统的每日工作时间也可达到影像医生的 3 倍（如表 3-2 所示）。

表 3-2 影像医生与人工智能系统的工作时间与效率比较

对比项目	影像医生	人工智能系统	效率提升倍数
读片时间	30min	10s	180倍
一天的工作时长	8h	24h	3倍
一天读片数量	16张	8640张	540倍

最后，人类受限于自然寿命，一名影像医生经过多年的经验累积达到较高的水平，但其能力将随着生命的结束而消失。新的影像医生又必须重复前辈的成长过程，历经数年来提升工作能力。与之相比，人工智能属于“永续性”系统，其水平只会不断提升而不会下降，且寿命无限长，这就是人工智能系统无可比拟的巨大优势。所以，人类医生的培养机制与人工智能系统的优化迭代相比，存在先天的劣势，后者在复用性、移植性、延续性方面的巨大优势不言而喻，这不仅能够缓解医疗资源缺口的现状，对降低医疗成本、解决老百姓看病难的民生问题也有深远意义。

例如，云计算的发展使得智能影像云平台的计算和存储能力可以弹性扩展，人工智能系统不仅能够替代一名影像医生，而且一个具有足够强大计算能力的人工智能系统，可以替代多名影像医生。目前，一个具备强大计算能力的人工智能系统能支持超过 1000 个终端同时读片，那么这个系统就相当于 1000 名影像医生同时工作。通过人工智能系统，每月可以处理上百万张甚至更多的医学影像，极大地提升了医疗效率。通过远程医疗等手段，人工智能系统还可以改善偏远地区的医疗水平，让每一位患者都能获得平等的诊疗机会，解决部分因地域和经济水平的差异造成的医疗资源分布不均衡的问题。

2.人工智能与医疗的跨界融合，汇医慧影公司走出一条人工智能医学影像的典型道路

由于巨大的市场需求和人工智能技术的推动，人工智能医学影像迎来了难得的发展契机。那么在真实的市场应用中，人工智能医学影像企业是如何做的呢？目前的产品开发和市场应用情况又是怎样的呢？

以汇医慧影公司为例，汇医慧影公司目前构建了以智慧影像云为基础的人工智能应用，包括影像智能辅助诊断、大数据智能分析云平台、数字智能胶片等，从医学影像的数字化到移动化再到智能化，完成了筛查、诊断、治疗决策支持的闭环，整个服务链条非常长，其技术路径和商业模式非常值得研究，从中可以窥见整个行业的门道。

（1）基于人工智能影像云平台构建竞争壁垒

汇医慧影公司最开始选择从远程医学影像诊断服务入手，面向医院提供了电子胶片、影像云平台等服务，通过这两块业务沉淀的医疗工程化经验和医院云计算服务经验，为汇医慧影公司的人工智能发展奠定了基础。之后，汇医慧影公司先后推出了影像智能辅助诊断和大数据智能分析云平台。

与传统 PACS 采用硬件存储的方式相比，汇医慧影公司推出的智慧影像云平台 3.0 是一个紧随行业趋势的落地方案，随着分级诊疗、医联体的推进，医疗云化已经成为当前热点，云端存储更灵活，可以实时

按需存储，按量计费，场地成本、硬件成本、维护管理成本等费用大大降低。此外，智慧影像云平台3.0彻底打破了医生资源的地域局限，使医生资源得以充分利用，让患者在基层医院就能享受到全国各地的优质医疗服务。患者在基层医院就诊后，医院可将影像数据传送至上层医院，让经验更丰富的医生来帮助阅片会诊。综合来说，智慧影像云平台3.0也是落实国家分级诊疗政策、推动医联体互助的最佳方案。

以汇医慧影公司与华润武钢总医院的合作为例，通过合作构建区域影像诊断中心，依托汇医慧影公司的医学影像云平台连接医联体协作医院的影像设备，实现影像数据采集和传输自动化、业务流数字化以及阅片数字化。同时，通过建立院际间的医学影像数据的双向通道，使得协作医院的覆盖患者均可享受医学影像远程专家级诊断服务（如图3-39所示）。

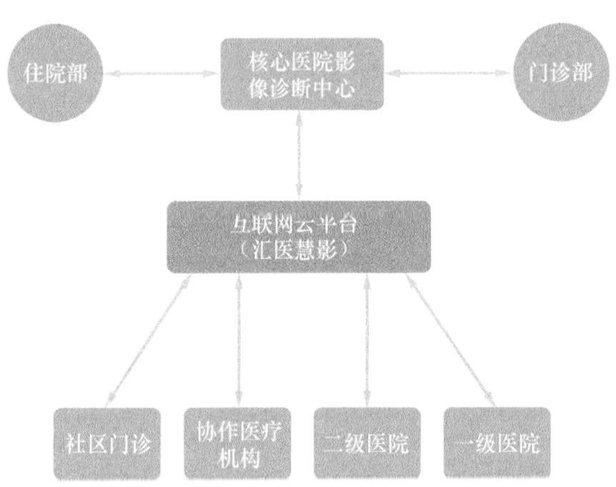

图3-39 汇医慧影公司的医学影像云平台建立区域医学影像数据的医学双向通道

此外，汇医慧影公司与医院合作构建区域医学影像中心的案例也有很多，如与郑州大学第三附属医院合作构建了河南首个妇幼专科医联体智能影像中心，打造了医联体内影像的全智能化医疗服务和妇幼专科数据中心，推进了分级诊疗。

在提升人工智能模型准确率方面，与算法相比，数据更重要。只有获得足够多高质量的数据，才能更好地实现模型训练，进而提升模型的精度。由于医疗行业具有特殊性，因此医疗数据的获取是大多数人工智能医疗企业面对的最大难题。与大医院合作带来的优质数据，为汇医慧影公司建立好的算法模型奠定了基础，不仅让其数据和计算平台同时支持几十个或上百个科研项目，同时缩短了新病种人工智能模型的发布周期。汇医慧影公司的医学影像云平台业务，成为其持续性的医疗数据来源，也是重要的竞争壁垒。

（2）发展人工智能核心能力，引领人工智能医学影像前沿发展

作为人工智能医学影像领域的领先企业，汇医慧影公司在人工智能技术研发和应用方面，具有较强的借鉴价值。基于其长期的技术积累和商业实践，汇医慧影公司计划利用人工智能形成筛查、诊断、治疗、预后预测的服务闭环。

首先，在筛查领域，汇医慧影公司通过深度学习来对影像进行定性分析，根据各医院所使用设备的厂家、型号不同所造成的重建算法、优化算法的差异对影像产生的影响，以及图像层厚、层距、管电压、管电流等扫描参数方面的不同，对影像进行有针对性的调优及归一化处理，保证数据可靠性。覆盖病种包括胸部CT的肺结节防漏诊断、乳腺钼靶检测、脑梗、骨折、脑出血核磁分析等。在准确率方面，对胸部X光的气胸、肺结节、肺结核、肿块的自动识别准确率已经达到90%；脑核磁肿瘤和胸部CT中肺结节的自动识别准确率超过92%；乳腺钼靶中钙化斑点以及肿块的自动识别准确率超过91%。

其次，在诊断领域，汇医慧影公司的大数据智能云平台可将影像数据、临床数据、病例数据、基因数据、随访数据等，基于大数据和组学的方法提供一个量化结果，将影像和病理的1040个特征信息与临床信息进行统计关联，进行癌症的预后结果监测，如肺小细胞癌的预后、头颈癌良恶性的预测，尤其是在发展复杂迅速的肝癌上有很大的预后监测价值（2007年发表于*Nature*），当影像信息结合基因组学、临床信息，对疾病的预测准确率可以提高8%~9%，覆盖的疾病包括乳腺癌、结肠癌、肝癌、卵巢癌、前列腺癌等常见癌症。

再者，在治疗领域，汇医慧影公司的首席顾问科学家、斯坦福大学医学物理中心主任邢磊教授积累了大量相关经验，在治疗计划中预测肝癌、肺癌放疗产生的副作用以及在治疗计划中图像的分析重建等方面做了大量研究。邢磊教授发挥其在肿瘤诊断和治疗领域的科研和临床实践能力，加速人工智能治疗肿瘤的研发和临床实践，深化肿瘤放化疗系统、防漏诊系统、影像大数据科研平台（含影像组学分析平台）的研发和升级等。

最后，目前行业的主要产品多集中在医学影像的诊断方面，其实预后预测的商业价值可能远远大于诊断领域的商业价值。例如，汇医慧影公司用大量病人的医学影像、治疗计划和治疗后的随访等数据，构建了世界上第一个基于深度学习的肝癌放疗模型，可以方便、准确地对新病人的预后进行预测，这也是深度学习在放疗转化医学中的首次实质性应用。与实际临床观测到的预后相比发现，深度学习的预测要比现有模型准确得多。

汇医慧影公司自成立以来，从肺结节的影像标注开始，已经完成了 23 种重大疾病的基础影像标注，并实现了落地应用。合作的医院超过 700 家，上传云平台的有效病例比超过了国内所有人工智能医学影像公司的占比总和。

（3）推出深度学习科研平台，赋能医院科研

医学是一门体系庞大、结构严谨的学科，无论是临床专科，还是病理、检验、影像、护理等专业，都有着清晰的学术脉络。尤其是对三甲医院而言，除了要提供医疗服务，还承担了繁重的医疗科研任务。前沿的疾病诊断、治理方法，都是经过科研和临床验证，才逐步进行推广的。尤其是人工智能与医疗的结合，大多处于技术前沿，本身与科研就是紧密结合的。因此，科研是人工智能医疗整个服务链条中不可或缺的一环。

为了紧跟医疗科研前沿趋势，并为医院提供更强大的科研工具和平台，2017 年 5 月，汇医慧影公司首次推出了放射组学云平台。该平台将医院、科室的 DICOM 格式影像数据、检查报告、临床信息、基因数据及病理图像等数据通过课题组的云平台进行统一管理，提供诸如图像存储工具、计算环境、Python 等工具软件以及机器学习工具、图像处理工具、特征值提取工具等丰富的工具。该平台能实现科研课题管理、多中心合作管理、影像和临床大数据管理、放射组学分析等多种功能。

2018 年 4 月，汇医慧影公司与中国人民解放军总医院血管外科共同发布的 AORTIST 2.0 平台，在行业中做了从影像的诊断到辅助疾病治疗决策的第一次尝试，获得了巨大的市场反响。AORTIST 2.0 是集影像处理、病灶识别分割、曲面重建、量化分析、手术决策、术后预期与随访以及智能化报告等 B 型主动脉夹层疾病全闭环医疗服务于一体的智能诊疗平台。从技术角度衡量，它延续了汇医慧影公司的影像云平台和其第一代产品的准确度和友好性。通过虚拟化工具、血管模型工具与 CNN 的融合，使得结果的输出更加流畅，准确性、可靠性、稳定性也得到了新的增强。并且，汇医慧影公司的深度学习 CNN，通过卷积网络通道的机制完成了相邻区域相似任务的互补分割操作，节约了时间，同时修正了多任务结果互斥的错误。

根据医疗科研领域影像组学研究处理流程的共识，汇医慧影公司的影像组学云平台的全部工作流程包含 6 步：数据库建立、病灶分割、特征值提取、特征值降维分析、统计模型训练和个案预测（如图 3-40 所示）。在多数科研案例中，前 2 步临床可由医生独立完成，后面 4 步则需要具备较高的数学统计能力和编程能力，多数医院及医生会通过和工科高校的课题合作来完成上述全部工作步骤。而汇医慧影公司的影像组学云平台则可大幅降低临床科研门槛，降低医生科研的时间成本，加快、加大医生的科研产出，并提高影像医生的科研水平。

从总体上看，医学影像已经走过了以 X 光、超声、CT、核磁、热成像、同位素成像为核心的“物理驱动时代”，以及以影像引导、治疗计划、多序列核磁、靶向造影剂为关键词的“应用驱动时代”，正在跨进数据驱动的新时代，其典型路径就是在海量影像数据中挖掘有效信息，进而不断优化诊断和治疗方法。就实际情况来看，国家也在大力推动医疗人工智能的应用。2017 年，国家食品药品监督管理总局发布了新版《医疗器械分类目录》，新增了与人工智能辅助诊断相对应的类别，在目录中具体体现为对医学影像与病理图像的分析与处理。可以预见，人工智能医学影像市场将在未来 5 年内获得高速增长。

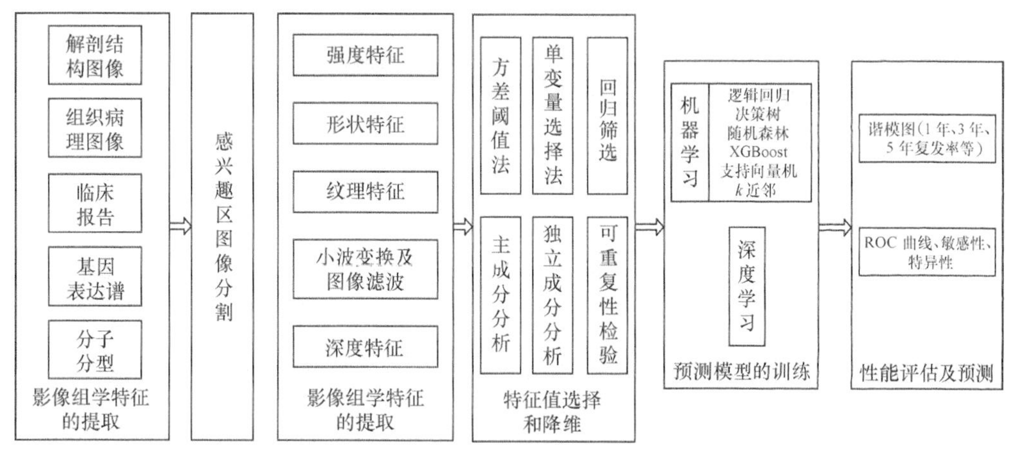

图 3-40　影像、病理数据分析和特征值提取

3.3.4　人工智能如何在医学影像生态圈中落地生根

★ 关键词：医学影像　诊断

★ 作　者：周永新

人工智能识别医学影像作为计算机视觉一个重要应用，正不断向着深化、多元化的趋势发展，传统的二维影像也正向三维（甚至四维）影像前进，其间人工智能在图像分析过程中发挥的作用日益显著，人工智能辅助阅片成为一种新常态。

从 2015 年开始，深度学习在目标检测、图像分类和图像分割领域取得突破性进展。由此，医学影像智能分析（以下简称“人工智能影像”）成为投资和创业热点，一批人工智能影像公司相继成立。进入 2018 年，人工智能影像领域的一线公司大多已经完成了核心产品研发，并且以科研合作或临床试验方式进入医院，开始试用。可以说，2018 年，人工智能影像领域的产业竞争已经从技术研发阶段，正式进入了落地应用阶段。

在对落地应用展开讨论之前，需要先明确一个最根本的问题。对于人工智能影像，要落地的“地”在哪里？这里的“地”，可以具体理解为人工智能影像的应用场景，也可以从更高层次，看作人工智能影像当前所处的或未来想要进入的生态圈。

相比应用场景，“生态圈”提供了一个更加适合展开讨论的平台。因为凡是有生态圈的地方，都必然有竞争和协同。竞争一般发生在功能和特点类似的产品之间，也就是同类竞争。而协同则发生在定位与功能差别显著的产品类型之间。本小节将重点讨论人工智能影像如何与生态圈中的其他产品类型协同。因为只有借助协同，人工智能影像作为后来者，才能够真正在生态圈中扎根落地，先生存，再壮大。

为了便于讨论，本小节简单地把医学影像生态圈划分为院内和院外两个生态圈，分别在这两个生态圈中讨论人工智能影像应该如何落地生根。

1.人工智能影像如何融入医院内部现有诊断流程

医学影像院内生态圈其实就是各个医院目前已经普遍建成的医学影像信息化系统，通常包括 CT、核磁等检查设备，检查设备自带的影像后处理工作站，负责影像存储和管理的 PACS，以及负责检查流程管理和影像报告管理的 RIS 等。简单来说，从检查设备到后处理工作站，再从 PACS 到 RIS，这 4 种核心软硬件系统构成了目前大多数医院的院内影像诊断流程，也就是院内生态圈。

院内生态圈的特点是经过长期发展，目前已经稳定和平衡。换句话说，在这个生态圈的各个位置上，早已形成一批具有相对优势地位的一线企业和产品。面对这个已经发展多年、成熟稳定的生态圈，人工智能影像需要做的，必须且只能是在现有的生态圈中找到一个突破口，突破进去，先落地生根，再力争逐步扩大自己的生长空间。作为后来者，人工智能影像必须与现有的其他类型产品紧密合作，形成协同效应。

可以说，在可预见的 2~3 年内，新兴的人工智能影像产品不可能取代这些现有产品类型中的任何一个。这个观点可能存在争议。争议的来源是因为人工智能影像的部分功能与后处理工作站、PACS 和 RIS 都存在重合。那么人工智能影像是否会取代这 3 类产品中的某一类？太远的未来不好预测，但短期内，可以肯定地说，不可能。关键的原因是后处理工作站、PACS 和 RIS 各自的功能职责范围都远远超出单纯的人工智能影像功能范围。

对人工智能影像来说，最理想、最完美的落地应用方式，就是与这个圈子里已经前排就座的小伙伴们打成一片，互相成为好队友。下面将从数据来源、使用便捷性、分析结果整合、系统管理与维护等 4 个方面提出问题，并进行讨论。

（1）人工智能影像如何精准、高效地获得自己需要的影像数据

第一个问题必须且只能是从数据来源开始讨论。“巧妇难为无米之炊”的古训不需要解释。拿不到需要的影像数据，再强的人工智能也将无所作为。

拿到影像似乎很简单，患者拍完 CT 后，让 CT 设备自动给人工智能服务器发送一份不就可以了吗？但在医院实际工作中，这个方案往往行不通。CT 设备一般有限制，只能向外部 1 个或最多 2 个目标服务器进行自动转发，且大多数 CT 设备只支持向 1 个目标服务器转发。这一方面是 CT 设备厂家的授权限制，另一方面，也是为了避免对设备网络带宽和医院内网带宽不必要的占用，保障影像传输效率。设备仅有的 1 个转发名额一般都优先留给医院的 PACS。因此，人工智能不能够指望 CT 设备自动发送影像给自己。

那么，既然所有影像都自动发送到了 PACS 中，是否可以让 PACS 自动转发影像给人工智能呢？向第三方系统发送影像是 PACS 的基础必备功能，但是，发送往往需要医生手工对影像进行筛选后再执行发送。部分 PACS 具备自动转发功能，但这种转发一般是不带筛选的，就是 PACS 把所有接收到的影像全部转发。这种“一股脑儿”的全部转发，显然是医院和人工智能都不希望看到的。在全院级别的影像中，单一人工智能能够分析的只是其中很小一部分，如肺部的人工智能只能分析肺部 CT 扫描影像，其余影像对人工智能都是冗余，是负担。而海量冗余影像在局域网内往返传递，势必造成医院局域网传输速度变慢，对医院影像调阅和报告等核心业务造成影响。理想的解决方案是有一台像路由器一样的设备，专门负责影像的转发。这就引出了与 PACS 相关，但更加细分的一个影像信息化产品类型——智能影像路由器。

智能影像路由器对人工智能影像数据的接收具有重要作用。与日常搭建局域网常用的路由器类似，智能影像路由器的核心是接收不同来源的 DICOM 影像，然后根据预先定义的转发逻辑，将接收到的影像发送到不同的目的地。这里的转发逻辑可以是基于影像是哪台设备拍摄的，也可以是基于检查部位或检查描述的。如果智能影像路由器能够与医院的 RIS 进行数据关联，则还能够实现基于检查申请单的智能转发。

这种基于设备、部位、描述或申请单的智能转发对于支持院内多台人工智能引擎之间的协同工作具有至关重要的价值，尤其是对大型三甲医院来说。依靠可灵活定义的智能转发逻辑，智能影像路由器能够将影像主动推送给最适合的人工智能，真正做到精准分发、高效传输。也只有这样，医院才能放心引入数量更多的人工智能影像，人工智能影像也才能够得到更多的入场机会。

（2）人工智能影像如何为影像医生提供最佳用户体验

假定人工智能已经拿到了其需要的影像，并且完成了分析。接下来的问题便是如何提供给医生最方便、快捷的用户体验。

在 2016—2017 年的人工智能影像技术研发阶段，各公司基本都在比拼准确率、敏感性、特异性、等一系列技术硬指标。但对医生来说，这些指标只是一方面，还有另一方面同样重要，就是使用便捷性。使用便捷性包括软件操作的便捷性和工作流程的便捷性两个方面。软件操作的便捷性相对容易理解，并且是人工智能研发厂商能够完全自主把控和不断完善改进的，这里不赘述。

工作流程的便捷性则要求尽可能简化医生的阅片流程，至少不要增加太多的复杂度。这里存在一个实际问题：影像医生的日常阅片工作都倾向于尽可能固定使用一台计算机，并且最好是同一套软件，如果不是特别必要，医生不喜欢在多台计算机或多套软件之间来回切换。现有的人工智能影像产品基本只能辅助诊断一类或几类疾病，在可预见的近期，不可能出现一个人工智能产品覆盖所有常见病种。由此，要想借助人工智能辅助诊断多种疾病，医生就需要使用多个不同厂家的人工智能产品，但人工智能产品种类和数量的增多反而会对影像医生造成困扰。

如果引入多个人工智能，从学习上手到日常频繁切换，将会使医生的阅片流程更复杂，这在某种程度上会降低医生的工作效率。从医生的角度来说，肯定希望能有一种汇总的软件或界面，统一显示和呈现不同人工智能的分析结果。例如，医生阅片时肯定希望身边有一个“智能且全面”的助手帮忙出主意，而不是有一群“智能但单一”的助手围在身边，一会儿问这个，一会儿问那个。或者说，这样的助手可以有多个，但是最好有专人负责汇总助手的意见，或者协调助手之间的工作。环顾院内生态圈，后处理工作站和 PACS 具备承担这一职责的天生优势。

因此，从使用便捷和流程简化角度，人工智能影像与后处理工作站和 PACS 的整合集成将是未来人工智能院内落地应用的主要趋势之一。

（3）有了人工智能影像后，影像诊断报告如何发布

这个问题实际讨论的是引入人工智能后，影像分析结果如何整合？

在医院的现有阅片流程中，影像医生对影像的分析和疾病的诊断最终都要落实为影像诊断报告。影像诊断报告作为面向患者的最终输出结果，这一形式在可预见的未来不会随着人工智能的引入而改变。

人工智能影像厂商也都意识到了影像诊断报告的重要性，并且为人工智能添加了自动生成分析报告的功能。但人工智能自动生成的报告一般无法直接作为发放给患者的最终报告。原因是影像诊断报告具有诊断和法律效力，医院从报告的审核到签发，从格式统一再到自助打印，有着一整套确定且严格的规定。

对于人工智能影像，想要快速切入医院报告流程且符合现有规定，一个最切实可行的方法是将人工智能生成的报告文本发送给医院的 RIS。

医生目前普遍在医院统一的 RIS 中书写影像诊断报告。如果在医生写报告之前，人工智能能够在 RIS 中为医生写好一份草稿，只需要医生在草稿上做必要的简单修改即可，那么这对医生而言是最方便、最高效的工作方式。但要想达到这一理想效果，目前还面临着一个实际的问题：不是所有的 RIS 都面向第三方系统提供和开放报告上传接口。不过，这样的接口在技术上没有任何的难度与障碍，相信随着人工智能报告集成需求的出现和提升，各个 RIS 厂商都将迅速跟进并提供这样的接口。

（4）院内人工智能影像不断增加，后续如何管理与维护

所有的系统都需要有人管理与维护。如果到访过三甲医院的信息科，你会发现这些信息科存在共同的特点：排列密集的工位上少则十几人，多则二三十人，都在非常紧张地忙碌着。这几年，大型医院信息科的人员规模不断增长，主要原因便是医院使用和依赖的信息化系统和专科软件的数量迅速增加，对管理和维护人员的需求也相应增加。

这里还有一个实际因素需要注意，医院信息科对各类软件系统的维护和支持往往是依靠软件厂家的密切配合来完成的。因此，信息科人员往往要花费很多的时间与软件厂家人员进行沟通协调。可以想象，如果引进人工智能影像新技术，就意味着一家医院内新增 5~10 家不同厂商、不同来源的人工智能软件产品，这对信息科意味着又增加了一大块不可忽视的工作量。人工智能新系统的引入不仅意味着信息科需要管理和维护的系统增加了，还意味着信息科需要对接和沟通的第三方厂商增加了。

这种工作量的增加，或者说维护复杂度的增加，实际上带来了一个新的商业机会，那就是期待有公司能够将多个不同厂家的人工智能产品打包形成一个整体解决方案提供给医院。这样，医院从评估、采购到管理、维护面对的都是一套系统、一个供应商，复杂度和工作量都会大大降低。国外已经出现了这样专门进行人工智能产品整合的专业化公司，我们也关注和期待国内可以尽早出现类似定位的公司。

至此，我们从数据来源、使用便捷性、分析结果整合和系统管理与维护 4 个不同方面进行了讨论。其实讨论的都是同一个问题，人工智能影像如何融入医院内部现有的放射影像诊断流程和管理体系。而所有这些讨论都趋向同一个中心词——整合。流程上的整合将给医生带来使用上的最大便捷性，产品的整合则能使医院的管理和维护成本大幅降低。

2.人工智能影像如何在分级诊疗中把握机遇

毫无疑问，人工智能影像院外落地应用的生态圈未来必然是分级诊疗。

人工智能应用首选与分级诊疗结合，面向大规模的人群体检和基层医院提供快速筛查服务，这一思路和模式已经成为众多人工智能影像从业者的共识，也被认为是未来人工智能影像商业化市场最有可能的爆发点。

分级诊疗是按照疾病的轻、重、缓、急及治疗的难易程度进行分级，不同级别的医疗机构承担不同疾病的治疗。其中“检查在基层、诊断在上级”是分级诊疗的一个重要理念，也是重要工作目标。这里，强调“检查在基层”将给人工智能影像带来巨大的市场需求与机遇。而“诊断在上级”则明确了人工智能影像不能单打独斗，必须与远程阅片和远程会诊软件协同工作。

“检查在基层”意味着包括放射影像在内的很多检查都将在基层医院完成。随着财政支持力度的加大和设备制造成本的下降，超声、X 光机，乃至 CT、核磁设备在基层的普及率是稳步上升的，基层的拍片量相应稳步上升。但是，基层始终面临着缺少有经验、高水平的影像诊断医生的突出问题。并且，现在来看，这个问题以后只会越来越突出。

由此，人工智能的价值便凸显出来。未来，人工智能将被引入以完成大批量基层影像的筛查，筛选出疑似或高危的影像病例，然后由上级医生来进行诊断。

（1）人工智能筛查与远程协同的相互依赖

引入人工智能后，能够从大批量基层检查影像中快速筛选出疑似阳性病例。接下来的问题是，对于筛选出的病例，如何进一步处理？答案是“诊断在上级”。

考虑到人工智能影像诊断的可靠性和准确性，在当前乃至未来一两年内，人工智能肯定无法取代医生，直接给出临床最终诊断意见。这就要求，在人工智能初筛后，必须由具备资质的影像医生进行确诊，给出最终检查所见和诊断意见。这里“有资质的影像医生”需要来自上级医院，如区县或市级医院。在这种模式下，一家上级医院的影像医生需要能够面向多家基层医院，提供疑似阳性影像的确诊服务。

基层医院的分布都是分散的。上级医生不可能总跑到基层医院去坐班。要想实现“一对多”的异地影像诊断服务，一方面，需要影像云平台，由云平台提供底层数据存储、管理和联网调阅；另一方面，需要远程阅片或远程会诊，乃至双向转诊软件系统的工作流程支持。也就是说，随着人工智能对“检查在基层”服务的落地渗透，人工智能影像系统将与影像云平台、远程会诊等软件系统产生数据调阅和流程协同等多方面的密切交互。

（2）人工智能筛查报告如何实现基于互联网的快速分发

人工智能与医生相结合能够快速完成大规模人群影像检查的阅片，对于正常或低风险人群，可以由人工智能直接生成影像筛查报告；对于疑似或高风险人群则可以由医生生成影像诊断报告或给出随访复查建议。

这里存在一个问题，这些报告以及相应的检查影像如何以最快捷、最经济的方式发放给受检查人群？电子胶片恰好为这个问题提供了最佳解决方案，也是当前最符合“互联网+”理念的新型服务模式。

电子胶片是指患者接受完影像检查后，患者的影像检查资料存储在光盘或U盘等载体或网络上，并且患者可以通过使用自己的移动设备或计算机，查看原始、无损、高清的影像资料以及相关报告内容。在分级诊疗和人工智能辅助筛查模式下，将影像存储在云端将是最佳方式。通过电子胶片，居民或患者在手机或个人电脑上联网调阅影像，同时可以直接看到人工智能或医生给出的分析结果或诊断意见。居民或患者在接受检查后，可以直接离开医院而不需要等待。人工智能或医生在随后的时间完成对影像的分析诊断，以短信或微信方式通知居民，居民可以直接从手机端登录电子胶片相关平台，查看个人影像检查及诊断报告。更重要的一点，居民在二次转诊时，医生可以在自己的门诊计算机上调阅该居民的历史检查，居民也可以通过便携式计算机或手机向门诊医生展示这些影像，真正避免二次转诊中的重复拍片。

3.结语

不管是医院内部的传统影像诊断流程，还是医院外部正在兴起的分级诊疗流程，对人工智能影像的需求都是普遍存在的。但从上述分析中可以看到，人工智能影像肯定无法作为一个完全孤立的产品或系统存在。在可预见的短期未来，如两三年内，人工智能影像不会或也无法颠覆现有的医学影像诊断软件分工格局。

从自身快速落地生根和生存发展角度看，人工智能影像需要更多考虑的是如何与现有的各项软件形成协同合作，乃至必要的集成。只有集成，才能融入现有流程；也只有集成，才能够最大限度地简化流程。

和其他相关影像信息化软件一样，人工智能影像服务的最终对象都是医生、居民和患者。对他们而言，软件使用的便捷性、高效性与疾病诊断的高可靠性是同等重要的，某些情况下还会更重要。

3.3.5 拓展人工智能医疗的新领域

★ 关键词：人工智能　医学辅助诊断　癌症筛查

★ 作　者：印宏坤　黄皓　林强　颜子夜

医疗水平的发展对每个人而言都至关重要，随着人工智能技术的快速发展，医疗领域有望在不久的将来取得更大突破。众所周知，癌症已经逐渐成为影响人类健康的“头号杀手”，而尽早诊断可以在一定程度上提高治愈癌症的可能性。近年来，很多企业都专注于利用人工智能辅助医生做出更好的决策，从而帮助癌症患者获得更好的治疗，杭州依图医疗技术有限公司（简称“依图医疗公司”）就是其中之一。其实，除了癌症检测，依图医疗公司还针对儿童的健康成长问题展开了技术探索。本小节将以依图医疗公司研发的肺癌影像智能诊断系统和儿童生长发育智能诊断系统为例，围绕基本原理、关键技术、临床应用等问题展开深入分析，探寻人工智能在医疗领域的更大可能。

1.前言

目前，我国每千人口的执业医师数仅为 2.2 人，医疗资源相对匮乏，并且地域分布非常不均衡。近年来，我国社会的快速发展，人口老龄化现象日益显著，人们对健康的重视程度日益提高，对医疗资源的需求量有增无减。然而，由于医生培养周期长，并且需要投入极大的人力、物力成本，因此急剧增长的医疗需求难以在短时间内得到满足。此外，信息隔阂、医疗行为缺乏循证医学证据、分诊不严谨等诸多因素导致医生存在较高的误诊率，并且这种情况在优质医疗资源缺乏的地区更为明显。

针对我国医疗领域面临的医疗资源不足、医生培养周期长、医疗成本高、医生误诊率较高四大问题，发展人工智能医疗已经成为解决目前国内医疗供需矛盾的关键，是提高医疗生产力的根本之道。首先，人工智能可以为医生提供完整而有效的信息，从而为疾病的诊断和治疗提供科学依据；其次，人工智能可以极大地提高医学数据测定与分析过程的自动化程度，显著提高医生的工作效率，并减少主观随意性；最后，人工智能可以集中专家知识，辅助医生做出更准确的诊断，并从大规模的医学历史数据中发现规律，为今后的疾病防控提供决策支持。由于人工智能的训练时间远小于医生的培养周期，因此人工智能可以快速补充医疗资源，并提高医疗机构的工作效率，减少不合理支出，从而降低医疗成本。同时，人工智能的准确率尤其是客观性，较医生而言有极大提升，因此可以解决误诊率较高的问题。继蒸汽革命、规模化生产革命以及电子革命后，人工智能将引领人类第四次工业革命，为健康产业带来巨大冲击，并为医疗行业带来革命性的改变。我们相信，随着技术的不断发展和完善，医学人工智能最终会重构今天的临床工作流。

2.人工智能医疗发展简介

人工神经网络深度学习的概念早在 20 世纪 50 年代就已被提出，然而由于当时计算机技术有限并且缺乏足够的数据来训练计算系统，因此限制了人工智能在实际问题中的应用。医疗领域最早出现的人工智能系统是 1972 年由利兹大学研发的 AAPHelp，其主要被用于腹部剧痛的辅助诊断以及解决手术的相关需求。20 世纪 80 年代，人工智能医疗领域出现了一些商业化应用系统，如快速医疗参考和哈佛大学医学院研发的 DXplain，它们的主要功能是依据临床表现提供诊断方案。但是，由于医疗的高度复杂性，因此人工智能医疗的早期探索并不成功。

近年来，随着科技的迅猛发展，通过将数据处理技术与医学影像相结合，人工智能应用于临床诊断的成功案例获得大量报道。2016 年，谷歌公司发布的人工智能糖尿病视网膜病变的诊断精度可用于临床；2017 年，斯坦福大学在 *Nature* 上发布的人工智能皮肤癌诊断精度达到专家水平；2017 年，拉德堡德大学在 *JAMA* 上报道利用人工智能检测乳腺癌淋巴结转移；2018 年，加州大学圣迭戈分校和广州市妇女儿童医疗中心联合开发针对眼底病变和小儿肺炎的人工智能诊断系统并被 *Cell* 作为封面文章报道。

我国人工智能医疗领域的开发虽然起步晚于发达国家，但是近年来发展速度迅猛，呈现出政策大力驱动、产业爆发增长的局面。在政策层面上，我国把发展人工智能上升为国家战略，并纳入“十三五”规划草案，明确了人工智能医疗的总体思路、目标与主要任务。

2017 年 11 月 15 日，我国公布了第一批国家人工智能开放创新平台，百度、阿里巴巴、腾讯和科大讯飞等公司成为人工智能的“国家队”，这标志着人工智能医疗行业的新一轮爆发式发展已经到来。此外，行业内出现了一批包括依图医疗在内的具有先进核心技术和产品的人工智能独角兽公司。

3.依图医疗公司简介

依图医疗公司自 2017 年成立以来，一直致力于将人工智能算法和医学工程应用相结合，现拥有 200 余人，其中技术人员总数过半，并且大多来自清华大学、上海交通大学、浙江大学等国内知名大学和麻省理工学院、谷歌公司等知名学术和工业机构。同时，依图医疗公司还与四川大学华西医院、浙江省人民医院等数十家三甲医院开展了深入合作，组建了拥有超过 300 名来自多家三甲医院医生的咨询团队，为人工智能在医疗领域的应用提供了强大支持。

依图医疗公司依托母公司上海依图网络科技有限公司，与上海交通大学和人工智能芯片公司熠知电子共同成立了“视觉计算与应用”联合实验室，推动了相关领域的学术研究和人才培养，促进了人工智能和实体经济的深度融合。同时，依图医疗公司还与上海交通大学生物医学工程学院联合成立了人工智能联合实验室，共同研究人工智能在肺癌多学科诊断以及多种实体瘤影像识别方面的应用，建立了具有前瞻性的人工智能肿瘤影像诊断平台，提高了肿瘤诊断的准确率。通过产学研合作，依图医疗公司承担了上海市经济和信息化委员会肺癌早筛智慧医疗重大专项，同时参与了科技部、上海市卫生健康委员会、上海市科学技术委员会的多项科研项目。

作为全力进军医疗领域的企业，依图医疗公司拥有从芯片、算法、云计算到产品落地应用的全栈式自研技术。在芯片底层硬件层面，依图医疗公司投资了熠知电子公司，专注于自主研发微内核架构的人工智能芯片，采用人工智能芯片级的虚拟化技术，在实现高峰值算力的基础上提升了芯片使用率，实现了对各类神经网络模型的计算加速，相比于英伟达公司的主流 GPU，实现了 5 倍以上的性能提升和功耗节省；在算法和云计算开发层面，依托来自麻省理工学院、谷歌、阿里巴巴等知名学术和工业机构的技术团队，依图医疗公司自主研发了多项深度学习、统计建模技术，可以有效处理大规模样本（亿级训练样本）和少量训练样本的机器学习问题；在产品应用层面，依图医疗公司组建了专业的医生顾问团队，针对疾病的多种复杂临床应用场景的需求，研发了多项符合医生临床思维的人工智能医疗产品，积累了丰富的产品转化和医院落地经验。

依图医疗公司已经开发了包括 Care.ai 肺癌影像智能诊断系统、Care.ai 儿童生长发育智能诊断系统、Care.ai 单病种临床科研智能解决方案、Care.ai 乳腺 X 线智能诊断系统在内的 Care.ai 系列人工智能医疗产品。基于临床权威指南、专家共识、临床医学专家的实际经验以及数百万份经过人工智能解构及清洗的医疗大数据反复训练，依图医疗公司的 Care.ai 系列人工智能医疗产品真正做到了嵌入临床工作流，不仅应用于体检场景，也广泛适用于很多临床场景，是目前“最具医学思维”的人工智能医疗产品。

依托全栈式自研技术和对医疗领域的深入了解，依图医疗公司的 Care.ai 系列人工智能医疗产品将实现临床全链路数据覆盖，不仅可以解决某个科室的单点问题，还可以全面提升整个医院的诊疗效率，将医疗资源下沉到基层，缓解基层医院医疗资源稀缺的现状，极大程度地解决老百姓看病难的问题。

4.依图医疗Care.ai肺癌影像智能诊断系统

早期肺癌多以肺结节的形式出现，医生主要通过 CT 影像去检查是否存在肺结节。基于胸部 CT 影像的肺结节智能诊断，是目前国内人工智能医疗领域最热门的研究议题之一，包括依图医疗、推想医疗科技、图玛深维、深睿医疗在内的多家企业都已经陆续发布了人工智能肺结节辅助诊断系统。

从临床应用来看，如图 3-41 所示，肺癌人工影像智能辅助诊断系统包含 3 个层级。第一层级是最基础的影像所见肺结节检出，人工智能必须做到快速、准确地识别肺结节，并对结节的大小、体积、密度、解剖学定位等多种定量指标进行分析，从而提高医生对肺结节的检出效率。敏感性和特异性是结节检出的关键指标。第二层级是基于肺结节高维特征的影像诊断，通过对肺结节影像特征进行提取、分析，准确实现结节分类，并结合临床循证依据对肺结节进行良恶性鉴别诊断。第三层级是进一步深入结合临床诊疗，通过历史影像对比实现肺结节进展评估，结合相似病例推荐治疗方案，并自动生成结构化诊断报告，为肺癌的临床诊疗和医学科研提供直接帮助。

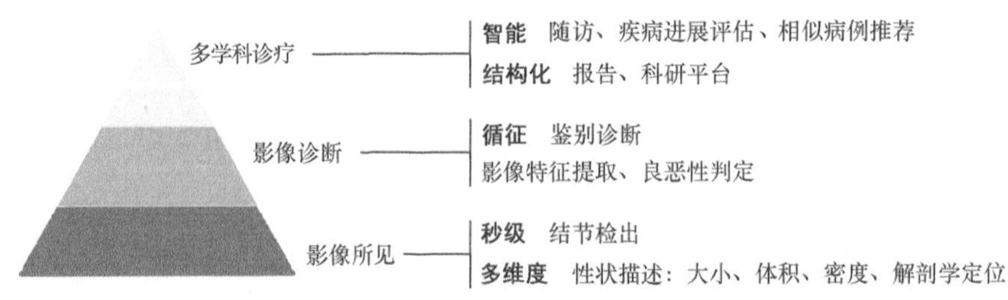

图 3-41 肺癌人工智能诊断临床应用的 3 个层级

目前多数肺结节辅助诊断系统只能覆盖临床应用的第一层级，即进行结节检出和基本性状描述，无法提供精确的诊断。依图医疗公司研发的 Care.ai 肺癌影像智能诊断系统已经可以全面覆盖临床应用的 3 个层级。在快速、准确的肺结节检出方面，依图医疗公司通过自研的深度学习技术和自主迭代算法，不断提高系统敏感性，降低误报率。首先，采用基于 2.5D Faster R-CNN 的深度学习检测开发了疑似结节检出框架，以深度神经网络为主，再佐以额外的反卷积网络，得出具有高辨识度的特征图，应用区域生成网络得到一系列疑似结节区域，再通过 ROI 分类器得到特征区域的分类和精确定位，从而在连续多帧的 CT 影像中获得所有不同大小和形态的疑似肺结节。其次，为提升特异性，针对疑似结节区域开发了去误报三维分类算法，基于更多三维信息做结节分类，对输入的疑似结节位置降低误报率，得到结节置信度，用高置信度阈值筛选疑似结节，最终实现对易漏微小结节的检出优化、对复杂解剖结构结节的检出优化、对假阳性结节的去误报优化。

基于精确诊断的结节详细信息，依图医疗公司的 Care.ai 肺癌影像智能诊断系统可以结合临床循证依据，对病灶性质进行良恶性判定，同时深入结合临床进行相似病例推荐，查看相似病例的病理以及诊断信息，并自动生成结构化影像报告，给医生提供辅助指导。同时通过对接医院的 RIS 和 PACS，嵌入临床工作流，医生可以用自己的计算机读片，在不改变使用习惯的前提下实现胸部 CT 影像的自动跳转、肺结节自动检出及良恶性判定、历史影像对比等功能，并自动生成结构化诊断报告，大大减少医生的重复性劳动时间，提高诊疗效率。

目前，Care.ai 肺癌影像智能诊断系统已在包括四川大学华西医院、浙江省人民医院、华中科技大学同济医院附属协和医院、南方医科大学南方医院在内的 100 余家三甲医院中落地使用，将肺部结节筛查的时间从 5~8min 压缩至秒级，实际使用反馈结节检出的临床敏感性大于 95%，系统自动生成的结构化影像报告临床直接采纳率大于 92%，明显超越了一般放射科医生的病灶检出诊断能力。以浙江省人民医院为例，2018 年 1 月至 2018 年 6 月，Care.ai 肺癌影像智能诊断系统检测了超过 3 万份胸部 CT 影像，极大地提升了医生的工作效率，有效降低了漏诊、误诊的比例。

5.依图医疗Care.ai儿童生长发育智能诊断系统

在青少年的生长发育评估关系中，身高预测、性发育估测、疾病进展状态评价等都直接关系到其成年期的健康。经过多年研究，骨龄已成为准确评估儿童生长发育的公认窗口，目前骨龄评估主要采取 GP 图谱法（Greulich-Pyle Atlas）和 TW 法（Tanner-Whitehouse Method）。GP图谱法相对简便、省时，但是主观性相对较大，判断精度较低；TW 法骨龄评价更加精确、有效，但是需要对手部 20 块骨头分别评分，整个过程烦琐、费时。针对目前骨龄读片复杂、专业医生稀缺的现状，利用人工智能进行骨龄判读具有非常重要的价值。2016 年以来，卡塔尼亚大学、哈佛大学医学院和斯坦福大学医学院都构建了人工智能辅助骨龄诊断系统，并且表明机器与人工判定结果无统计学差异，预测骨龄差值基本都在 1 岁以内。然而，目前已报道的骨龄人工智能检测都是基于 GP 图谱法，无法避免方法本身判读主观性较大、可比性不够强、不同年龄标准片的间隔大、精度不够的缺点，也不能单独检测、评估每块手骨的生长发育情况，忽略了不同手骨发育程度的差异，不利于掌握手腕骨的成熟度。此外，手部 X 光片除了用于判读骨龄外，还可以根据骨骺线的闭合程度和骨化中心的发育情况判断儿童生长发育情况并预测身高，这是基于 GP 图谱法的传统人工智能骨龄辅助检测系统无法做到的。

依图医疗公司首次实现了利用人工智能通过 TW 法判读骨龄，研发了 Care.ai 儿童生长发育智能诊断系统，实现了骨龄精准判读、身高预测、生长发育评估等功能，填补了目前国内外在这方面的空白，同时具有很高的科研以及临床应用价值。

在骨龄检测的常规场景中，由于拍平片的过程中手骨会从三维降为二维，因此一些手的错误姿态（如手抓握姿势、偏移、手侧位）都会导致平片中手骨形状出现形变。此外，右手、掌心向上或拍摄角度倾斜，也会对医生读片造成困难，可能需要病人重新拍片。针对这种情况，依图医疗公司研发了智能解剖定位引擎，可对骨龄图片进行预处理（如图 3-42 所示），通过多层神经网络迭代，对手骨不断定位、转正、再定位、再转正，这其中每一层都是一个神经网络。在多层网络的优化下，提高手骨定位和形态识别精度，实现对左右手的自动识别，即使对于掌心向上或者手部倾斜的情况也可以进行骨龄评测。同时，通过深度级联算法提取平片中手骨形态、边缘轮廓、对比度等信息，将二维的手骨样式复原为三维结构，在三维结构下对手骨进行识别和定位，解决了不规则手姿态的问题，可识别旋转或不标准的手位，允许一定的拍片质量容错。

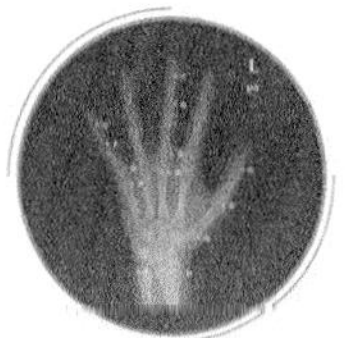

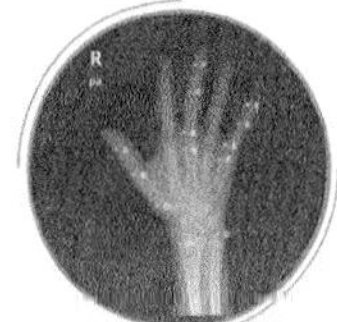

图 3-42　依图医疗公司的智能解剖定位引擎手型正位三维识别

对于骨龄检测，依图医疗公司的自主研发了

BonNet 算法，建立了全球最大的儿童骨龄数据库，收集了超过 10 万份不同地区、不同年龄段的儿童骨龄数据，并由专业医生进行了标注评级。通过构建多分类器回归算法，对 TW 法包含的 20 块手骨进行精准识别和评级，从而得到手骨的精确评分和骨龄的精确计算。相比传统的人工读片和基于 GP 图谱法的人工智能辅助骨龄检测方法，Care.ai 儿童生长发育智能诊断系统基于更加精准的国际通用 TW 法进行检测，得到的骨龄结果可精确到月。通过收集 300 份不同性别、不同年龄段、不同发育状况儿童的骨龄测试集进行临床检测，结果表明，TW 法检测得到的骨龄准确性与 4 位儿科内分泌专家检测得到的骨龄结果准确性相似，且评估稳定性更好。此外，Care.ai 儿童生长发育智能诊断系统还可以识别 10 个骨化中心以及拇指内侧籽骨，可为儿童性早熟、生长迟缓、垂体性侏儒症等内分泌疾病提供诊断依据。

Care.ai 儿童生长发育智能诊断系统已经在浙江大学医学院附属儿童医院和广州军区武汉总医院落地。传统 TW 法人工读片需要医生将 20 块手骨分别与标准图谱进行对比评级，并汇总得分，再通过查询 TW 分值表格诊断骨龄，这通常需要耗时 15~30min。相比之下，Care.ai 儿童生长发育智能诊断系统通过依图医疗公司自主神经网络技术和全球最大的儿童骨龄数据库，在 3s 之内即可自动完成手骨的精确评分及骨龄的精确计算，并出具结构化诊断报告，将原本需要数十分钟才可完成的繁复工作简化为秒级检出，准确率高达 99%，临床报告采纳率接近 100%。

由于广州军区武汉总医院过去缺乏读骨龄专业的医生，因此放射科每天只能完成 7 例骨龄检测。在引进 Care.ai 儿童生长发育智能诊断系统之后，一天可以完成超过 70 例骨龄的检测，并且依图医疗公司的人工智能医疗产品可以帮助放射科提供儿童生长发育状态的评估，增强了科室的产出价值。浙江大学医学院附属儿童医院自部署了 Care.ai 儿童生长发育智能诊断系统以来，共诊断了超过 2 万例患儿，诊断结果直接采纳率超过 99%，极大地提高了医生的诊断效率和准确性。

6.总结和展望

智能辅助诊断产品关系到群众的生命健康，其安全性是进入实际应用的重要前提，国家食品药品监督管理局发布的新版《医疗器械分类目录》于 2018 年 8 月开始执行，其中新增了与人工智能辅助诊断相对应的类别，主要包括医学影像和病理图像的分析与处理软件，并给出明确分级。目前大多数人工智能医疗企业发布的产品都属于对安全性要求最高的 3 类医疗器械，需要完成临床试验验证。作为新兴的产品类别，尽管国内外还没有先例可循，但国家相关检验、审评和监管机构以及部分企业，已经展开了对人工智能医疗产品安全性和质量评测的积极研究，并对相关方法和标准进行临床验证。依图医疗公司作为智能诊断产品落地的先行者，全力支持国家相关部门的研究，并毫无保留地分享在产品质量评判等方面的实践经验，协助制定人工智能产品规范，一同建设测试数据库等基础设施，促进监管机构公正、科学、客观、权威地评测智能产品，实现优胜劣汰，共同维护产业的健康发展。

计算机视觉技术、自然语言处理技术、语音识别技术作为人工智能深度学习的三大引擎，正广泛应用于人工智能医疗产品的开发。目前，人工智能医疗的研究热点还停留在基于计算机视觉技术的影像辅助诊断阶段，仅覆盖了医疗流程的一小部分。随着对人工智能医疗理解的不断深入以及相关技术的不断发展，人工智能医疗未来必将从临床信息收集整理、数据提取分析、诊疗质控、体检筛查、治疗方案决策、疗效评估和预后预测，逐渐应用到临床科研的全链路医学场景，从早期诊断走向临床治疗，为医生提供更多、更好的辅助。

—点评—

人工智能在医疗领域有着广泛的应用前景，是人工智能技术产业化应用的重要突破口之一。国务院发布的《新一代人工智能发展规划》、工业和信息化部发布的《促进新一代人工智能产业发展三年行动计划（2018—2020年）》和《新一代人工智能产业创新重点任务揭榜工作方案》均对推进人工智能与医疗健康深度融合做出了具体部署。

从目前情况来看，我国在人工智能与医疗融合发展方面已取得了一批不错的成果，深度学习技术在医学影像分析领域正逐步加速应用，出现了推想医疗科技、汇医慧影、依图医疗等一批在人工智能医疗领域深耕产品的创新企业。

但同时，人工智能在医疗行业的应用面临应用水平不高、落地模式不明朗、医疗数据碎片化、技术产品同质化、体制机制对接不畅等问题和挑战。从产业技术热点和应用实践特点出发，我国未来可以打造“技术－产品”一体化的组合型应用落地战略，加速构建满足合规要求的人工智能医疗产业生态，加快补足具有医疗行业与人工智能技术双重背景的复合型人才。

参考文献

[1] Manyika J, Chui M, Bughin J, et al. Disruptive technologies: Advances that will transform life, business, and the global economy[M]. San Francisco, CA: McKinsey Global Institute, 2013.

[2] Christensen H I, Batzinger T, Bekris K, et al. A roadmap for US robotics: from internet to robotics[R]. Computing Community Consortium, 2009, 44.

[3] Holdren J P. The president's council of advisors on science and technology (PCAST)[R]. Report to The President On Ensuring American Leadership In Advanced Manufacturing, 2011.

[4] 何玉庆，赵忆文，韩建达，等．与人共融——机器人技术发展均新趋势 [J]. 机器人产业，2015 (5): 74-80.

[5] Weng J, McClelland J, Pentland A, et al. Autonomous mental development by robots and animals[J]. Science, 2001, 291(5504): 599-600.

[6] Han J D, Zeng S Q, Tham K Y, et al. Dav: A humanoid robot platform for autonomous mental development[C]//Proceedings 2nd International Conference on Development and Learning. IEEE, 2002: 73-81.

[7] Hwang W S, Weng J. Hierarchical discriminant regression[J]. IEEE Transactions on Pattern Analysis and Machine Intelligence, 2000, 22(11): 1277-1293.

[8] Weng J, Hwang W S. Incremental hierarchical discriminant regression[J]. IEEE Transactions on Neural Networks, 2007, 18(2): 397-415.

[9] Deisenroth M, Neumann G, Peters J. A Survey on policy search for robotics[J]. Foundations and Trends in Robotics, 2013, 2(1-2): 1-142.

[10] Osa T, Pajarinen J, Neumann G, et al. An algorithmic perspective on imitation learning[J]. Foundations and Trends in Robotics, 2018, 7(1-2): 1-179.

[11] Abdolmaleki A, Price B, Lau N, et al. Contextual covariance matrix adaptation evolutionary strategies[C]//International Joint Conferences on Artificial Intelligence Organization (IJCAI), 2017.

[12] Kupcsik A, Deisenroth M P, Peters J, et al. Model-based contextual policy search for data-efficient generalization of robot skills[J]. Artificial Intelligence, 2017, 247: 415-439.

[13] Fabisch A, Metzen J H. Active contextual policy search[J]. The Journal of Machine Learning Research, 2014, 15(1): 3371-3399.

[14] Pinsler R, Karkus P, Kupcsik A, et al. Factored contextual policy search with bayesian optimization[C]//2019 International Conference on Robotics and Automation (ICRA). IEEE, 2019: 7242-7248.

[15] Daniel C, Neumann G, Kroemer O, et al. Hierarchical relative entropy policy search[J]. The Journal of Machine Learning Research, 2016, 17(1): 3190-3239.

[16] Alexanderson S, O'Sullivan C, Beskow J. Real-time labeling of non-rigid motion capture marker sets[J]. Computers & graphics, 2017, 69: 59-67.

[17] Senger L, Schröer M, Metzen J H, et al. Velocity-based multiple change-point inference for unsupervised segmentation of human movement behavior[C]//2014 22nd International Conference on Pattern Recognition. IEEE, 2014: 4564-4569.

[18] Gutzeit L, Fabisch A, Otto M, et al. The besman learning platform for automated robot skill learning[J]. Frontiers in Robotics and AI, 2018, 5: 43.

[19] Wang F Y, Zheng N N, Cao D, et al. Parallel driving in CPSS: A unified approach for transport automation and vehicle intelligence[J]. IEEE/CAA Journal of Automatica Sinica, 2017, 4(4):

577-587.

[20] Janai J, Güney F, Behl A, et al. Computer vision for autonomous vehicles: Problems, datasets and state-of-the-art[J]. arXiv preprint arXiv: 1704. 05519, 2017.

[21] Xin L, Wang P, Chan C Y, et al. Intention-aware long horizon trajectory prediction of surrounding vehicles using dual lstm networks[C]//2018 21st International Conference on Intelligent Transportation Systems (ITSC). IEEE, 2018: 1441-1446.

[22] Chen J, Tang C, Xin L, et al. Continuous decision making for on-road autonomous driving under uncertain and interactive environments[C]//2018 IEEE Intelligent Vehicles Symposium (IV). IEEE, 2018: 1651-1658.

[23] LeCun Y, Bengio Y, Hinton G. Deep learning[J]. nature, 2015, 521(7553): 436-444.

[24] Koenig S, Likhachev M. Fast replanning for navigation in unknown terrain[J]. IEEE Transactions on Robotics, 2005, 21(3): 354-363.

[25] Wallace R S, Stentz A, Thorpe C E, et al. First results in robot road-following[C]//IJCAI. 1985: 1089-1095.

[26] Kim E, Kim J, Sunwoo M. Model predictive control strategy for smooth path tracking of autonomous vehicles with steering actuator dynamics[J]. International Journal of Automotive Technology, 2014, 15(7): 1155-1164.

[27] Li L, Huang W L, Liu Y, et al. Intelligence testing for autonomous vehicles: A new approach[J]. IEEE Transactions on Intelligent Vehicles, 2016, 1(2): 158-166.

[28] González D, Pérez J, Milanés V, et al. A review of motion planning techniques for automated vehicles[J]. IEEE Transactions on Intelligent Transportation Systems, 2015, 17(4): 1135-1145.

[29] Wang F Y. Artificial intelligence and intelligent transportation: Driving into the 3rd axial age with ITS[J]. IEEE Intelligent Transportation Systems Magazine, 2017, 9(4): 6-9.

[30] Bueno M, Dogan E, Selem F H, et al. How different mental workload levels affect the take-over control after automated driving[C]//2016 IEEE 19th International Conference on Intelligent Transportation Systems (ITSC). IEEE, 2016: 2040-2045.

[31] Wada T, Sonoda K, Tada S. Simultaneous achievement of supporting human drivers and improving driving skills by shared and cooperative control[J]. IFAC-PapersOnLine, 2016, 49(19): 90-95.

[32] Li S E, Gao F, Li K, et al. Robust longitudinal control of multi-vehicle systems—A distributed H-infinity method[J]. IEEE Transactions on Intelligent Transportation Systems, 2017, 19(9): 2779-2788.

[33] Zheng Y, Li S E, Li K, et al. Distributed model predictive control for heterogeneous vehicle platoons under unidirectional topologies[J]. IEEE Transactions on Control Systems Technology, 2016, 25(3): 899-910.

[34] 李克强，戴一凡，李升波，等．智能网联汽车(ICV) 技术的发展现状及趋势 [J]. 汽车安全与节能学报，2017, 8(1): 1-14.

[35] Wang F Y. The emergence of intelligent enterprises: From CPS to CPSS[J]. IEEE Intelligent Systems, 2010, 25(4): 85-88.

[36] 王飞跃．平行系统方法与复杂系统的管理和控制 [J]. 控制与决策，2004, 19(5): 485-489.

[37] 刘腾，王晓，邢阳，等．基于数字四胞胎的平行驾驶系统及应用 [J]. 智能科学与技术学报，2019, 1(1): 40-51.

[38] 王旭．美国城市发展模式：从城市化到大都市区化 [M]. 北京：清华大学出版社，2006.

[39] Chapin T, Stevens L, Crute J, et al. Envisioning Florida's future: Transportation and land use in an automated vehicle world[J]. Florida State University Department of Urban & Regional Planning, 2016.

[40] 吴志强．人工智能辅助城市规划 [J]. 时代建筑，2018(01): 6-11.

[41] 张巧丽，赵地，迟学斌．基于深度学习的医学影像诊断综述 [J]. 计算机科学，2017, 44(Z11). 1-7.

[42] 张巧丽，迟学斌，赵地．基于深度学习的帕金森病症早期诊断 [J]. 计算机系统应用，2018, 27(9): 1-9.

[43] 吕鸿蒙，赵地，迟学斌．基于增强 AlexNe 的深度学习的阿尔茨海默病的早期诊断 [J]. 计算机科学，44(Z6): 50-60.

[44] 陈思文，刘玉江，刘冬，等．基于 AlexNet 模型和自适应对比度增强的乳腺结节超声图像分类 [J]. 计算机科学，2019 (Z1): 146-152.

[45] 张泽中，高敬阳，吕纲，等．基于深度学习的胃癌病理图像分类方法 [J]. 计算机科学，2018, 45(11A): 263-268.

[46] Yao T, Xiao L, Zhao D, et al. GPU computing based fast discrete wavelet transform for l (1)-regularized SPIRiT reconstruction[J]. The Imaging Science Journal, 2018, 66(7): 393-408.

[47] Zhao D. Mobile GPU Computing based filter bank convolution for three-dimensional wavelet transform[M]//Biometrics: Concepts, Methodologies, Tools, and Applications. IGI Global, 2017: 761-777.

[48] 徐鹏辉．美国启动精准医疗计划 [J]. 世界复合医学，2015 (1): 44-46.

[49] 陆宇，杨冰柯．中国酝酿“精准医学”或人国家“十三五”科技规划 [J]. 医院领导决策参考，2015 (10): 19-22.

[50] Breshears M A. Book Review: Rubin's pathology: Clinicopathologic foundations of medicine[J]. Veterinary Pathology, 2008, 45(2): 283.

[51] Irshad H, Veillard A, Roux L, et al. Methods for nuclei detection, segmentation, and classification in digital histopathology: A review—current status and future potential[J]. IEEE reviews in biomedical engineering, 2013, 7: 97-114.

[52] Alexe G, Dalgin G S, Scanfeld D, et al. High expression of lymphocyte-associated genes in node-negative HER2+ breast cancers correlates with lower recurrence rates[J]. Cancer research, 2007, 67(22): 10669-10676.

[53] Elston C W, Ellis I O. Pathological prognostic factors in breast cancer. I. The value of histological grade in breast cancer: experience from a large study with long - term follow - up[J]. Histopathology, 1991, 19(5): 403-410.

[54] Cireşan D C, Giusti A, Gambardella L M, et al. Mitosis detection in breast cancer histology images with deep neural networks[C]//International conference on medical image computing and computer-assisted intervention. Springer, Berlin, Heidelberg, 2013: 411-418.

[55] Xu J, Xiang L, Liu Q, et al. Stacked sparse autoencoder (SSAE) for nuclei detection on breast cancer histopathology images[J]. IEEE transactions on medical imaging, 2015, 35(1): 119-130.

[56] Sirinukunwattana K, Raza S E A, Tsang Y W, et al. Locality sensitive deep learning for detection and classification of nuclei in routine colon cancer histology images[J]. IEEE transactions on medical imaging, 2016, 35(5): 1196-1206.

[57] Chen H, Dou Q, Wang X, et al. Mitosis detection in breast cancer histology images via deep cascaded networks[C]//Thirtieth AAAI Conference on Artificial Intelligence. 2016.

[58] Chen H, Qi X, Yu L, et al. DCAN: Deep contour-aware networks for accurate gland segmentation[C]//Proceedings of the IEEE conference on Computer Vision and Pattern Recognition. 2016: 2487-2496.

[59] Kainz P, Pfeiffer M, Urschler M. Semantic segmentation of colon glands with deep convolutional neural networks and total variation segmentation[J]. arXiv preprint arXiv: 1511. 06919, 2015.

[60] Ronneberger O, Fischer P, Brox T. U-Net: Convolutional networks for biomedical image segmentation[C]//International Conference on Medical image computing and computer-assisted intervention. Springer, Cham, 2015: 234-241.

[61] Xu Y, Li Y, Liu M, et al. Gland instance segmentation by deep multichannel side supervision[C]//International Conference on Medical Image Computing and Computer-Assisted Intervention. Springer, Cham, 2016: 496-504.

[62] Ertosun M G, Rubin D L. Automated grading of gliomas using deep learning in digital pathology images: A modular approach with ensemble of convolutional neural networks[C]//AMIA Annual Symposium Proceedings. American Medical

Informatics Association, 2015: 1899.

[63] Spanhol F A, Oliveira L S, Petitjean C, et al. Breast cancer histopathological image classification using convolutional neural networks[C]//2016 international joint conference on neural networks (IJCNN). IEEE, 2016: 2560-2567.

[64] Doyle S, Hwang M, Shah K, et al. Automated grading of prostate cancer using architectural and textural image features[C]//2007 4th IEEE International Symposium on Biomedical Imaging: From Nano to Macro. IEEE, 2007: 1284-1287.

[65] Wan T, Cao J, Chen J, et al. Automated grading of breast cancer histopathology using cascaded ensemble with combination of multi-level image features[J]. Neurocomputing, 2017, 229: 34-44.

[66] Menon N, Ramakrishnan R. Brain tumor segmentation in MRI images using unsupervised artificial bee colony algorithm and FCM clustering[C]//2015 International Conference on Communications and Signal Processing (ICCSP). IEEE, 2015: 0006-0009.

[67] Pereira S, Pinto A, Alves V, et al. Brain tumor segmentation using convolutional neural networks in MRI images[J]. IEEE transactions on medical imaging, 2016, 35(5): 1240-1251.

[68] Havaei M, Davy A, Warde-Farley D, et al. Brain tumor segmentation with deep neural networks[J]. Medical image analysis, 2017, 35: 18-31.

[69] Sokooti H, De Vos B, Berendsen F, et al. Nonrigid image registration using multi-scale 3D convolutional neural networks[C]//International Conference on Medical Image Computing and Computer-Assisted Intervention. Springer, Cham, 2017: 232-239.

[70] Wu G, Kim M, Wang Q, et al. Unsupervised deep feature learning for deformable registration of MR brain images[C]//International Conference on Medical Image Computing and Computer-Assisted Intervention. Springer, Berlin, Heidelberg, 2013: 649-656.

[71] Shan S, Yan W, Guo X, et al. Unsupervised end-to-end learning for deformable medical image registration[J]. arXiv preprint arXiv: 1711. 08608, 2017.

[72] Long J, Shelhamer E, Darrell T. Fully convolutional networks for semantic segmentation[C]//Proceedings of the IEEE conference on computer vision and pattern recognition. 2015: 3431-3440.

[73] Goyal M, Yap M H. Multi-class semantic segmentation of skin lesions via fully convolutional networks[J]. arXiv preprint arXiv: 1711. 10449, 2017.

[74] Tran P V. A fully convolutional neural network for cardiac segmentation in short-axis MRI[J]. arXiv preprint arXiv: 1604. 00494, 2016.

[75] Zhou X, Ito T, Takayama R, et al. Three-dimensional CT image segmentation by combining 2D fully convolutional network with 3D majority voting[M]. Deep Learning and Data Labeling for Medical Applications. Springer, Cham, 2016: 111-120.

[76] Drozdzal M, Vorontsov E, Chartrand G, et al. The importance of skip connections in biomedical image segmentation[M]. Deep Learning and Data Labeling for Medical Applications. Springer, Cham, 2016: 179-187.

[77] Poudel R P K, Lamata P, Montana G. Recurrent fully convolutional neural networks for multi-slice MRI cardiac segmentation[M]. Reconstruction, segmentation, and analysis of medical images. Springer, Cham, 2016: 83-94.

[78] Alom M Z, Hasan M, Yakopcic C, et al. Recurrent residual convolutional neural network based on U-Net (R2U-Net) for medical image segmentation[J]. arXiv preprint arXiv: 1802. 06955, 2018.

[79] Çiçek O, Abdulkadir A, Lienkamp S S, et al. 3D U-Net: Learning dense volumetric segmentation from sparse annotation[C]//International conference on medical image computing and computer-assisted intervention. Springer, Cham, 2016. 424-432.

[80] Milletari F, Navab N, Ahmadi S A. V-Net: Fully convolutional neural networks for volumetric medical image segmentation[C]//2016 fourth international conference on 3D vision (3DV). IEEE, 2016:

565-571.

[81] He K, Zhang X, Ren S, et al. Spatial pyramid pooling in deep convolutional networks for visual recognition[J]. IEEE transactions on pattern analysis and machine intelligence, 2015, 37(9): 1904-1916.

[82] Chen L C, Papandreou G, Kokkinos I, et al. Deeplab: Semantic image segmentation with deep convolutional Nets, atrous convolution, and fully connected CRFs[J]. IEEE transactions on pattern analysis and machine intelligence, 2017, 40(4): 834-848.

[83] Zhao H, Shi J, Qi X, et al. Pyramid scene parsing network[C]//Proceedings of the IEEE conference on computer vision and pattern recognition. 2017: 2881-2890.

[84] Lin G, Milan A, Shen C, et al. Refinenet: Multi-path refinement networks for high-resolution semantic segmentation[C]//Proceedings of the IEEE conference on computer vision and pattern recognition. 2017: 1925-1934.

[85] Kamnitsas K, Ledig C, Newcombe V F J, et al. Efficient multi-scale 3D CNN with fully connected CRF for accurate brain lesion segmentation[J]. Medical image analysis, 2017, 36: 61-78.

[86] Lian C, Zhang J, Liu M, et al. Multi-channel multi-scale fully convolutional network for 3D perivascular spaces segmentation in 7T MR images[J]. Medical image analysis, 2018, 46: 106-117.

[87] Christ P F, Elshaer M E A, Ettlinger F, et al. Automatic liver and lesion segmentation in CT using cascaded fully convolutional neural networks and 3D conditional random fields[C]// International Conference on Medical Image Computing and Computer-Assisted Intervention. Springer, Cham, 2016: 415-423.

[88] Esteva A, Kuprel B, Novoa R A, et al. Dermatologist-level classification of skin cancer with deep neural networks[J]. nature, 2017, 542(7639): 115-118.

[89] Gulshan V, Peng L, Coram M, et al. Development and validation of a deep learning algorithm for detection of diabetic retinopathy in retinal fundus photographs[J]. Jama, 2016, 316(22): 2402-2410.

[90] Ren S, He K, Girshick R, et al. Faster R-CNN: Towards real-time object detection with region proposal networks[C]//Advances in neural information processing systems. 2015: 91-99.

[91] He K, Gkioxari G, Dollár P, et al. Mask R-CNN[C]// Proceedings of the IEEE international conference on computer vision. 2017: 2961-2969.

[92] Litjens G, Kooi T, Bejnordi B E, et al. A survey on deep learning in medical image analysis[J]. Medical image analysis, 2017, 42: 60-88.

[93] Lin T Y, Dollár P, Girshick R, et al. Feature pyramid networks for object detection[C]// Proceedings of the IEEE conference on computer vision and pattern recognition. 2017: 2117-2125.

[94] Sandler M, Howard A, Zhu M, et al. MobileNetV2: Inverted residuals and linear bottlenecks[C]// Proceedings of the IEEE conference on computer vision and pattern recognition. 2018: 4510-4520.

作者介绍

邓志东	清华大学计算机系教授，博士生导师。现为中国自动化学会理事，中国自动化学会智能自动化专业委员会主任，中国自动化学会智能制造专业委员会副主任，首届人工智能产业创新联盟专家委主任委员，新兴产业百人会专家等。
王　哲	北京大学信息管理学硕士，赛迪研究院互联网研究所助理研究员，从事人工智能、“互联网 +”方面的战略咨询和研究工作。参与人工智能产业创新联盟相关工作，参与《2017 年世界互联网发展报告蓝皮书》等重大课题项目研究。
冯晓辉	北京大学凝聚态物理学博士，现任职于赛迪研究院电子信息产业研究所，从事信息技术产业领域的咨询研究工作。参与基于宽带移动互联网的智能汽车和智慧交通应用示范核心技术梳理专项等多项课题项目研究。
李艺铭	清华大学经济学博士，赛迪研究院电子信息产业研究所研究室主任，长期从事电子信息产业、“互联网 +”等领域的咨询研究工作。参与起草国家“互联网 +”行动指导意见等 10 余项国家发展与改革委员会、工业和信息化部重点规划编制工作。
庄金鑫	中国科学院大学地图学与地理信息系统专业研究生，赛迪研究院互联网研究所研究室副主任，主要从事互联网、人工智能、“互联网 +”等领域产业应用研究和政策咨询工作。参与编写《贵安新区数字经济发展规划》等。
邵　芒	北京触景无限公司算法工程师，伦敦帝国理工学院电子工程系本硕，计算机视觉与机器学习博士。工作期间主要负责深度学习相关的算法研发与应用。在角蜂鸟人工智能开发套件中担任软件与算法主要负责人。
张晶晶	济南汤尼机器人科技有限公司联合创始人、副总裁。曾任国家电网公司电力机器人技术重点实验室人工智能室主任。先后参与国家电网公司多个机器人和无人机相关重点项目等标准制定，曾获山东省科技进步一等奖。
陈西广	济南汤尼机器人科技有限公司联合创始人、首席运营官。曾任国家电网公司电力机器人技术重点实验室高级工程师。曾获得国家电网公司科技进步一等奖和中国电力科技进步三等奖，并获得济南市高新区“海右人才”等称号。
高　佼	济南汤尼机器人科技有限公司高级研发工程师，大连理工大学生物医学工程医学信号处理方向硕士研究生。曾在国家电网公司电力机器人技术重点实验室参与输电线路可见光图像缺陷识别项目、无人机检验检测项目。
孙　亮	济南汤尼机器人科技有限公司产品经理、高级研发工程师。潍坊学院计算机科学与技术专业软件方向学士。主要研究软件架构、通用算法、系统性能优化等。目前负责“RoboWare”系列机器人开发工具、x86 架构实时操作系统设计与研发。
薄国宁	济南汤尼机器人科技有限公司项目经理、高级研发工程师。中国石油大学计算机科学与技术学士。曾主持和参与各类商用信息化及人机交互软件开发。目前负责机器人“HMI”及数字工业平台研究和开发工作。

韩建达	南开大学人工智能学院教授、博士研究生导师，国家重点研发计划智能机器人专项指南编制专家组专家、总体专家组副组长，中共中央组织部首批万人计划科技创新领军人才。研究方向包括机器人自主行为共性技术、医疗康复机器人等。
方勇纯	南开大学人工智能学院教授、博士研究生导师、院长，教育部长江学者特聘教授，国家杰出青年基金获得者。研究方向包括非线性控制、机器人视觉伺服、无人机及桥式吊车等欠驱动系统控制和纳米操作等。
赵　新	南开大学人工智能学院教授、博士研究生导师、副院长，教育部新世纪优秀人才。研究方向包括微操作自动化、微纳设计与加工、生物模式形成与组织发育机理等。
刘景泰	南开大学人工智能学院教授、博士研究生导师，机器人与信息自动化研究所所长，天津市智能机器人技术重点实验室主任，曾为国家 863 计划机器人专家组成员。研究方向包括机器人学、网络机器人、机器人仿真技术等。
王　涛	英特尔中国研究院新技术中心研究员，目前致力于机器人操作方向，研究领域包含稳定抓取、视触融合及主动学习等。2016 年加入英特尔中国研究院并担任机械手项目负责人，完成了“Eagle Shoal”灵巧手及其操作平台的设计与研发。
刘忠轩	现任英特尔中国研究院研究员，博士。2005 年毕业于中国科学院自动化研究所，曾于法国电信、中国科学院自动化研究所从事科研工作，2015 年加入英特尔。主要研究领域为机器人强化学习、计算机视觉与神经拟态计算等。
付铭明	清华大学微电子学硕士，现任触景无限科技（北京）有限公司硬件产品总监。曾就职于索尼爱立信（日本）研发中心。工作期间参与并主导索尼爱立信多款手机的研发工作，在产品定义、功能需求分析等方面有丰富的经验。
陈　震	速感科技公司创始人兼 CEO，清华大学硕士，师从中国人机交互领域著名学者史元春教授及微软亚洲研究院前主管研究员徐迎庆博士。2017 年被美国《福布斯》杂志评选为中国 30 岁以下改变世界的青年精英。
顾祺源	一维弦科技公司技术合伙人，电子科技大学信号与信息处理专业硕士。毕业后从事软件开发工作，有数十年软件开发、产品设计、项目管理、团队管理、客户沟通方面的工作经验，后自主创业从事净菜半成品配送 P2P 行业。
杨　子	云迹科技公司系统方案总经理，清华大学精密仪器与机器学系硕士。曾任中国空间技术研究院硬件设计师，参与过国家重点型号航天器设计，4 年智能硬件与物联网创业经历，担任过产品设计、硬件开发、供应链管理等职责。
陈士凯	上海思岚科技有限公司创始人兼 CEO。毕业于上海交通大学，现任中国服务机器人产业联盟副主席，从事机器人自主定位导航及激光雷达传感器的研究和应用。
朱　韬	深圳勇艺达机器人公司副总裁，博士。曾任 Ximmerse 公司的 CTO 和深卷科技公司的 CEO，从事人工智能和光机电一体化应用产品的研发、生产及相关管理工作。在 1993 年和 1994 年分别荣获中船重工科技进步二等奖和中国舰船研究院科技进步一等奖。
赵　明	YOGO ROBOT 公司创始人、CEO。顶尖算法工程师，从事机器人项目的研发工作超过 10 年，曾主导、研发的机器人项目超过 20 种，包括但不限于月球车、排爆机器人、扫地机器人、双足机器人、机械手臂等。

刘 永	YOGO ROBOT 公司软件总监，负责机器人的激光定位系统和软件架构系统开发。曾在联发科技公司任软件经理，从事手机芯片研发。后在华勤通讯公司任软件总监，负责手机产品的研发工作，在软件行业积累了丰富的经验。
蔡龙生	2018 年毕业于上海交通大学数学系，致力于非线性优化算法的研究。目前的兴趣集中在机器人定位、感知和决策算法的研究与实现。
苗 绘	YOGO ROBOT 公司知识产权高级经理。毕业于南京航空航天大学自动化专业，先后从事超高压电器控制系统研发、专利代理人及企业知识产权管理工作，对自动控制技术及机器人行业技术发展有着独特的见解和认识。
吴甘沙	驭势科技公司联合创始人、CEO。致力于研发最先进的自动驾驶技术，以改变这个世界的出行。创业前为英特尔中国研究院院长、英特尔公司首席工程师，领导了英特尔公司的大数据技术战略长期规划，并为中国研究院确立 5G 通信、智能计算和机器人三大方向。
张玉新	驭势科技公司自动驾驶产品安全总监，吉林大学汽车仿真与控制国家重点实验室博士后研究员。吉林大学与加利福尼亚大学伯克利分校联合培养博士，师从郭孔辉院士和卡尔·赫德里克（Karl Hedrick）院士，从事安全关键系统工程、自动驾驶安全技术等方向工作。
王飞跃	中国科学院自动化研究所复杂系统管理与控制国家重点实验室研究员，青岛智能化产业研究院院长，国防科学技术大学军事计算与平行系统技术研究中心主任。主要研究方向为智能系统和复杂系统的建模、分析与控制。
曹东璞	滑铁卢大学认知自动驾驶实验室主任，滑铁卢大学人工智能与无人车联合研究中心执行主任，中国科学院自动化研究所客座研究员。主要研究方向为自动驾驶、人车协同与平行驾驶。
李升波	清华大学长聘副教授。国家自然科学基金委员会优秀青年、教育部青年长江学者、北京市自然科学基金委员会杰出青年。主要研究方向是智能网联汽车、最优控制与强化学习、分布式感知与控制等。
邢 阳	青岛慧拓智能机器有限公司智能驾驶高级工程师，青岛智能化产业技术研究院平行驾驶部工程师。主要研究方向为驾驶员行为与认知、自动驾驶与平行驾驶。
郭洪艳	吉林大学通信工程学院控制科学与工程系教授，中国自动化学会车辆控制与智能化专委会委员。主要研究方向为车辆主动安全控制和车辆状态参数估计。
吕宜生	中国科学院自动化研究所复杂系统管理与控制国家重点实验室副研究员。主要研究方向为人工智能、智能控制、智能交通。
李 力	清华大学副教授，电气电子工程师学会和中国自动化学会会士，电气电子工程师学会智能交通协会协同驾驶技术专委会现任主席。主要研究方向为人工智能、智能控制与传感、智能交通与智能汽车。
李雅琪	凯斯西储大学计算机工程硕士，赛迪智库电子信息产业研究所助理研究员。目前主要从事人工智能、汽车电子等领域的战略咨询和研究工作。
周 锐	中国科学院自动化研究所青岛智能产业技术研究院高级工程师，2017 年和 2018 年“中国智能车未来挑战赛”现场裁判领队。主要研究方向为无人车测评体系和方法，以及智能网联测试场地规划建设。
李 阳	四维图新公司自动驾驶人工智能总监，负责深度学习感知、决策、自动驾驶仿真等课题。希望通过对地图的充分理解，将人工智能技术运用在自动驾驶每一个瓶颈环节。

邱纯鑫	速腾聚创公司创始人兼 CEO。哈尔滨工业大学控制科学方向博士，移动机器人环境感知技术专家。2014 年创办深圳速腾聚创公司，目前该公司已经成为国内激光雷达技术领域的先行者。
孙　立	现任天津港集团科信部设备科科长。2006 年天津大学机械制造及自动化专业硕士，毕业后加入天津港集团。现负责港口智能电动集装箱牵引车研发及港口试用工作。
张栋栋	现任天津港集团科信部设备科流动机械管理员，2014 年长春理工大学机械制造及自动化专业硕士，毕业后加入天津港集团。现负责协助开展智能电动集装箱牵引车港口测试方案制定、系统调试、参数标定等工作。
王　超	北京主线科技有限公司感知技术总监。2015 年毕业于北京大学信息科学技术学院，获博士学位，专攻智能机器人感知技术。现负责基于激光雷达的复杂环境感知与定位技术研究与应用，广泛使用于港口、物流园区等实际应用场景内。
张天雷	清华大学计算机科学与技术系博士，决策规划控制与仿真专家，ISO 26262 认证工程师，现任北京主线科技有限公司 CEO、中国人工智能学会无人驾驶专业委员会副秘书长，承担国家自然科学基金项目 3 项，已公开有 60 余项无人驾驶相关专利。
李康清	首汽 GoFun 共享汽车自动驾驶总监，拥有近 20 年车联网软硬件系统开发经验，11 项国家发明专利。负责车联网商用车物流货运、自动驾驶 L3、驾驶行为分析与基于位置服务大数据人工智能算法模型等多个大中型项目技术研发与大规模商用运营。
晏科文	首汽 GoFun 共享汽车 CTO，全面负责公司产品技术体系战略规划、产品研发及团队建设。拥有 15 年知名外企和互联网公司系统架构及团队管理经历。历任百度、美满、猎豹移动等公司核心业务线负责人。
夏华夏	美团公司首席科学家兼无人配送部总经理。清华大学计算机系学士，加州大学圣迭戈分校博士。2006—2011 年在谷歌公司美国总部，任高级软件工程师。2011—2013 年在百度公司担任主任架构师。2013 年加入美团点评，创建并领导无人驾驶团队。
李　忠	毕业于同济大学建筑系，现任华高莱斯国际地产顾问（北京）有限公司董事长兼总经理，城市咨询专家，清华大学、北京大学等 26 所院校城市发展课程客座教授，中国最早从事城市咨询的独立策划人。
王健宗	平安科技公司智能引擎部副总工程师，华中科技大学计算机系统结构博士，佛罗里达大学深度学习博士后，中国计算机学会高级会员，主要研究方向为人工智能、大数据和深度学习。
赵　地	中国科学院计算技术研究所副研究员，路易斯安那理工大学计算科学专业博士，曾在哥伦比亚大学和俄亥俄州立大学从事博士后研究工作。主持北京市自然科学基金重点项目 1 项。参与国家重点研发计划项目 1 项等。
王艺培	2015 年毕业于重庆大学计算机学院，获工学学士学位，2018 年毕业于北京航空航天大学生物医学与工程学院，获工学硕士学位。硕士研究方向为生物医学信息与仪器，主要开展深度学习以及生物医学图像处理相关领域研究。
闫　雯	2016 年毕业于大连理工大学电子工程与电气工程学院，获工学学士学位，2016 年起作为硕士研究生，就读于北京航空航天大学生物医学与工程学院。硕士研究方向为生物医学信息与仪器，开展深度学习及生物医学图像处理等研究。

张益肇	微软亚洲研究院副院长，负责技术战略部。研究领域主要集中在将人工智能应用于医疗大数据中。毕业于麻省理工学院，获学士、硕士和博士学位。在国际著名杂志和学术会议上发表多篇医学图像和机器学习方面的论文。
来茂德	德国科学院院士，医学博士、教授、主任医师，浙江省特级专家。现任中国药科大学校长，任中华医学会病理学会名誉主任委员、中国药学会副理事长。
许　燕	北京航空航天大学生物与医学工程学院副教授。获得“北京市青年英才”等荣誉，同时也是微软亚洲研究院的访问研究员。研究方向包括人工智能、深度学习、机器学习和医疗大数据，尤其擅长精准医疗方面的研究。
亢　寒	现任推想科技有限公司先进研究院深度学习算法研究员，负责肺结节检索项目。2018 年毕业于首都师范大学数学与信息技术专业，硕士，主要研究方向为图像处理、深度学习。
张荣国	推想科技有限公司深度学习高级科学家，先进研究院负责人，模式识别与智能系统专业博士，毕业于中国科学院自动化研究所，有十多年图像识别算法方面的经验。近年来专注于带领团队将深度学习技术应用于医学影像的分析研究。
陈　宽	推想科技有限公司创始人兼 CEO，将深度学习技术应用于医学影像诊断的先行者之一。毕业于芝加哥大学，先后师从 4 位诺贝尔奖得主，攻读经济与金融双博士学位。2014 年决定从美国休学回国创业，专注人工智能医学影像诊断。
吴志力	香港浸会大学博士，利兹大学博士后，谷歌公司研究奖获得者，现为宜远智能科技董事长。长期致力于人工智能技术的研究，曾任爱立信公司数据研究院高级研究员，在国际机器学习大会等顶级学术会议发表多篇人工智能论文。
吴　宇	宜远智能公司联合创始人，腾讯公司数据平台人工智能算法工程师。研究基于深度神经网络的微信广告点击率预估、微博亿级用户推荐、视频目标检测、语音识别等。
Dorin Comaniciu	西门子公司医疗技术中心副主席，西门子公司顶级创新人才，电气电子工程师学会、国际计算机学会、国际医学图像计算和计算机辅助介入学会，以及美国医学和生物工程学会的会士。获 Longuet-Higgins 大奖。
迟　颖	西门子医疗系统有限公司大数据和人工智能医学影像技术部中国区经理。帝国理工学院博士，牛津大学生物医学工程学院博士后。曾获得“Lee Family”博士全额奖学金、伦敦市政府“City & Guilt Old Centralian’s”创新者基金奖等。
徐　亮	深圳市“孔雀计划”专家，平安科技公司智能引擎部副总工程师、领域负责人，牛津大学工程系博士。专注人工智能在智慧城市、智慧医疗的研发及应用。2015 年加入平安科技公司，在重庆、深圳等城市的项目中实现创新性突破。
柴象飞	医学影像人工智能专家，斯坦福大学博士后、阿姆斯特丹大学博士。师从美国科学院院士候选人邢磊、世界顶级图像引导科学家马塞尔·范·赫尔克（Marcel van Herk）、CT 重组算法奠基人之一保罗·苏伊滕斯（Paul Suetens），曾于斯坦福大学癌症中心、荷兰癌症研究所等工作学习。
周永新	清华大学生物医学工程博士，现任海纳医信（北京）软件科技有限责任公司影像算法首席研究员，长期从事医学影像算法研究。曾获得北京市科学技术进步奖三等奖、3 项医疗器械注册证书和 3 项发明专利授权。
印宏坤	博士。现任杭州依图医疗技术有限公司高级科研经理，依图医疗 – 上海交大人工智能联合实验室项目负责人。长期从事医疗相关的新方法、新技术研发，发表多篇高水平论文，获得发明专利授权 1 项。
黄　皓	华东师范大学生理学博士，芝加哥大学生物与解剖学系联合培养博士，现任上海依图网络科技有限公司项目经理。主要研究方向为神经元模型和生物神经网络连接机理，发表过多篇高水平论文。

林　强	上海交通大学医学院心内科硕士，上海依图网络科技有限公司医疗总监，上海新华医院原急诊科主治医生，葛兰素史克中国投资有限公司医学部高级经理。已研发包括 Care.ai 肺癌影像智能诊断系统、Care.ai 儿童生长发育智能诊断系统在内多款人工智能医疗产品。
颜子夜	北京理工大学计算机专业博士，上海依图网络科技有限公司医疗战略总监。目前负责依图医疗公司人工智能产品的调研、研发和注册，以及科研课题项目管理。长期从事医学图像处理、影像设备研发工作，发表高水平论文 10 余篇，发明专利 2 项。

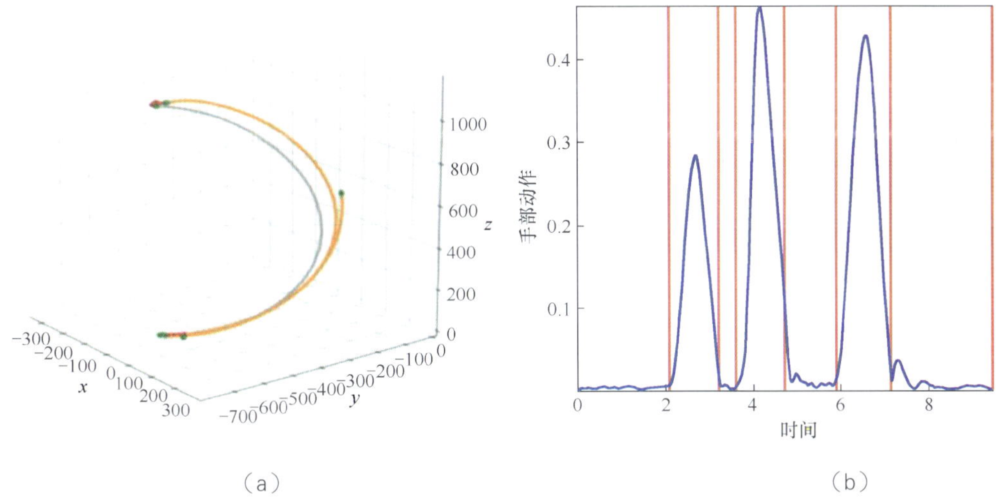

（a）　　（b）

*图 1-42 （a）分割的手部三维运动轨迹；（b）基于手部速度和时间的分割结果

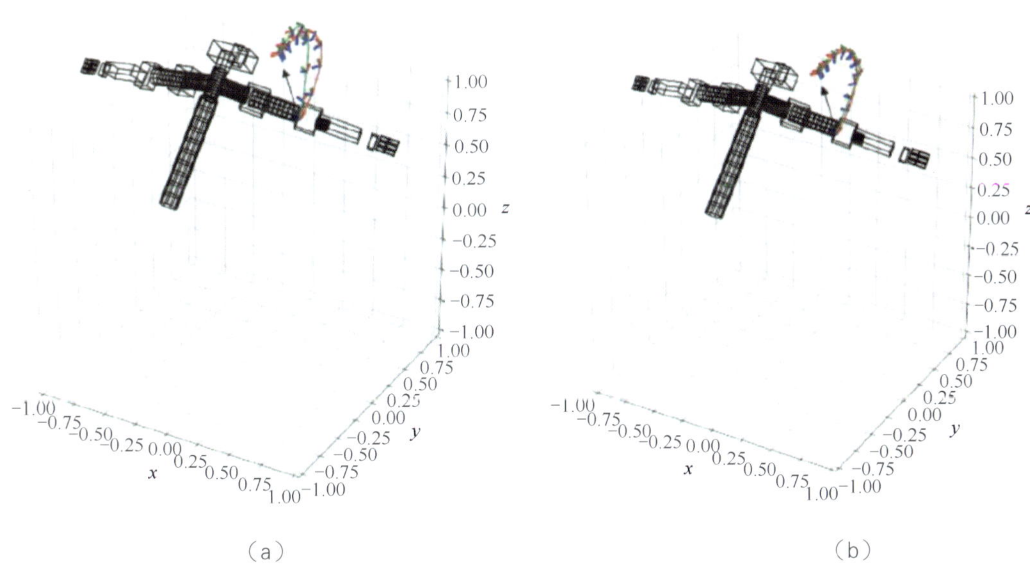

（a）　　（b）

*图 1-43 （a）直接使用基于逆运动学的模仿学习后的肘部轨迹；（b）使用强化学习优化后的肘部轨迹

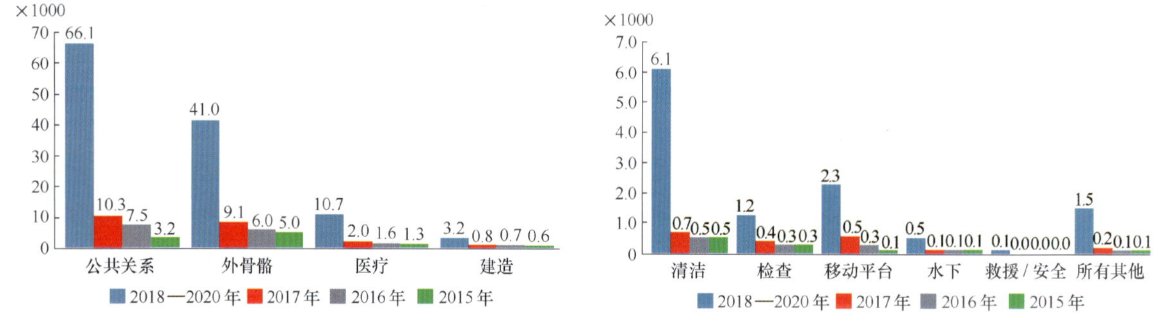

* 图 1-64　主要品类的商用 / 家庭服务机器人销售量情况

（来源：Executive Summary World Robotics 2017 Service Robots）

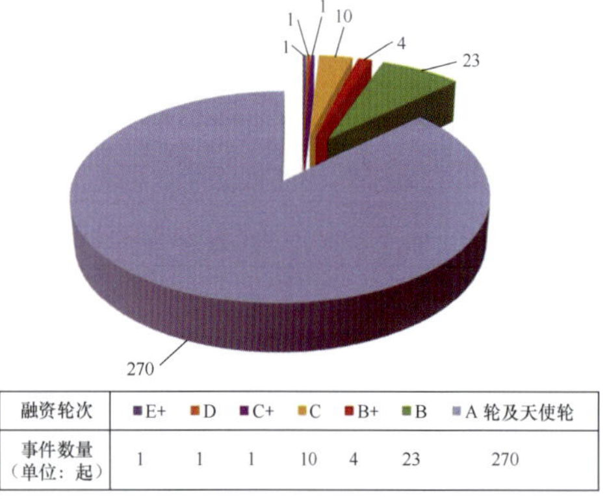

融资轮次	E+	D	C+	C	B+	B	A 轮及天使轮
事件数量（单位：起）	1	1	1	10	4	23	270

* 图 3-1　我国人工智能医疗领域融资情况统计

（来源：鲸准，赛迪智库整理，2018 年）

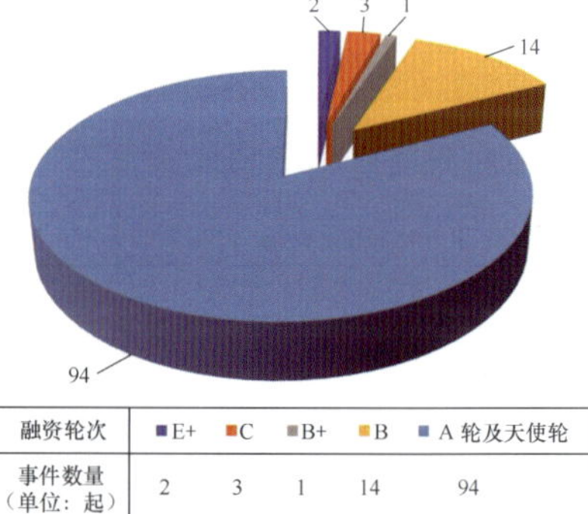

融资轮次	E+	C	B+	B	A 轮及天使轮
事件数量（单位：起）	2	3	1	14	94

* 图 3-2　海外人工智能医疗领域融资情况统计

（来源：鲸准，赛迪智库整理，2018 年）

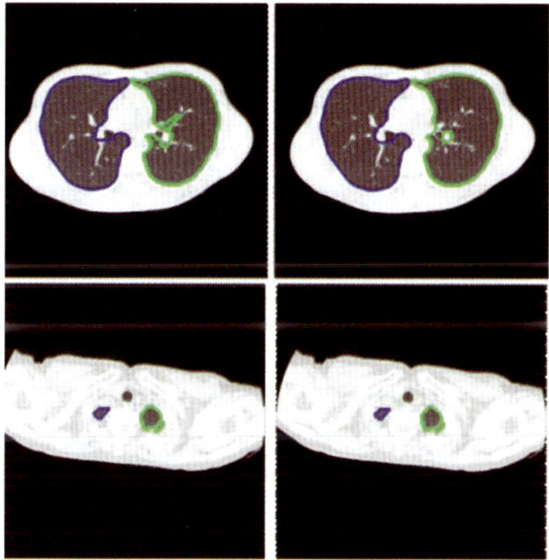

*图 3-13　肺部分割的结果

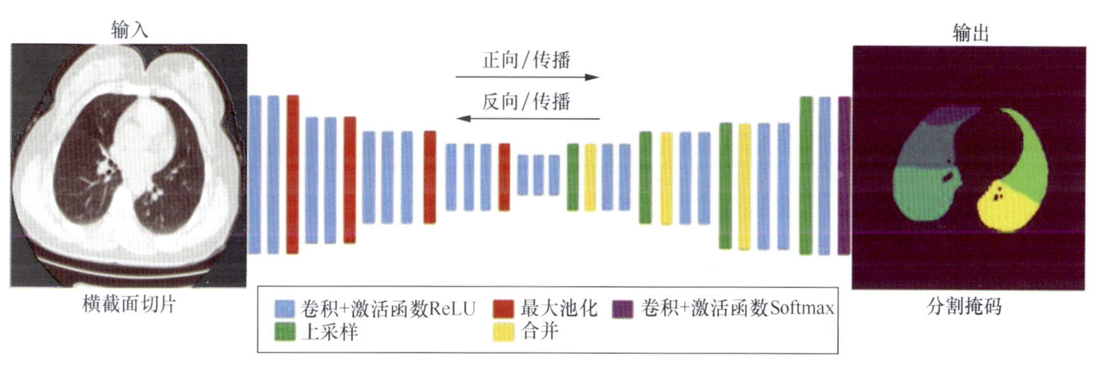

*图 3-14　使用神经网络分割肺叶

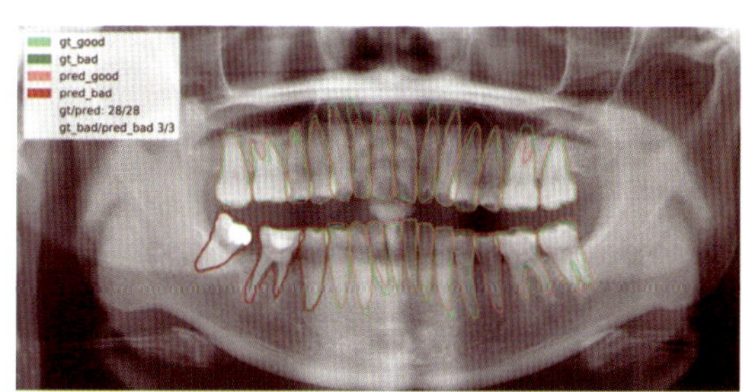

*图 3-21　基于目标检测的牙齿识别分类

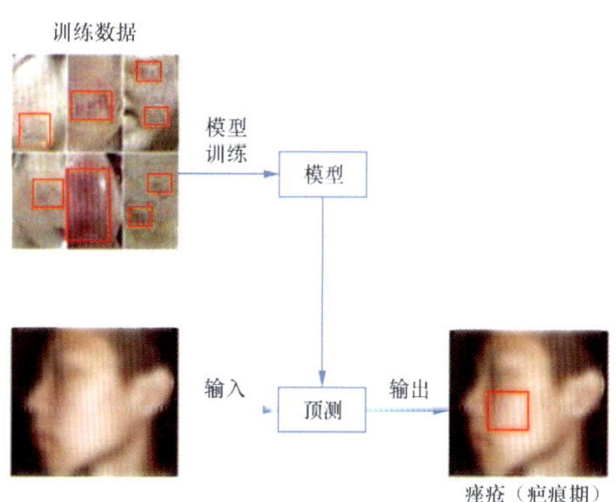

*图 3-22　面部皮炎目标检测流程

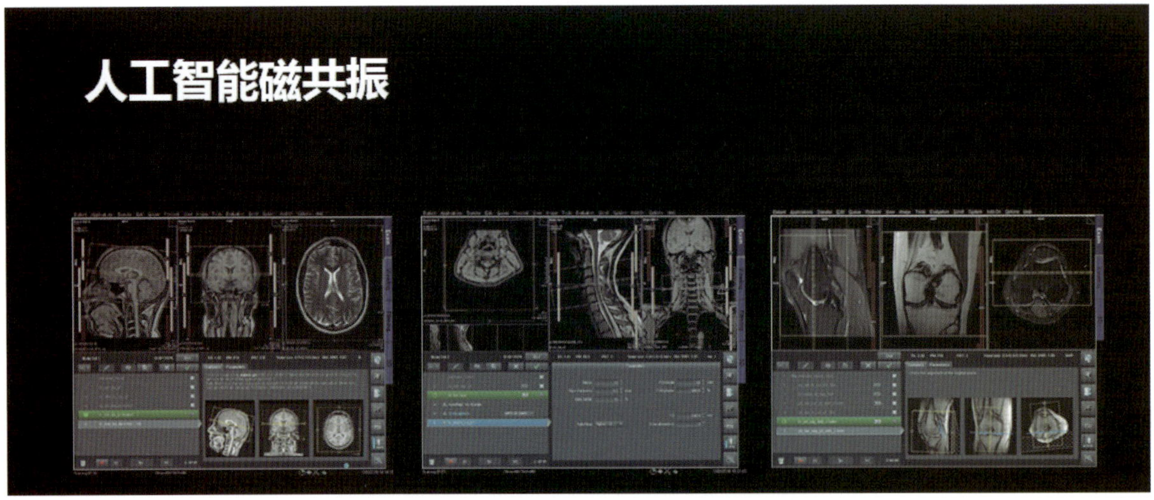

*图 3-26　人工智能帮助磁共振实现精准解剖结构识别

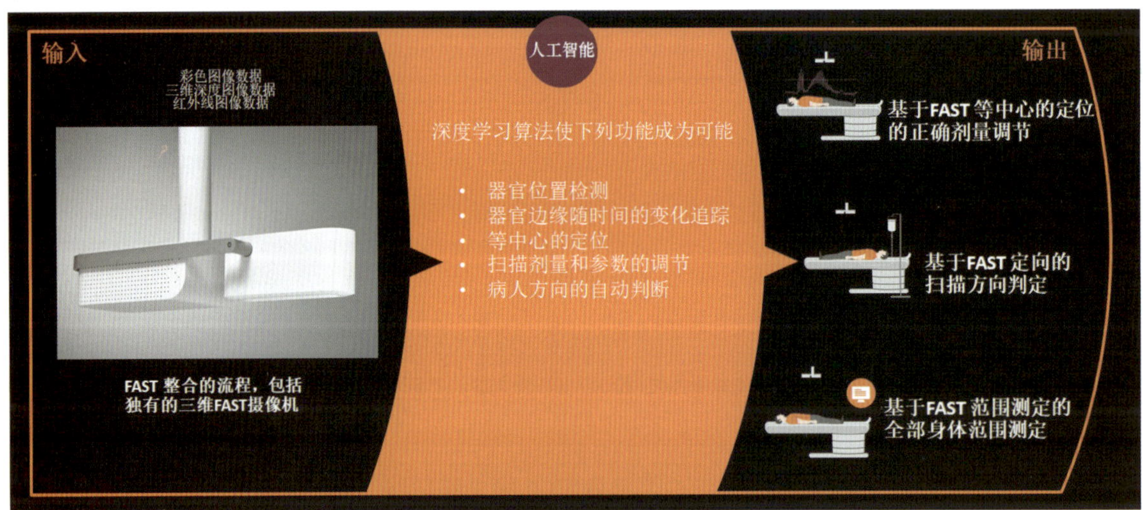

*图 3-27　红外线三维彩色摄像头 FAST

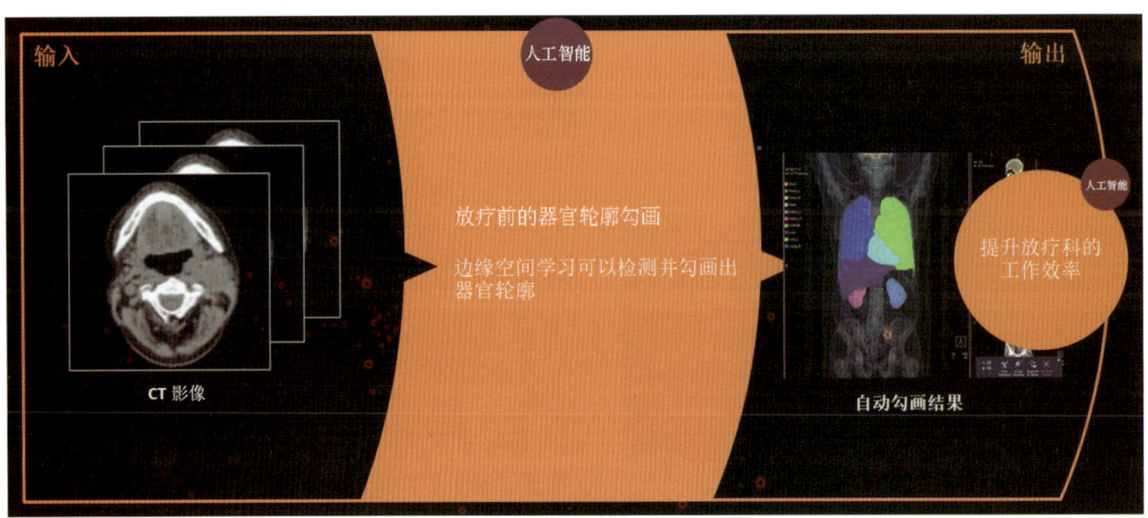

*图 3-28　机器学习技术驱动人工智能辅助进行危险病灶器官的分割

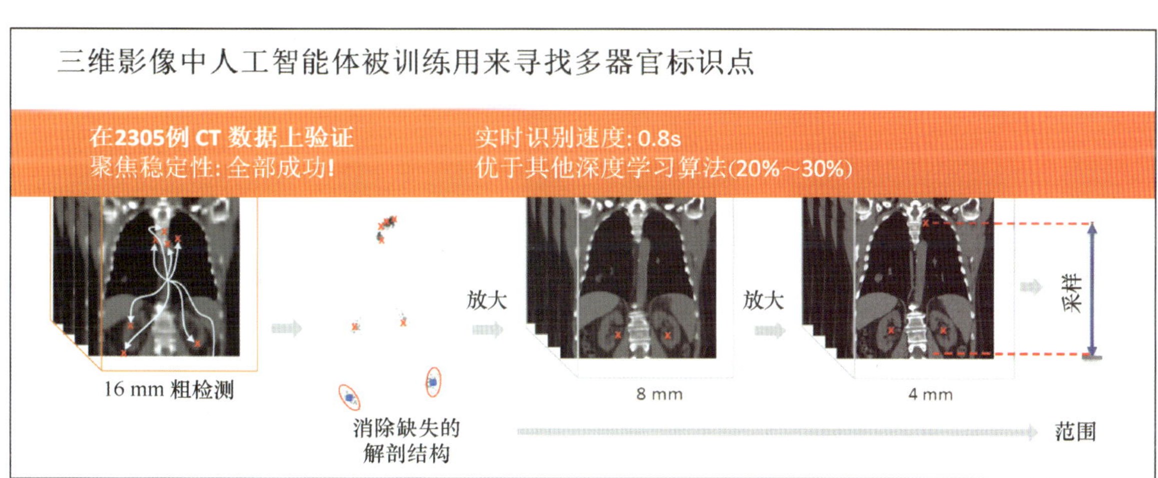

＊图 3-29　身体标识识别的原理

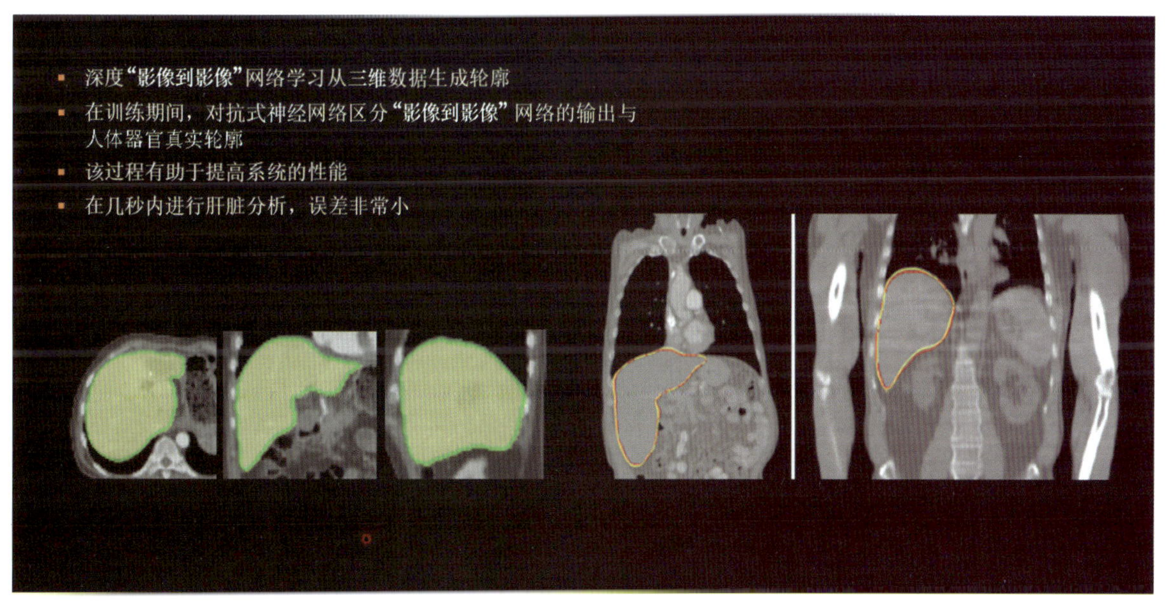

＊图 3-30　新一代三维解剖结构等高线轮廓分割使用对抗式神经网络

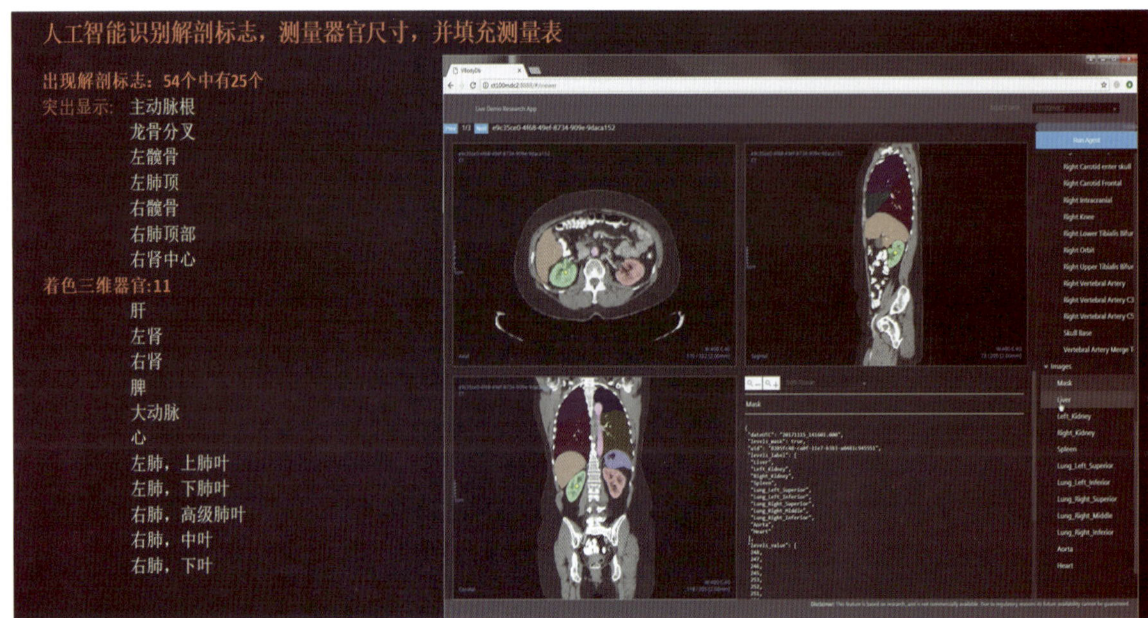

*图 3-31　从影像到测量

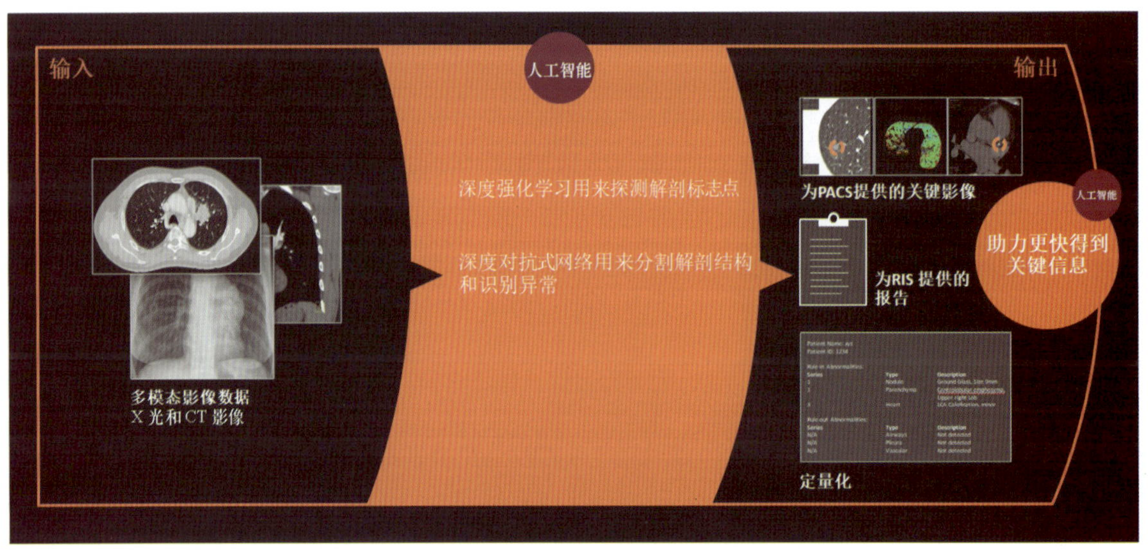

*图 3-32　深度学习算法助力更丰富的胸部成像技术

*图 3-33　深度学习技术驱动人工智能辅助的前列腺多参数 MRI 读片

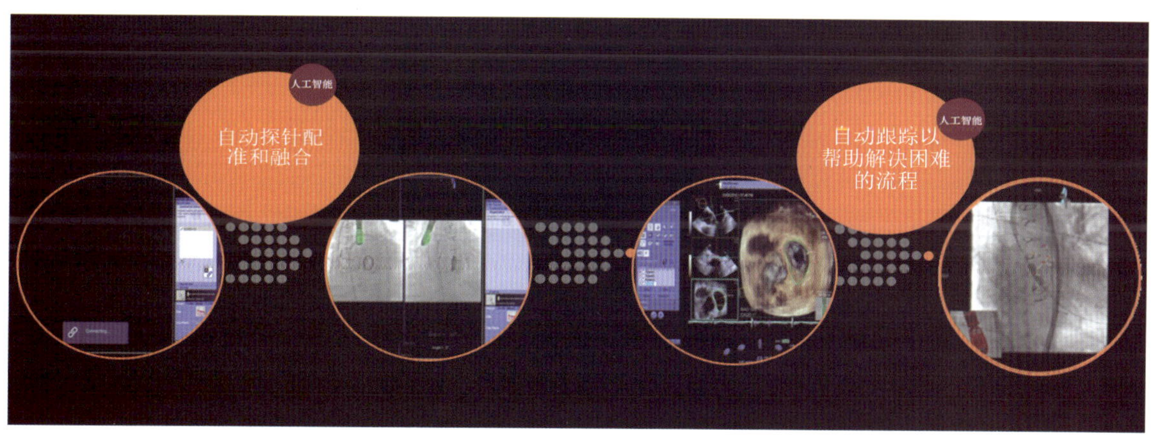

*图 3-34　以人工智能为基础的影像分析能够驱动介入疗法——TrueFusion 影像融合技术使流程更高效

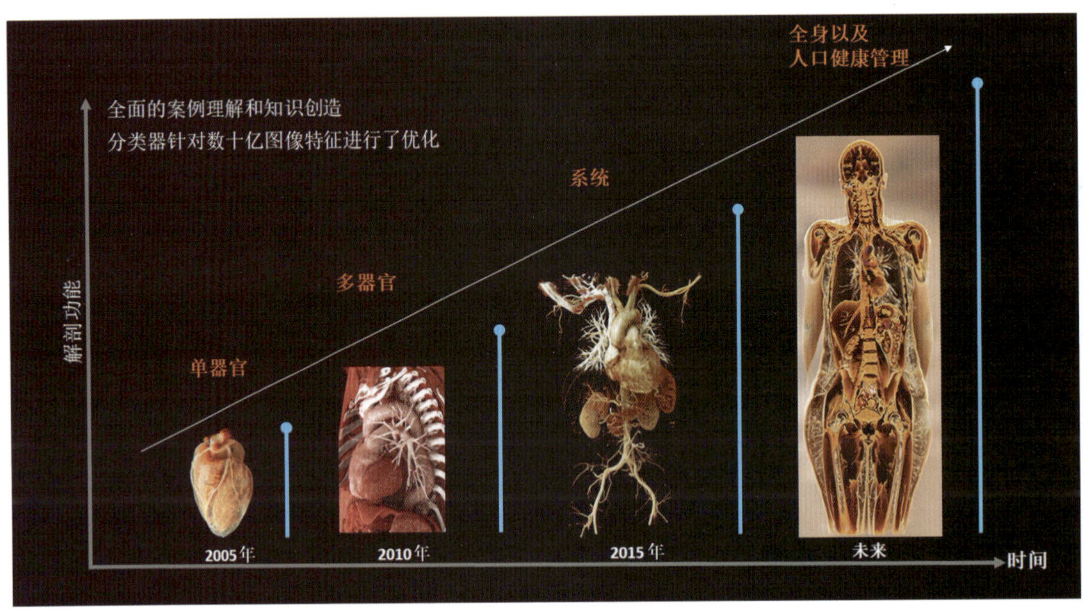

＊图 3-35　西门子医疗发展的里程碑

＊表 2-6　车企、Tier1 的自动驾驶发展时间

公司	2017 年	2018 年	2019 年	2020 年	2021 年	2022 年	2023 年	2024 年	2025 年	2026 年	2027 年	2028 年	2029 年	2030 年
宝马					L3 兼容 L4				L5					
博世				L3、L4		L5								
大陆				L4					L5					
奥迪	L3			L4										
奔驰戴姆勒				L4										
标致雪铁龙				L3					L4					L5
日产雷诺		L3		L4					L5					
现代					L4									L5
德尔福安波福		L4		L5										
福特					L4									
英伟达				L3	L4									
丰田				L3										
本田				L3					L4					
斯巴鲁				L3										
奥托立夫					L4									
沃尔沃				L4										